Hannes Ludyga
Rechtsgeschichte Saarbrückens im 20. Jahrhundert

Juristische Zeitgeschichte
Abteilung 1, Band 27

Juristische Zeitgeschichte
Hrsg. von Prof. Dr. Dr. Dr. h.c. Thomas Vormbaum
(FernUniversität in Hagen, Institut für Juristische Zeitgeschichte)

Abteilung 1:
Allgemeine Beiträge
Hrsg. von Prof. Dr. Dr. Dr. h. c. Thomas Vormbaum

Band 27

De Gruyter

Hannes Ludyga

Rechtsgeschichte Saarbrückens im 20. Jahrhundert

De Gruyter

Univ.-Prof. Dr. Hannes Ludyga: Inhaber des Lehrstuhls für Bürgerliches Recht, Immaterialgüterrecht, Deutsche und Europäische Rechtsgeschichte an der Rechtswissenschaftlichen Fakultät der Universität des Saarlandes.

ISBN 978-3-11-100190-6
e-ISBN (PDF) 978-3-11-100299-6
e-ISBN (EPUB) 978-3-11-100324-5

Library of Congress Control Number: 2022944285

Bibliografische Information der Deutschen Nationalbibliothek

Die Deutsche Nationalbibliothek verzeichnet diese Publikation in der Deutschen Nationalbibliografie; detaillierte bibliografische Daten sind im Internet über http://dnb.dnb.de abrufbar.

Druck und Bindung: CPI books GmbH, Leck

www.degruyter.com

Inhaltsverzeichnis

1. Kapitel.
Einleitung

Saarbrücken, von der Vergangenheit bis zur Gegenwart in einer „Grenzregion" am Fluss Saar gelegen,[1] ist seit 1947 Hauptstadt des Saarlandes.[2] In einem Rechtstext aus dem Jahre 999 wurde der Name Saarbrücken in einer Schenkungsurkunde von Kaiser Otto III. (980-1002)[3] erstmals erwähnt. In dieser in Rom ausgefertigten Urkunde unterstellte Otto III. im Rahmen einer „Befriedung der Reichsgrenzen"[4] dem Bischof Adalbero II. (?-1005)[5] von Metz die Burg Saarbrücken (castellum Sarabruca) „nebst Zubehör" und gab ihm die links der Saar gelegene Burg „zu Eigen".[6] Von der Burg, die sich am heutigen Schlossplatz befand,[7] nahm die Entwicklung Saarbrückens zur Stadt ihren Ausgangspunkt.[8] Wahrscheinlich existierte die Burg seit der Mitte des 9. Jahrhunderts.[9]

---

1 *Wolfgang Behringer / Gabriele Clemens*, Geschichte des Saarlandes. München 2009, S. 7.

2 *Franz-Josef Heyen*, Saarbrücken, in: Ludwig Petry (Hrsg.), Rheinland-Pfalz und Saarland (Handbuch der Historischen Stätten, Bd. 5), Stuttgart [2]1965, S. 315-322, hier S. 322; *Manfred Niemeyer* (Hrsg.), Deutsches Ortsnamenbuch, Berlin, Boston 2012, S. 543; siehe: § 2 Absatz 4 Kommunalselbstverwaltungsgesetz (des Saarlandes) in der Fassung vom 27. Juni 1997, zuletzt geändert am 9. Dezember 2020.

3 *Knut Görich*, Otto III., in: Neue Deutsche Biographie 19 (1999), S. 662-665 [Online-Version]; URL: https://www.deutsche-biographie.de/pnd118590766.html#ndbcontent.

4 *Behringer / Clemens*, Geschichte des Saarlandes, S. 19.

5 *Eugen Ewig*, Adalbero II., in: Neue Deutsche Biographie 1 (1953), S. 41 [Online-Version]; URL: https://www.deutsche-biographie.de/pnd104213876.html#ndbcontent.

6 *Monumenta Germaniae Historica*. Diplomatum Regum Et Imperatorum Germaniae, Tomus II, Ottonis II. Et III. Diplomata, Hannoverae MDCCCLXXXXIII, S. 742-743; *Behringer / Clemens*, Geschichte des Saarlandes, S. 19; *Hans Bünte*, Kleine Saarbrücker Stadtgeschichte, Regensburg 2009, S. 16; *Niemeyer*, Deutsches Ortsnamenbuch, S. 543. Zur geographischen Lage Saarbrückens: *Hans-Walter Herrmann*, (Alt-)Saarbrücken, in: Erich Keyser (Hrsg.), Städtebuch Rheinland-Pfalz und Saarland (Deutsches Städtebuch. Handbuch städtischer Geschichte Bd. IV, Südwest-Deutschland, 3. Land Rheinland-Pfalz und Saarland), Stuttgart 1964, S. 508-516, hier S. 508; *Hans Ried*, Die Siedlungs- und Funktionsentwicklung der Stadt Saarbrücken (Arbeiten aus dem Geographischen Institut, Bd. 3), Saarbrücken 1958, S. 48.

7 *Heyen*, Saarbrücken, S. 318; *Hermann Hild*, Burgen Schlösser an der Saar (Das Saarland in alten Ansichten, Bd. 1), Saarbrücken 1959, S. 21.

8 *Hans-Walter Herrmann*, Gedanken zum Aufstieg Saarbrückens. Zum 50jährigen Bestehen der Großstadt, in: Saarbrücker Hefte 9 (1959), S. 7-33, hier S. 9; *Heyen*, Saarbrücken, S. 318.

9 *Hans-Walter Herrmann*, Saarbrücken, in: Lexikon des Mittelalters, Bd. 7, hrsg. von Robert-Henri Bautier u. a., Stuttgart, Weimar 1999, Sp. 1210-1211.

https://doi.org/10.1515/9783111002996-001

Die Burg sorgte für einen Schutz der Königsgüter und Verkehrswege.[10] Sie stellte den „ursprünglichen Kern“[11] Saarbrückens dar.[12]

Das „Zentrum“ der Grafschaft Saarbrücken vom 11./12. Jahrhundert bis 1801[13] bzw. der Grafschaft Nassau-Saarbrücken sowie des Fürstentums Nassau-Usingen-Saarbrücken lag in Saarbrücken.[14] Mit dem Freiheitsbrief von 1322[15] von Graf Johann I. von Saarbrücken (1260-1342)[16] erhielt Saarbrücken gemeinsam mit St. Johann das Stadtrecht.[17] Saarbrücken entwickelte sich in der Folge zu einem „autonomen Rechtsbereich“.[18] Die Grafen von Saarbrücken, die zu keinem Zeitpunkt zu den „großen Territorialherren“ im „Reich“ gehörten,[19] bildeten die Stadtherren.[20] Den Status einer „freien Reichsstadt“ erreichte Saarbrücken nicht.[21]

---

10 *Ried*, Die Siedlungs- und Funktionsentwicklung der Stadt Saarbrücken, S. 50-51.

11 *Ried*, Die Siedlungs- und Funktionsentwicklung der Stadt Saarbrücken, S. 89.

12 *Franz-Rudolf Ecker*, Die Entwicklung des Bergrechts im Saarbrücker Steinkohlerevier bis zum Ende des 18. Jahrhunderts. Ein Vergleich mit dem älteren deutschen Bergrecht (Rechtshistorische Reihe, Bd. 162), Frankfurt am Main, Berlin, Bern, New York, Paris, Wien 1997, S. 40.

13 *Hrrmann*, Saarbrücken, Sp. 1210; *Herrmann*, Gedanken zum Aufstieg Saarbrückens, S. 13; *Kurt Hoppstädter*, Die Grafschaft Saarbrücken, in: Ders. / Hans-Walter *Herrmann* (Hrsg.), Geschichtliche Landeskunde des Saarlandes, Bd. 2, Von der fränkischen Landnahme bis zum Ausbruch der französischen Revolution (Mitteilungen des Historischen Vereins für die Saargegend e. V., Neue Folge, Heft 4), Saarbrücken 1977, S. 279-315, hier S. 279-302.

14 *Bünte*, Kleine Saarbrücker Stadtgeschichte, S. 32-65; *Ecker*, Die Entwicklung des Bergrechts im Saarbrücker Steinkohlerevier bis zum Ende des 18. Jahrhunderts, S. 41-42; *Hoppstädter*, Die Grafschaft Saarbrücken, S. 302-314.

15 *Hanns Klein*, Der Freiheitsbrief für Saarbrücken und St. Johann, in: Zeitschrift für die Geschichte der Saargegend 19 (1971) = Festschrift zur 650jährigen Verleihung des Freiheitsbriefes an Saarbrücken und St. Johann, S. 132-146. In dem Beitrag ist eine Edition des Freiheitsbriefes abgedruckt.

16 *Walter Mohr*, Johann I., in: Neue Deutsche Biographie 10 (1974), S. 521 f. [Online-Version]; URL: https://www.deutsche-biographie.de/pnd136293646.html#ndbcontent.

17 *Behringer / Clemens*, Geschichte des Saarlandes, S. 23; *Bünte*, Kleine Saarbrücker Stadtgeschichte, S. 18-20; *Niemeyer*, Deutsches Ortsnamenbuch, S. 543. Saarbrücken und St. Johann bildeten nach dem Freiheitsbrief eine Doppelstadt.

18 Siehe allgemein: *Steffen Schlinker*, Rechtsgeschichte. Ein Studienbuch, München 2021, § 20 Rn. 4.

19 *Hans-Walter Herrmann*, Menhire – Villen – Residenzen. Vorgeschichte und Geschichte bis 1815, in: Das Saarland. Politische, wirtschaftliche und kulturelle Entwicklung, hrsg. von der Landeszentrale für politische Bildung, Saarbrücken 1989, S. 9-22, hier S. 15.

20 *Behringer / Clemens*, Geschichte des Saarlandes, S. 21-24; *Niemeyer*, Deutsches Ortsnamenbuch, S. 543; *Herrmann*, (Alt-)Saarbrücken, S. 508.

21 *Ried*, Die Siedlungs- und Funktionsentwicklung der Stadt Saarbrücken, S. 51.

Eine Rechtsgeschichte Saarbrückens im 20. Jahrhundert leistet unter Berücksichtigung politischer, sozialer, wirtschaftlicher und gesellschaftlicher Entwicklungen[22] einen Beitrag zur europäischen Rechtsgeschichte. Offenkundig wird der europäische Bezug an der geographischen Lage Saarbrückens und des Saarlandes als „Grenzregion" zu Frankreich und Luxemburg.[23] Hinsichtlich einer Rechtsgeschichte Saarbrückens liegt im Folgenden in Anlehnung an die Methoden der allgemeinen Geschichtswissenschaften eine „Mikroanalyse" bzw. „Mikrogeschichte" vor.[24] Betrachtet wird die Stadt Saarbrücken als „politisch-administrative Einheit".[25]

Eine historische und rechtshistorische Analyse bedeutet zu „periodisieren, einzuteilen, eben zu ordnen".[26] In den chronologisch aufgebauten Kapiteln werden die Entstehung Saarbrückens zur „Großstadt" 1909, rechtliche Entwicklungen in Saarbrücken im und unmittelbar nach dem Ersten Weltkrieg, das Saarstatut, Saarbrücken während der Zeit des Völkerbundmandats 1920-1935, die Saarabstimmung von 1935, Saarbrücken in der Zeit des Nationalsozialismus sowie die rechtlichen Entwicklungen in Saarbrücken nach 1945 betrachtet. Zu einem Einschnitt in rechtshistorischer Hinsicht, mit der die vorliegende Darstellung in weiten Teilen endet, führte die Gemeindegebietsreform von 1974. Innerhalb der einzelnen Kapitel strukturieren sachliche Schwerpunkte, die die entsprechenden Zeitabschnitte in rechtshistorischer Perspektive prägten, die Untersuchung. Zu sachlichen Schwerpunkten gehören exemplarisch die Armenfürsorge, das Schulwesen, das Sparkassenwesen, der Verkehr der Straßenbahnen und Busse,

---

22 Zum Verhältnis der Sozialgeschichte zur Rechtsgeschichte: *Hermann Nehlsen*, Juristen – geschichtslose Technokraten? In: Jahrbuch der Juristischen Gesellschaft Bremen 5 (2004), S. 53-65.

23 *Behringer / Clemens*, Geschichte des Saarlandes, S. 7; *Gabriele Clemens*, Schicksalsjahre der saarländischen Geschichte, in: Dies. (Hrsg), Schlüsseljahre. Zäsuren und Kontinuitäten an der Saar 1815 – 1935 – 1955 (Veröffentlichungen der Kommission für Saarländische Landesgeschichte, Bd. 49), Saarbrücken 2017, S. 7-18, hier S. 7; *Ilja Mieck*, Deutschlands Westgrenze, in: Alexander Demandt (Hrsg.), Deutschlands Grenzen in der Geschichte, München 1990, S. 191-233, hier S. 220-221. Allgemein: *Ulrich Herbert*, Geschichte Deutschlands im 20. Jahrhundert, München 2021, S. 12.

24 *Martin H. Geyer*, Verkehrte Welt. Revolution, Inflation und Moderne: München 1914 – 1924 (Kritische Studien zur Geschichtswissenschaft, Bd. 128), Göttingen 1998, S. 13; *Gerhard Neumeier*, Fürstenfeldbruck 1945 bis 1990. Von der Kleinstadt zum Mittelzentrum, Regensburg 2021, S. 17.

25 Allgemeine ohne Bezug zu Saarbrücken: *Sebastian Haumann*, Stadt. I. Stadtgeschichte, in: Staatslexikon, Bd. 5, hrsg. von der Görres-Gesellschaft und dem Verlag Herder, Freiburg – Basel - Wien 8. Auflage 2021, Sp. 688-694, hier Sp. 688.

26 *Alexander Thiele*, Der konstituierte Staat. Eine Verfassungsgeschichte der Neuzeit, Frankfurt – New York, 2021, S. 15.

die Energie- und Wasserversorgung, das Gesundheitswesen sowie das Wohnungswesen.

Die Abhandlung leistet einen Beitrag zur juristischen Zeitgeschichte im Allgemeinen sowie zur Verwaltungs- und Verfassungsgeschichte im Speziellen. Verfassungsgeschichte beinhaltet regelmäßig einen Teil Verwaltungsgeschichte.[27] Untersuchungen zur Stadtgeschichte im 20. Jahrhundert sind in der Sozial-, Wirtschafts- und Landesgeschichte etablierte Forschungsfelder.[28] Methodische Vorarbeiten zur Rechtsgeschichte von Städten im 20. Jahrhundert auf breiter Basis fehlen. In Bezug auf die juristische Zeitgeschichte liegt ein Forschungsdesiderat vor. Es gibt keine umfassende Rechtsgeschichte Saarbrückens im 20. Jahrhundert. Die rechtshistorische Forschung schenkte Saarbrücken im 20. Jahrhundert bisher nicht die erforderliche Aufmerksamkeit.

Die saarländische Landesgeschichte leistete bedeutende Vorarbeiten für eine Rechtsgeschichte Saarbrückens. Einen wichtigen Einblick in die gesamte Saarbrücker Geschichte geben das von Hans-Christian Herrmann und Ruth Bauer herausgegebene Werk „Burbacher Gold", das die Geschichte Malstatt-Burbachs detailliert behandelt,[29] und die „Kleine Saarbrücker Stadtgeschichte" von Hans Bünte. Beide Untersuchungen stellen Bezüge zur Rechtsgeschichte her.[30] Grundlegend für eine Rechtsgeschichte Saarbrückens im 20. Jahrhundert ist die von Rolf Wittenbrock herausgegebene „Geschichte der Stadt Saarbrücken". In diesem Sammelband werden entscheidende rechtshistorische Entwicklungen in Saarbrücken im 20. Jahrhundert nachgezeichnet. Dies gilt hinsichtlich der Entstehung Saarbrückens zur „Großstadt" 1909, der Entwicklungen im Ersten Weltkrieg, der Jahre zwischen 1920 und 1935, der Zeit des Nationalsozialismus und der Zeit nach 1945.[31] Für die Gründungsgeschichte der „Großstadt" Saarbrücken sind maßgeblich Aufsätze in dem von Heinrich Krueckemeyer herausgegebenen Sammelband „25 Jahre Stadt Saarbrücken".[32] Die Jahre zwischen 1920 und 1935 im Saargebiet beleuchten Reinhold Bost in seiner Biographie

27 *Werner Frotscher / Bodo Pieroth*, Verfassungsgeschichte. Von der Nordamerikanischen Revolution bis zur Wiedervereinigung Deutschlands, München 19. Auflage 2021, S. 2.

28 Siehe exemplarisch: *Neumeier*, Fürstenfeldbruck 1945 bis 1990, passim.

29 *Hans-Christian Herrmann / Ruth Bauer* (Hrsg.), Burbacher Gold – Kohle, Stahl und Eisenbahn. Ein Stück Saarbrücker Stadtgeschichte (Veröffentlichungen des Stadtarchivs Saarbrücken, Bd. 4), Marpingen 2019, passim.

30 *Bünte*, Kleine Saarbrücker Stadtgeschichte, passim.

31 *Rolf Wittenbrock* (Hrsg.), Geschichte der Stadt Saarbrücken, Bd. 2, Von der Zeit des stürmischen Wachstums bis zur Gegenwart, Saarbrücken 1999, passim.

32 *Heinrich Krueckemeyer* (Hrsg.), 25 Jahre Stadt Saarbrücken, Saarbrücken 1934, passim.

über Bartholomäus Koßmann,[33] Wolfgang von Hippel in seiner Biographie über Hermann Röchling (1872-1955),[34] Maria Zenner in ihrem Werk „Parteien und Politik im Saargebiet unter dem Völkerbundsregime 1920-1935“,[35] Ludwig Linsmayer in einem Buch „Politische Kultur im Saargebiet 1920-1932“[36] sowie Patrik von zur Mühlen in seinem Buch „Schlagt den Hitler an der Saar“[37] zwar eingehend. Die spezifischen Verhältnisse in Saarbrücken behandeln die Autoren aber nur am Rande. Wertvoll für die Zeit zwischen 1920 und 1935 in Saarbrücken ist trotz der in Teilen stark nationalistischen Färbung der genannte von Heinrich Krueckemeyer herausgegebene Sammelband „25 Jahre Stadt Saarbrücken“ mit den entsprechenden Aufsätzen. In diesem Band werden dezidiert rechtshistorische Entwicklungen zwischen 1920 und 1935 angesprochen.[38]

Für die Zeit des Nationalsozialismus sind diverse Einzelstudien maßgeblich. Zu nennen sind exemplarisch das Werk von Dieter Muskalla mit dem Titel „NS-Politik an der Saar unter Josef Bürckel“,[39] das Buch von Albert Marx über die „Geschichte der Juden im Saarland,[40] die Untersuchung von Fabian Lemmes über „Zwangsarbeit in Saarbrücken“,[41] das Werk von Christoph Braß über

33 *Reinhold Bost*, Bartholomäus Koßmann, Christ – Gewerkschaftler – Politiker (1883-1952) (Malstatter Beiträge aus Gesellschaft, Wirtschaft, Politik und Kultur), Blieskastel 2002, passim.

34 *Wolfgang von Hippel*, Hermann Röchling 1872-1955. Ein deutscher Großindustrieller zwischen Wirtschaft und Politik. Facetten eines Lebens in bewegter Zeit, Göttingen 2018, passim.

35 *Maria Zenner*, Parteien und Politik im Saargebiet unter dem Völkerbundsregime 1920-1935 (Veröffentlichungen der Kommission für saarländische Landesgeschichte und Volksforschung, Bd. III), Saarbrücken 1966, passim.

36 *Ludwig Linsmayer*, Politische Kultur im Saargebiet 1920-1932. Symbolische Politik, verhinderte Demokratisierung, nationalisiertes Kulturleben einer abgetrennten Region (Saarland Bibliothek, Bd. 2), St Ingbert 1992.

37 *Patrik von zur Mühlen*, „Schlagt den Hitler an der Saar!“ Abstimmungskampf, Emigration und Widerstand im Saargebiet 1933-1935 (Forschungsinstitut der Friedrich-Ebert-Stiftung Reihe: Politik- und Gesellschaftsgeschichte, Bd. 7), Bonn 1979, passim.

38 *Krueckemeyer*, 25 Jahre Stadt Saarbrücken, passim.

39 *Dieter Muskalla*. NS-Politik an der Saar unter Josef Bürckel. Gleichschaltung – Neuordnung – Verwaltung (Veröffentlichungen der Kommission für Saarländische Landesgeschichte und Volksforschung, Bd. 25), Saarbrücken 1995, passim.

40 *Albert Marx*, Die Geschichte der Juden im Saarland vom Ancien Régime bis zum Zweiten Weltkrieg, Saarbrücken 1992, passim.

41 *Fabian Lemmes*, Zwangsarbeit in Saarbrücken. Stadtverwaltung, lokale Wirtschaft und der Einsatz ausländischer Zivilarbeiter und Kriegsgefangener 1940-1945, St. Ingbert 2004, passim.

„Zwangssterilisation und 'Euthanasie' im Saarland 1933-1945"[42] und das Buch von Elisabeth Thalhofer über die „Geschichte des Saarbrücker Gestapo-Lagers" „Neue Bremm".[43]

Einen Einstieg in die Zeit nach der Befreiung Saarbrückens vom Nationalsozialismus bieten die Untersuchung von Johannes Schäfer über „Das autonome Saarland"[44] und der von Ludwig Linsmayer sowie Peter Wettmann-Jungblut herausgegebene Sammelband mit dem Titel „Last aus tausend Jahren".[45] Für die Zeit nach 1945 behandeln unterschiedliche Einzelstudien rechtshistorische Entwicklungen. Dazu gehören exemplarisch die Untersuchung von Michael Martinek über eine saarländische Staatsangehörigkeit,[46] die Abhandlung von Rainer Möhler über die „Entnazifizierung in Rheinland-Pfalz und im Saarland",[47] das Buch von Heinrich Küppers über die „Bildungspolitik im Saarland" zwischen 1945 und 1955[48] sowie Aufsätze von Wilfried Busemann über die „Wiedergutmachung".[49]

Die juristische Dissertation von Rudolph Brosig über die „Verfassung des Saarlandes" gibt wichtige Einblicke übergeordneter Bedeutung in die Rechts-

---

42 *Christoph Braß*, Zwangssterilisation und „Euthanasie" im Saarland 1933-1945 (Sammlung Schöningh zur Geschichte und Gegenwart), Paderborn – München – Wien – Zürich 2004, passim.

43 *Elisabeth Thalhofer*, Neue Bremm. Geschichte des Saarbrücker Gestapo-Lagers, St. Ingbert 2019, passim.

44 *Johannes Schäfer*, Das autonome Saarland. Demokratie im Saarstaat 1945-1957 (Röhrig Zeitgeschichte, Bd. 1), St. Ingbert 2012, passim.

45 *Ludwig Linsmayer / Peter Wettmann-Jungblut* (Hrsg.), Last aus tausend Jahren. NS-Vergangenheit und demokratischer Aufbruch im Saarstaat (Echolot. Historische Beiträge des Landesarchivs Saarbrücken, Bd. 12), Saarbrücken 2013, passim.

46 *Michael Martinek*, Die saarländische Staatsangehörigkeit – Eine regionale Rechtsreminiszenz, Saarländisches Anwaltsblatt 2020, S. 14-16.

47 *Rainer Möhler*, Entnazifizierung in Rheinland-Pfalz und im Saarland unter französischer Besatzung von 1945 bis 1952 (Veröffentlichungen der Kommission des Landtages für die Geschichte des Landes Rheinland-Pfalz, Bd. 17), Mainz 1992, passim.

48 *Heinrich Küppers*, Bildungspolitik im Saarland 1945-1955 (Veröffentlichungen der Kommission für saarländische Landesgeschichte und Volksforschung, Bd. XIV), Saarbrücken 1984, passim.

49 *Wilfried Busemann*, „Wiedergutmachung", Restauration und Wertewandel im Saarland nach 1945, in: Hans-Christian *Herrmann* / Ruth Bauer (Hrsg.), Widerstand, Repression und Verfolgung. Beiträge zur Geschichte des Nationalsozialismus an der Saar (Geschichte, Politik und Gesellschaft. Schriftenreihe der Stiftung Demokratie Saarland, Bd. 14), St. Ingbert 2014, S. 371-394; *Ders.*, Wiedergutmachung als Pflichtübung? Zur Wahrnehmung der Opfer des Nationalsozialismus an der Saar seit 1946, in: Rainer Hudemann / Burkhard Jellonnek / Bernd Rauls (Hrsg.), Grenz-Fall. Das Saarland zwischen Frankreich und Deutschland 1945-1960, St. Ingbert 1997, S. 401-412.

geschichte des Saarlandes und von Saarbrücken im 20. Jahrhundert.[50] Kurzbiographien über die Saarbrücker Bürgermeister im 20. Jahrhundert verfasste Hanns Klein in einer Festschrift zur 650jährigen Verleihung des Freiheitsbriefes an Saarbrücken und St. Johann.[51] Das ausschließlich online erscheinende biographische Nachschlagewerk „Saarland-Biografien“ erfasste zahlreiche Personen, die eine Bedeutung für die Rechtsgeschichte Saarbrückens im 20. Jahrhundert aufwiesen.[52]

Erkenntnisse über die Sparkassengeschichte in Saarbrücken bietet ein Werk von Paul Thomes[53] und hinsichtlich der Geschichte der Straßenbahnen und Busse in der Stadt eine von der „Saarbahn GmbH“ herausgegebene Studie.[54] Hans-Christian Herrmann gibt in einem umfangreichen Aufsatz einen tiefen Einblick in die Geschichte des Wohnungswesens und Wohnungsbaus in Saarbrücken im 20. Jahrhundert.[55] Die Mediengeschichte in Saarbrücken und im Saarland beleuchten grundlegend Beiträge in einem von Rainer Hudemann herausgegebenen Sammelband[56] sowie Klaus Bünte in einem Aufsatz[57]

---

50 *Rudolph Brosig*, Die Verfassung des Saarlandes. Entstehung und Entwicklung (Annales Universitatis Saraviensis, Bd. 131), Köln, Berlin, Bonn, München 2001, passim.

51 *Hanns Klein*, Kurzbiographien der Bürgermeister (Alt-) Saarbrücken, St. Johanns, Malstatt-Burbachs und der Großstadt Saarbrücken, in: Zeitschrift für die Geschichte der Saargegend 19 (1971) = Festschrift zur 650jährigen Verleihung des Freiheitsbriefes an Saarbrücken und St. Johann, S. 510-538.

52 http://www.saarland-biografien.de/frontend/php/index.php.

53 *Paul Thomes*, Da, wo Sie zu Hause sind. 150 Jahre Sparkasse Saarbrücken, hrsg. von der Sparkasse Saarbrücken, Saarbrücken 2008, passim.

54 *Saarbahn GmbH* (Hrsg.), Die Geschichte des Öffentlichen Personennahverkehrs in Saarbrücken. Immer in Bewegung, St. Ingbert 2017, passim.

55 *Hans-Christian Herrmann*, Die Geschichte einer aktiven Wohnungsbaupolitik, in: Hildegard Wald / Heinz-Peter Klein (Hrsg.), 100 Jahre Saarbrücker Gemeinnützige Siedlungsgesellschaft, Saarbrücken 2020, S. 6-75.

56 *Rainer Hudemann* (Hrsg.), Bd. 1, Medienlandschaft Saar von 1945 bis in die Gegenwart, Bd. 1, Medien zwischen Demokratisierung und Kontrolle (1945-1955), München 2010, passim.

57 *Hans Bünte*, Geschichte und Gescichten des Senders an der Saar – Chronik, in: Fritz Raff / Axel Buchholz (Hrsg.), Geshichte und Geschichten des Senders an der Saar – 50 Jahre Saarländischer Rundfunk, Feiburg, Basel, Wien 2007, S. 10-412.

2. Kapitel. Saarbrücken im 19. Jahrhundert

I. Saarbrücken als Teil des Regierungsbezirks Trier und der Rheinprovinz

Saarbrücken gehörte seit 1815 aufgrund der Bestimmungen des Zweiten Pariser Friedens, nach dem Frankreich Saarbrücken an Preußen abtreten musste, vom 20. November 1815[1] rechtlich und politisch zu Preußen.[2] Zum Zeitpunkt der Abtretung war der protestantische Pfarrer Karl Ludwig Alexander Zimmermann (1770-1835) Bürgermeister Saarbrückens, auf ihn folgte der protestantische Pfarrer Johann Friedrich Köllner (1764-1853).[3] Beide Bürgermeister gehörten einer „protestantischen Elite" an, die in Saarbrücken im 19. Jahrhundert politisch vorherrschte.[4] Unter der Federführung des preußischen Regierungskommissars Matthias Simon fand die verwaltungsrechtliche „Neu- und Eingliederung" Saarbrückens nach dem Zweiten Pariser Frieden statt.[5]

---

1 Traktat zwischen Preußen und seinen Alliierten eines, und Frankreich andern Theils. Unterzeichnet zu Paris, 20. November 1815, Gesetz=Sammlung für die Königlichen Preußischen Staaten 1816, S. 13-35. Zum staatsrechtlichen Zustand vor 1815: Gergen, Saarlouis, S. 171-172. Zwischen 1798 und 1814 war Saarbrücken ein Teil des unter französischer Herrschaft stehenden Saardepartments. Am 9. März 1801 erfolgte die offizielle Eingliederung des Saardepartments in den französischen Staat.

2 *Georg Baersch*, Beschreibung des Regierungs-Bezirks Trier nach amtlichen Quellen bearbeitet und im Auftrage der Königl. Preuß. Regierung, Trier 1849, S. 143; *Bünte*, Kleine Saarbrücker Stadtgeschichte, S. 77; *Heyen*, Saarbrücken, S. 321; *Mieck*, Deutschlands Westgrenze, S. 217; *Niemeyer*, Deutsches Ortsnamenbuch, S. 543. Zum Saardepartment unter „französischer Herrschaft": *Brosig*, Die Verfassung des Saarlandes, S. 18-20.

3 *Klein*, Kurzbiographien der Bürgermeister (Alt-) Saarbrücken, St. Johanns, Malstatt-Burbachs und der Großstadt Saarbrücken, S. 514-515.

4 *Behringer / Clemens*, Geschichte des Saarlandes, S. 81.

5 *Bünte*, Kleine Saarbrücker Stadtgeschichte, S. 77; *Peter Burg*, Saarbrücken im Aufstieg zum Zentrum einer preußischen Industrieregion (1815-60), in: Rolf Wittenbrock (Hrsg.), Geschichte der Stadt Saarbrücken, Bd. 1, Von den Anfängen zum industriellen Aufbruch, Saarbrücken 1999, S. 519-616, hier S. 520; *Hanns Klein*, Geschichte des Landkreises Saarbrücken 1816-1965, in: Landkreis Saarbrücken (Hrsg.), Grenze als Schicksal. 150 Jahre Landkreis Saarbrücken, Saarbrücken 1966, S. 37-108, hier S. 39-41.

https://doi.org/10.1515/9783111002996-002

Saarbrücken lag in dem im Jahre 1816 in Preußen geschaffenen Regierungsbezirk Trier mit einem Regierungspräsidenten an der Spitze der Verwaltung.[6] Zunächst stellte der Regierungsbezirk Trier einen Teil der Provinz Niederrhein und ab 1822 bis 1919 der Rheinprovinz mit der Hauptstadt Koblenz dar, wo sich der Sitz des Oberpräsidenten der Rheinprovinz befand.[7] Die Regierung in Trier unterstand dem Oberpräsidenten der Rheinprovinz.[8] Im Provinziallandtag der Rheinprovinzen, der 1826 erstmals tagte, stellte Saarbrücken Abgeordnete.[9] Der politische und rechtliche Einfluss des Provinziallandtags, dem eine „begutachtende und beratende Funktion" zukam, war beschränkt.[10] Eine Verfassung mit rechtlichen Auswirkungen auf Saarbrücken gab es zu diesem Zeitpunkt in Preußen, das dem Deutschen Bund angehörte, nicht.[11] Erst am 5. Dezember 1848 erließ der preußische König Friedrich Wilhelm IV. (1795-1861) eine „oktroyierte" Verfassung[12], die in Saarbrücken Anwendung fand.[13] Die preußische Verfassung vom 31. Januar 1850[14] mit einem „bescheidenen Grund-

---

6 *Baersch*, Beschreibung des Regierungs-Bezirks Trier, S. 143; *Bünte*, Kleine Saarbrücker Stadtgeschichte, S. 77; *Heyen*, Saarbrücken, S. 321; *Mieck*, Deutschlands Westgrenze, S. 217; *Niemeyer*, Deutsches Ortsnamenbuch, S. 543.

7 *Behringer / Clemens*, Geschichte des Saarlandes, S. 72; *Brosig*, Die Verfassung des Saarlandes, S. 27; *Bünte*, Kleine Saarbrücker Stadtgeschichte, S. 77; *Burg*, Saarbrücken im Aufstieg zum Zentrum einer preußischen Industrieregion, S. 522; *Gergen*, Saarlouis, S. 173; *Hans-Walter Herrmann*, Saarbrücken, in: Erich Keyer (Hrsg.), Städtebuch Rheinland-Pfalz und Saarland (Deutsches Städtebuch. Handbuch städtischer Geschichte Bd. IV, Südwest-Deutschland, 3. Land Rheinland-Pfalz und Saarland), Stuttgart 1964, S. 516-523, hier S. 520. Zu Koblenz im 19. Jahrhundert: *Thomas Tippach*, Koblenz als preußische Garnison- und Festungsstadt. Wirtschaft, Infrastruktur und Städtebau (Veröffentlichungen des Instituts für vergleichende Städtegeschichte in Münster, Reihe A: Darstellungen, Bd. 53), Köln – Weimar – Wien 2000.

8 *Willemsen*, Die Rhein-Provinz unter Preußen, Elberfeld 1842, S. 23.

9 *Baersch*, Beschreibung des Regierungs-Bezirks Trier, S. 148-149.

10 *Brosig*, Die Verfassung des Saarlandes, S. 32.

11 *Brosig*, Die Verfassung des Saarlandes, S. 31; *Peter Burg*, Saarbrücken 1789-1860. Von der Residenzstadt zum Industriezentrum (saarlandBibliothek, Bd. 14), Blieskastel 2000, S. 49-50; *Thiele*, Der konstituierte Staat, S. 161, 163.

12 Verfassungsurkunde für den Preußischen Staat, 5. 12. 1848, Gesetz=Sammlung für die Königlichen Preußischen Staaten, 1848, Berlin, S. 375-391; siehe allgemein: *Dietmar Willoweit / Steffen Schlinker*, Deutsche Verfassungsgeschichte. Vom Frankenreich bis zur Wiedervereinigung Deutschlands, München 8. Auflage 2019, S. 262-263.

13 *Brosig*, Die Verfassung des Saarlandes, S. 35.

14 Verfassungs=Urkunde für den Preußischen Staat, 31. Januar 1850, Gesetz=Sammlung für die Königlichen Preußischen Staaten, 1850, Berlin S. 17-35.

rechtskatalog" trat an die Stelle der Verfassung vom 5. Dezember 1848.[15] Preußische Maße, Gewichte und Währung galten in Saarbrücken ab 1833.[16]

In Saarbrücken galt die Gemeindeordnung für die Rheinprovinz vom 23. Juli 1845.[17] Bis zur Einführung dieser Gemeindeordnung fand das „französische Gemeindeverfassungsrecht" in weiten Teilen Anwendung[18] in Saarbrücken. Die Gemeindeordnung von 1845 stufte Saarbrücken in einen eigenen Verwaltungsbezirk als „Bürgermeisterei" ein.[19] Die „Bürgermeisterei" Saarbrücken umfasste Saarbrücken, St. Johann, Malstatt mit Rußhütte, Burbach und das Brebach-Halberger Werk.[20] Nach der Gemeindeordnung von 1845 ernannte die Regierung die Bürgermeister, die ein Ehrenamt ausübten, auf Vorschlag des Landrats.[21] Das Wahlrecht zur Gemeindeversammlung beruhte nach der Gemeindeordnung von 1845 auf einem „Drei-Klassen-Wahlrecht".[22] Das „Drei-Klassen-Wahlrecht" bot eine Grundlage für die politische „Vorherrschaft des vermögenden … Wirtschaftsbürgertums".[23] In den Jahren 1848/49 unterlagen das „Drei-Klassen-Wahlrecht", die schwache Ausprägung der kommunalen Selbstverwaltung und die fehlende „Entscheidungsfreiheit über den Haushalt" der Gemeinden nachhaltiger Kritik durch liberale Politiker.[24]

---

15 *Brosig*, Die Verfassung des Saarlandes, S. 34-35; *Willoweit / Schlinker*, Deutsche Verfassungsgeschichte, S. 263-264.

16 *Bünte*, Kleine Saarbrücker Stadtgeschichte, S. 77.

17 Gemeindeordnung für die Rheinprovinz, 23. Juli 1845, Gesetz=Sammlung für die Königlichen Preußischen Staaten 1845, Berlin S. 523-554; *Herrmann*, (Alt-)Saarbrücken, S. 512.

18 *Dietrich Höroldt*, Rheinische Gemeinden in ihrem Verhältnis zum preußischen Staat während des 19. Jahrhunderts. Ein Versuch, in: Marget Wensky (Hrsg.), Preußen und die rheinischen Städte, Köln, Bonn 1994, S. 9-36, hier S. 11, 23.

19 §§ 7-9 Gemeindeordnung für die Rheinprovinz, 23. Juli 1845, Gesetz=Sammlung für die Königlichen Preußischen Staaten 1845, Berlin S. 524-525; *Burg*, Saarbrücken im Aufstieg zum Zentrum einer preußischen Industrieregion, S. 527.

20 *Burg*, Saarbrücken im Aufstieg zum Zentrum einer preußischen Industrieregion, S. 520.

21 § 101, Gemeindeordnung für die Rheinprovinz, 23. Juli 1845, Gesetz=Sammlung für die Königlichen Preußischen Staaten 1845, Berlin S. 548; *Burg*, Saarbrücken im Aufstieg zum Zentrum einer preußischen Industrieregion, S. 527.

22 §§ 16, 34-36, Gemeindeordnung für die Rheinprovinz, 23. Juli 1845, Gesetz=Sammlung für die Königlichen Preußischen Staaten 1845, Berlin S. 526, 531-532; *Burg*, Saarbrücken im Aufstieg zum Zentrum einer preußischen Industrieregion, S. 527.

23 *Christian Engeli / Wolfgang Haus* (Bearb.), Quellen zum modernen Gemeindeverfassungsrecht in Deutschland (Schriften des deutschen Instituts für Urbanistik, Bb. 45), Berlin, Köln, Mainz 1975, S. 14.

24 *Burg*, Saarbrücken im Aufstieg zum Zentrum einer preußischen Industrieregion, S. 527.

Die preußische Gemeindeordnung vom 11. März 1850, deren Ausarbeitung die Jahre 1848/49 beeinflussten,[25] stärkte die Selbstverwaltung der Gemeinden. Sie erlaubte es, dass sich Einzelgemeinden voneinander trennten. Zunächst noch ohne Erfolg im Jahre 1850 bemühte sich St. Johann um eine Trennung von der „Bürgermeisterei" Saarbrücken.[26]

Die rheinische Städteordnung vom 15. Mai 1856, die die Staatsaufsicht über Städte „verschärfte",[27] galt ab dem 3. Mai 1859 in Saarbrücken.[28] Die Städteordnung ging von einer Unterscheidung zwischen Stadt- und Landgemeinden aus.[29] Für Landgemeinden blieb es hinsichtlich der rechtlichen Ausgestaltung bei der Gemeindeordnung von 1845.[30] Saarbrücken galt zwar als Landgemeinde, es besaß aber das Recht zur Stellung eines Antrags zur „Übernahme der rheinischen Städteordnung".[31] Nach einem entsprechenden Antrag stufte die preußische Regierung Saarbrücken und St. Johann als jeweils eigenständige Stadtgemeinden ein.[32] Damit folgte eine Trennung von Saarbrücken und St. Johann im Jahre 1859.[33] 1860 wohnten in Saarbrücken etwa 6.000 Einwohner.[34]

---

25 *Rüdiger Schütz*, Von der französischen Munizipalverfassung zur Rheinischen Städteordnung von 1856. Zur Entwicklungsgeschichte kommunaler Selbstverwaltung in den Rheinlanden, in: Margret Wensky (Hrsg.), Preußen und die rheinischen Städte, Köln, Bonn 19954, S. 37-74, hier S. 59.

26 Gemeinde=Ordnung für den preußischen Staat, Gesetz=Sammlung für die Königlich Preußischen Staaten 1850, Berlin, S. 213-251; *Burg*, Saarbrücken im Aufstieg zum Zentrum einer preußischen Industrieregion, S. 528; *Albert Ruppersberg*, Geschichte der ehemaligen Grafschaft Saarbrücken, III. Teil, Geschichte der Stadt Saarbrücken, Bd. 2, Geschichte der Städte Saarbrücken und St. Johann von 1815 bis 1909, der Stadt Malstatt=Burbach und der vereinigten Stadt Saarbrücken bis zum Jahre 1914, Saarbrücken 1914, S. 62-63.

27 *Schütz*, Von der französischen Munizipalverfassung zur Rheinischen Städteordnung von 1856, S. 65.

28 Städte=Ordnung für die Rheinprovinz vom 15. Mai 1856, Gesetz=Sammlung für die Königlichen Preußischen Staaten 1856, Berlin, S. 406-434; *Herrmann*, (Alt-)Saarbrücken, S. 512.

29 Städte=Ordnung für die Rheinprovinz vom 15. Mai 1856, Gesetz=Sammlung für die Königlichen Preußischen Staaten 1856, Berlin, S. 406-434; *Burg*, Saarbrücken im Aufstieg zum Zentrum einer preußischen Industrieregion, S. 529.

30 *Burg*, Saarbrücken im Aufstieg zum Zentrum einer preußischen Industrieregion, S. 529.

31 *Burg*, Saarbrücken im Aufstieg zum Zentrum einer preußischen Industrieregion, S. 529.

32 *Burg*, Saarbrücken im Aufstieg zum Zentrum einer preußischen Industrieregion, S. 529; *Rolf Wittenbrock*, Die drei Saarstädte in der Zeit des beschleunigten Städtewachstums (1860-1908), in: Ders. (Hrsg.), Geschichte der Stadt Saarbrücken, Bd. 2, Von der Zeit des stürmischen Wachstums bis zur Gegenwart, Saarbrücken 1999, S. 11-130, hier S. 16.

33 *Burg*, Saarbrücken im Aufstieg zum Zentrum einer preußischen Industrieregion, S. 520; *Wittenbrock*, Die drei Saarstädte in der Zeit des beschleunigten Städtewachstums, S. 16.

34 *Wittenbrock*, Die drei Saarstädte in der Zeit des beschleunigten Städtewachstums, S. 12.

Malstatt-Burbach und Saarbrücken trennten sich 1866.[35] 1875 wurde Malstatt-Burbach zur Stadt erhoben.[36]

Ein Amtsgericht, das aus dem während der Zugehörigkeit zu Frankreich errichteten „Friedensgericht" hervorging, existierte in Saarbrücken seit 1878.[37] In Zivilsachen galt vor dem „Friedensgericht" und Amtsgericht der Code Civil von 1804 bis zur Einführung des Bürgerlichen Gesetzbuchs 1900.[38]

Ein „Königliches Landgericht" mit der Zuständigkeit für die Kreise Saarbrücken, Saarlouis, Ottweiler und St. Wendel gab es seit 1835 in der Stadt.[39] Die Errichtung eines Landgerichts in Saarbrücken förderte den Zuzug von Juristen in die Stadt.[40] Im Jahre 1847 bestand das Landgericht Saarbrücken aus einem Präsidenten, einem „Kammer=Präsidenten", vier Räten, drei Assessoren, zwei Referendaren und drei „Ascultatoren".[41] An der Spitze des Landgerichts als

---

35 *Hans-Walter Herrmann*, Saarbrücken, Malstatt-Burbach, Kreis Saarbrücken (bis 1909), in: Erich Keyser (Hrsg.), Städtebuch Rheinland-Pfalz und Saarland (Deutsches Städtebuch. Handbuch städtischer Geschichte Bd. IV, Südwest-Deutschland, 3. Land Rheinland-Pfalz und Saarland), Stuttgart 1964, S. 523-526, hier S. 525.

36 *Ralf Banken*, Fusion zum südwestdeutschen Wirtschaftszentrum. Zur Entstehung der Großstadt Saarbrücken 1850-1909, in: Zeitschrift für die Geschichte der Saargegend 58 (2010), S. 43-62, hier S. 47; *Herrmann*, Saarbrücken, Malstatt-Burbach, Kreis Saarbrücken (bis 1909), S. 523-526; *Hans-Christian Herrmann / Ruth Bauer*, Die Straßenbahn – ein „Culturfortschritt" setzt sich in Bewegung – von den Anfängen bis zum Ende des Zweiten Weltkriegs (1890-1945), in: Saarbahn GmbG (Hrsg.), Die Geschichte des Öffentlichen Personennahverkehrs in Saarbrücken. Immer in Bewegung, St. Ingbert 2017, S. 11-40, hier S. 13; *Hans-Christian Herrmann*, Kommunen und die Last des Strukturwandels am Beispiel von Saarbrücken-Burbach, in: Ders. (Hrsg.), Die Strukturkrise an der Saar und ihr langer Schatten. Bilanz und Perspektiven von Montanregionen im europäischen Vergleich, St. Ingbert 2020, S. 307-330, hier S. 309.

37 *Burg*, Saarbrücken im Aufstieg zum Zentrum einer preußischen Industrieregion, S. 530; *Peter Burg*, Vom Arrondissement zum Landkreis Saarbrücken. Von Preußens Rand zum Regionalverband, in: Regionalverband Saarbrücken (Hrsg.), 200 Jahre Landkreis Saarbrücken, Saarbrücken 2016, S. 18-27, hier S. 24; *Herrmann*, (Alt-) Saarbrücken, S. 512.

38 *Brosig*, Die Verfassung des Saarlandes, S. 20-22; Burg, Vom Arrondissement zum Landkreis Saarbrücken, S. 24; *Thomas Gergen*, Politische Entscheidungsjahre 1815, 1935 und 1955. Zäsuren und Übergänge aus Sicht der Rechtsgeschichte, in: Gabriele Clemens (Hrsg.), Schlüsseljahre. Zäsuren und Kontinuitäten an der Saar 1815 – 1935 – 1955 (Veröffentlichungen der Kommission für Saarländische Landesgeschichte, Bd. 49), Saarbrücken 2017, S. 51-88, hier S. 51; *Peter Wettmann-Jungblut*, Rechtsanwälte an der Saar 1800-1960. Geschichte eines bürgerlichen Berufsstandes, hrsg. vom Saarländischen Anwaltsverein, Blieskastel 2004, S. 31. Siehe: Code civil des français. Ed. originale et seule officielle, Paris 1804.

39 *Ruppersberg*, Geschichte der ehemaligen Grafschaft Saarbrücken, III. Teil, Geschichte der Stadt Saarbrücken, Bd. 2, S. 14.

40 *Burg*, Saarbrücken im Aufstieg zum Zentrum einer preußischen Industrieregion, S. 534.

41 *Baersch*, Beschreibung des Regierungs-Bezirks Trier, S. 260.

Präsident stand Theodor Ludwig Ernst Bessel (1790-1848).[42] Vor seiner Ernennung zum Präsidenten des Landgerichts war er seit 1815 Justizkommissar in Paderborn, ab 1826 Prokurator beim Landgericht Koblenz und seit 1831 Appellationsgerichtsrat in Köln. Das Landgericht befand sich in einem Nebengebäude des Saarbrücker Schlosses.[43] Ein neues Gefängnis errichteten Arbeiter in Saarbrücken zwischen 1842 bis 1844.[44]

Ein Hauptzollamt befand sich in Saarbrücken ab 1836[45] und ein königlich preußisches Bergamt, das der Bergrat Leopold Sello (1785-1874) seit 1816 leitete.[46] Das dem preußischen Oberbergamt in Bonn untergeordnete Saarbrücker Bergamt besaß die Zuständigkeit für die Förderung und „Vermarktung" von Kohle[47] der Gruben im „Saarkohlenrevier".[48] Der Förderung des Absatzes der Kohle dienten ein Ausbau bestehender Landstraßen und die Neuanlage von „Abfuhrwegen".[49] Seit dem Jahre 1861 trug das Bergamt die Bezeichnung Bergwerksdirektion.[50] Die Gründung einer Bergschule, die unter staatlicher Aufsicht stand, fand in Saarbrücken 1816 statt. Die Bergschule besaß die Zuständigkeit für die „Ausbildung von Grubensteigern". Die Lehrjahre an der Bergschule dauerten

---

42 *Karl Lillig*, Die chronologische Reihenfolge der Präsidenten des Landgerichts Saarbrücken, in: Festschrift 150 Jahre Landgericht Saarbrücken, hrsg. vom Präsidenten des Landgerichts in Zusammenarbeit mit dem Fachbereich Rechtswissenschaft der Universität des Saarlandes. Berlin, Bonn, München 1985, S. 375-386, hier S. 375; http://www.saarland-biografien.de/frontend/php/ergebnis_detail.php?id=1795.

43 *Hans-Walter Herrmann*, Die Errichtung des Landgerichtes Saarbrücken und die Ausdehnung seiner Zuständigkeit auf das Saarindustrierevier, in: Festschrift 150 Jahre Landgericht Saarbrücken, hrsg. vom Präsidenten des Landgerichts in Zusammenarbeit mit dem Fachbereich Rechtswissenschaft der Universität des Saarlandes. Berlin, Bonn, München 1985, S. 3-32, hier S. 8-9; *Wettmann-Jungblut*, Rechtsanwälte an der Saar 1800-1960, S. 49-51.

44 *Ruppersberg*, Geschichte der ehemaligen Grafschaft Saarbrücken, III. Teil, Geschichte der Stadt Saarbrücken, Bd. 2, S. 14.

45 *Herrmann*, (Alt-) Saarbrücken, S. 512.

46 *Behringer / Clemens*, Geschichte des Saarlandes, S. 77; *Jürgen Kiltz*, Leopold Sello – Direktor des Bergamts Saarbrücken von 1916 bis 1857, in: Saarbrücker Hefte 58 (1986), S. 43-92; *Franz Rauber*, 250 Jahre staatlicher Bergbau an der Saar, 1. Teil, Von den Anfängen bis zum Versailler Vertrag, Sotzweiler 2003, S. 59; *Hans-Ulrich Wehler*, Deutsche Gesellschaftsgeschichte, Bd. 2, Von der Reformära bis zur industriellen und politischen „Deutschen Doppelrevolution" 1815-1845/49, München 4. Auflage 2015, S. 82.

47 *Burg*, Saarbrücken im Aufstieg zum Zentrum einer preußischen Industrieregion, S. 522, 560.

48 *Rauber*, 250 Jahre staatlicher Bergbau an der Saar, S. 59; *Wittenbrock*, Die drei Saarstädte in der Zeit des beschleunigten Städtewachstums, S. 36.

49 *Rauber*, 250 Jahre staatlicher Bergbau an der Saar, S. 62.

50 *Rauber*, 250 Jahre staatlicher Bergbau an der Saar, S. 83; *Wittenbrock*, Die drei Saarstädte in der Zeit des beschleunigten Städtewachstums, S. 36.

drei Jahre. Auf dem Lehrplan der Schule standen das Erlernen von „Schreiben, Lesen und Rechnen“ sowie von „Schönschreiben, Rechtschreiben und Zeichnen“, die „Grundlagen der Mathematik“, der „Gebrauch des Kompasses“ sowie die „Bergbaukunst mit Geologie und Mineralogie“.[51]

Im Zuge der Errichtung der „Königlichen Direction der Saarbrücker Eisenbahn“ 1852 schloss Preußen Saarbrücken an das preußische „Staatsbahnprogramm“ an, das der preußische Handelsminister August von der Heydt (1801-1874)[52] maßgeblich voranbrachte. Für die saarländische Industrie bedeutete der Anschluss an die Eisenbahnen eine leichtere Erschließung neuer Absatzmärkte.[53] Die 1862 in Saarbrücken errichtete Handelskammer vertrat die Interessen der Unternehmer in der Saargegend.[54]

Das Landratsamt für den Kreis Saarbrücken hatte seit 1816 in Saarbrücken seinen Sitz.[55] Der Kreis Saarbrücken grenzte im Osten an das Königreich Bayern, im Norden an den Kreis Ottweiler, im Westen an den Kreis Saarlouis und im Süden an Frankreich.[56] Zum ersten Landrat des Kreises Saarbrücken ernannte der preußische König im Jahre 1817 den Juristen Wilhelm Heinrich Dern (1757-1848), der aus Saarbrücken stammte. Er gehörte seit 1815 dem Stadtrat von

---

51 *Rauber*, 250 Jahre staatlicher Bergbau an der Saar, S. 189; *Ruppersberg*, Geschichte der ehemaligen Grafschaft Saarbrücken, III. Teil, Geschichte der Stadt Saarbrücken, Bd. 2, S. 359.

52 *Wolfgang Köllmann*, August Freiherr von der Heydt, in: Neue Deutsche Biographie 9 (1972), S. 74-76 [Online-Version]; URL: https://www.deutsche-biographie.de/pnd 118774344.html#ndbcontent.

53 *Bünte*, Kleine Saarbrücker Stadtgeschichte, S. 84; *Kurt Hoppstädter*, Die Entstehung der Saarländischen Eisenbahnen (Veröffentlichungen des Instituts für Landeskunde des Saarlandes, Bd. 2), Saarbrücken 1961, S. 91-94; *Wolfgang Klee*, Preußische Eisenbahngeschichte, Stuttgart – Berlin – Köln – Mainz 1982, S. 118-121; *Eckhard Seitz*, 130 Jahre Eisenbahndirektion in Saarbrücken. Beginn und Entwicklung staatlicher Eisenbahnverwaltung in Südwestdeutschland, in: Pressedienst der Bundesbahndirektion Saarbrücken (Hrsg.), 130 Jahre Eisenbahn-Direktion Saarbrücken 1852-1982, Saarbrücken 1982, S. 13-35, hier S. 13, 16.

54 *Herrmann*, Gedanken zum Aufstieg Saarbrückens, S. 19; *Wittenbrock*, Die drei Saarstädte in der Zeit des beschleunigten Städtewachstums, S. 38.

55 *Herrmann*, (Alt-) Saarbrücken, S. 512.

56 Baersch, Beschreibung des Regierungs-Bezirks Trier, S. 313.

Saarbrücken an und galt als „Arm der Staatsbürokratie“.[57] Dern bekleidete das Amt des Landrats bis 1836.[58]

II. Die Frankfurter Nationalversammlung: Der Saarbrücker Rechtsanwalt Ferdinand Dietzsch

Die Februarrevolution 1848 in Paris führte zur Abschaffung der Monarchie und Errichtung einer Republik in Frankreich. Sie besaß eine Ausstrahlungskraft auf ganz Europa.[59] In vielen deutschen Staaten gab es in der Folge Unruhen.[60]

Der Saarbrücker Rechtsanwalt und Stadtverordnete Ferdinand Dietzsch (1805-1878)[61] verfasste nach der Februarrevolution in Frankreich im März 1848 eine Eingabe an den preußischen König. In dieser Adresse, die 742 Menschen unterschrieben, verlangte er die Einberufung eines deutschen Parlaments, Pressefreiheit, Versammlungsfreiheit, eine Volksbewaffnung an Stelle eines stehenden Heeres, ein allgemeines Wahlrecht, eine Ministerialverantwortlichkeit, die Religions- und Gewissensfreiheit, ein einheitliches Strafgesetzbuch sowie eine „gerechtere Besteuerung“.[62] 2.000 Menschen forderten bei einer Versammlung im April 1848 in der Ludwigskirche in Saarbrücken die Errichtung einer

57 *Burg*, Saarbrücken im Aufstieg zum Zentrum einer preußischen Industrieregion, S. 520-521; *Burg*, Vom Arrondissement zum Landkreis Saarbrücken, S. 22; *Bünte*, Kleine Saarbrücker Stadtgeschichte, S. 77; *Ruppersberg*, Geschichte der ehemaligen Grafschaft Saarbrücken, III. Teil, Geschichte der Stadt Saarbrücken, Bd. 2, S. 1-2; http://www.saarland-biografien.de/frontend/php/ergebnis_detail.php?id=145.

58 *Hanspeter Buchleitner*, Die Saarbrücker Landräte seit 1816, in: Regionalverband Saarbrücken (Hrsg.), 200 Jahre Landkreis Saarbrücken, Saarbrücken 2016, S. 203-205, hier S. 203.

59 *Frotscher / Pieroth*, Verfassungsgeschichte, S. 151; *Schlinker*, Rechtsgeschichte, S. 278-279; *Ruppersberg*, Geschichte der ehemaligen Grafschaft Saarbrücken, III. Teil, Geschichte der Stadt Saarbrücken, Bd. 2, S. 27.

60 *Reinhold Zippelius*, Kleine deutsche Verfassungsgeschichte. Vom frühen Mittelalter bis zur Gegenwart, München 5. Auflage 1999, S. 109.

61 *Heinrich Best / Wilhelm Weege*, Biographisches Handbuch der Abgeordneten der Frankfurter Nationalversammlung 1848/49. Düsseldorf 1998, S. 125; *Rainer Koch* (Hrsg.), Die Frankfurter Nationalversammlung 1848/49. Ein Handlexikon der Abgeordneten der deutschen verfassungsgebenden Reichs-Versammlung, Kelkheim 1989, S. 133.

62 *Behringer / Clemens*, Geschichte des Saarlandes, S. 73; *Bünte*, Kleine Saarbrücker Stadtgeschichte, S. 82; *Burg*, Saarbrücken im Aufstieg zum Zentrum einer preußischen Industrieregion, S. 535; *Koch*, Die Frankfurter Nationalversammlung 1848/49, S. 133. Abdruck der Adresse: *Ruppersberg*, Geschichte der ehemaligen Grafschaft Saarbrücken, III. Teil, Geschichte der Stadt Saarbrücken, Bd. 2, S. 27-29.

konstitutionellen Monarchie in Preußen.[63] An zentralen Plätzen in Saarbrücken zogen Menschen die schwarz-rot-goldenen Fahnen auf.[64] Insgesamt blieb die Atmosphäre in Saarbrücken im Vergleich zu anderen Regionen Deutschlands ruhig. Revolutionäre Aufstände wie in der Pfalz oder in Baden gab es in Saarbrücken nicht.[65]

Im Zuge der Eröffnung der Paulskirche am 18. Mai 1848 zog Dietzsch für den Wahlbezirk „Rheinprovinz (5., Saarbrücken)" als Abgeordneter in die Frankfurter Nationalversammlung ein.[66] Er gehörte der Fraktion „Deutscher Hof" an. Die Fraktion benannte sich nach dem Gasthaus, in dem sie tagte.[67] Die Fraktionen in der Nationalversammlung ohne eine „straffe" Organisation[68] stellten „bloße Vorläufer von Fraktionen" im Sinne des „heutigen Parlamentarismus" dar. Die Geschäftsordnung der Nationalversammlung kannte die Fraktion als Rechtsbegriff nicht.[69] Der „Deutsche Hof" mit einer politisch gemäßigten und republikanischen Ausrichtung forderte eine Volkssouveränität, eine „demokratische Freiheit und Einheit" Deutschlands, Humanität sowie eine „Gleichberechtigung aller Nationalitäten".[70] Dietzsch hielt keine bedeutenden Reden in der Frankfurter Nationalversammlung. Er schied am 20. Oktober 1848 aus der Nationalversammlung aus.[71] Ihm folgte der Notar Ludwig Heusner (1801-1861) aus

63 *Bünte*, Kleine Saarbrücker Stadtgeschichte, S. 82; *Ruppersberg*, Geschichte der ehemaligen Grafschaft Saarbrücken, III. Teil, Geschichte der Stadt Saarbrücken, Bd. 2, S. 31.

64 *Behringer / Clemens*, Geschichte des Saarlandes, S. 73.

65 *Behringer / Clemens*, Geschichte des Saarlandes, S. 73; *Bünte*, Kleine Saarbrücker Stadtgeschichte, S. 83.

66 *Bünte*, Kleine Saarbrücker Stadtgeschichte, S. 82; *Burg*, Saarbrücken 1789-1860, S. 72; *Koch*, Die Frankfurter Nationalversammlung 1848/49, S. 133; *Ruppersberg*, Geschichte der ehemaligen Grafschaft Saarbrücken, III. Teil, Geschichte der Stadt Saarbrücken, Bd. 2, S. 32; *Schlinker*, Rechtsgeschichte, S. 279.

67 *Josef Bellot*, Hundert Jahre politisches Leben an der Saar unter preußischer Herrschaft (1815-1918) (Rheinisches Archiv. Veröffentlichungen des Instituts für geschichtliche Landeskunde der Rheinlande an der Universität Bonn, Bd. 45), Bonn 1954, S. 26; *Best / Weege*, Biographisches Handbuch der Abgeordneten der Frankfurter Nationalversammlung 1848/49, S. 125; *Schlinker*, Rechtsgeschichte, S. 279; *Thiele*, Der konstituierte Staat, S. 208-209.

68 *Thiele*, Der konstituierte Staat, S. 208.

69 Frotscher / Pieroth, Verfassungsgeschichte, S. 157-158.

70 *Manfred Botzenhart*, Deutscher Parlamentarismus in der Revolutionszeit 1848-1850, Düsseldorf 1977, S. 426-427; *Koch*, Die Frankfurter Nationalversammlung 1848/49, S, 9; *Willoweit / Schlinker*, Deutsche Verfassungsgeschichte, S. 253.

71 *Burg*, Saarbrücken im Aufstieg zum Zentrum einer preußischen Industrieregion, S. 526; *Best / Weege*, Biographisches Handbuch der Abgeordneten der Frankfurter Nationalversammlung 1848/49, S. 125.

Saarlouis.[72] Im März 1849 verabschiedete die Nationalversammlung eine Verfassung,[73] auf die eine Volksversammlung in Saarbrücken unter der Leitung von Gustav Bruch (1822-1899)[74] ein Gelöbnis ablegte.[75] Ende April 1849 lehnte König Friedrich Wilhelm IV. (1795-1861) die ihm von der Nationalversammlung angetragene Kaiserkrone ab.[76] Dadurch scheiterte die von der Nationalversammlung verabschiedete Verfassung und trat nicht in Kraft.[77] Proteste in Saarbrücken gegen das Scheitern der Verfassung und den folgenden Zerfall der Frankfurter Nationalversammlung unterband die Bezirksregierung in Trier.[78]

An das königlich preußische Bergamt in Saarbrücken richteten Bergarbeiter aus Saarbrücken und der ganzen Saargegend im Jahre 1848 Petitionen. Primär verlangten sie in den Eingaben Lohnerhöhungen. Sie forderten eine Herabsenkung der Pensionsgrenze und die Stärkung der „bergmännischen Selbstverwaltung in Knappschaftsangelegenheiten".[79] Darüber hinaus gingen die Forderungen des St. Wendeler Berggeschworenen Julius von Sparre (1819-1878), der in einer Eingabe an das Frankfurter Vorparlament „Freiheit, Gleichheit, Brüderlichkeit" und die Abschaffung der Todesstrafe sowie eine gerechtere Besteuerung verlangte.[80]

---

72 *Koch*, Die Frankfurter Nationalversammlung 1848/49, S. 133, 215; http://www.saarland-biografien.de/frontend/php/ergebnis_detail.php?id=3880.

73 Verfassung des Deutschen Reichs sammt dem Reichsgesetz über die Wahlen der Abgeordneten zum Volkshause. Nach der amtlichen Ausgabe der Reichsverfassung, Nördlingen 1849.

74 http://www.saarland-biografien.de/frontend/php/ergebnis_detail.php?id=166; Georg Hirth (Hrsg.), Der Norddeutsche Reichstag. Personalnachweise, Berlin 1867, S. 27-28.

75 *Ruppersberg*, Geschichte der ehemaligen Grafschaft Saarbrücken, III. Teil, Geschichte der Stadt Saarbrücken, Bd. 2, S. 37.

76 *Schlinker*, Rechtsgeschichte, S. 281; *Thiele*, Der konstituierte Staat, S. 221-222; *Willoweit / Schlinker*, Deutsche Verfassungsgeschichte, S. 257.

77 *Schlinker*, Rechtsgeschichte, S. 281; *Thiele*, Der konstituierte Staat, S. 221.

78 *Bellot*, Hundert Jahre politisches Leben an der Saar unter preußischer Herrschaft, S. 30; *Burg*, Saarbrücken im Aufstieg zum Zentrum einer preußischen Industrieregion, S. 543.

79 *Klaus-Michael Mallmann / Horst Steffens*, Lohn der Mühen. Geschichte der Bergarbeiter an der Saar, München 1989, S. 37-39.

80 *Mallmann / Steffens*, Lohn der Mühen, S. 39-40. Zu Julius von Sparre: *Peter Wiegand* (Bearb.), Die preußische Berg-, Hütten- und Salinenverwaltung. Die Bestände in den Nordrhein-Westfälischen Staatsarchiven, Bd, 1, Staatsarchiv Münster (Veröffentlichungen der staatlichen Archive Nordrhein-Westfalen, Reihe C: Quellen und Forschungen, Bd. 47/1), Münster 2000, S. 288.

III. Die „Verfassung des Deutschen Reiches" vom 16. April 1871 und das „Kaiserreich"

Am 18. Januar 1871 erfolgte die Proklamation von König Wilhelm von Preußen (1797-1888) zum Kaiser.[81] Die „Verfassung des Deutschen Reiches" vom 16. April 1871, die den Staat als Bundesstaat konstituierte und keinen Grundrechtskatalog kannte,[82] trat am 4. Mai 1871 in Kraft.[83] Kaiserreich und Reichsverfassung führten zu neuen Möglichkeiten der politischen Teilhabe für die Einwohner Saarbrückens.[84] Die Verfassung richtete den Reichstag als „das demokratisch-unitarische Organ im Verfassungsgefüge des Reichs" ein.[85] Der Reichstag ging nach Artikel 20 der „Verfassung des Deutschen Reiches" aus allgemeinen und direkten Wahlen mit geheimer Abstimmung hervor.[86] Die Wahlberechtigung zum Reichstag besaßen Männer über 25 Jahren.[87] Für den Landkreis Saarbrücken, der einen Wahlkreis darstellte, zog im Jahre 1871 Otto Ludwig Krug von Nidda (1810-1885) von der „Deutschen Reichspartei" in den Reichstag ein.[88]

Die Aktivitäten der Sozialdemokratie in Saarbrücken blieben zu Beginn der 1870er Jahre überschaubar. 1877 kandidierte Carl Rudolph Hackenberger für die Sozialistische Arbeiterpartei Deutschlands (SPD) für den Wahlkreis Saarbrücken für den Reichstag. Er erhielt nicht die erforderlichen Stimmen und zog nicht in den Reichstag ein. Zum Zeitpunkt der Reichstagswahl befand er sich ohnehin im Gefängnis nach einer Verurteilung zur Gefängnisstrafe gemäß § 130

---

81 *Frotscher / Pieroth*, Verfassungsgeschichte, S. 201, 218-219; *Schlinker*, Rechtsgeschichte, S. 283; *Willoweit / Schlinker*, Deutsche Verfassungsgeschichte, S. 279.

82 Verfassung des Deutschen Reichs vom 16. April 1871, Bundesgesetz=Blatt des Deutschen Bundes, Berlin 1871, S. 64-85; *Frotscher / Pieroth*, Verfassungsgeschichte, S. 209; *Schlinker*, Rechtsgeschichte, S. 284.

83 Verfassung des Deutschen Reichs vom 16. April 1871, Bundesgesetz=Blatt des Deutschen Bundes, Berlin 1871, S. 64-85; *Frotscher / Pieroth*, Verfassungsgeschichte, S. 206.

84 *Behringer / Clemens*, Geschichte des Saarlandes, S. 81.

85 *Frotscher / Pieroth*, Verfassungsgeschichte, S. 215; *Schlinker*, Rechtsgeschichte, S. 283.

86 Artikel 20. Verfassung des Deutschen Reichs vom 16. April 1871, Bundesgesetz=Blatt des Deutschen Bundes, Berlin 1871, S. 70; *Frotscher / Pieroth*, Verfassungsgeschichte, S. 215.

87 Artikel 20, Verfassung des Deutschen Reichs vom 16. April 1871, Bundesgesetz=Blatt des Deutschen Bundes, Berlin 1871, S. 70; § 1, Wahlgesetz für den Reichstag des Norddeutschen Bundes, Bundes-Gesetzblatt des Norddeutschen Bundes, Berlin 1869, S. 145; *Schlinker*, Rechtsgeschichte, S. 283-284.

88 Deutscher Parlaments-Almanach, Ausg. 9, 9. Mai 1871, Leipzig 1871, S. 215; *Wittenbrock*, Die drei Saarstädte in der Zeit des beschleunigten Städtewachstums, S. 25; http://zhsf.gesis.org/biorabkr_db/biorabkr_db.php.

StGB wegen „Aufreizung zum Klassenhaß".[89] Der saarländische Unternehmer und Politiker Carl Ferdinand von Stumm-Halberg (1836-1901)[90] gründete 1877 ein „Komitee der Arbeitgeber zur Bekämpfung der Sozialdemokratie". Aktiv setzte sich das Komitee für die Entlassung von Arbeitern ein, die der SPD nahestanden.[91]

1871 legte der Bürgermeister Saarbrückens Johann Carl Schmidtborn (1794-1877) – Bürgermeister der Stadt zwischen 1862 und 1871 -[92] sein Amt aus Altersgründen nieder. Genauso wie sein Nachfolger Julius Kiefer (1820-1899) gehörte er der evangelischen Konfession an.[93] Weiterhin bestimmte eine „protestantische Elite" das politische Leben in der Stadt. Neben Kommunalpolitikern setzte sich diese Elite aus Unternehmern und Kaufleuten zusammen.[94] Die städtische Elite entfaltete ihre politische Wirkung in der Stadtverordnetenversammlung.[95] Die Errichtung der Stadtverordnetenversammlung bestimmte die rheinische Städteordnung von 1856.[96] Die Stadtverordnetenversammlung beschloss über alle „Gemeindeangelegenheiten", „soweit dieselben nicht ausschließlich dem Bürgermeister überwiesen" waren.[97] Zu den Hauptaufgaben der Stadtverordnetenversammlung gehörten die Kontrolle der städtischen Verwaltung[98] und die „Benutzung des Gemeindevermögens" (Budgetrecht).[99] Die „Verfassung

---

89 *Joachim Heinz / Hans Joachim Kühn*, 150 Jahre Sozialdemokratie an der Saar (Stiftung Demokratie Saarland Dialog 21), Saarbrücken 2013, S. 16-17; *Klein*, Geschichte des Landkreises Saarbrücken 1816-1965, S. 73.

90 http://www.saarland-biografien.de/frontend/php/ergebnis_detail.php?id=52.

91 *Zenner*, Parteien und Politik im Saargebiet unter dem Völkerbundsregime 1920-1935, S. 26.

92 *Klein*, Kurzbiographien der Bürgermeister (Alt-) Saarbrücken, St. Johanns, Malstatt-Burbachs und der Großstadt Saarbrücken, S. 518.

93 *Klein*, Kurzbiographien der Bürgermeister (Alt-) Saarbrücken, St. Johanns, Malstatt-Burbachs und der Großstadt Saarbrücken, S. 518-519.

94 *Behringer / Clemens*, Geschichte des Saarlandes, S. 81; *Wittenbrock*, Die drei Saarstädte in der Zeit des beschleunigten Städtewachstums, S. 18.

95 *Wittenbrock*, Die drei Saarstädte in der Zeit des beschleunigten Städtewachstums, S. 21.

96 § 11, Städte=Ordnung für die Rheinprovinz vom 15. Mai 1856, Gesetz=Sammlung für die Königlichen Preußischen Staaten 1856, Berlin, S. 411.

97 § 34, Städte=Ordnung für die Rheinprovinz vom 15. Mai 1856, Gesetz=Sammlung für die Königlichen Preußischen Staaten 1856, Berlin, S. 417.

98 § 35, Städte=Ordnung für die Rheinprovinz vom 15. Mai 1856, Gesetz=Sammlung für die Königlichen Preußischen Staaten 1856, Berlin, S. 417.

99 § 45, Städte=Ordnung für die Rheinprovinz vom 15. Mai 1856, Gesetz=Sammlung für die Königlichen Preußischen Staaten 1856, Berlin, S. 419; Wittenbrock, Die drei Saarstädte in der Zeit des beschleunigten Städtewachstums, S. 21.

des Deutschen Reiches“ vom 16. April 1871 führte zu keiner entscheidenden Neuordnung der Rechtsverhältnisse auf kommunaler Ebene[100] in Saarbrücken.

Das Reichsgericht in Leipzig begann am 1. Oktober 1879 mit seiner Tätigkeit.[101] Eine Bedeutung für Saarbrücken besaß der II. Zivilsenat des Reichsgerichts mit der Zuständigkeit für das in Saarbrücken geltende französische Zivilrecht.[102]

Die Bevölkerung in Saarbrücken wuchs im „Kaiserreich“ nahezu kontinuierlich an. Um 1900 lebten in Saarbrücken mehr als 20.000 Menschen.[103] Das Leben der Menschen in Saarbrücken bestimmte entscheidend die Sozialgesetzgebung Otto von Bismarcks (1815-1898) mit der Einführung einer Krankenversicherung 1883, einer Unfallversicherung 1884 und einer Invalidenversicherung 1889. Die Einführung dieser Versicherungen leistete einen Beitrag der Armut entgegenzutreten.[104]

Eine Handwerkskammer existierte in Saarbrücken seit 1900. Sie besaß die Zuständigkeit für den Regierungsbezirk Trier und das Fürstentum Birkenfeld.[105]

IV. Die Rechtsstellung von Juden

Die französische Verfassung vom 3. September 1791 enthielt keine Bestimmungen über eine Gleichberechtigung von Juden[106] Die französische Nationalversammlung beschloss am 28. September 1791 die Gleichberechtigung für

100 *Wolfgang Hofman*, Die Entwicklung der kommunalen Selbstverwaltung von 1848 bis 1918, in: *Thomas Mann / Günter Püttner* (Hrsg.), Handbuch der kommunalen Wissenschaft und Praxis, Bd. 1, Grundlagen und Kommunalverfassung, Berlin, Heidelberg, New York ³2007, S. 73-91, hier S. 74.

101 *Schlinker*, Rechtsgeschichte, S. 296; *Brosig*, Die Verfassung des Saarlandes, S. 50.

102 *Brosig*, Die Verfassung des Saarlandes, S. 50; *Stefan Geyer*, Den code civil „richtiger“ auslegen. Der zweite Zivilsenat des Reichsgerichts und das französische Zivilrecht (Rechtsprechung, Materialien und Studien, Bd. 29), Frankfurt am Main 2009.

103 *Wittenbrock*, Die drei Saarstädte in der Zeit des beschleunigten Städtewachstums, S. 39.

104 *Horst Gründer*, Kommunale Armenfürsorge im 19. Jahrhundert am Beispiel der Stadt Münster, in: Heinrich Blotevogel (Hrsg.), Kommunale Leistungsverwaltung und Stadtentwicklung vom Vormärz bis zur Weimarer Republik, Köln – Wien 1990, S. 59-70, hier S. 69; *Michael Stolleis*, Geschichte des Sozialrechts in Deutschland. Ein Grundriss, Stuttgart 2003, S. 75-87.

105 *Herrmann*, Gedanken zum Aufstieg Saarbrückens, S. 23.

106 Die Verfassung Frankreichs vom 3. September 1791, in: *Hinnerk Wißmann*, Europäische Verfassungen 1789-1990. Textsammlung, Tübingen 2015, Nr. 3; *Hannes Ludyga*, Die Rechtstellung von Juden im 18. Jahrhundert, in: Ursula Goldenbaum / Stephan Meder / Matthias Armgardt (Hrsg.), Moses Mendelssohns Rechtsphilosophie im Kontext, Hannover 2021, S. 13-28, hier S. 27.

Juden,[107] womit die unter französischer Herrschaft in Saarbrücken am Ende des 18. und zu Beginn des 19. Jahrhunderts lebenden Juden gleichberechtigte Staatsbürger waren.[108] Im Jahre 1801 lebten in Saarbrücken, wo sich nach einem nassauischen Ansiedlungsverbot aus dem Jahre 1776 Juden nicht mehr niederlassen durften, 61 Juden.[109]

Zu Beginn des 19. Jahrhunderts wurden wichtige Teile der Gleichberechtigung von Juden rückgängig gemacht.[110] Es ergingen am 17. März 1808 zwei französische Dekrete, die die Rechtsstellung von Juden nachhaltig einschränkten.[111] Exemplarisch bestimmte Titel I Artikel 4 des zweiten Dekrets in diskriminierender Absicht in Bezug auf Juden: „Kein Wechsel, kein Billet auf Ordre, keine Verbindlichkeit oder Versprechen, von einem unserer Unterthanen, der keinen Handel treibt, zu Gunsten eines Juden unterschrieben, kann eingefordert werden, ohne daß der Besitzer beweiset, daß der Werth ganz und ohne Betrug gegeben worden sey." Juden mussten damit bei einer Forderung beweisen, bei dem Abschluss eines Geschäftes keinen Betrug begangen zu haben.[112] Judenfeindliche Motive verfolgte Titel II Artikel 7 des zweiten Dekrets: „Künftig, und vom 1. Juli 1808 an, darf kein Jude irgend einen Handel, wie er sey, treiben, ohne zu diesem Ende ein Patent vom Praefekten des Departments erhalten zu haben.

107 Proklamation der Gleichberechtigung der Juden in Frankreich vom 28. September 1791, *Julius Höxter*, Quellenbuch zur jüdischen Geschichte und Literatur, V. Teil, Neueste Zeit: 1789 bis zur Gegenwart, Frankfurt am Main 1930. S. 9; *Friedrich Battenberg*, Das europäische Zeitalter der Juden, Bd. 2, von 1650-1945, Darmstadt ²2000, S. 86; *Werner Bergmann*, Geschichte des Antisemitismus, München 5. Auflage 2016, S. 25; *Daniel Gerson*, Französische Revolution, in: Wolfgang Benz (Hrsg.), Handbuch des Antisemitismus, Bd. 4, Berlin 2011, S. 134-136, hier S. 136; *Ludyga*, Die Rechtstellung von Juden im 18. Jahrhundert, S. 27.

108 *Stefi Jersch-Wenzel*, Rechtslage und Emanzipation, in: Michael A. Meyer (Hrsg.), Deutsch-Jüdische Geschichte in der Neuzeit, Bd. 2, Emanzipation und Akkulturation 1780-1871, München 2000, S. 15-56, hier S. 27; *Ludyga*, Die Rechtstellung von Juden im 18. Jahrhundert, S. 27; *Marx*, Die Geschichte der Juden im Saarland, S. 53-56.

109 *Burg*, Saarbrücken im Aufstieg zum Zentrum einer preußischen Industrieregion, S. 557; Hans-Christian *Herrmann*, Aspekte zum jüdischen Leben an der Saar – die Zeit vom 19. Jahrhundert bis zum Holocaust, in: Ders. /Ruth Bauer (Hrsg.), Widerstand, Repression und Verfolgung. Beiträge zur Geschichte des Nationalsozialismus an der Saar (Geschichte, Politik und Gesellschaft. Schriftenreihe der Stiftung Demokratie Saarland, Bd. 14), St. Ingbert 2014, S. 35-102, hier S. 39; *Marx*, Die Geschichte der Juden im Saarland, S. 56.

110 *Marx*, Die Geschichte der Juden im Saarland, S. 57-62.

111 *Marx*, Die Geschichte der Juden im Saarland, S. 58-60.

112 Titel I, Artikel 4, Zweites Dekret, Religiöse und bürgerliche Verfassung der Juden in Frankreich, 17. März 1808. Napoleon, Kaiser der Franzosen, Annalen der Gesetzgebung Napoleons, Bd. 1, hrsg. von Franz Georg Joseoph von Lassaulx, Koblenz 1808, S. 31; *Marx*, Die Geschichte der Juden im Saarland, S. 59-60.

Dieses soll nicht ertheilt werden, als nach genauen Erkundigungen, und auf ein Zeugnis 1) des MunicipalRaths, daß der Jude nicht dem Wucher oder unerlaubten Handel ueberlassen habe, und 2) des Consistoriums der Synagoge, in deren Umfang er wohnt, welches sein gutes Betragen und seine Redlichkeit bezeugt."[113] Die Berufsausübung von Juden schränkte diese Norm durch die Notwendigkeit einer Art „Leumundszeugnis" nachhaltig ein.[114]

Nach der Abtretung Saarbrückens von Frankreich an Preußen 1815 trat die Thematik auf, ob für die Saarbrücker Juden die französische Gesetzgebung oder das „preußische Judenedikt" von 1812[115] galt.[116] Das preußische Innenministerium ging am 24. September 1816 von einer Anwendbarkeit der französischen Gesetzgebung in den linksrheinischen Gebieten aus.[117]

Seit den 1830er Jahren setzten sich in Kreisen des Saarbrücker Bürgertums vermehrt liberale Ideen durch. Für eine Verbesserung der Rechtsstellung von Juden trat auf dem rheinischen Provinziallandtag im Jahre 1837 der damalige Saarbrücker Abgeordnete und Kaufmann Johann Carl Schmidtborn ein.[118] Saarbrücken reichte 1843 gemeinsam mit Nachbargemeinden eine Petition an den rheinischen Provinziallandtag mit der Forderung einer „staatsbürgerlichen Gleichstellung" von Juden ein.[119] Das preußische „Gesetz über die Verhältnisse der Juden" vom 23. Juli 1847 gestand Juden „neben gleichen Pflichten auch gleiche bürgerliche Rechte mit" den „christlichen Unterthanen" zu.[120] Die Juden diskriminierenden Beschränkungen der französischen Gesetzgebung im Gewerbe und Handel hob das Gesetz von 1847 auf.[121] Staatsbürgerliche Rechte räumte das Gesetz

---

113 Titel II, Artikel 7, Zweites Dekret, Religiöse und bürgerliche Verfassung der Juden in Frankreich, 17. März 1808. Napoleon, Kaiser der Franzosen, Annalen der Gesetzgebung Napoleons, Bd. 1, hrsg. von *Franz Georg Joseph von Lassaulx*, S. 32.

114 *Marx*, Die Geschichte der Juden im Saarland, S. 59-60

115 Edikt, betreffend die bürgerlichen Verhältnisse der Juden in dem Preußischen Staate, 11. 3. 1812, Gesetz=Sammlung für die Königlichen Preußischen Staaten 1812, S. 17-22.

116 *Marx*, Die Geschichte der Juden im Saarland, S. 80.

117 *Marx*, Die Geschichte der Juden im Saarland, S. 81.

118 *Herrmann*, Aspekte zum jüdischen Leben an der Saar, S. 42; *Marx*, Die Geschichte der Juden im Saarland, S.85-86; Lothar Rothschild, Jüdisches Schicksal an der Saar. Zur Geschichte der jüdischen Bevölkerung Saarbrückens, in: Zeitschrift für die Geschichte der Saargegend 19 (1971) = Festschrift zur 650jährigen Verleihung des Freiheitsbriefes an Saarbrücken und St. Johann, S. 249-264, hier S. 250.

119 *Brosig*, Die Verfassung des Saarlandes, S. 32.

120 § 1, Gesetz über die Verhältnisse der Juden vom 23. Juli 1847, Gesetz=Sammlung für die Königlichen Preußischen Staaten, Berlin 1847, S. 263.

121 § 4, Gesetz über die Verhältnisse der Juden vom 23. Juli 1847, Gesetz=Sammlung für die Königlichen Preußischen Staaten, Berlin 1847, S. 264; Marx, Die Geschichte der Juden im Saarland, S. 90.

Juden nicht in vollem Umfang ein.[122] Nach der Verfassungsurkunde für den preußischen Staat vom 5. Dezember 1848 waren „alle Preußen vor dem Gesetze gleich“ und die „öffentlichen Aemter“ „für alle dazu Befähigten gleich zugänglich“.[123] Ausdrücklich bestimmte die Verfassung, dass der „Genuß der bürgerlichen und staatsbürgerlichen Rechte“ „unabhängig von dem religiösen Bekenntnisse und der Theilnahme an irgend einer Religionsgesellschaft“ war.[124] Die in der Verfassung von 1848 angeordnete Gleichberechtigung von Juden blieb von kurzer Dauer, da die revidierte Verfassungsurkunde für den preußischen Staat vom 31. Januar 1850 den Zugang von Juden zu öffentlichen Ämtern unter Vorbehalt stellte.[125]

Das „Gesetz, betreffend die Gleichberechtigung der Konfessionen in bürgerlicher und staatsbürgerlicher Beziehung“ des Norddeutschen Bundes vom 3. Juli 1869 führte zur vollständigen Gleichberechtigung der Saarbrücker Juden. Es bestimmte: „Alle noch bestehenden, aus der Verschiedenheit des religiösen Bekenntnisses hergeleiteten Beschränkungen der bürgerlichen, und staatsbürgerlichen Rechte werden hierdurch aufgehoben. Insbesondere soll die Befähigung zur Theilnahme an der Gemeinde- und Landesvertretung und zur Bekleidung öffentlicher Aemter vom religiösen Bekenntnis unabhängig sein.“[126] Unabhängig von diesem Gesetz blieben Juden von öffentlichen Ämtern in der Praxis in weiten Teilen ausgeschlossen.[127]

Ein jüdischer Anwalt ließ sich in Saarbrücken mit einer Zulassung erstmals 1899 nieder. Es handelte sich um Albert August (1871-1958), der zwischen 1920 und 1934 Jahre den Vorsitz im Vorstand der Anwaltsammer des Saargebietes übernahm.[128]

---

122 § 2, Gesetz über die Verhältnisse der Juden vom 23. Juli 1847, Gesetz=Sammlung für die Königlichen Preußischen Staaten, Berlin 1847, S. 263-264; Marx, Die Geschichte der Juden im Saarland, S. 90.

123 Artikel 4, Verfassungsurkunde für den preußischen Staat vom 5. Dezember 1848, Berlin 1848, S. 3; *Marx*, Die Geschichte der Juden im Saarland, S. 91.

124 Artikel 11, Verfassungsurkunde für den preußischen Staat vom 5. Dezember 1848, Berlin 1848, S. 4; Marx, Die Geschichte der Juden im Saarland, S. 91.

125 Artikel 4, Revidierte Verfassungs=Urkunde für den Preußischen Staat vom 31. Januar 1850, Gesetzsammlung für die Königlichen Preußischen Staaten, Berlin 1850, S. 18; *Marx*, Die Geschichte der Juden im Saarland, S. 92.

126 Gesetz, betreffend die Gleichberechtigung der Konfessionen in bürgerlicher und staatsbürgerlicher Beziehung, 3. Juli 1869, Bundes-Gesetzblatt des Norddeutschen Bundes Nr. 28 1869, S. 292.

127 *Marx*, Die Geschichte der Juden im Saarland, S. 93-94.

128 *Wettmann-Jungblut*, Rechtsanwälte an der Saar 1800-1960, S. 482; *Peter Wettmann-Jungblut*, Vom Rechtswahrer zum Rechtsanwalt. Die saarländische Anwaltschaft in der

Ära Hoffmann, in: Ludwig Linsmayer / Peter Wettmann-Jungblut (Hrsg.), Last aus tausend Jahren. NS-Vergangenheit und demokratischer Aufbruch im Saarstaat (Echolot. Historische Beiträge des Landesarchivs Saarbrücken, Bd. 12), Saarbrücken 2013, S. 209-251, hier S. 211.

3. Kapitel.
Die Entstehung der „Großstadt“ Saarbrücken 1909

I. Der Vertrag zwischen der Stadt Saarbrücken, der Stadt St. Johann und der Stadt Malstatt-Burbach

Die Städte (Alt-) Saarbrücken, St. Johann und Malstatt-Burbach schlossen sich am 1. April 1909 zur „Großstadt“ Saarbrücken zusammen.[1] Dem Zusammenschluss der drei Städte lag der „Vereinigungsvertrag“ vom 5. Dezember 1908 zugrunde,[2] den die Stadtverordneten dieser Städte am 5. Dezember 1908 annahmen.[3] Nach einer entsprechenden Zustimmung des preußischen Herrenhauses und des preußischen Abgeordnetenhauses erließ der preußische König am 29. März 1909 eine Verordnung über die Vereinigung der Städte (Alt-) Saarbrücken, St. Johann und Malstatt-Burbach.[4] Dem Landkreis Saarbrücken gehörte die neue „Großstadt“ nicht an.[5]

---

1 *Paul Burgard / Ludwig Linsmayer*, Von der Vereinigung der Saarstädte zum Abstimmungskampf (1909-35), in: Rolf Wittenbrock Geschichte der Stadt Saarbrücken, Bd. 2, Von der Zeit des stürmischen Wachstums bis zur Gegenwart, Saarbrücken 1999, S. 131-242, hier S. 161; *Heyen*, Saarbrücken, S. 315-316; *Heinrich Krueckemeyer*, Die Bildung der Großstadt Saarbrücken, in: Ders. (Hrsg.), 25 Jahre Stadt Saarbrücken, Saarbrücken 1934, S. 7-26, hier S. 13; Abdruck des Vertrags: Heyen, Saarbrücken, S. 315-316; *Ruppersberg*, Geschichte der ehemaligen Grafschaft Saarbrücken, III. Teil, Geschichte der Stadt Saarbrücken, Bd. 2, S. 247-253.

2 Preußische Gesetzsammlung 1909, S. 18-23; *Ruppersberg*, Geschichte der ehemaligen Grafschaft Saarbrücken, III. Teil, Geschichte der Stadt Saarbrücken, Bd. 2, S. 247-253.

3 *Herrmann*, (Alt-)Saarbrücken, S. 512; *Stefan Leiner*, Die Saarbrücker Städtevereinigung von 1909. Problemlösungsstrategie zwischen bürgerlichen Interessen, urbanen Sachzwängen und wilhelminischem Obrigkeitsstaat, in: Rainer Husemann / Rolf Wittenbrock (Hrsg.), Stadtentwicklung im deutsch-französisch-luxemburgischen Grenzraum (19. u. 20. Jh.) (Veröffentlichungen der Kommission für Saarländische Landesgeschichte und Volksforschung, Bd. 21), Saarbrücken 1991, S. 281-306, hier S. 299-300; *Ruppersberg*, Geschichte der ehemaligen Grafschaft Saarbrücken, III. Teil, Geschichte der Stadt Saarbrücken, Bd. 2, S. 258.

4 Gesetz, betreffend die Vereinigung der Städte Saarbrücken, St. Johann und Malstatt-Burbach zu einer Stadtgemeine „Saarbrücken“, 29. 3. 1909, Preußische Gesetzsammlung 1909, S. 17; *Ruppersberg*, Geschichte der ehemaligen Grafschaft Saarbrücken, III. Teil, Geschichte der Stadt Saarbrücken, Bd. 2, S. 258; *Herrmann*, (Alt-) Saarbrücken, S. 512.

5 *Hans Neikes*, Fünfundzwanzig Jahre Gesamtstadt Saarbrücken, in: Heinrich Krueckemeyer (Hrsg.), 25 Jahre Stadt Saarbrücken, Saarbrücken 1934, S. 27-74, hier S. 34-35.

https://doi.org/10.1515/9783111002996-003

(Alt-) Saarbrücken[6] befand sich am linken Ufer der Saar, St. Johann und Malstatt-Burbach lagen am rechten Saarufer.[7] Die Städte wiesen unterschiedliche soziale und wirtschaftliche Eigenschaften auf. (Alt-) Saarbrücken wies den „Charakter" einer „Wohnstadt", St. Johann einer „Geschäfts- und Handelsstadt" sowie Malstatt-Burbach einer „Industriestadt" auf.[8] Der „Vereinigungsvertrag" führte zu einer Vereinigung dieser Städte zu einem „Ballungszentrum" und „einer einzigen Stadtgemeinde".[9] Die drei Städte pflegten bereits vor dem Zusammenschluss wirtschaftlich enge Verbindungen. Exemplarisch galt dies für den Absatz von Waren. So kauften die Einwohner von (Alt-) Saarbrücken und Malstatt-Burbach in St. Johann ein. Die St. Johanner Geschäftsleute richteten sich auf die Kunden der beiden Nachbarstädte ein.[10]

Die „Großstadt" Saarbrücken umfasste mehr als 100.000 Einwohner.[11] 1910 lebten in der Stadt 105.089 Menschen.[12] Saarbrücken entwickelte sich innerhalb kurzer Zeit zu einer „südwestdeutschen Metropole" unter preußischer Herrschaft[13] als „viertgrößte Stadt" auf dem linken Rheinufer hinter Straßburg, Köln und Mainz.[14] Die meisten Arbeitnehmer in der Stadt beschäftigte die Burbacher Hütte.[15]

---

6 Zur besseren Verständlichkeit wird in diesem Abschnitt der Name (Alt-) Saarbrücken an den notwenigen Stellen verwendet.

7 *Heyen*, Saarbrücken, S. 315-316.

8 *Neikes*, Fünfundzwanzig Jahre Gesamtstadt Saarbrücken, S. 27; *Banken*, Fusion zum südwestdeutschen Wirtschaftszentrum, S. 48-49.

9 § 1 des Vertrags zwischen Saarbrücken, St. Johann und Malstatt-Burbach, Preußische Gesetzsammlung 1909, S. 18; § 1 des Vertrags zwischen Saarbrücken, St. Johann und Malstatt-Burbach, in: *Ruppersberg*, Geschichte der ehemaligen Grafschaft Saarbrücken, III. Teil, Geschichte der Stadt Saarbrücken, Bd. 2, S. 247; *Burgard / Linsmayer*, Von der Vereinigung der Saarstädte zum Abstimmungskampf, S. 132.

10 *Leiner*, Die Saarbrücker Städtevereinigung von 1909, S. 283-284.

11 *Bünte*, Kleine Saarbrücker Stadtgeschichte, S. 96; *Burgard / Linsmayer*, Von der Vereinigung der Saarstädte zum Abstimmungskampf, S. 178.

12 *Banken*, Fusion zum südwestdeutschen Wirtschaftszentrum, S. 51.

13 *Burgard /Linsmayer*, Von der Vereinigung der Saarstädte zum Abstimmungskampf, S. 135.

14 *Hans-Walter Herrmann*, Das Saarrevier zwischen Reichsgründung und Kriegsende (1871-1918), in: Ders. (Hrsg.), Das Saarrevier zwischen Reichsgründung und Kriegsende (1871-1918). Referate eines Kolloquiums in Dillingen am 29./30. September 1988 (Veröffentlichung der Kommission für saarländische Landesgeschichte und Volksforschung, Bd. 18), Saarbrücken 1990, S. 9-39, hier S. 39; *Banken*, Fusion zum südwestdeutschen Wirtschaftszentrum, S. 43.

15 *Herrmann*, Kommunen und die Last des Strukturwandels am Beispiel von Saarbrücken-Burbach, S. 309.

Nachhaltig für eine Vereinigung der drei Städte setzte sich der Landrat des Landkreises Saarbrücken Richard Bötticher (1855-1934) ein. Der Jurist Bötticher hatte in Tübingen Rechts- und Staatswissenschaften studiert. Kurze Zeit nach der Vereinigung der drei Städte wurde Bötticher im November 1909 zum Regierungspräsidenten in Osnabrück ernannt.[16] Frühzeitig wies Bötticher auf die Nützlichkeit einer Vereinigung der drei Städte hin. In erster Linie leiteten ihn finanzielle und pragmatische Überlegungen.[17] In Anlehnung an die Gedanken von Bötticher setzte sich bei den verantwortlichen Entscheidungsträgern der Städte die Erkenntnis durch, dass die einzelnen Städte den kommunalen Aufgaben nicht mehr ausreichend gewachsen waren. Exemplarisch galt dies für die Kanalisation der Saar, die Abwasserklärung, die Errichtung eines Industriehafens an der Saar, den Bau neuer Brücken über die Saar, die Wasserversorgung, die Erstellung eines „einheitlichen Bebauungsplanes", die Errichtung eines Schlacht- und Viehhofes, das Ortskrankenwesen sowie die Strom- und Gasversorgung.[18] Die Bewältigung gemeinsamer Aufgaben bedeutete für die drei Städte kein Novum im 20. Jahrhundert. So bestand seit dem Jahr 1902 eine staatliche Polizeidirektion für die Städte gemeinsam.[19]

Die Bergwerksdirektion, die Eisenbahndirektion, die Handelskammer und die Justizbehörden begrüßten den Zusammenschluss zur „Großstadt" Saarbrücken.[20] Die Vereinigung der Städte begünstigte das gemeinsame „Bekenntnis" der Einwohner zur „preußisch-deutschen Nation". „Nationalismus, Monarchismus und Militarismus" stellten den Teil eines „stadtbürgerlichen Selbstverständnisses" dar.[21] Zu den Aufgaben der neuen städtischen Verwaltung bemerkte der städtische Beigeordnete der „Großstadt" Saarbrücken Robert Paehler: „Es handelte sich jetzt darum, die drei Verwaltungen in eine einzige zusammenzuschweißen und deren Verhältnisse auf den gemeinsamen Nenner der

16 *Buchleitner*, Die Saarbrücker Landräte seit 1816, S. 204; *Krueckemeyer*, Die Bildung der Großstadt Saarbrücken, S. 10; http://www.saarland-biografien.de/frontend/php/ergebnis_detail.php?id=398.

17 *Leiner*, Die Saarbrücker Städtevereinigung von 1909, S. 284.

18 *Ruppersberg*, Geschichte der ehemaligen Grafschaft Saarbrücken, III. Teil, Geschichte der Stadt Saarbrücken, Bd. 2, S. 221, 223, 238-239; *Burgard / Linsmayer*, Von der Vereinigung der Saarstädte zum Abstimmungskampf, S. 132; *Neikes*, Fünfundzwanzig Jahre Gesamtstadt Saarbrücken, S. 27; *Bünte*, Kleine Saarbrücker Stadtgeschichte, S. 95-96.

19 *Burgard / Linsmayer*, Von der Vereinigung der Saarstädte zum Abstimmungskampf, S. 132; *Neikes*, Fünfundzwanzig Jahre Gesamtstadt Saarbrücken, S. 27.

20 *Herrmann*, Gedanken zum Aufstieg Saarbrückens, S. 21; *Krueckemeyer*, Die Bildung der Großstadt Saarbrücken, S. 10; *Ruppersberg*, Geschichte der ehemaligen Grafschaft Saarbrücken, III. Teil, Geschichte der Stadt Saarbrücken, Bd. 2, S. 224-225.

21 *Burgard / Linsmayer*, Von der Vereinigung der Saarstädte zum Abstimmungskampf, S. 132-133; *Leiner*, Die Saarbrücker Städtevereinigung von 1909, S. 285.

Gesamtstadt zu überführen."[22] Tatsächlich stand die Verwaltung der „Großstadt" Saarbrücken hinsichtlich der „kommunalen Aufgaben" vor einem „tiefgreifenden Wandel".[23] Die Stadt sah sich mit einer Zunahme der kommunalen Aufgaben konfrontiert, ohne dass ein fest verankerter Aufgabenkatalog bestand.[24] Zum „Charakteristikum" der „Großstadt" Saarbrücken entwickelte sich die Leistungsverwaltung.[25]

Auf dem Gebiet des Steuerwesens folgte der Vertrag über den Zusammenschluss der drei Städte einem Kompromiss. Die im Stadtbezirk Malstatt-Burbach eingeführten besonderen Steuern und Abgaben (Betriebssteuer, Aschenabfuhrgebühr, Schankkonzessionssteuer, Kanalgebühr) wurden in diesem Bezirk 15 Jahre weiter erhoben.[26] Die in den drei Städten bisher geltenden Ordnungen für die Steuer vom Grundbesitz wurden ihren Grundsätzen nach für die nächsten 15 Jahre getrennt für (Alt-) Saarbrücken, St. Johann und Malstatt-Burbach aufrechterhalten. Nach 15 Jahren sollte eine einheitliche Neuregelung der Steuern vom Grundbesitz für die vereinigte Stadt erfolgen.[27] In den ersten Jahren nach dem Zusammenschluss der Städte galt in St. Johann ein niedrigerer Prozentsatz zur staatlich veranlagten Gewerbesteuer als in den Stadtbezirken (Alt-) Saarbrücken und Malstatt-Burbach.[28] Zur Deckung des durch die Gemeinde-

22 Zitiert nach: *Ruppersberg*, Geschichte der ehemaligen Grafschaft Saarbrücken, III. Teil, Geschichte der Stadt Saarbrücken, Bd. 2, S. 260. Zu Paehler: *Burgard / Linsmayer*, Von der Vereinigung der Saarstädte zum Abstimmungskampf, S. 164.

23 *Hofman*, Die Entwicklung der kommunalen Selbstverwaltung von 1848 bis 1918, S. 83.

24 *Horst Matzerath*, „Kommunale Leistungsverwaltung". Zur Bedeutung und politischer Funktion eines Begriffs im 19. und 20. Jahrhundert, in: Heinrich Blotevogel (Hrsg.), Kommunale Leistungsverwaltung und Stadtentwicklung vom Vormärz bis zur Weimarer Republik, Köln – Wien 1990, S 3-24, hier S. 10, 13-14.

25 *Leiner*, Die Saarbrücker Städtevereinigung von 1909, S. 285.

26 § 11 des Vertrags zwischen Saarbrücken, St. Johann und Malstatt-Burbach, Preußische Gesetzsammlung 1909, S. 21; § 11 des Vertrags zwischen Saarbrücken, St. Johann und Malstatt-Burbach, in: *Ruppersberg*, Geschichte der ehemaligen Grafschaft Saarbrücken, III. Teil, Geschichte der Stadt Saarbrücken, Bd. 2, S. 251; *Leiner*, Die Saarbrücker Städtevereinigung von 1909, S. 300.

27 § 10 des Vertrags zwischen Saarbrücken, St. Johann und Malstatt-Burbach, Preußische Gesetzsammlung 1909, S. 20-21; § 10 des Vertrags zwischen Saarbrücken, St. Johann und Malstatt-Burbach, in: *Ruppersberg*, Geschichte der ehemaligen Grafschaft Saarbrücken, III. Teil, Geschichte der Stadt Saarbrücken, Bd. 2, S. 250; Leiner, Die Saarbrücker Städtevereinigung von 1909, S. 300. Für St. Johann galten allerdings auch nach 15 Jahren noch gewisse Ausnahmen.

28 § 9 des Vertrags zwischen Saarbrücken, St. Johann und Malstatt-Burbach, Preußische Gesetzsammlung 1909, S. 20; § 9 des Vertrags zwischen Saarbrücken, St. Johann und Malstatt-Burbach, in: *Ruppersberg*, Geschichte der ehemaligen Grafschaft Saarbrücken, III. Teil, Geschichte der Stadt Saarbrücken, Bd. 2, S. 250; *Leiner*, Die Saarbrücker Städtevereinigung von 1909, S. 301.

einkommensteuer aufzubringenden etatmäßigen Bedarfs zog die Stadt die Steuerpflichtigen grundsätzlich mit gleichen Prozentsätzen heran, wobei für (Alt-) Saarbrücken für eine Übergangsphase gewisse Besonderheiten bestanden.[29] Trotz der unterschiedlichen Ausgestaltung des Steuerwesens in den drei Stadtbezirken gab es ein „gesamtes Vermögen" der „Großstadt" Saarbrücken hinsichtlich der Aktiva und Passiva im kommunalen Haushalt.[30]

Den Einigungsprozess symbolisierte die im Dezember 1910 eröffnete Kaiser-Friedrich-Brücke über die Saar. Die Brücke verband (Alt-) Saarbrücken und St. Johann unmittelbar.[31] Zum „zentralen Verkehrsknotenpunkt" des regionalen und überregionalen Schienenverkehrs für die „Großstadt" Saarbrücken entwickelte sich der Hauptbahnhof.[32]

II. Stadtverwaltung

Der Sitz der „neuen" Stadtverwaltung lag in dem im Stil der Neugotik errichteten Rathaus in St. Johann.[33] Bis heute befindet sich das Rathaus von Saarbrücken in diesem von Georg Ritter von Hauberrißer (1841-1922)[34] geplanten Gebäude, der auch den Bau der Rathäuser von München, Wiesbaden und Kaufbeuren plante. Die Fassade des Rathauses in St. Johann trägt ähnliche Züge wie die des Münchener Rathauses.[35]

---

29 § 8 des Vertrags zwischen Saarbrücken, St. Johann und Malstatt-Burbach, Preußische Gesetzsammlung 1909, S. 20; § 8 des Vertrags zwischen Saarbrücken, St. Johann und Malstatt-Burbach, in: *Ruppersberg*, Geschichte der ehemaligen Grafschaft Saarbrücken, III. Teil, Geschichte der Stadt Saarbrücken, Bd. 2, S. 249; *Leiner*, Die Saarbrücker Städtevereinigung von 1909, S. 301. Es wurden im Stadtbezirke Saarbrücken in den ersten zehn Jahren 50 Prozent, dann 2 Jahre lang 37½ Prozent und schließlich drei Jahre lang 25 Prozent vom umlagefähigen Steuersoll erhoben.

30 *Leiner*, Die Saarbrücker Städtevereinigung von 1909, S. 301.

31 *Burgard / Linsmayer*, Von der Vereinigung der Saarstädte zum Abstimmungskampf, S. 133-134, 214.

32 *Burgard / Linsmayer*, Von der Vereinigung der Saarstädte zum Abstimmungskampf, S. 196.

33 § 2 des Vertrags zwischen Saarbrücken, St. Johann und Malstatt-Burbach, Preußische Gesetzsammlung 1909, S. 18; § 2 des Vertrags zwischen Saarbrücken, St. Johann und Malstatt-Burbach, in: *Ruppersberg*, Geschichte der ehemaligen Grafschaft Saarbrücken, III. Teil, Geschichte der Stadt Saarbrücken, Bd. 2, S. 248; *Heyen*, Saarbrücken, S. 322.

34 *Hans Reuther*, Hauberrißer, Georg Ritter von, in: Neue Deutsche Biographie 8 (1969), S. 70-71 [Online-Version]; URL: https://www.deutsche-biographie.de/pnd116521147.html#ndbcontent.

35 *Josef Baulig*, Architekturführer Saarbrücken, Saarbrücken 1998, S. 174; *Bünte*, Kleine Saarbrücker Stadtgeschichte, S. 95.

Die drei Stadtbezirke (Alt-) Saarbrücken, St. Johann und Malstatt-Burbach bildeten „besondere Wahlbezirke der vereinigten Stadt“. Jeder Wahlbezirk wählte aus „seinen Einwohnern die gleiche Anzahl von Stadtverordneten“.[36] Die Wahlen zur Stadtverordnetenversammlung der „Großstadt“ Saarbrücken beruhten auf einem Zensuswahlrecht. Sie fanden am 16. und 17. April 1909 statt. Nur 14 Prozent der Einwohner Saarbrückens und ausschließlich Männer besaßen die Wahlberechtigung.[37] Die Wahlbeteiligung zur ersten Stadtverordnetenversammlung fiel gering aus. Im Bezirk (Alt-) Saarbrücken wählten 33, 5 Prozent, in St. Johann 29, 4 Prozent und in Malstatt-Burbach 50, 5 Prozent der Wahlberechtigten.[38] Der Stadtverordnetenversammlung gehörten 45 Mitglieder an, von denen jeweils 15 aus (Alt-) Saarbrücken, St. Johann und Malstatt-Burbach stammten.[39] Für jeden Stadtteil wählte die Stadtverordnetenversammlung je zwei ehrenamtliche Beigeordnete.[40]

Die Stadtverordnetenversammlung wählte mit „¾ Mehrheit“ den Bürgermeister.[41] Zum ersten Bürgermeister der „Großstadt“ Saarbrücken wählten die Stadtverordneten am 6. Mai 1909 den Juristen Emil Mangold (1867-1945). Seit 1910 führte Mangold Berufsbezeichnung „Oberbürgermeister“. Der preußische König verlieh ihm diesen Titel durch einen Erlass anlässlich der Eröffnung der Kaiser-Friedrich-Brücke.[42] Mit Mangold stand ein Finanzexperte an der Spitze der

---

36 § 6 des Vertrags zwischen Saarbrücken, St. Johann und Malstatt-Burbach, Preußische Gesetzsammlung 1909, S. 19; § 6 des Vertrags zwischen Saarbrücken, St. Johann und Malstatt-Burbach, in: *Ruppersberg*, Geschichte der ehemaligen Grafschaft Saarbrücken, III. Teil, Geschichte der Stadt Saarbrücken, Bd. 2, S. 249.

37 *Burgard / Linsmayer*, Von der Vereinigung der Saarstädte zum Abstimmungskamp, S. 165; *Krueckemeyer*, Die Bildung der Großstadt Saarbrücken, S. 13.

38 *Burgard / Linsmayer*, Von der Vereinigung der Saarstädte zum Abstimmungskampf, S. 165; *Neikes*, Fünfundzwanzig Jahre Gesamtstadt Saarbrücken, S. 31.

39 *Burgard / Linsmayer*, Von der Vereinigung der Saarstädte zum Abstimmungskampf, S. 163; *Neikes*, Fünfundzwanzig Jahre Gesamtstadt Saarbrücken, S. 29.

40 *Burgard / Linsmayer*, Von der Vereinigung der Saarstädte zum Abstimmungskampf, S. 163. Die ersten ehrenamtlichen Beigeordneten waren Heinrich Köhl, Paul Röchling, August Klein, Karl Schoenemann, Friedrich Brüggemann und Edmund Weissdorf.

41 § 18 des Vertrags zwischen Saarbrücken, St. Johann und Malstatt-Burbach, Preußische Gesetzsammlung 1909, S. 22; § 18 des Vertrags zwischen Saarbrücken, St. Johann und Malstatt-Burbach, in: *Ruppersberg*, Geschichte der ehemaligen Grafschaft Saarbrücken, III. Teil, Geschichte der Stadt Saarbrücken, Bd. 2, S. 252; *Burgard / Linsmayer*, Von der Vereinigung der Saarstädte zum Abstimmungskampf, S. 164.

42 *Bünte*, Kleine Saarbrücker Stadtgeschichte, S. 96; *Burgard / Linsmayer*, Von der Vereinigung der Saarstädte zum Abstimmungskampf, S. 134, 164; *Krueckemeyer*, Die Bildung der Großstadt Saarbrücken, S. 13; *Neikes*, Fünfundzwanzig Jahre Gesamtstadt Saarbrücken, S. 32.

Stadt.[43] Mangold verkörperte den Typ des „modernen, städtischen Berufspolitikers".[44] Er leitete die städtische Verwaltung und repräsentierte die Stadt politisch.[45] Mangold, in Wiesbaden geboren, bestand am humanistischen Gymnasium Mannheim 1886 das Abitur. Nach einem Jurastudium in Heidelberg, Berlin und Marburg legte er 1889 die 1. juristische Staatsprüfung und 1894 die 2. juristische Staatsprüfung ab. Vor seiner Wahl zum Bürgermeister von Saarbrücken war er erster Beigeordneter der Stadt Düsseldorf. Die französische Militärregierung enthob ihn im März 1919 des Amtes.[46]

Die Anzahl der in der städtischen Verwaltung Erwerbstätigen stieg kontinuierlich an. Im Jahre 1915 beschäftigte die Stadt Saarbrücken 317 Beamte und Angestellte.[47] Der Anstieg des Personals und die Professionalisierung sowie Rationalisierung der Verwaltung stellte eine entscheidende Voraussetzung dafür dar, dass die Stadt die zahlreichen kommunalen Aufgaben erledigen konnte.[48]

III. Spezifisch städtische Handlungsfelder

1. Armenfürsorge und Arbeitslosigkeit

Am „unteren Rand der Gesellschaft" in der Stadt – auch in Saarbrücken – lebten zu Beginn des 20. Jahrhunderts die Armen. Angewiesen auf eine Armenfürsorge durch die Stadt waren exemplarisch alte, kranke und arbeitslose Menschen sowie Obdachlose, Bettler und „Vagabunden". In der Stadt lebten die Armen auf dichtem Raum zusammen.[49]

---

43 *Ruppersberg*, Geschichte der ehemaligen Grafschaft Saarbrücken, III. Teil, Geschichte der Stadt Saarbrücken, Bd. 2, S. 259.

44 *Burgard / Linsmayer*, Von der Vereinigung der Saarstädte zum Abstimmungskampf, S. 163.

45 Allgemein: *Hofman*, Die Entwicklung der kommunalen Selbstverwaltung von 1848 bis 1918, S. 89.

46 *Klein*, Kurzbiographien der Bürgermeister (Alt-) Saarbrücken, St. Johanns, Malstatt-Burbachs und der Großstadt Saarbrücken, S. 525; *Neikes*, Fünfundzwanzig Jahre Gesamtstadt Saarbrücken, S. 42.

47 *Burgard / Linsmayer*, Von der Vereinigung der Saarstädte zum Abstimmungskampf, S. 164.

48 *Matzerath*, „Kommunale Leistungsverwaltung", S. 11.

49 *Thomas Nipperdey*, Deutsche Geschichte 1866-1918, Bd. 1, Arbeitswelt und Bürgergeist, München [3]1993, S. 355,

Die Armenfürsorge als Bestandteil der kommunalen Daseinsvorsorge[50] stellte für die Städte eine enorme finanzielle Belastung dar.[51] Sie gehörte zu den spezifisch städtischen Handlungsfeldern und zu den ältesten Aufgaben von Städten.[52] Im 16. Jahrhundert betrachteten die drei Reichspolizeiordnungen die Armenfürsorge als eine Aufgabe der Städte und Gemeinden.[53] Das „Gesetz über den Unterstützungswohnsitz" des Norddeutschen Bundes vom 6. Juni 1870 übertrug den Gemeindebehörden ausdrücklich die Verwaltung der öffentlichen Armenfürsorge.[54]

Die Armenfürsorge folgte in Saarbrücken dem „Elberfelder System" und damit dem Grundsatz der „offenen Armenpflege"[55] ohne geschlossene Arbeitshäuser.[56] Das „Elberfelder System" – benannt nach einer Reform der Armenfürsorge in Elberfeld im Jahre 1853 – zielte auf eine Dezentralisierung der Armenfürsorge innerhalb der Stadt ab. „Armenpfleger" übernahmen in ihrem Bezirk praktische Tätigkeiten in der Armenfürsorge. Um einen möglichst großen Personenkreis für in der Armenfürsorge tätige Menschen zu gewinnen, folgte das „Elberfelder System" dem Grundsatz der „Ehrenamtlichkeit". Das „Elberfelder System" beruhte auf dem Grundsatz der „Hilfe zur Selbsthilfe"[57] und einer individuellen Betreuung der Armen.[58] Anwendung fand in Saarbrücken das

---

50 *Jürgen Reulecke*, Die Armenfürsorge als Teil der kommunalen Leistungsverwaltung und Daseinsvorsorge im 19. Jahrhundert, in: Heinrich Blotevogel (Hrsg.), Kommunale Leistungsverwaltung und Stadtentwicklung vom Vormärz bis zur Weimarer Republik, Köln, Wien 1990, S. 71-80, hier S. 71.

51 *Reulecke*, Die Armenfürsorge als Teil der kommunalen Leistungsverwaltung und Daseinsvorsorge im 19. Jahrhundert, S. 74.

52 *Reulecke*, Die Armenfürsorge als Teil der kommunalen Leistungsverwaltung und Daseinsvorsorge im 19. Jahrhundert, S. 71; *Hannes Ludyga*, Obrigkeitliche Armenfürsorge im deutschen Reich vom Beginn der Frühen Neuzeit bis zum Ende des Dreißigjährigen Krieges (1495-1648) (Schriften zur Rechtsgeschichte, Heft 147), Berlin 2010, S. 56-184.

53 *Wolfgang R. Krabbe*, Die deutsche Stadt im 19. und 20. Jahrhundert. Eine Einführung, Göttingen 1989, S. 100; *Ludyga*, Obrigkeitliche Armenfürsorge im deutschen Reich vom Beginn der Frühen Neuzeit bis zum Ende des Dreißigjährigen Krieges, S. 186-189, 222-225.

54 § 2 Gesetz über den Unterstützungswohnsitz, Bundesgesetzblatt des Norddeutschen Bundes Band 1870, S. 360; *Gründer*, Kommunale Armenfürsorge im 19. Jahrhundert am Beispiel der Stadt Münster, S. 67.

55 *Ruppersberg*, Geschichte der ehemaligen Grafschaft Saarbrücken, III. Teil, Geschichte der Stadt Saarbrücken, Bd. 2, S. 440; *Nipperdey*, Deutsche Geschichte 1866-1918, Bd. 1, S. 356.

56 *Hofman*, Die Entwicklung der kommunalen Selbstverwaltung von 1848 bis 1918, S. 87.

57 *Krabbe*, Die deutsche Stadt im 19. und 20. Jahrhundert, S. 101.

58 *Hofman*, Die Entwicklung der kommunalen Selbstverwaltung von 1848 bis 1918, S. 87; *Nipperdey*, Deutsche Geschichte 1866-1918, Bd. 1, S. 356,

„Gesetz über den Unterstützungswohnsitz" vom 30. Mai 1908, wonach Saarbrücken als Ortsarmenverband die öffentliche Unterstützung Hilfsbedürftiger übernahm.[59] Nach der Städtevereinigung bestanden innerhalb des Ortsarmenverbandes Saarbrücken 15 Armenbezirke und 81 Armenquartiere.[60] Die städtische Armenfürsorge gewährte im Jahre 1909 676 und im Jahre 1914 885 „Hausständen" in Saarbrücken finanzielle Leistungen.[61]

Armenärzte nahmen sich der Versorgung armer kranker Menschen an.[62] Im St. Johanner Rathaus befand sich eine Unterkunft für Obdachlose.[63]

Ein „städtischer Arbeitsnachweis" bemühte sich um eine Vermittlung und Zuweisung von Arbeitsplätzen für arme Menschen.[64] Zu den zugewiesenen Tätigkeiten gehörten Korbflechten, das Einsammeln von Papier oder Holzhacken.[65] Eine effektive Unterstützung Arbeitsloser blieb aus.[66]

Den Vorsitz des im Jahre 1909 gegründeten Vereins „Volkswohl" übernahm der Oberbürgermeister. Der Verein kümmerte sich um die „soziale Fürsorge im weitesten Sinne". In den ersten Jahren nach seiner Gründung nahm sich der Verein hilfsbedürftiger Kinder an und organisierte Ferienaufenthalte für Kinder.[67]

---

59 §§ 2, 3, Gesetz über den Unterstützungswohnsitz, 30. 5. 1908, Reichsgesetzblatt 1908, S. 381; Gisela Tascher, Staat, Macht und ärztliche Berufsausübung 1920-1956. Gesundheitswesen und Politik: Das Beispiel Saarland (Sammlung Schöningh zur Geschichte und Gegenwart), Paderborn – München – Wien Zürich 2010, S. 66; Hans Westhoff, Recht und Verwaltung im Saargebiet, Trier 1934, S. 265.

60 *Ruppersberg*, Geschichte der ehemaligen Grafschaft Saarbrücken, III. Teil, Geschichte der Stadt Saarbrücken, Bd. 2, S. 440.

61 *Burgard / Linsmayer*, Von der Vereinigung der Saarstädte zum Abstimmungskampf, S. 208; *Ruppersberg*, Geschichte der ehemaligen Grafschaft Saarbrücken, III. Teil, Geschichte der Stadt Saarbrücken, Bd. 2, S. 440.

62 *Burgard / Linsmayer*, Von der Vereinigung der Saarstädte zum Abstimmungskampf, S. 208.

63 *Burgard / Linsmayer*, Von der Vereinigung der Saarstädte zum Abstimmungskampf, S. 208.

64 *Burgard / Linsmayer*, Von der Vereinigung der Saarstädte zum Abstimmungskampf, S. 208-209; *Schumacher*, Wohlfahrtspflege in der Stadt Saarbrücken, in: Heinrich Krueckemeyer (Hrsg.), 25 Jahre Stadt Saarbrücken, Saarbrücken 1934, S. 135-142, hier S. 136.

65 *Burgard / Linsmayer*, Von der Vereinigung der Saarstädte zum Abstimmungskampf, S. 208.

66 *Stolleis*, Geschichte des Sozialrechts, S. 112-113.

67 *Ruppersberg*, Geschichte der ehemaligen Grafschaft Saarbrücken, III. Teil, Geschichte der Stadt Saarbrücken, Bd. 2, S. 440.

2. Schulwesen

Stadtschulinspektoren organisierten seit 1910 die Ausgestaltung des städtischen Schulwesens in Saarbrücken.[68] Neben der Armenfürsorge stellte das Schulwesen einen bedeutenden Aufgabenbereich und ein zentrales Handlungsfeld für die Stadt dar.[69] Die deutsche Gesellschaft entwickelte sich im 19. Jahrhundert auch zu einer „Schulgesellschaft". Vom „Schulschicksal" hing oft das „Schicksal" des einzelnen Menschen ab.[70] Die Mehrheit der Menschen besuchte die Volksschule, die dazu beitrug, die Rate der Analphabeten zu senken.[71] Nach der Vereinigung der drei Städte fand ein nachhaltiger Ausbau des städtischen Volksschulwesens statt. Ende 1909 bestanden in Saarbrücken 287 Volksschulklassen mit 293 Lehrern. Um die 58 Kinder besuchten im Durchschnitt eine Klasse. Im Jahre 1914 gab es 333 Klassen bei durchschnittlich ungefähr 54 Schülern. Zwischen 1915 und 1925 wuchs die Anzahl der Volksschulen von 17 auf 25 an.[72]

Die Stadtverordnetenversammlung beschloss am 21. Dezember 1909 die Errichtung eines Reformrealgymnasiums für Jungen. Den Schulbetrieb nahm das Reformrealgymnasium 1910 auf. Es handelte sich um eine „höhere Lehranstalt für die männliche Jugend". Die Stadt als Träger finanzierte das Reformrealgymnasium. Der erste Leiter des Reformrealgymnasiums war der „Oberlehrer" Otto Kneuper, der vorher am Reformrealgymnasium in Oberhausen einer Tätigkeit nachgegangen war. Dem Reformrealgymnasium stand ein Kuratorium zur Seite, dem der Oberbürgermeister Saarbrückens, der Leiter der Schule, die Pfarrer der evangelischen und katholischen Gemeinde sowie vier weitere Mitglieder angehörten, die die Stadtverordnetenversammlung wählte. Das Reformrealgymnasium befand sich zunächst im früheren Bürgermeisteramt Malstatt-Burbach.[73] Die Errichtung des Reformrealgymnasiums mit technisch-naturwissenschaftlicher Ausrichtung galt als die „wichtigste bildungspolitische Neuerung" nach

---

68 *R. P. Zenner*, Das Schulwesen Stadt Saarbrücken, in: Kulturdezernat der Stadt Saarbrücken (Hrsg.), Saarbrücken 1909-1959, Saarbrücken 1959, S. 239-263, hier S. 239.

69 *Krabbe*, Die deutsche Stadt im 19. und 20. Jahrhundert, S. 107.

70 *Nipperdey*, Deutsche Geschichte 1866-1918, Bd. 1, S. 531.

71 *Nipperdey*, Deutsche Geschichte 1866-1918, Bd. 1, S. 531; Wittenbrock, Die drei Saarstädte in der Zeit des beschleunigten Städtewachstums, S. 98.

72 *W. Martin*, Die Schulen der Stadt Saarbrücken, in: Heinrich Krueckemeyer (Hrsg.), 25 Jahre Stadt Saarbrücken, Saarbrücken 1934, S. 170-184, hier S. 181-182; *Zenner*, Das Schulwesen der Stadt Saarbrücken, S. 239.

73 *Martin*, Die Schulen der Stadt Saarbrücken, S. 171-172; *Ruppersberg*, Geschichte der ehemaligen Grafschaft Saarbrücken, III. Teil, Geschichte der Stadt Saarbrücken, Bd. 2, S. 357-358; *Zenner*, Das Schulwesen der Stadt Saarbrücken, S. 240; *K. Lehmann* (Hrsg.), 1910-1935. Festschrift der Hindenburg-Schule (Reform-Real-Gymnasium), Saarbrücken 1935, S. 5-6.

Gründung der „Großstadt" Saarbrücken.[74] Als erste Fremdsprache sah das Reformrealgymnasium Französisch vor.[75] Der „neusprachliche Unterbau" war typisch für ein Reformrealgymnasium.[76] Die Schule folgte einer überkonfessionellen Ausrichtung.[77] Otto Kneuper entließ die französische Militäradministration im Jahre 1919 wegen „prodeutscher Haltung".[78]

Das Reformralgymnasium ergänzte die bestehenden höheren Schulen in der Stadt.[79] Mädchen besuchten zur Zeit der Gründung der „Großstadt" die städtische „Auguste-Viktoria-Schule" – eine „höhere Mädchenschule" -, an die eine „Lehrerinnen-Bildungs-Anstalt" angegliedert war und die 1910 841 Schülerinnen besuchten, sowie eine paritätische „höhere Mädchenschule" – die „Kablésche Mädchenschule" - oder die katholische Ursulinenschule, die von der Stadt maßgebliche finanzielle Zuschüsse erhielt.[80] Ansonsten bestanden als höhere Schulen für Jungen in der Stadt das staatliche Ludwigsgymnasium und die staatliche Oberrealschule mit naturwissenschaftlicher Ausrichtung. Beide Schulen erhielten in jedem Jahr maßgebliche finanzielle Zuwendungen von der Stadt.[81] Auf die konkrete Ausgestaltung des Schulwesens in den staatlichen Schulen besaß die Stadt Saarbrücken trotz der finanziellen Unterstützung keinen

---

74 *Burgard / Linsmayer*, Von der Vereinigung der Saarstädte zum Abstimmungskampf, S. 231; *Rainer Dorscheid*, Das Gymnasium am Schloss, in: *Eduard Schäfer / Horst Günter Klitzing* (Hrsg.), Das Gymnasium im Saarland. 50 Jahre Saarländischer Philologenverband, Ottweiler 2000, S. 213-224, hier S. 213.

75 *Torsten Mergen*, Ein Kampf für das Recht der Musen. Leben und Werk von Karl Christian Müller alias Teut Ansolt (1900-1975) (Formen der Erinnerung, Bd. 50), Göttingen 2012, S. 65-66 Fn. 68.

76 Ohne Bezug zu Saarbrücken: *Nipperdey*, Deutsche Geschichte 1866-1918, Bd. 1, S. 564.

77 *Mergen*, Ein Kampf für das Recht der Musen. Leben, S. 66.

78 *Mergen*, Ein Kampf für das Recht der Musen. Leben, S. 66.

79 *Burgard / Linsmayer*, Von der Vereinigung der Saarstädte zum Abstimmungskampf, S. 231.

80 *M. Scholastica Briel*, Ursulinenschule Saarbrücken, in: Heinrich Krueckemeyer (Hrsg.), 25 Jahre Stadt Saarbrücken, Saarbrücken 1934, S. 188-189; *Martin*, Die Schulen der Stadt Saarbrücken, S. 173-176; *Christfried Röger*, Die Cecilienschule zu Saarbrücken. Ein Schulreformversuch Franz Joseph Niemanns in den Jahren 1912-1924 (Veröffentlichungen des Instituts für Landeskunde des Saarlandes, Bd. 13), Saarbrücken 1965, S. 24-25; *Inge Schätzer*, Das Gymnasium am Rotenbühl, in: Eduard Schäfer / Horst Günter Klitzing (Hrsg.), Das Gymnasium im Saarland. 50 Jahre Saarländischer Philologenverband, Ottweiler 2000, S. 205-212, hier S. 206; *Zenner*, Das Schulwesen der Stadt Saarbrücken, S. 240, 246.

81 *Burgard / Linsmayer*, Von der Vereinigung der Saarstädte zum Abstimmungskampf, S. 231; *Dorscheid*, Das Gymnasium am Schloss, S. 213; *Martin*, Die Schulen der Stadt Saarbrücken, S. 170-171; *Ruppersberg*, Geschichte der ehemaligen Grafschaft Saarbrücken, III. Teil, Geschichte der Stadt Saarbrücken, Bd. 2, S. 288-356.

Einfluss.[82] Die Ausbildung an dem 1604 in Saarbrücken gegründeten Ludwigsgymnasium, das aus einer städtischen Lateinschule hervorging,[83] versprach bessere „Lebenschancen“.[84] Das Gymnasium entwickelte sich im 19. Jahrhundert zu einer „nationalen Institution“, einem „Produkt der gemeindeutschen Bildungstradition“ sowie „der Wissenschaft und der Universität“.[85] Das Ludwigsgymnasium war das einzige dezidiert „evangelische Gymnasium“ im Regierungsbezirk Trier.[86] In erster Linie besuchten Kinder „aus bildungsbewussten bürgerlichen Gesellschaftsschichten“ das Ludwigsgymnasium.[87]

Städtische Mittelschulen ergänzten das Schulsystem in Saarbrücken. Seit 1912 gab es eine „Mädchenmittelschule“ – die Cecilienschule - und ab 1916 eine „Knabenmittelschule“.[88]

3. Straßenbahnen

Die fortschreitende Urbanisierung und eine „Ausdehnung des Umfangs der Wohngebiete“ erforderten einen stetigen Ausbau öffentlicher Verkehrsmittel.[89] Hinzu kam die Notwendigkeit der „Beförderung der Bergleute zu und von ihren

---

82 *Martin*, Die Schulen der Stadt Saarbrücken, S. 170.

83 *Manfred Bohn / Manfred Eisenbeis*, Das Ludwigsgymnasium, in: Eduard Schäfer / Horst Günter Klitzing (Hrsg.), Das Gymnasium im Saarland. 50 Jahre Saarländischer Philologenverband, Ottweiler 2000, S. 195-204, hier S. 195; *Hans-Walter Herrmann*, Von der Lateinschule zum Ludwigsgymnasium. Die Entwicklung der Schule von 1604 bis zum Ersten Weltkrieg, in: Heinz Paulus / Ewald Wannemacher (Hrsg.), 400 Jahre Ludwigsgymnasium Saarbrücken. Kontinuität und Wandel 1604-2004, Saarbrücken 2004, S. 23-52, hier S. 23, 31.

84 *Wehler*, Deutsche Gesellschaftsgeschichte, Bd. 2, S. 496.

85 Ohne Bezug zu Saarbrücken: *Nipperdey*, Deutsche Geschichte 1866-1918, Bd. 1, S. 548,

86 *Bohn / Eisenbeis*, Das Ludwigsgymnasium, S. 197.

87 *Heinrich Küppers*, Johannes Hoffmann (1890-1967). Biographie eines Deutschen (Forschungen und Quellen zur Zeitgeschichte, Bd. 54), Düsseldorf 2008, S. 433.

88 *Zenner*, Das Schulwesen der Stadt Saarbrücken, S. 240; *Röger*, Die Cecilienschule zu Saarbrücken, passim.

89 *Georg-Christoph von Unruh*, Bürgermeister und Landräte als Gestalter kommunaler Leistungsverwaltung, in: Heinrich Blotevogel (Hrsg.), Kommunale Leistungsverwaltung und Stadtentwicklung vom Vormärz bis zur Weimarer Republik, Köln, Wien 1990, S. 43-55, hier S. 49.

Arbeitsplätzen".[90] Eine erste Dampf-Straßenbahn fuhr in St. Johann seit November 1890.[91] 1899 legte St. Johann die Dampf-Straßenbahn still.[92]

Die elektrifizierte Straßenbahn unterhielt in Saarbrücken im Jahre 1909 sieben Linien. 70 Triebwagen und 22 Beiwagen standen für den Personenverkehr bereit. Auf das Jahr 1909 verteilt beförderte die Straßenbahn insgesamt über zehn Millionen Fahrgäste. Die Einnahmen aus den Straßenbahnen beliefen sich 1909 auf über eine Millionen Mark. Schüler und Arbeiter erhielten ermäßigte Zeitkarten.[93] Die „Gesellschaft für Straßenbahnen im Saarthal (Actien-Gesellschaft)" betrieb nach ihrer Eintragung im Handelsregister in Saarbrücken am 22. Juli 1892 die Straßenbahnen in Saarbrücken. Die Hauptaktionäre stellten ursprünglich die „Mitteldeutsche Creditbank" in Berlin und Frankfurt am Main sowie die „Handelsgesellschaft Vering & Wächter" dar.[94] Seit April 1896 war die „Allgemeine Local- und Straßenbahngesellschaft" in Berlin Hauptaktionär der Gesellschaft. Hauptaktionär der Berliner Gesellschaft war die Allgemeine Elektrizitätsgesellschaft (AEG) in Berlin.[95] Nach einer Kapitalerhöhung war die Stadt Saarbrücken seit Februar 1912 Hauptaktionär der Gesellschaft. Ein Vertreter der Stadt übernahm den Vorsitz im Aufsichtsrat.[96]

Am 15. September 1911 fand im Handelsregister Saarbrücken die Eintragung der „Saarbrücker Klein- und Straßenbahn AG" statt. Die Stadt Saarbrücken war der Hauptaktionär dieser Gesellschaft. Das Unternehmen betrieb die „Herstellung" und den „Betrieb einer Kleinbahn auf der Strecke Saarbrücken, Brebach-Fechingen-Eschringen, Ensheim und Ormesheim". Die „Saarbrücker Klein- und Straßenbahn AG" eröffnete am 11. Juli 1913.[97]

---

90 *Karl August Schleiden*, Hundert bewegte Jahre 1892-1992. Die Geschichte der Gesellschaft für Straßenbahnen im Saartal AG (Saartal-Linien), hrsg. von den Saartal-Linien, Gesellschaft für Straßenbahnen im Saartal AG, Saarbrücken 1992, S. 19.

91 *Herrmann / Bauer*, Die Straßenbahn, S. 12-16.

92 *Herrmann / Bauer*, Die Straßenbahn, S. 24.

93 *Herrmann / Bauer*, Die Straßenbahn, S. 25; *Lengerle*, Die Saarbrücker Straßenbahn von 1909 bis 1934, in: Heinrich Krueckemeyer (Hrsg.), 25 Jahre Stadt Saarbrücken, Saarbrücken 1934, S. 116-120, hier S. 116-117.

94 75 Jahre Gesellschaft für Straßenbahnen im Saartal AG-Saarbrücken, hrsg. von der Gesellschaft für Straßenbahnen im Saartal AG, Saarbrücken o. J., S. 36-37; *Herrmann / Bauer*, Die Straßenbahn, S. 21; *Schleiden*, Hundert bewegte Jahre 1892-1992, S. 10.

95 *Schleiden*, Hundert bewegte Jahre 1892-1992, S. 62.

96 *Herrmann / Bauer*, Die Straßenbahn, S. 27.

97 75 Jahre Gesellschaft für Straßenbahnen im Saartal AG-Saarbrücken, S. 57-58; *Schleiden*, Hundert bewegte Jahre 1892-1992, S. 22.

Einen Streik bei der Saarbrücker Straßenbahn gab es am 22. August 1911. Die Streikenden forderten eine Lohnerhöhung, eine Reduzierung der Arbeitszeit, eine Beendigung der Bestrafungsmaßnahmen des Arbeitgebers und eine Festanstellung nach fünf Jahren und nicht erst nach wie bisher 25 Jahren.[98] Vertreter der Stadt und der Straßenbahnen einigten sich auf eine Milderung der Bestrafungsmaßnahmen, geringe Lohnerhöhungen und einen „Elf-Stundentag".[99] Kurze Zeit später streikten 160 Straßenbahner erneut, da die ausgehandelten Tarifbedingungen nach Ansicht der Streikenden keine Beachtung fanden. Ohne neue Verhandlungen und Ergebnisse nahmen die Straßenbahner ihre Tätigkeit nach fünf Tagen wieder auf.[100]

4. Energieversorgung, Wasserversorgung und Kanalisation

Bei der Sicherstellung der Versorgung der Bevölkerung mit Energie und Wasser erfüllte die Stadt eine bedeutende Aufgabe.[101] Die Energie- und Wasserversorgung stellte eine Basis für die „Gestaltung zukünftiger Stadtentwicklung" dar[102] und „ermöglichte" pointiert ausgedrückt „eine zweite Phase der industriellen Revolution".[103] Die Elektrizitätsversorgung entwickelte sich in Saarbrücken zunächst in weiten Teilen frei von staatlichen Interventionen.[104]

Die „Elektrifizierung der Straßenbahn" nahmen Städte zu Beginn des 20. Jahrhunderts zum Anlass, städtische Elektrizitätswerke zu errichten.[105] Ein erstes kommunales Elektrizitätswerk bestand in Saarbücken seit 1895 und in St.

98 *Herrmann / Bauer*, Die Straßenbahn, S. 28.

99 *Herrmann / Bauer*, Die Straßenbahn, S. 29.

100 *Herrmann / Bauer*, Die Straßenbahn, S. 29.

101 *Wittenbrock*, Die drei Saarstädte in der Zeit des beschleunigten Städtewachstums, S. 69.

102 Ohne Bezug zu Saarbrücken: *Dieter Schott*, Stadtentwicklung – Energieversorgung – Nahverkehr. Investitionen in die technische Vernetzung der Städte am Beispiel von Mannheim mit Ausblicken auf Darmstadt und Mainz, in: Karl Heinrich Kaufhold (Hrsg.), Investitionen der Städte im 19. und 20. Jahrhundert (Städteforschung. Veröffentlichungen des Instituts für vergleichende Städtegeschichte in Münster, Reihe A: Darstellungen, Bd. 42), Köln, Weimar, Wien 1997, S. 149-179, hier S. 177.

103 *Wolfgang Löwer*, Rechtshistorische Aspekte der deutschen Elektrizitätsversorgung von 1880 bis 1990, in: Wolfram Fischer (Hrsg.). Die Geschichte der Stromversorgung, Frankfurt am Main 1992, S. 169-215, hier S. 169.

104 *Löwer*, Rechtshistorische Aspekte der deutschen Elektrizitätsversorgung von 1880 bis 1990, S. 175-176.

105 *Thomas Herzig*, Geschichte der Elektrizitätsversorgung des Saarlandes unter besonderer Berücksichtigung der Vereinigten Saar – Elektrizitäts-AG. Ein Beitrag zur Wirtschaftsgeschichte des Saarlandes (Veröffentlichungen der Kommission für saarländische Landesgeschichte, Bd. XVII), Saarbrücken 1987, S. 76; *Krabbe*, Die deutsche Stadt im 19. und 20. Jahrhundert, S. 119.

Johann ab 1896. Die Werke funktionierten nicht ohne Schwierigkeiten. Unterbrechungen des Stroms und Schwankungen bei den Stromspannungen standen auf der Tagesordnung.[106] Bei beiden Werken handelte es sich um Dampfkraftwerke.[107] Malstatt-Burbach erhielt 1908 einen Anschluss an die Stromversorgung.[108] Die Kommunen betrachteten die Einrichtungen für die Elektrizitätsversorgung als gewerbliche Unternehmen.[109] Diese Unternehmen schlossen mit den Kunden Versorgungsverträge auf dem Gebiet des Zivilrechts ab.[110] Zu den „Pflichtaufgaben" der Gemeinde gehörte die Elektrizitätsversorgung nicht. Die Kommunen konnten kein Monopol bei der Elektrizitätsversorgung für sich beanspruchen.[111]

Im Jahre 1912 erfolgte die Gründung der „Electricitäts- und Gasvertriebsgesellschaft Saarbrücken" unter der „Ägide" Saarbrückens. 49 Prozent des Grundkapitals der Gesellschaft stammten von der Stadt Saarbrücken.[112] Wegen der Zusammensetzung der Gesellschaft aus Aktionären der öffentlichen Hand und privaten Aktionären handelte es sich bei der Gesellschaft um ein „gemischtwirtschaftliches Unternehmen". Die Errichtung eines solchen Unternehmens stellte einen „Kompromiss" zwischen einer „Vollkommunalisierung oder Vollprivatisierung" der Versorgung mit Elektrizität dar.[113] Die „Electricitäts- und Gasvertriebsgesellschaft Saarbrücken" versorgte Fabriken und Betriebe sowie die Bevölkerung Saarbrückens, sofern sie an das Stromnetz angeschlossen war, mit

---

106 *Herzig*, Geschichte der Elektrizitätsversorgung des Saarlandes unter besonderer Berücksichtigung der Vereinigten Saar – Elektrizitäts-AG, S. 58, 60.

107 *Voltz*, Die wirtschaftliche und technische Entwicklung der Elektrizitäts-, Gas- und Wasserversorgung sowie der städtischen Bäder, in: Heinrich Krueckemeyer (Hrsg.), 25 Jahre Stadt Saarbrücken, Saarbrücken 1934, S. 107-115, hier S. 110.

108 *Voltz*, Die wirtschaftliche und technische Entwicklung der Elektrizitäts-, Gas- und Wasserversorgung sowie der städtischen Bäder, S. 110.

109 *Löwer*, Rechtshistorische Aspekte der deutschen Elektrizitätsversorgung von 1880 bis 1990, S. 173-174.

110 *Löwer*, Rechtshistorische Aspekte der deutschen Elektrizitätsversorgung von 1880 bis 1990, S. 181.

111 *Löwer*, Rechtshistorische Aspekte der deutschen Elektrizitätsversorgung von 1880 bis 1990, S. 173.

112 *Burgard / Linsmayer*, Von der Vereinigung der Saarstädte zum Abstimmungskampf, S. 205; *Herzig*, Geschichte der Elektrizitätsversorgung des Saarlandes unter besonderer Berücksichtigung der Vereinigten Saar – Elektrizitäts-AG, S. 80, 86; *Karl-Heinz Schneider*, Die wirtschaftlichen Unternehmungen der Stadt Saarbrücken, in: Kulturdezernat der Stadt Saarbrücken (Hrsg.), Saarbrücken 1909-1959, Saarbrücken 1959, S. 86-108, hier S. 89; *Voltz*, Die wirtschaftliche und technische Entwicklung der Elektrizitäts-, Gas- und Wasserversorgung sowie der städtischen Bäder, S. 110.

113 *Löwer*, Rechtshistorische Aspekte der deutschen Elektrizitätsversorgung von 1880 bis 1990, S. 175.

Strom und lieferte Energie in drei weitere Städte sowie 26 Gemeinden. Etwa 70.000 Menschen profitierten von der Versorgung durch die Gesellschaft.[114] Nach der Satzung vertrieb die Gesellschaft „elektrische Energie“ und „Leucht- und Kraftgas in der näheren und weiteren Umgebung von Saarbrücken“.[115] Der Betrieb von Glühlampen nahm im Einzugsbereich der Gesellschaft zwischen 1912 und 1920 deutlich zu.[116]

Zur Versorgung der Bevölkerung trug ein zentrales städtisches Gaswerk, die Halberger Hütte, seit 1910 bei. Vor der Vereinigung der Städte bestanden drei eigene städtische Gaswerke[117] und Wasserwerke. Seit 1914 existierte ein großes Wasserwerk für ganz Saarbrücken. Dieses Pumpwerk befand sich im Rentrischen Tal.[118] Trotz des neuen Pumpwerkes blieb die Wasserqualität schlecht, so befand sich im Wasser Mangan.[119]

Zwischen 1909 und 1919 baute die Stadt die Kanalisation zur Entwässerung aus. In dieser Zeit errichtete die Stadt 95 km „Großkanäle“. Verbunden mit diesen Maßnahmen war eine Erhöhung des Kanalkostenbeitrags für die Bevölkerung.[120] Wegen des ansteigenden Wasserverbrauchs stand die Kanalisation vor

---

114 *Burgard / Linsmayer*, Von der Vereinigung der Saarstädte zum Abstimmungskampf, S. 205; *Herzig*, Geschichte der Elektrizitätsversorgung des Saarlandes unter besonderer Berücksichtigung der Vereinigten Saar – Elektrizitäts-AG, S. 80, 86; *Voltz*, Die wirtschaftliche und technische Entwicklung der Elektrizitäts-, Gas- und Wasserversorgung sowie der städtischen Bäder, S. 110.

115 *Herzig*, Geschichte der Elektrizitätsversorgung des Saarlandes unter besonderer Berücksichtigung der Vereinigten Saar – Elektrizitäts-AG, S. 80.

116 *Burgard / Linsmayer*, Von der Vereinigung der Saarstädte zum Abstimmungskampf, S. 206.

117 *Burgard / Linsmayer*, Von der Vereinigung der Saarstädte zum Abstimmungskampf, S. 206; *Schneider*, Die wirtschaftlichen Unternehmungen der Stadt Saarbrücken, S. 91-92; *Voltz*, Die wirtschaftliche und technische Entwicklung der Elektrizitäts-, Gas- und Wasserversorgung sowie der städtischen Bäder, S. 111-112.

118 *Burgard / Linsmayer*, Von der Vereinigung der Saarstädte zum Abstimmungskampf, S. 206-207; *Schneider*, Die wirtschaftlichen Unternehmungen der Stadt Saarbrücken, S. 93; *Voltz*, Die wirtschaftliche und technische Entwicklung der Elektrizitäts-, Gas- und Wasserversorgung sowie der städtischen Bäder, S. 112.

119 *Hans-Christian Herrmann*, Medizin in der Krise? Die widersprüchlichen zwanziger Jahre, in: Simon Matzerath / Jessica Siebenreich (Hrsg.), Die 20er Jahre. Leben zwischen Tradition und Moderne im internationalen Saargebiet (1920-1935), Petersberg 2020, S. 92-99, hier S. 97.

120 *Burgard / Linsmayer*, Von der Vereinigung der Saarstädte zum Abstimmungskampf, S. 214; *Herrmann*, Saarbrücken, S. 521; *Werle*, Bau= und Bodenpolitik der jungen Großstadt, in: Heinrich Krueckemeyer (Hrsg.), 25 Jahre Stadt Saarbrücken, Saarbrücken 1934, S. 75-106, hier S. 76-77.

enormen Herausforderungen bei der Abwasserentsorgung.[121] Auf dem Gebiet der Wasserversorgung und Kanalisation übernahm die Stadt „Aufgaben gesundheitspolizeilicher Art". Es setzte sich bei den Entscheidungsträgern in der Stadt die wissenschaftliche Erkenntnis durch, dass unreines Trinkwasser und eine unzureichende Entwässerung zur Ausbreitung von Typhus oder Cholera beitrugen. Auf breiter gesellschaftlicher Ebene bestanden Forderungen nach einer „neuen Hygiene",[122] da sich der Ausbruch von Seuchen nicht auf bestimmte Gruppen der Gesellschaft, etwa arme Menschen, beschränkte.[123] „Innere Verdichtung" und „räumliches Wachstum" führten zu neuen hygienischen Problemen.[124] Die städtische Verwaltung bemühte sich um die „Verbesserung der hygienischen Lebensbedingungen".[125] Entscheidend zur Verbesserung der hygienischen Verhältnisse in der Stadt trug neben der Kanalisation die Straßenreinigung bei.[126] 1910 errichtete die Stadt einen städtischen Regiebetrieb für die Straßenreinigung. Dieser Betrieb reinigte die Hauptverkehrsstraßen.[127]

5. Gesundheitswesen

Die Anzahl der Krankenhäuser, deren Ursprünge in das 17./18. Jahrhundert zurückreichten,[128] verdoppelte sich im „Kaiserreich". In großem Umfang beteiligten sich die städtischen Krankenhäuser an dieser Expansion.[129] Das

---

121 *Wittenbrock*, Die drei Saarstädte in der Zeit des beschleunigten Städtewachstums, S. 72.

122 *Krabbe*, Die deutsche Stadt im 19. und 20. Jahrhundert, S. 114; *Nipperdey*, Deutsche Geschichte 1866-1918, Bd. 1, S. 159; *Leiner*, Die Saarbrücker Städtevereinigung von 1909, S. 297.

123 *Ronald D. Gerste*, Wie Krankheiten Geschichte machen. Von der Antike bis heute, Stuttgart ^{3}2019, S. 182; *o. V.*, Einleitung. Von der „Hygienisierung" der Unterschichten zur kommunalen Gesundheitspolitik, in: Jürgen Reulecke / Adelheid Gräfin zu Castell Rüdenhausen (Hrsg.), Stadt und Gesellschaft. Zum Wandel von „Volksgesundheit" und kommunaler Gesundheitspolitik im 19. und frühen 20. Jahrhundert, Stuttgart 1991, S. 11-19, hier S. 12.

124 *Matzerath*, „Kommunale Leistungsverwaltung", S. 9.

125 *Hofman*, Die Entwicklung der kommunalen Selbstverwaltung von 1848 bis 1918, S. 86; *Wittenbrock*, Die drei Saarstädte in der Zeit des beschleunigten Städtewachstums, S. 74.

126 *von Unruh*, Bürgermeister und Landräte als Gestalter kommunaler Leistungsverwaltung, S. 49.

127 *Werle*, Bau= und Bodenpolitik der jungen Großstadt, S. 100; *Herrmann*, Medizin in der Krise?, S. 97-98.

128 *Axel Hinrich Murken*, Das kommunale und konfessionelle Krankenhaus in Deutschland von der Biedermeierzeit bis zur Weimarer Republik, Heinrich Blotevogel (Hrsg.), Kommunale Leistungsverwaltung und Stadtentwicklung vom Vormärz bis zur Weimarer Republik, Köln, Wien 1990, S. 80-116, hier S. 80, 82.

129 *Nipperdey*, Deutsche Geschichte 1866-1918, Bd. 1, S. 156.

„Bürgerhospital“, das eine Stiftung unter städtischer Verwaltung war, sicherte als das bedeutendste Krankhaus in der Stadt die medizinische Versorgung der Bevölkerung.[130] Vor dem Ersten Weltkrieg hatte das „Bürgerhospital“ in Saarbrücken 287 Betten.[131] Es gab im Krankenhaus, das auf dem Reppersberg lag, eine innere und eine chirurgische Abteilung sowie einen „Isolierpavillon“ und eine „Infektionsbaracke“. Seit November 1910 bestand eine „Dermatologische Frauenabteilung“.[132] „Pferdebespannte Krankentransportwagen“ lieferten Patienten in das Hospital ein.[133] Auch die Feuerwache übernahm Krankentransporte.[134]

Die Ursprünge des Saarbrücker „Bürgerhospitals“ reichten in das 15. Jahrhundert zurück.[135] Die mittelalterlichen und frühneuzeitlichen Hospitäler stellten keine Krankenhäuser im „modernen Sinne“ dar. Den Hospitälern oblag in erster Linie die Aufgabe einer Pflege von Menschen.[136] In Abgrenzung zu den Hospitälern nahmen sich die „modernen“ Krankenhäuser ausdrücklich der medizinischen Heilung von Menschen für eine bestimmte Zeit an. Den Ansprüchen an eine Versorgung unter Berücksichtigung moderner „medizinischer, hygienischer und sozialer“ Standards genügten die Hospitäler nicht.[137] Das Krankenhaus im „modernen Sinne“ gehörte zum „unverzichtbaren Bestandteil einer neu sich formierenden Massengesellschaft“. Es bedeutete für die Kommunen einen enormen Kostenfaktor.[138]

Das „Bürgerhospital“ folgte zu Beginn des 20. Jahrhunderts in Abkehr von „Pflege-, Bewahr- und Fürsorgefunktionen“ der christlichen Hospitäler dem

---

130 *Schumacher*, Wohlfahrtspflege in der Stadt Saarbrücken, S. 141.

131 *O. Bodtländer*, Das Gesundheitswesen, in: Kulturdezernat der Stadt Saarbrücken (Hrsg.), Saarbrücken 1909-1959, Saarbrücken 1959, S. 312-330, hier S. 316; *Burgard / Linsmayer*, Von der Vereinigung der Saarstädte zum Abstimmungskampf, S. 212.

132 *Bodtländer*, Das Gesundheitswesen, S. 320.

133 *Werle*, Bau= und Bodenpolitik der jungen Großstadt, S. 105.

134 *Bodtländer*, Das Gesundheitswesen, S. 315.

135 *Ruppersberg*, Geschichte der ehemaligen Grafschaft Saarbrücken, III. Teil, Geschichte der Stadt Saarbrücken, Bd. 2, S. 395.

136 *Ludyga*, Obrigkeitliche Armenfürsorge im deutschen Reich vom Beginn der Frühen Neuzeit bis zum Ende des Dreißigjährigen Krieges, S. 199.

137 *Murken*, Das kommunale und konfessionelle Krankenhaus in Deutschland von der Biedermeierzeit bis zur Weimarer Republik, S. 81-82; *Ludyga*, Obrigkeitliche Armenfürsorge im deutschen Reich vom Beginn der Frühen Neuzeit bis zum Ende des Dreißigjährigen Krieges, S. 200; *Krabbe*, Die deutsche Stadt im 19. und 20. Jahrhundert, S. 106.

138 *Murken*, Das kommunale und konfessionelle Krankenhaus in Deutschland von der Biedermeierzeit bis zur Weimarer Republik, S. 106.

„Prinzip des Behandlungskrankenhauses".[139] Wie zahlreiche Krankenhäuser in Deutschland war das „Bürgerhospital" in Saarbrücken hinsichtlich der aufzunehmenden Patienten vermutlich häufig überfüllt.[140]

Reine Krankenhausärzte gab zu Beginn des 20. Jahrhunderts wenige. Schätzungen für das „Kaiserreich" gingen von etwa 10 bis 11 Prozent Krankenhausärzten gemessen an der gesamten damaligen Ärzteschaft aus.[141] Dies zeigte sich an dem 1901 von der AOK Malstatt-Burbach errichteten Rastpfuhl-Krankenhaus, das seit 1914 unter der Trägerschaft der AOK Saarbrücken stand. Bei der Gründung arbeitete am Rastpfuhl-Krankenhaus ein einziger Arzt, der gemeinsam mit vier Krankenschwestern die Versorgung der Patienten übernahm. 1901 unterhielt das Krankenhaus 20 Betten.[142] Der erste Chefarzt des Krankenhauses Maurer war Stadtverordneter von Malstatt-Burbach und schließlich Beigeordneter der „Großstadt" Saarbrücken.[143] Die rechtliche Rahmenbedingung für die berufliche Tätigkeit von Ärzten in der „Großstadt" Saarbrücken stellte die Gewerbeordnung des Norddeutschen Bundes vom 21. Juni 1869 dar.[144]

Die „Großstadt" Saarbrücken baute die „Schulgesundheitsfürsorge" in der Stadt aus. Alle neu eingeschulten Kinder unterzog die „Schulgesundheitsfürsorge" einer Gesundheitsuntersuchung.[145] Im Jahre 1913 richtete die Stadt eine

139 Dazu allgemein: *Krabbe*, Die deutsche Stadt im 19. und 20. Jahrhundert, S. 106.

140 Siehe allgemein: *Murken*, Das kommunale und konfessionelle Krankenhaus in Deutschland von der Biedermeierzeit bis zur Weimarer Republik, S. 109.

141 *Nipperdey*, Deutsche Geschichte 1866-1918, Bd. 1, S. 153.

142 *Ruth Bauer*, Burbachs Städtebauliche Entwicklung bis 1945, in: Hans-Christian *Herrmann* / Ruth Bauer (Hrsg.), Burbacher Gold – Kohle, Stahl und Eisenbahn. Ein Stück Saarbrücker Stadtgeschichte (Veröffentlichungen des Stadtarchivs Saarbrücken, Bd. 4), Marpingen 2019, S. 90-131, hier S. 113; *Bodtländer*, Das Gesundheitswesen, S. 324; *o. V.*, Die Geschichte der Klinik von ihren Anfängen bis zur Gegenwart, in: Dirk Pickuth (Hrsg.), Gesundheit für Generationen – die Geschichte der Caritasklinik St. Theresia in Saarbrücken. Ein Beitrag zur Medizingeschichte des Saarlandes, St. Ingbert 2011, S. 33-79, hier S. 34-42.

143 *Bauer*, Burbachs Städtebauliche Entwicklung bis 1945, S. 113.

144 § 29, Gewerbeordnung für den Norddeutschen Bund, 21. 6. 1869, Bundesgesetzblatt des Norddeutschen Bundes, 1869, S. 253; *Tascher*, Staat, Macht und ärztliche Berufsausübung 1920-1956, S. 36.

145 *Bodtländer*, Das Gesundheitswesen, S. 314-315.

„Säuglingsfürsorgestelle“[146] und 1914 eine „Säuglingsmilchküche“ ein, die besondere Nahrung für Säuglinge herstellte.[147]

Das „Reichsimpfgesetz“ vom 8. April 1874 normierte die Ausgestaltung des Impfwesens in der „Großstadt“. Der „Impfung mit Schutzpocken“ unterlag nach dem Gesetz: „ 1) jedes Kind vor dem Ablaufe des auf sein Geburtsjahr folgenden Kalenderjahres, sofern es nicht nach ärztlichem Zeugniß … die natürlichen Blattern überstanden hat; 2) jeder Zögling einer öffentlichen Lehranstalt oder einer Privatschule, mit Ausnahme der Sonntags- und Abendschulen, innerhalb des Jahres, in welchem der Zögling das zwölfte Lebensjahr zurücklegt, sofern er nicht nach ärztlichem Zeugniß in den letzten fünf Jahren die natürlichen Blattern überstanden hat oder mit Erfolg geimpft worden ist.“ [148] Anwendung fand in der Stadt das Gesetz über die „Bekämpfung gemeingefährlicher Krankheiten“ vom 30. Juni 1900. Zu diesen Krankheiten gehörten Aussatz, Cholera, Fleckfieber, Gelbfieber, Pest und Pocken.[149] Bei einem Fall oder Verdachtsfall dieser Krankheiten galt eine Anzeigepflicht in der Stadt.[150] Für „Kranke und krankheits- oder ansteckungsverdächtige Personen“ bestand die Möglichkeit zur Anordnung einer „Absonderung“.[151] Ein in der Stadt anwendbares preußisches Gesetz vom 28. August 1905 diente der „Bekämpfung“ von Tuberkulose und Diphterie.[152] Tuberkulose galt als eine „Proletarierkrankheit“.[153] Die „städtische Desinfektionsanstalt“ desinfizierte Wäsche, Betten und Kleidungsstücke oder Möbel[154]

---

146 *Susanne Nimmesgern*, „Vater Staat“ und „Mutter Fürsorge“. Weibliche Angestellte im kommunalen Verwaltungsdienst am Beispiel der Stadt Saarbrücken, 1910-1950: Arbeitsplätze, Berufsfelder, Biographien (Sofie – Saarländische Schriftenreihe zur Frauenforschung, Bd. 12), St. Ingbert 1999, S. 377.

147 *Bodtländer*, Das Gesundheitswesen, S. 315; *Nimmesgern*, „Vater Staat“ und „Mutter Fürsorge“, S. 378.

148 Impfgesetz, 8. 4. 1874, Reichsgesetzblatt 1874, Nr. 11, S. 31; *Tascher*, Staat, Macht und ärztliche Berufsausübung 1920-1956, S. 49.

149 Gesetz, betreffend die Bekämpfung gemeingefährlicher Krankheiten, 30. 6. 1900, Reichsgesetzblatt 1900, Nr. 24, S. 306-317; *Tascher*, Staat, Macht und ärztliche Berufsausübung 1920-1956, S. 49.

150 § 1, Gesetz, betreffend die Bekämpfung gemeingefährlicher Krankheiten, 30. 6. 1900, Reichsgesetzblatt 1900, Nr. 24, S. 306.

151 § 14, Gesetz, betreffend die Bekämpfung gemeingefährlicher Krankheiten, 30. 6. 1900, Reichsgesetzblatt 1900, Nr. 24, S. 309.

152 Gesetz, betreffend die Bekämpfung übertragbarer Krankheiten, 28, August 1905, Gesetzsammlung für die Königlich-Preußischen Staaten 1905, S. 373-387; *Tascher*, Staat, Macht und ärztliche Berufsausübung 1920-1956, S. 49.

153 *Nimmesgern*, „Vater Staat“ und „Mutter Fürsorge“, S. 378.

154 *Burgard / Linsmayer*, Von der Vereinigung der Saarstädte zum Abstimmungskampf, S. 213; *A. Guttstadt* (Hrsg.), Krankenhaus-Lexikon für das Deutsche Reich. Die Anstaltsfürsorge für Kranke und Gebrechliche und die hygienischen Einrichtungen der Städte im

mit Dampf und Formalin. Die Anstalt bekämpfte Krankheiten wie Typhus, Diphterie und Scharlach. Läuse und Ratten sollten „unschädlich" gemacht werden.[155] In der Medizin- und Sozialgeschichte wird bezogen auf die Einstellung der Zeitgenossen von einer „Hygienisierung" des Individuums gesprochen.[156] Der Weg zu Rassentheorien und Rassismus war an dieser Stelle nicht weit.[157]

6. Stadtsparkasse Saarbrücken

Gedanken zur Gründung von Sparkassen gehörten zum „Bestandteil des Reformprogramms der Aufklärung".[158] Im Jahre 1778 eröffnete die „Ersparungsklasse" der Allgemeinen Versorgungsanstalt der Hamburger „Patriotischen Gesellschaft" als erste deutsche Sparkasse.[159]

Eine große Welle der Gründungen von Sparkassen gab es nach dem Wiener Kongress 1815. Im Jahre 1836 existierten in Deutschland 281 Sparkassen. Ein Motiv zur Gründung von Sparkassen lag in der „Förderung des Sparsinnes", um armen Menschen zu einer „gewissen ökonomischen Selbständigkeit" zu verhelfen.[160] Anders als die Mehrheit der sonstigen Kreditinstitute der Zeit ermöglichten die Sparkassen die verzinsliche Anlage kleiner Geldbeträge.[161] Die

---

Deutschen Reich am Anfang des zwanzigsten Jahrhunderts. Nach amtlichen Quellen, Berlin 1900, S. 30.

155 *Bodtländer*, Das Gesundheitswesen, S. 328-329; *Burgard / Linsmayer*, Von der Vereinigung der Saarstädte zum Abstimmungskampf, S. 213.

156 *o. V.*, Einleitung. Von der „Hygienisierung" der Unterschichten zur kommunalen Gesundheitspolitik, S. 12.

157 *Jürgen Reulecke*, Von der Fürsorge über die Vorsorge zur totalen Erfassung. Etappen städtischer Gesundheitspolitik zwischen 1850 und 1939, in: Ders. (Hrsg.), Die Stadt als Dienstleistungszentrum. Beiträge zur Geschichte der „Sozialstadt" in Deutschland im 19. und frühen 20. Jahrhundert, St. Katharinen 1995, S. 395-416, hier S. 398-399. Zu Rassismus grundlegend und allgemein: *Christian Geulen*, Geschichte des Rassismus, München [3]2017.

158 *Richard Merz*, Stadtsparkasse Augsburg 1822-1997. Ein Beitrag zur Wirtschafts- und Sozialgeschichte der Stadt Augsburg, Stuttgart 1997, S. 26; *Krabbe*, Die deutsche Stadt im 19. und 20. Jahrhundert, S. 106.

159 *Hans Poeschel*, Die Statuten der Banken, Sparkassen und Kreditgenossenschaften in Hamburg und Altona von 1710 bis 1889 (Rechtshistorische Reihe, Bd. 2), Frankfurt am Main – Bern – Las Vegas 1978, S. 11; *Adolf Trende*, Geschichte der deutschen Sparkassen. Bis zum Anfang des 20. Jahrhunderts, Stuttgart 1957, S. 29.

160 *Krabbe*, Die deutsche Stadt im 19. und 20. Jahrhundert, S. 106-107.

161 *Thomes*, Da, wo Sie zu Hause sind, S. 15.

Sparkassen erfüllten „soziale Aufgaben“[162] und trugen in erheblichem Maße zur Finanzierung der Industrie bei.[163]

Verglichen mit den sonstigen Sparkassengründungen in Deutschland gab es an der Saar erst spät städtische Sparkassen. 1898 entstand die „Spar- und Darlehenskasse St. Johann“ und 1907 die städtische Sparkasse Malstatt-Burbach. Der Sitz der Sparkasse in Malstatt-Burbach lag im dortigen Rathaus, die „Spar- und Darlehenskasse St. Johann“ befand sich im St. Johanner Rathaus.[164] Zusammengerechnet verwalteten beide Institute etwa 6,3 Millionen Mark an Einlagen und ungefähr 7.900 Konten.[165] In (Alt-) Saarbrücken nahm seit 1858 die Kreissparkasse Saarbrücken ihren Sitz.[166]

Seit der Städtevereinigung 1909 stand die Sparkasse Malstatt-Burbach unter der Trägerschaft der neuen „Großstadt“, die damit von Beginn an eine eigene Stadtsparkasse besaß. Am 1. Januar 1910 fusionierte diese Stadtsparkasse mit der „Spar- und Darlehenskasse St. Johann“. Der Hauptsitz der neuen großen Sparkasse befand sich im St. Johanner Rathaus. Die Sparkasse unterhielt vier Filialen.[167]

Die Einlagen der Sparkasse wuchsen stetig an. Ende März 1914 verwaltete die Sparkasse etwa 16.000 Sparkonten mit Guthaben von mehr als 15, 5 Millionen Mark.[168] Die Zunahme von Spareinlagen war auf die im Vergleich mit anderen Kreditinstituten in Saarbrücken besseren Zinsbedingungen zurückzuführen.[169] Die Sparkasse verstand sich als „Institut für Alle“. Sie richtete an Kleinsparer das Angebot eines Kaufs sogenannter Sparmarken in Höhe ab 10 Pfennigen.[170] Die „Förderung des Sparsinnes“ sollte zur Eigenständigkeit ärmerer Menschen auf ökonomischem Gebiet beitragen, um bei einer Notlage zur „Selbsthilfe“ in

---

162 *Krause*, Die Entwicklung der Sparkasse der Stadt Saarbrücken, in: Heinrich Krueckeeyer (Hrsg.), 25 Jahre Stadt Saarbrücken, Saarbrücken 1934, S. 143-150, hier S. 143.

163 *Wehler*, Deutsche Gesellschaftsgeschichte, Bd. 2, S. 100.

164 *Krause*, Die Entwicklung der Sparkasse der Stadt Saarbrücken, S. 144; *Thomes*, Da, wo Sie zu Hause sind, S. 121-124.

165 *Thomes*, Da, wo Sie zu Hause sind, S. 127.

166 *Thomes*, Da, wo Sie zu Hause sind, S. 124; *Ders.*, Die Kreissparkasse Saarbrücken (1854-1914). Ein Beitrag zur Geschichte der öffentlichen Sparkassen Preußens (Schriftenreihe des Instituts für bankhistorische Forschung e. V., Bd. 6), Frankfurt am Main 1985, passim.

167 *Krause*, Die Entwicklung der Sparkasse der Stadt Saarbrücken, S. 144; *Thomes*, Da, wo Sie zu Hause sind, S. 127-129.

168 *Thomes*, Da, wo Sie zu Hause sind, S. 130.

169 *Krause*, Die Entwicklung der Sparkasse der Stadt Saarbrücken, S. 145.

170 *Thomes*, Da, wo Sie zu Hause sind, S. 130.

der Lage zu sein.[171] Nicht übersehen werden darf, dass viele Menschen nicht in der Lage waren zu sparen.[172] In zahlreichen Volksschulen gab es das „Schulsparkassensystem".[173] Das „Schulsparkassensystem" sollte den Sparsinn unter Kindern fördern, indem die Sparkasse Spargeld bei den Kindern einsammelte und verwaltete.[174]

Im Vordergrund des Aktivgeschäfts der „Sparkasse der Stadt Saarbrücken" stand die Vergabe von Realkrediten.[175] Eine große Bedeutung besaß die Sparkasse für die Refinanzierung von Bedürfnissen der Stadt selbst. Die Stadt war der „größte Kreditkunde". Kommunalkredite dienten häufig städtischen Investitionen.[176] Die Sparkasse betätigte sich auf dem Gebiet des Depositen- und Scheckverkehrs. 1910/11 gab es in diesem Bereich 3.752 Buchungen.[177]

171 *Krabbe*, Die deutsche Stadt im 19. und 20. Jahrhundert, S. 107.

172 Wehler, Deutsche Gesellschaftsgeschichte, Bd. 2, S. 116.

173 *Krause*, Die Entwicklung der Sparkasse der Stadt Saarbrücken, S. 145.

174 *Trende*, Geschichte der deutschen Sparkassen, S. 372.

175 *Thomes*, Da, wo Sie zu Hause sind, S. 132.

176 *Thomes*, Da, wo Sie zu Hause sind, S. 132; *Krabbe*, Die deutsche Stadt im 19. und 20. Jahrhundert, S. 107.

177 *Thomes*, Da, wo Sie zu Hause sind, S. 130.

4. Kapitel.
Erster Weltkrieg

I. Saarbrücken als „Garnisonsstadt"

Saarbrücken war vor dem und während des Ersten Weltkriegs eine „Garnisonsstadt".[1] Zahlreiche Soldaten bezogen in Saarbrücken während des Ersten Weltkriegs Quartier. Lazarette befanden sich in der Stadt.[2] In Saarbrücken existierte seit Ende 1916 eine dem Kriegsamt im preußischen Kriegsministerium untergeordnete „Kriegsamtsstelle".[3] Das Kriegsamt war eine Mischform aus „militärischen Kriegswirtschaftsstab und ziviler Verwaltungsbehörde".[4]

Auf den Saarwiesen im Stadtteil St. Arnual lag der am 19. Juli 1914 eröffnete Flughafen bzw. „Flugstützpunkt" Saarbrücken, dem während des Ersten Weltkriegs eine ausschließlich „militärische Rolle" zukam. Der Stützpunkt diente der Nutzung von Jagdstaffeln.[5] Den „Luftraum" verteidigten neben den Jagdstaffeln eine in der Stadt stationierte Flakgruppe sowie die Flugmeldezentrale Saarbrücken.[6]

Zur Finanzierung des Krieges gab die Stadtsparkasse Saarbrücken Kriegsanleihen aus. Für Kriegsanleihen galt eine Verzinsung von 4,5 bis 5 Prozent.

---

1 *Neikes*, Fünfundzwanzig Jahre Gesamtstadt Saarbrücken, S. 68. In der Stadt befanden sich vier Regimenter sowie diverse militärische Inspektionen, Divisionen und Brigaden. Etwa 4400 Militärgehörige lebten vor dem Ersten Weltkrieg in der Stadt.

2 *Neikes*, Fünfundzwanzig Jahre Gesamtstadt Saarbrücken, S. 40.

3 *Hanns Klein*, Das stellvertretende Generalkommando des Saarbrücker XXI. / XVI. Armeekorps als Organ der Militärverwaltung im Ersten Weltkrieg, in: Hans-Walter *Herrmann* (Hrsg.), Das Saarrevier zwischen Reichsgründung und Kriegsende (1871-1918). Referate eines Kolloquiums in Dillingen am 29./30. September 1988 (Veröffentlichung der Kommission für saarländische Landesgeschichte und Volksforschung, Bd. 18), Saarbrücken 1990, S. 148-182, hier S. 162.

4 *Markus Pöhlmann*, Kriegsamt, in: Gerhard Hirschfeld / Gerd Krumeich / Irina Renz (Hrsg.), Enzyklopädie. Erster Weltkrieg, Paderborn, München, Wien, Zürich ²2004, S. 627. Am 1. November 1916 wurde das Kriegsamt im preußischen Kriegsministerium errichtet.

5 *Matthias Becker*, Flughafen Saarbrücken. Geschichte und Fotochronik, Zweibrücken 2013, S. 8-9, 12; *Rudolf Kretschmer*, Flughafen Saarbrücken und Luftverkehr mit dem Saarland bis 1939, Münster 2010, S. 27. Zur Eingemeindung Sr. Arnuals: *Banken*, Fusion zum südwestdeutschen Wirtschaftszentrum, S. 49.

6 *Klein*, Das stellvertretende Generalkommando des Saarbrücker XXI./XVI. Armeekorps als Organ der Militärverwaltung im Ersten Weltkrieg, S. 159.

https://doi.org/10.1515/9783111002996-004

Kriegsanleihen boten für Sparer eine „Alternative" zum Sparbuch. Um einen möglichst großen Teil der Bevölkerung zu erreichen, lag die „kleinste Stückelung" der Anleihe bei fünf Mark. Anleihen kauften Soldaten an der Front. Es entstand eine „Kriegsanleihenindustrie".[7] Die Stadtsparkasse Saarbrücken zeichnete etwa 30 Millionen Kriegsanleihen.[8]

II. „Kriegssonderrecht" und soziales Mietrecht

Der Beginn des Ersten Weltkriegs bedeute das „Ende einer langen Phase relativer Ruhe" in Deutschland[9] und stellte die Stadt Saarbrücken vor „neue Aufgaben".[10] Der Erste Weltkrieg führte zu einer Veränderung „aller Lebensumstände" und der „Verfassungslage"[11] in der Stadt. Dies verdeutlichte exemplarisch das „Gesetz über den vaterländischen Hilfsdienst" vom 5. Dezember 1916 mit einer Arbeitspflicht für Männer[12] oder die Unterstellung der Energieversorgung unter Aufsicht des „Reichs".[13] Der Betrieb der Straßenbahnen unterlag in den Kriegsjahren starken Einschränkungen.[14] Wegen Einberufungen herrschte in den Schulen ein „Lehrermangel".[15] Die „Realität des Krieges" war in Saarbrücken „allgegenwärtig", auch wenn die Stadt kein „Frontgebiet" war.[16]

Nach einer kaiserlichen Verordnung von 1914 galt im Ersten Weltkrieg in Saarbrücken der „Kriegszustand".[17] Nach § 3 Absatz 2 des Gesetzes „über die Ermächtigung des Bundesrats zu wirtschaftlichen Maßnahmen und über die Verlängerung der Fristen des Wechsel- und Scheckrechts im Falle kriegerischer Ereignisse" vom 4. August 1914 war der Bundesrat „ermächtigt, während der Zeit

---

7 *Thomes*, Da, wo Sie zu Hause sind, S. 139, 144

8 *Thomes*, Da, wo Sie zu Hause sind, S. 146.

9 *Herbert*, Geschichte Deutschlands im 20. Jahrhundert, S. 170.

10 *Neikes*, Fünfundzwanzig Jahre Gesamtstadt Saarbrücken, S. 40.

11 *Stolleis*, Geschichte des Sozialrechts, S. 110.

12 Gesetz über den vaterländischen Hilfsdienst vom 5. 12. 1916, Reichsgesetzblatt 1916, S. 1333-1339; *Stolleis*, Geschichte des Sozialrechts, S. 111.

13 *Löwer*, Rechtshistorische Aspekte der deutschen Elektrizitätsversorgung von 1880 bis 1990, S. 180.

14 75 Jahre Gesellschaft für Straßenbahnen im Saartal AG-Saarbrücken, S. 66; *Schleiden*, Hundert bewegte Jahre 1892-1992, S. 25.

15 *Catherina Schreiber*, Zwei Konfliktlinien bestimmten die Schuldiskussion im Saargebiet, in: AK-Beiträge 3 (2020), S. 68-93, hier S. 72.

16 *Burgard / Linsmayer*, Von der Vereinigung der Saarstädte zum Abstimmungskampf, S. 142.

17 Verordnung, betreffend die Erklärung des Kriegszustandes, 31. 7. 1914, Reichsgesetzblatt 1914, S. 263; *Frotscher / Pieroth*, Verfassungsgeschichte, S. 245.

des Krieges diejenigen gesetzlichen Maßnahmen anzuordnen, welche sich zur Abhilfe wirtschaftlicher Schädigungen als notwendig erweisen."[18] Entsprechende Verordnungen des Bundesrats während des Ersten Weltkriegs trugen nachhaltig zum „Ausbau der staatlichen Regulierung" bei.[19] Es ergingen 825 Verordnungen des Bundesrats[20] als eine Art „Kriegssonderrecht".[21]

Zu dem „Kriegssonderrecht" gehörten Bestimmungen über ein soziales Mietrecht, das in Saarbrücken Anwendung fand.[22] Der Bundesrat erließ am 15. Dezember 1914 eine Verordnung über „Mieteinigungsämter".[23] Besetzt waren die „Mieteinigungsämter" mit einem Juristen, einem Mieter und einem Vermieter. Verbindliche Entscheidungen trafen die „Mieteinigungsämter" nicht.[24] In der täglichen Praxis widmeten sich die „Mieteinigungsämter" der Wohnraumbewirtschaftung, Mietpreisbindung und dem Kündigungsschutz.[25] Der Bundesrat erließ am 26. Juli 1917 die Verordnung „zum Schutze der Mieter", wonach die Einigungsämter auf Antrag des Mieters, „über die Wirksamkeit einer … Kündigung des Vermieters, … die Fortsetzung des … Mietverhältnisses" seine „Dauer" und … „eine Erhöhung" der Miete bestimmten. [26] Diese Verordnung fand Anwendung in Saarbrücken. Ordnete das „Mieteinigungsamt" eine

---

18 § 3 Absatz 2, Gesetz über die Ermächtigung des Bundesrats zu wirtschaftlichen Maßnahmen und über die Verlängerung der Fristen des Wechsel- und Scheckrechts im Falle kriegerischer Ereignisse vom 4. 8. 1914, Reichsgesetzblatt 1914, S. 327-328; *Frotscher / Pieroth*, Verfassungsgeschichte, S. 245.

19 *Frotscher / Pieroth*, Verfassungsgeschichte, S. 245.

20 *Frotscher / Pieroth*, Verfassungsgeschichte, S. 245; *Stolleis*, Geschichte des Sozialrechts, S. 110.

21 *Stolleis*, Geschichte des Sozialrechts, S. 110.

22 Die Ausführungen über das soziale Mietrecht beruhen teilweise wörtlich auf: *Hannes Ludyga*, Krisenintervention durch Mietgesetze in der Weimarer Zeit, in: Jahrbuch der Juristischen Zeitgeschichte 12 (2011), S. 71-90.

23 Verordnung betreffend Einigungsämter, 15. 12. 1914, Reichsgesetzblatt 1914, S. 511; *Jens Uwe Petersen*, Die Vorgeschichte und die Entstehung des Mieterschutzgesetzes von 1923 nebst der Anordnung für das Verfahren vor dem Mieteinigungsamt und der Beschwerdestelle (Rechtshistorische Reihe, Bd. 68), Frankfurt am Main, Bern, New York, Berlin 1991, S. 25.

24 *Petersen*, Die Vorgeschichte und die Entstehung des Mieterschutzgesetzes von 1923 nebst der Anordnung für das Verfahren vor dem Mieteinigungsamt und der Beschwerdestelle, S. 25; *Ludwig Preller*, Sozialpolitik in der Weimarer Republik, Stuttgart 1949 (Nachdruck 1979), S. 68; *Ludyga*, Krisenintervention durch Mietgesetze in der Weimarer Zeit, S. 75.

25 *Uwe Wesel*, Recht, Unrecht und Gerechtigkeit. Von der Weimarer Republik bis heute, München 2003, S. 21; *Ludyga*, Krisenintervention durch Mietgesetze in der Weimarer Zeit, S. 75.

26 § 1, Verordnung zum Schutze der Mieter, 26. 7. 1917 Reichsgesetzblatt 1917, S. 659.

„Fortsetzung des Mietverhältnisses" an, galten „die Bestimmungen des Einigungsamtes als vereinbarte Bestimmungen des Mietvertrags".[27] Ein Motiv für den Erlass dieser Verordnung lag darin begründet, Ängsten der Soldaten entgegenzutreten, wenn Kündigungen wegen Mietrückständen ergingen.[28] Eine Verordnung des Bundesrats vom 23. September 1918 gab Kommunen die Befugnis, bei Wohnungsmangel den Gebäudeabbruch[29] und die Verwendung von Wohnräumen als Fabrikräume zu untersagen.[30] Eine Gemeinde konnte nach der Verordnung zwischen Wohnungseigentümern und Wohnungssuchenden Mietverträge über eine unbenutzte Wohnung festsetzen.[31] Diese Verordnung führte zu einer Wohnungszwangswirtschaft in Saarbrücken.[32]

III. Kriegsfürsorge und Kriegsopferfürsorge

Die Kriegsinvaliden gehörten zum Stadtbild in Saarbrücken.[33] Die in zeitlicher Hinsicht auf den Krieg verteilten etwa 3.000 Kriegstoten führten zu einem Anstieg der Zahl der Witwen und Waisen in der Stadt.[34] Die Kriegsfürsorge und Kriegsopferfürsorge stellte die Stadt vor enorme finanzielle und

27 § 1, Verordnung zum Schutze der Mieter, 26. 7. 1917 Reichsgesetzblatt 1917, S. 659.

28 *Björn Egner / Nikolaos Georgakis / Hubert Heinelt / Reinhart C. Bartholomäi*, Wohnungspolitik in Deutschland. Positionen. Akteure. Instrumente, Darmstadt 2004, S. 16; *Ludyga*, Krisenintervention durch Mietgesetze in der Weimarer Zeit, S. 76.

29 § 1, Verordnung über Maßnahmen gegen den Wohnungsmangel, 23. 9. 1918, Reichsgesetzblatt 1918, S. 1143.

30 § 2, Verordnung über Maßnahmen gegen den Wohnungsmangel, 23. 9. 1918, Reichsgesetzblatt 1918, S. 1144. Die Gemeinde konnte zudem die Erstattung einer Anzeige durch die Eigentümer hinsichtlich unbenutzter Wohnungen oder sonstiger Räume anordnen. Eine Besichtigung der entsprechenden Räume durch Gemeindevertreter mussten die Eigentümer gestatten (§ 3, Verordnung über Maßnahmen gegen den Wohnungsmangel, 23. 9. 1918, Reichsgesetzblatt 1918, S. 1144).

31 § 4, Verordnung über Maßnahmen gegen den Wohnungsmangel, 23. September 1918, Reichsgesetzblatt 1918, S. 1144. Ein Mietvertrag galt dann „als geschlossen, wenn der Wohnungssuchende nicht innerhalb einer bestimmten Frist Widerspruch erhob. Die Gemeinde konnte zudem anordnen, dass „die Gemeinde an Stelle des Wohnungssuchenden als Mieter" galt und die Räume dem Wohnungssuchenden weitervermietete.

32 *Axel Schildt*, Wohnungspolitik, in: Hans Günter Hockerts (Hrsg.), Drei Wege deutscher Sozialstaatlichkeit. NS-Diktatur, Bundesrepublik und DDR im Vergleich (Vierteljahrshefte für Zeitgeschichte, Schriftenreihe Bd. 76), München 1998, S. 151-189, hier S. 153; *Ludyga*, Krisenintervention durch Mietgesetze in der Weimarer Zeit, S. 77.

33 *Burgard / Linsmayer*, Von der Vereinigung der Saarstädte zum Abstimmungskampf, S. 142.

34 *Burgard / Linsmayer*, Von der Vereinigung der Saarstädte zum Abstimmungskampf, S. 179.

organisatorische Aufgaben.[35] Das Gesetz zur „Änderung des Gesetzes, betreffend die Unterstützung von Familien in den Dienst eingetretener Mannschaften, vom 28. Februar 1888“ vom 4. August 1914[36] regelte die Versorgung der Familien von Soldaten in Saarbrücken. In erster Linie gewährte es Familien, deren Männer Wehrdienst leisteten, finanzielle Unterstützungen. Erst die Bedürftigkeit schuf die Voraussetzung für die Inanspruchnahme finanzieller Leistungen.[37] Das Militärhinterbliebenengesetz vom 17. Mai 1907 billigte zwischen 1914 und 1918 Witwen und Waisen von im Ersten Weltkrieg gestorbenen Soldaten Witwen- und Waisengeld zu.[38] Es standen jedoch nur geringe finanzielle Mittel dafür zur Verfügung.[39] Eine mangelnde Kriegsopferfürsorge während des Ersten Weltkriegs beklagte Hugo Preuß (1860-1925) im Jahre 1916.[40]

IV. Lebensmittelversorgung

Der Erste Weltkrieg führte zu einer deutlichen Beeinträchtigung der Lebensbedingungen[41] und Lebensmittelversorgung in Saarbrücken.[42] Vor Beginn des Ersten Weltkriegs kam etwa ein Drittel des „Bedarfs an Lebensmitteln“ in

35 *E. Hassdenteufel*, Das Wohlfahrtswesen, in: Kulturdezernat der Stadt Saarbrücken (Hrsg.), Saarbrücken 1909-1959, Saarbrücken 1959, S. 335-338; *Schumacher*, Wohlfahrtspflege in der Stadt Saarbrücken, S. 136.

36 Gesetz zur „Änderung des Gesetzes, betreffend die Unterstützung von Familien in den Dienst eingetretener Mannschaften, vom 28. Februar 1888“ vom 4. 8. 1914, Reichsgesetzblatt 1914, S. 332-333.

37 Gesetz zur „Änderung des Gesetzes, betreffend die Unterstützung von Familien in den Dienst eingetretener Mannschaften, vom 28. Februar 1888“ vom 4. 8. 1914, Reichsgesetzblatt 1914, S. 332-333; *Stolleis*, Geschichte des Sozialrechts, S. 113.

38 Militärhinterbliebenengeld, 17. 5. 1907, Reichsgesetzblatt 1907, S. 214.233; *Stolleis*, Geschichte des Sozialrechts, S. 120.

39 *Friedrich-Wilhelm Henning*, Handbuch der Wirtschafts- und Sozialgeschichte Deutschlands, Bd. 3, Teil I: 1914 bis 1932, Paderborn, München, Wien, Zürich 2003, S. 192.

40 *Alexander Szilagi*, 50 Jahre Kriegsopfer- und Schwerbeschädigtenfürsorge. Dokumentation über Entwicklung und Rechtsgrundlagen aus Anlass der 50jährigen Wiederkehr der Verkündung der Verordnung über die soziale Kriegsbeschädigten- und Kriegshinterbliebenenfürsorge vom 8. Februar 1919, hrsg. von der Arbeitsgemeinschaft der Deutschen Hauptfürsorgestellen im Februar 1969, o. O. 1969, S. 21; *Hannes Ludyga*, Die rechtlichen Grundlagen der Kriegsopferfürsorge in der Weimarer Republik aus den Jahren 1919/20. In: Jahrbuch der Juristischen Zeitgeschichte 9 (2007/2008), S. 115-133, hier S. 116.

41 *Henning*, Handbuch der Wirtschafts- und Sozialgeschichte Deutschlands, Bd. 3, Teil I, S. 185; *Manfred G. Schmidt*, Der deutsche Sozialstaat. Geschichte und Gegenwart, München 2012, S. 16.

42 *Bauer*, Die Stadt Saarbrücken in der Lebensmittel=Versorgung, in: *Heinrich Krueckemeyer* (Hrsg.), 25 Jahre Stadt Saarbrücken, Saarbrücken 1934, S. 121-134.

Deutschland aus dem Ausland. Aufgrund von Blockanden fand während des Ersten Weltkriegs keine Lieferung aus dem Ausland mehr statt.[43]

Die Lebensmittelversorgung während des Ersten Weltkriegs führte zu einer Erweiterung der kommunalen Aufgaben.[44] Die städtische Verwaltung in Saarbrücken zeigte während des Krieges ein großes Engagement bei der Lebensmittelversorgung. Sie setzte zu Beginn des Krieges Höchstpreise für „Hülsenfrüchte, Reis, Käse, Milch, Kaffee, Fette, Butter, Oel Zucker, Streichhölzer und Kartoffeln" fest,[45] um dem Preisanstieg für Lebensmittel seit Beginn des Ersten Weltkriegs entgegenzutreten.[46]

Die Stadt Saarbrücken errichtete zwei Lebensmittelämter, die Lebensmittel in der Bevölkerung verteilten. Die städtische Fleischfabrik stellte Nährhefe als Ersatz für Fleisch zur Bekämpfung der Lebensmittelknappheit her.[47] Sämtliche Schlachtungen führte die Stadt in „eigener Regie" durch.[48] Vermehrt seit Februar 1915 bemühte sich die Stadt um eine ausreichende Sicherstellung der Kartoffel- und Brotversorgung der Bevölkerung.[49] Die Brotversorgung durch die Stadt beruhte auf der „Bekanntmachung über die Regelung des Verkehrs mit Brotgetreide und Mehl" des Bundesrats vom 4. August 1914.[50] Die städtische „Obst- und Gemüsezentrale" verteilte Obst und Gemüse in der Stadt.[51] Eine „städtische Kriegsküche" gab Suppen und sonstige Nahrungsmittel an Menschen aus, „die zu Hause keine geordnete Küche führten".[52]

Die Bemühungen der Stadt milderten die Versorgungskrisen bedingt ab.[53] Besonders angespannt war die Lebensmittelversorgung in Saarbrücken während

---

43 *Herbert*, Geschichte Deutschlands im 20. Jahrhundert, S. 142.

44 *Hofman*, Die Entwicklung der kommunalen Selbstverwaltung von 1848 bis 1918, S. 91.

45 *Bauer*, Die Stadt Saarbrücken in der Lebensmittel=Versorgung, S. 124.

46 *Herbert*, Geschichte Deutschlands im 20. Jahrhundert, S. 142.

47 *Burgard / Linsmayer*, Von der Vereinigung der Saarstädte zum Abstimmungskampf, S. 138-139.

48 *Neikes*, Fünfundzwanzig Jahre Gesamtstadt Saarbrücken, S. 41.

49 *Bauer*, Die Stadt Saarbrücken in der Lebensmittel=Versorgung, S. 124-126.

50 Bekanntmachung über die Regelung des Verkehrs mit Brotgetreide und Mehl" vom 4. 8. 1914, Reichsgesetzblatt 1914, S. 35-45.

51 *Bauer*, Die Stadt Saarbrücken in der Lebensmittel=Versorgung, S. 128.

52 *Bauer*, Die Stadt Saarbrücken in der Lebensmittel=Versorgung, S. 130.

53 *Burgard / Linsmayer*, Von der Vereinigung der Saarstädte zum Abstimmungskampf, S. 138-139.

des „Hungerwinters" 1916/1917.[54] Die mangelnde Lebensmittelversorgung bedeutete eine enorme Belastung des Alltags der Bevölkerung. Sie bedrohte die Gesundheit der für Krankheiten anfälligen Menschen.[55]

V. Das Ende der Monarchie und die Ausrufung der Republik am 9. November 1918

Der Reichskanzler Prinz Max von Baden (1867-1929)[56] gab am 9. November 1918 die Abdankung von Kaiser Wilhelm II. (1859-1941) bekannt. Förmlich dankte der Kaiser am 28. November 1918 ab.[57]

Prinz Max von Baden übergab am 9. November 1918 sein Amt an den Vorsitzenden der SPD Friedrich Ebert (1871-1929)[58], ohne dass die Verfassung eine entsprechende Rechtsgrundlage normierte.[59] Am gleichen Tag rief der SPD-Politiker Philipp Scheidemann (1865-1939)[60] von einem Balkon des Reichstags die „deutsche Republik" aus. Dies bedeutete das Ende der Monarchie in Deutschland. Scheidemann verfolgte das Ziel der Etablierung einer demokratischen Republik.[61] Kurz nach der Ausrufung der Republik durch Scheidemann rief Karl

---

54 *Herrmann*, Die Geschichte einer aktiven Wohnungsbaupolitik, S. 12. Siehe allgemein: *Henning*, Handbuch der Wirtschafts- und Sozialgeschichte Deutschlands, Bd. 3, Teil I, S. 186; *Mallmann / Steffens*, Lohn der Mühen, S. 112.

55 *Henning*, Handbuch der Wirtschafts- und Sozialgeschichte Deutschlands, Bd. 3, Teil I, S. 188; *Thomes*, Da, wo Sie zu Hause sind, S. 136.

56 *Gerhard Schulz*, Maximilian (Max) Prinz von Baden, in: Neue Deutsche Biographie 16 (1990), S. 475-477 [Online-Version]; URL: https://www.deutsche-biographie.de/pnd 118732137.html#ndbcontent.

57 *Frotscher / Pieroth*, Verfassungsgeschichte, S. 250; *Thiele*, Der konstituierte Staat, S. 299; *Willoweit / Schlinker*, Deutsche Verfassungsgeschichte, S. 304; *Heinrich August Winkler*, Weimar 1918-1933. Die Geschichte der ersten deutschen Demokratie, München 1998, S. 31.

58 *Georg Kotowski*, Ebert, Friedrich, in: Neue Deutsche Biographie 4 (1959), S. 254-256 [Online-Version]; URL: https://www.deutsche-biographie.de/pnd118528610.Html#ndb content.

59 *Frotscher / Pieroth*, Verfassungsgeschichte, S. 251; Schlinker, Rechtsgeschichte, S. 307; *Thiele*, Der konstituierte Staat, S. 302.

60 *Manfred Kittel*, Philipp Scheidemann, in: Neue Deutsche Biographie 22 (2005), S. 630-631 [Online-Version]; URL: https://www.deutsche-biographie.de/pnd118754351.html #ndbcontent.

61 *Frotscher / Pieroth*, Verfassungsgeschichte, S. 251; Schlinker, Rechtsgeschichte, S. 307; *Winkler*, Weimar 1918-1933, S. 33.

Liebknecht (1871-1919)[62] im Berliner Stadtschloss ohne Erfolg die „freie, sozialistische Republik Deutschland" aus.[63] Er wünschte sich im Gegensatz zu Scheidemann eine „sozialistische Räterepublik" nach dem Vorbild der russischen „Oktoberrevolution" von 1917.[64] Die Regierungsgewalt übernahm „de facto"[65] am 10. November 1918 unter dem Vorsitz von Ebert der „Rat der Volksbeauftragten".[66]

VI. Der Arbeiter- und Soldatenrat in Saarbrücken

In zahlreichen deutschen Städten konstituierten sich Anfang November 1918 Arbeiter- und Soldatenräte. Diese Räte beanspruchten die „politische Führung" in den Kommunen. Die Arbeiter- und Soldatenräte setzten sich in erster Linie aus Mitgliedern der SPD und USPD zusammen.[67] Mehrheitlich erkannten sie den „Rat der Volksbeauftragten" als „provisorische Reichsregierung" an.[68] Die meisten Arbeiter- und Soldatenräte beabsichtigten für eine „Übergangszeit" die Exekutive bis zur Abhaltung demokratischer Wahlen für die Parlamente zu kontrollieren.[69]

In Saarbrücken konstituierte sich am 9. November 1918 ein Arbeiter- und Soldatenrat, der den Anstoß zur Errichtung weiterer Arbeiter- und Soldatenräte an der Saar gab. Den Vorsitz des Rates übernahm der gelernte Maurer und Sekretär des Bauernarbeiterverbandes und Vorsitzende der SPD im Saargebiet Valentin

62 *Hermann Weber*, Karl Liebknecht, in: Neue Deutsche Biographie 14 (1985), S. 505-506 [Online-Version]; URL: https://www.deutsche-biographie.de/pnd11857275X.html#ndb content.

63 *Frotscher / Pieroth*, Verfassungsgeschichte, S. 251; *Schlinker*, Rechtsgeschichte, S. 307; *Thiele*, Der konstituierte Staat, S. 301.

64 *Schlinker*, Rechtsgeschichte, S. 306.

65 *Schlinker*, Rechtsgeschichte, S. 307.

66 *Frotscher / Pieroth*, Verfassungsgeschichte, S. 251; *Winkler*, Weimar 1918-1933, S. 36-37.

67 *Hans-Joachim Kühn*, Arbeiter- und Soldatenräte an der Saar im November 1918 (Stiftung Demokratie Saarland, Dialog 27), Saarbrücken 2018, S. 9; *Helmut Metzmacher*, Die Herrschaft des Arbeiter- und Soldatenrates in Saarbrücken 1918, in: Zeitschrift für die Geschichte der Saargegend 19 (1971) = Festschrift zur 650jährigen Verleihung des Freiheitsbriefes an Saarbrücken und St. Johann, S. 230-248, hier S. 230; *Frotscher / Pieroth*, Verfassungsgeschichte, S. 250; *Willoweit / Schlinker*, Deutsche Verfassungsgeschichte, S. 306.

68 *Frotscher / Pieroth*, Verfassungsgeschichte, S. 251; *Herbert*, Geschichte Deutschlands im 20. Jahrhundert, S. 179; *Willoweit / Schlinker*, Deutsche Verfassungsgeschichte, S. 306-307; *Thiele*, Der konstituierte Staat, S. 303.

69 *Winkler*, Weimar 1918-1933, S. 38.

Schäfer (1882-1938). Er war vom 16. bis zum 21. Dezember 1918 Teilnehmer des „Allgemeinen Kongresses der Arbeiter- und Soldatenräte Deutschlands" in Berlin und Mitglied der „Verfassungsgebenden deutschen Nationalversammlung" in Weimar 1919/1920.[70] Die Stellvertreter Schäfers waren der SPD-Sekretär Gottlieb Reese (1880-1949) und Karl Krämer, der der USDP angehörte.[71] Der Arbeiter- und Soldatenrat setzte sich aus Vertretern der SPD und USPD sowie Gewerkschaftsfunktionären und Soldaten der Saarbrücker Garnison zusammen. Von einer Mitgliedschaft im Arbeiter- und Soldatenrat ausgeschlossen waren die Angehörigen christlicher Gewerkschaften.[72] Der Arbeiter- und Soldatenrat in Saarbrücken erklärte im November 1918 gegenüber Zivil- und Militärbehörden, „die öffentliche Gewalt in Saarbrücken übernommen" zu haben. Er unterwarf die städtischen und staatlichen Beamten den eigenen Weisungen.[73] Oberbürgermeister Mangold und der Landrat Carl von Halfern (1873-1937)[74] erklärten, „freiwillig und aufrichtig im Interesse der Gesamtheit" mit dem Rat zusammenzuarbeiten.[75] Der Arbeiter- und Soldatenrat betrachtete es als seine Aufgabe, „für die Aufrechterhaltung von Sicherheit und Ordnung zu sorgen, die Ernährung sicherzustellen, die Demobilisierung durchzuführen, Verkehr und Wirtschaft wieder in Gang zu bringen sowie wirtschaftspolitische Ziele durchzusetzen".[76] Zur „Aufrechterhaltung von Sicherheit und Ordnung" stellte der Rat eine Bürgerwehr auf. Die Bürgerwehr setzte sich aus „freigewerkschaftlich

---

70 Handbuch der verfassungsgebenden deutschen Nationalversammlung Weimar 1919. Biographische Notizen und Bilder, hrsg. vom Bureau des Reichstags, Berlin 1919, S. 248; *Kühn*, Arbeiter- und Soldatenräte an der Saar im November 1918, S. 17; *Mallmann / Steffens*, Lohn der Mühen, S. 121-123; *Martin Schumacher* (Hrsg.), M. d. R. Die Reichstagabgeordneten der Weimarer Republik in der Zeit des Nationalsozialismus. Politische Verfolgung, Emigration und Ausbürgerung 1933-1945, Düsseldorf 1991, S. 481.

71 *Mallmann / Steffens*, Lohn der Mühen, S. 121. Zu Reese: https://www.bundesstiftung-aufarbeitung.de/de/recherche/kataloge-datenbanken/biographische-datenbanken/maria-reese.

72 *Kühn*, Arbeiter- und Soldatenräte an der Saar im November 1918, S. 17-18.

73 *Burgard / Linsmayer*, Von der Vereinigung der Saarstädte zum Abstimmungskampf, S. 144; *Klein*, Geschichte des Landkreises Saarbrücken 1816-1965, S. 84; *Metzmacher*, Die Herrschaft des Arbeiter- und Soldatenrates in Saarbrücken 1918, S. 234-235.

74 http://www.saarland-biografien.de/frontend/php/ergebnis_detail.php?id=400.

75 *Klein*, Geschichte des Landkreises Saarbrücken 1816-1965, S. 85; *Kühn*, Arbeiter- und Soldatenräte an der Saar im November 1918, S. 20; *Metzmacher*, Die Herrschaft des Arbeiter- und Soldatenrates in Saarbrücken 1918, S. 236.

76 *Kühn*, Arbeiter- und Soldatenräte an der Saar im November 1918, S. 19; *Metzmacher*, Die Herrschaft des Arbeiter- und Soldatenrates in Saarbrücken 1918, S. 237.

orientierten Arbeitern“ zusammen.[77] Allerdings besaß der Rat bestenfalls eine „beschränkte Exekutivgewalt“.[78]

Der Arbeiter- und Soldatenrat in Saarbrücken beabsichtigte die Bildung einer „sozialistischen Republik“.[79] Er forderte in sozial- und wirtschaftspolitischer Hinsicht die Einführung des „Achtstundentags“, die Errichtung von Arbeiterräten in Betrieben und die Vermeidung von Entlassungen nach dem Ersten Weltkrieg.[80] Eine radikale Gesinnung lag dem Arbeiter- und Soldatenrat in Saarbrücken fern. Gemäßigte Kräfte bestimmten das Handeln des Rates. Plünderungen, Übergriffe oder eine „Diktatur der Straße“ billigte der Rat nicht.[81] Das Ziel einer „radikalen revolutionären Erhebung“ verfolgte er nicht.[82] Zur Sicherstellung der Lebensmittelversorgung in Saarbrücken forderte der Rat von den Landwirten die Ablieferung sämtlicher notwendigen Lebensmittel.[83] An alle Soldaten und an die Bevölkerung Saarbrückens erging ein Aufruf des Arbeiter- und Soldatenrates zur Ablieferung von Waffen und Munition. Der Arbeiter- und Soldatenrat errichtete ein Standgericht und erklärte, dass alle mit einer Waffe angetroffenen Menschen mit einer „standrechtlichen Erschießung“ zu rechnen haben. Es gibt in den Quellen keinen Beleg dafür, dass das Standgericht tatsächlich zusammentrat.[84]

Erfolglos bemühte sich der Arbeiter- und Soldatenrat um eine „Übernahme bzw. Beschlagnahmung“ Saarbrücker Zeitungen. Allerdings erschien die „Saarbrücker Zeitung“ nach einer Vereinbarung mit dem Arbeiter- und Soldatenrat mit

---

77 *Kühn*, Arbeiter- und Soldatenräte an der Saar im November 1918, S. 22; *Mallmann / Steffens*, Lohn der Mühen, S. 123; *Metzmacher*, Die Herrschaft des Arbeiter- und Soldatenrates in Saarbrücken 1918, S. 239.

78 *Metzmacher*, Die Herrschaft des Arbeiter- und Soldatenrates in Saarbrücken 1918, S. 237.

79 *Kühn*, Arbeiter- und Soldatenräte an der Saar im November 1918, S. 17; *Mallmann / Steffens*, Lohn der Mühen, S. 121.

80 *Kühn*, Arbeiter- und Soldatenräte an der Saar im November 1918, S. 20; *Metzmacher*, Die Herrschaft des Arbeiter- und Soldatenrates in Saarbrücken 1918, S. 242.

81 *Metzmacher*, Die Herrschaft des Arbeiter- und Soldatenrates in Saarbrücken 1918, S. 246.

82 *Burgard / Linsmayer*, Von der Vereinigung der Saarstädte zum Abstimmungskampf, S. 144.

83 *Kühn*, Arbeiter- und Soldatenräte an der Saar im November 1918, S. 22.

84 *Kühn*, Arbeiter- und Soldatenräte an der Saar im November 1918, S. 23; *Mallmann / Steffens*, Lohn der Mühen, S. 123-124.

dem Untertitel „Amtliches Veröffentlichungsblatt des Arbeiter- und Soldaten-Rates Saarbrücken“.[85]

85 *Andreas Merl*, Tagespresse im Saargebiet 1918-1945, in: Rainer Hudemann (Hrsg.), Bd. 1, Medienlandschaft Saar von 1945 bis in die Gegenwart, Bd. 1, Medien zwischen Demokratisierung und Kontrolle (1945-1955), München 2010, S. 37-59, hier S. 40; *Hans Bünte*, Die abenteuerliche Geschichte einer Zeitung. 250 Jahre Saarbrücker Zeitung 1761-2011, Merzig 2012, S. 113-114.

5. Kapitel. Französische Militärverwaltung

Französische Soldaten zogen am 22. November 1918 in Saarbrücken ein.[1] Die französische Militärregierung beendete am 24. November 1918 die „Herrschaft" des Arbeiter- und Soldatenrats in der Stadt.[2] Sie lehnte eine Zusammenarbeit mit dem Arbeiter- und Soldatenrat ab, da der Rat „keinerlei Legitimation" habe, „im Namen der … Bevölkerung" Saarbrückens zu „sprechen".[3] Die französische Militärregierung beanspruchte für sich, die einzige „Autorität" in der Stadt zu sein.[4]

Die französische Militärregierung bemühte sich um eine Verbesserung der Lebensmittelversorgung in Saarbrücken, indem sie Lebensmittel aus Elsaß-Lothringen nach Saarbrücken transportieren ließ. Sie bevorzugte bei Entlassungen aus der Kriegsgefangenschaft Soldaten, die aus Saarbrücken stammten.[5] Die französische Militärregierung an der Saar leitete vom Dezember 1918 bis zum November 1919 General Joseph Andlauer. Sein Handeln bestimmte zwar einen „Kurs der Konfliktvermeidung" mit der Bevölkerung von Saarbrücken. Sofern es aber um Kerninteressen Frankreichs ging, setzte er diese mit Härte durch.[6] Dies zeigte der Bergarbeiterstreik im März/April 1919 in Saarbrücken und im Umland der Stadt. Zu den Kernforderungen der Bergarbeiter gehörte die Einführung des „Achtstundentages", was die französische Militärregierung ablehnte. Nachdem die Bergarbeiter trotz Lohnerhöhungen den Streik fortsetzten, verhängte Andlauer den Ausnahmezustand und ließ den Streik niederschlagen.[7]

1 *Kühn*, Arbeiter- und Soldatenräte an der Saar im November 1918, S. 26; *Metzmacher*, Die Herrschaft des Arbeiter- und Soldatenrates in Saarbrücken 1918, S. 239.

2 *Bünte*, Kleine Saarbrücker Stadtgeschichte, S. 99; *Kühn*, Arbeiter- und Soldatenräte an der Saar im November 1918, S. 10.

3 *Kühn*, Arbeiter- und Soldatenräte an der Saar im November 1918, S. 26; *Metzmacher*, Die Herrschaft des Arbeiter- und Soldatenrates in Saarbrücken 1918, S. 246.

4 *Burgard / Linsmayer*, Von der Vereinigung der Saarstädte zum Abstimmungskampf, S. 144.

5 *Burgard / Linsmayer*, Von der Vereinigung der Saarstädte zum Abstimmungskampf, S. 146.

6 *Klaus Altmeyer*, Drei Jahre Militärregierung im Saarland (1945-1947). Der Weg zum wirtschaftlichen Anschluss, in: Zeitschrift für die Geschichte der Saargegend 50/51 (2002/2003), S. 235-290, hier S. 239; *Burgard / Linsmayer*, Von der Vereinigung der Saarstädte zum Abstimmungskampf, S. 146; *Klein*, Geschichte des Landkreises Saarbrücken 1816-1965, S. 86.

7 *Burgard / Linsmayer*, Von der Vereinigung der Saarstädte zum Abstimmungskampf, S. 146-147; *Mallmann / Steffens*, Lohn der Mühen, S. 132-133.

https://doi.org/10.1515/9783111002996-005

Es folgten die Verhaftung und Entlassung zahlreicher Bergarbeiter sowie ihre Ausweisung aus Saarbrücken bzw. dem Saargebiet.[8] Ein französisches Gericht verurteilte 21 Bergleute zu Haftstrafen.[9] Schließlich galt im Bergbau ab dem 1. August 1919 für „Untertagearbeiter“ die „Siebeneinhalbstundenschicht“ und für „Übertagearbeiter“ die „Achtstundenschicht“.[10]

Einen erneuten Streik, ausgelöst durch eine weitere Verschlechterung der Lebensbedingungen, gab es in Saarbrücken im Herbst 1919. Zahlreiche Familien in Saarbrücken trieb die Angst vor einer Versorgungskrise im Winter um. Am 7. Oktober 1919 versammelten sich Eisenbahnarbeiter und Arbeiter der Burbacher Hütte in der Bahnhofstraße und auf dem Schlossplatz in Saarbrücken. Dies bedeutete den Beginn von Arbeitsniederlegungen.[11] Die Streikenden verlangten billigere Lebensmittel, günstigere Kohle sowie günstigere Preise für Schuhe und Bekleidung.[12] Andlauer verhängte den Ausnahmezustand. Das französische Militär errichtete Straßenposten. In Saarbrücken und im ganzen Saargebiet kam es zu Plünderungen mit teilweise antisemitischen Motiven. Jüdische Kaufleute galten angeblich als „Kriegsgewinnler“ und „Wucherer“.[13] Die französische Militärregierung reagierte mit harten Maßnahmen. Neun Menschen starben während des Streiks und der folgenden Unruhen. Unter den Toten befand sich der streikende Eisenbahnschlosser Jakob Johannes (1877-1919). Die französische Militärregierung verhaftete Johannes wegen Waffenbesitzes in einem Wirtshaus in Malstatt am 7. Oktober 1919 und ließ ihn am 20. Oktober 1919 „wegen Mordversuchs“ standrechtlich erschießen. Die NSDAP in Saarbrücken bejubelte ihn in den kommenden Jahren als „nationalen Märtyrer“.[14]

---

8 *Bünte*, Kleine Saarbrücker Stadtgeschichte, S. 100.

9 *Hans-Christian Herrmann*, Burbach in bewegter Zeit (1918-1935), in: Ders. / Ruth Bauer (Hrsg.), Burbacher Gold – Kohle, Stahl und Eisenbahn. Ein Stück Saarbrücker Stadtgeschichte (Veröffentlichungen des Stadtarchivs Saarbrücken, Bd. 4), Marpingen 2019, S. 134-151, hier S. 135.

10 *Mallmann / Steffens*, Lohn der Mühen, S. 133.

11 *Burgard / Linsmayer*, Von der Vereinigung der Saarstädte zum Abstimmungskampf, S. 147-148; *Herrmann*, Burbach in bewegter Zeit, S. 137; *Mallmann / Steffens*, Lohn der Mühen, S. 144-146.

12 *Mallmann / Steffens*, Lohn der Mühen, S. 146-147.

13 *Mallmann / Steffens*, Lohn der Mühen, S. 146-147.

14 *Burgard / Linsmayer*, Von der Vereinigung der Saarstädte zum Abstimmungskampf, S. 147-148; *Herrmann*, Burbach in bewegter Zeit, S. 137; *Mallmann / Steffens*, Lohn der Mühen, S. 146, 148; http://www.saarland-biografien.de/frontend/php/ergebnis_detail.php?id=1138.

Die Zeitungen in Saarbrücken unterwarf die Militärregierung einer Vorzensur. Die Missachtung der Vorzensur belegte die Militärregierung mit „Geldstrafen und mehrtägigen Zeitungsverboten".[15]

Die Einwohner Saarbrückens nahmen während der französischen Besatzungszeit an den Wahlen am 19. Januar 1919 zur verfassungsgebenden deutschen Nationalversammlung teil.[16] Saarbrücken gehörte weiterhin zum „Deutschen Reich".[17] Die Wahl zur Nationalversammlung beruhte auf einem gleichen, geheimen, direkten und allgemeinen Verhältniswahlrecht. Die Wahlberechtigung besaßen weibliche und männliche Personen ab dem 20. Lebensjahr.[18] Erstmals galt in Saarbrücken eine Wahlberechtigung für Frauen.[19] Saarbrücken gehörte zum Wahlkreis Koblenz-Trier. In diesem Wahlkreis waren zwölf Abgeordnete zu wählen.[20] Für diesen Wahlkreis zog der saarländische Abgeordnete von der Zentrumspartei Bartholomäus Koßmann (1883-1952)[21] in die Nationalversammlung ein. Er war Vorsitzender der katholischen Bergarbeitergewerkschaft in Neunkirchen und zwischen 1912 und 1918 Mitglied des Reichstags.[22] Koßmann stammte aus einer katholischen Handwerkerfamilie in Eppelborn.[23] Er übte seit 1899 den Beruf des Bergmanns aus.[24] Koßmann war seit 1903 „Arbeitersekretär der katholischen Arbeitervereine" Neunkirchen.[25] Der ursprünglich „kaisertreue und obrigkeitsgläubige Katholik" Koßmann setzte sich in der

---

15 *Bünte*, Die abenteuerliche Geschichte einer Zeitung, S. 114-115; *Merl*, Tagespresse im Saargebiet 1918-1945, S. 41.

16 *Klein*, Geschichte des Landkreises Saarbrücken 1816-1965, S. 89; *Fritz Kloevekorn*, Saarbrücken. Werden, Vergehen, Wiederauferstehen einer deutschen Grenzstadt, Saarbrücken 1960, S. 196.

17 *Brosig*, Die Verfassung des Saarlandes, S: 57.

18 *Frotscher / Pieroth*, Verfassungsgeschichte, S. 252, 254; *Willoweit / Schlinker*, Deutsche Verfassungsgeschichte, S. 308; *Brosig*, Die Verfassung des Saarlandes, S. 57.

19 *Brosig*, Die Verfassung des Saarlandes, S. 57; allgemein: *Thiele*, Der konstituierte Staat, S. 306.

20 Karte der Verteilung der Abgeordnetensitze zur Deutschen Nationalversammlung: nach den einzelnen Wahlkreisen, - mit dem Reichstagswahlgesetz vom 30. 11. 1918 und seiner Anlage der Wahlkreise, Leipzig 1919; Anlage zur Verordnung über die Wahlen zur verfassungsgebenden deutschen Nationalversammlung, 30. 11. 1918, Reichsgesetzblatt 1918, S. 1351; *Brosig*, Die Verfassung des Saarlandes, S. 58.

21 *Reinhold Bost*, Bartholomäus Koßmann; *Brosig*, Die Verfassung des Saarlandes, S. 58.

22 *Bost*, Bartholomäus Koßmann, S. 56-57, 142; Handbuch der verfassungsgebenden deutschen Nationalversammlung. Weimar 1919, S. 201.

23 *Bost*, Bartholomäus Koßmann, S. 25-26, 28.

24 *Bost*, Bartholomäus Koßmann, S. 31.

25 *Klaus-Michael Mallmann / Gerhard Paul*, Das zersplitterte Nein. Saarländer gegen Hitler. Widerstand und Verweigerung im Saarland 1935-1945, Bd. 1, hrsg. von Hans-Walter *Herrmann*, Bonn 1989, S. 137.

Nationalversammlung für die Demokratie und Republik in Deutschland ein.[26] Er zog in die preußische Landesversammlung 1919 ein. Allerdings legte er in der Landesversammlung sein Mandat nach kurzer Zeit nieder.[27]

26 *Bost*, Bartholomäus Koßmann, S. 142-144.

27 *Bost*, Bartholomäus Koßmann, S. 150-151; *Brosig*, Die Verfassung des Saarlandes, S. 59-60.

6. Kapitel.
Saarstatut

Am 10. Januar 1920 trat das Saarstatut in Kraft.[1] Es schuf das Saargebiet „als moderne Gebietskörperschaft"[2] und stellte die „Geburtsurkunde des modernen Saarlandes" dar.[3] Die Begründung einer eigenen Flagge und die Einführung eigener Briefmarken für das Saargebiet verdeutlichten dies in symbolischer Hinsicht.[4] In Saarbrücken lag der Verwaltungs- und Regierungssitz des „neuen Staatsgebildes".[5] Das Saarstatut bot die Rahmenbedingungen für die rechtliche, sozialen, wirtschaftlichen und politischen Entwicklungen im Saargebiet und in Saarbrücken für die kommenden fünfzehn Jahre.[6]

Das Wappen des Saargebietes setzte sich aus den Stadtwappen von Saarbrücken, St. Ingbert, Saarlouis und St. Johann zusammen. Die Fahne führte die Farben Blau, Weiß, Schwarz.[7] Obgleich die offizielle Amtssprache den Terminus der „Saareinwohner" verwendete, existierte keine eigene Staatsangehörigkeit für die Einwohner des Saargebietes.[8] Die Einwohner Saarbrückens besaßen die deutsche Staatsangehörigkeit.[9]

---

1 Der Friedensvertrag von Versailles, 28. 6. 1919, Reichsgesetzblatt 1919, S. 768-803; *Behringer / Clemens*, Geschichte des Saarlandes, S. 94.

2 *Behringer / Clemens*, Geschichte des Saarlandes, S. 94; *Zenner*, Parteien und Politik im Saargebiet unter dem Völkerbundsregime 1920-1935, S. 23.

3 *Burgard / Linsmayer*, Von der Vereinigung der Saarstädte zum Abstimmungskampf, S. 146.

4 *Zenner*, Parteien und Politik im Saargebiet unter dem Völkerbundsregime 1920-1935, S. 50.

5 *Burgard / Linsmayer*, Von der Vereinigung der Saarstädte zum Abstimmungskampf, S. 146.

6 Hinsichtlich der Wirtschaft: *Hans-Walter Herrmann*, Wirtschaftliche und soziale Entwicklung 1918-1959, in: Das Saarland. Politische, wirtschaftliche und kulturelle Entwicklung, hrsg. vom Saarland – Chef der Staatskanzlei, Saarbrücken 1989, S. 63-82.

7 *Brosig*, Die Verfassung des Saarlandes, S. 73; *Thomas Gergen*, Die Zwischenkriegszeit in der saarländischen Rechtsgeschichte – mit Beispielen aus Arbeits- und Sozialrecht im Saarhundert (1920-2020), in: AK-Beiträge 3 (2020), S. 30-67, hier S. 34.

8 Verordnung betr. die Eigenschaft als Saareinwohner, 15. 6. 1921, Regierungskommission, Amtsblatt der Regierungskommission des Saargebietes 1921, S. 92-93; *Brosig*, Die Verfassung des Saarlandes, S. 73-74.

9 *Mallmann / Steffens*, Lohn der Mühen, S. 128.

https://doi.org/10.1515/9783111002996-006

Das Saarstatut, als ein Baustein zur „Neuordnung Europas“ nach dem Ersten Weltkrieg,[10] stellte einen Teil des Friedensvertrages von Versailles vom 28. Juni 1919 dar.[11] Geregelt war es in den Artikeln 45 bis 50 des Friedensvertrages von Versailles sowie in einer speziellen Anlage zu diesen Artikeln.[12] Nach Artikel 45 des Vertrages trat Deutschland als „Ersatz für die Zerstörung der Kohlegruben in Nordfrankreich und als Anzahlung auf die von Deutschland geschuldete völlige Wiedergutmachung der Kriegsschäden“, „das volle und unbeschränkte, völlig schulden- und lastenfreie Eigentum an den Kohlegruben im Saarbecken,“ wie es im Artikel 48 des Friedensvertrags abgegrenzt ist, „mit dem ausschließlichen Ausbeutungsrecht an Frankreich ab.“[13] Sämtliche Bergwerke im Saargebiet standen fortan im Eigentum des französischen Staates.[14] Ein französisches Oberbergamt und eine französische Grubenverwaltung besaßen den Sitz in Saarbrücken.[15] Etwa 70.000 Bergleute aus dem Saargebiet unterstanden fortan französischen Arbeitgebern[16] und waren vom französischen Staat oder französischen Industriellen abhängig.[17] Frankreich bestimmte das wirtschaftliche Leben im Saargebiet[18] als der größte Arbeitgeber.[19] Ein Schwerpunkt für den Absatz von Kohle lag fortan in Frankreich.[20]

Das Saargebiet umfasste in geographischer Hinsicht nach Artikel 48 des Friedensvertrages die früheren preußischen Kreise Saarbrücken, Ottweiler und Saarlouis sowie Teile der Kreise Merzig und St. Wendel und die früheren

---

10 *Herbert*, Geschichte Deutschlands im 20. Jahrhundert, S. 190.

11 Der Friedensvertrag von Versailles, 28. 6. 1919, Reichsgesetzblatt 1919, S. 687-1350; *Burgard / Linsmayer*, Von der Vereinigung der Saarstädte zum Abstimmungskampf, S. 144.

12 Der Friedensvertrag von Versailles, 28. 6. 1919, Reichsgesetzblatt 1919, S. 768-803.

13 Artikel 45, Der Friedensvertrag von Versailles, 28. 6. 1919, Reichsgesetzblatt 1919, S. 769.

14 *Herrmann*, Wirtschaftliche und soziale Entwicklung 1918-1959, S. 64.

15 Erlass betr. Die Errichtung eines Oberbergamtes, 17. 3. 1920, Regierungskommission, Amtsblatt der Regierungskommission des Saargebietes 1920, S. 8; *Zenner*, Parteien und Politik im Saargebiet unter dem Völkerbundsregime 1920-1935, S. 44.

16 *Behringer / Clemens*, Geschichte des Saarlandes, S. 94.

17 *Zenner*, Parteien und Politik im Saargebiet unter dem Völkerbundsregime 1920-1935, S. 33. 44

18 *Zenner*, Parteien und Politik im Saargebiet unter dem Völkerbundsregime 1920-1935, S. 44.

19 *von Hippel*, S. 154.

20 *Herrmann*, Wirtschaftliche und soziale Entwicklung 1918-1959, S. 64.

bayerischen Bezirksämter Homburg und Zweibrücken.[21] Diese Grenzziehung bestimmten in Hinblick auf die Bergbaugebiete ökonomische Motive.[22] Eine „kulturelle … Einheit“ stellte das Saargebiet nicht dar.[23] In dem 1881 qkm großen Gebiet lebten 780.000 Einwohner.[24]

Deutschland verzichtete gemäß Artikel 49 des Friedensvertrages ausdrücklich „zugunsten des Völkerbunds, der insoweit als Treuhänder“ galt, auf die Regierung des Saargebietes.[25] Allerdings stellte das Saargebiet weiterhin einen „Teil des Deutschen Reichs“ dar.[26] Nach Ablauf einer Frist von fünfzehn Jahren nach Inkrafttreten des Vertrags war „die Bevölkerung dieses Gebietes zu einer Äußerung darüber berufen, unter welche Souveränität sie zu treten“ wünschte.[27] In einer Abstimmung sollte sie über eine Angliederung an Frankreich oder eine „Rückgliederung“ an Deutschland entscheiden.[28]

Die Regierung des Saargebietes übernahm ein „den Völkerbund vertretender Ausschuß“.[29] Die dem Völkerbundsrat verantwortliche Regierungskommission,[30] der die französische Militärregierung ablöste,[31] bestand „aus fünf Mitgliedern“, die der „Rat des Völkerbunds“ ernannte. Ihm gehörten an „ein Franzose, ein aus dem Saargebiet stammender und dort ansässiger Nichtfranzose und

---

21 Artikel 48, Der Friedensvertrag von Versailles, 28. 6. 1919, Reichsgesetzblatt 1919, S. 769-772; *Burgard / Linsmayer*, Von der Vereinigung der Saarstädte zum Abstimmungskampf, S. 145.

22 *Behringer / Clemens*, Geschichte des Saarlandes, S. 94; *Zenner*, Parteien und Politik im Saargebiet unter dem Völkerbundsregime 1920-1935, S. 21.

23 *Zenner*, Parteien und Politik im Saargebiet unter dem Völkerbundsregime 1920-1935, S. 22.

24 *Gerhard Paul*, Von der Bastion im Westen zur Brücke der Verständigung. Politische Geschichte 1815-1957, in: Das Saarland. Politische, wirtschaftliche und kulturelle Entwicklung, hrsg. vom Saarland – Chef der Staatskanzlei, Saarbrücken 1989, S. 23-50, hier S. 31.

25 Artikel 49, Der Friedensvertrag von Versailles, 28. 6. 1919, Reichsgesetzblatt 1919, S. 773; *Burgard / Linsmayer*, Von der Vereinigung der Saarstädte zum Abstimmungskampf, S. 145.

26 *Gergen*, Die Zwischenkriegszeit in der saarländischen Rechtsgeschichte, S. 34; *Ders.*, Politische Entscheidungsjahre 1815, 1935 und 1955, S. 61.

27 Artikel 49, Der Friedensvertrag von Versailles, 28. 6. 1919, Reichsgesetzblatt 1919, S. 775; *Burgard / Linsmayer*, Von der Vereinigung der Saarstädte zum Abstimmungskampf, S. 145.

28 *Behringer / Clemens*, Geschichte des Saarlandes, S. 94.

29 Anlage Kapitel II, § 16, Der Friedensvertrag von Versailles, 28. 6. 1919, Reichsgesetzblatt 1919, S. 785; *Brosig*, Die Verfassung des Saarlandes, S. 67; *Burgard / Linsmayer*, Von der Vereinigung der Saarstädte zum Abstimmungskampf, S. 145.

30 *Brosig*, Die Verfassung des Saarlandes, S. 68.

31 *Klein*, Geschichte des Landkreises Saarbrücken 1816-1965, S. 88.

3 Mitglieder, die drei anderen Ländern als Frankreich und Deutschland" angehörten.[32] Die Mitglieder der Regierungskommission verfügten über einen diplomatischen Status.[33]

Die Regierungskommission mit Sitz in Saarbrücken[34] traf Exekutivmaßnamen und verfügte über Befugnisse einer Legislative.[35] Sie besaß im „Saarbeckengebiet alle Regierungsbefugnisse, die früher dem Deutschen Reiche, Preußen und Bayern zustanden, einschließlich des Rechts, Beamte zu ernennen und abzuberufen und alle erforderlich erscheinenden Verwaltungsstellen und Vertretungen zu schaffen".[36] Die Regierungskommission hatte „volle Freiheit in der Verwaltung und Ausbeutung der Eisenbahnen, Kanäle und sonstigen öffentlichen Betriebe"[37] und griff „tief in das alltägliche und politische Leben" der Bevölkerung Saarbrückens ein.[38]

Die Einwohner des Saargebietes und damit die Bevölkerung Saarbrückens besaßen keine Berechtigung zur Entsendung von Mitgliedern in den deutschen Reichstag oder in das französische Parlament.[39] Nach dem Friedensvertrag blieben „die Gesetze und Verordnungen", die im Saargebiet „am 11. November 1918 in Kraft waren, … in Kraft".[40] Dies bedeutete ein „Einfrieren des Rechtszustandes zum 11. November 1918" und eine Entkoppelung des Saargebietes von der Gesetzgebung des „Reichs".[41] Die „Verfassung des Deutschen Reichs"

---

32 Anlage Kapitel II, § 17, Der Friedensvertrag von Versailles, 28. 6. 1919, Reichsgesetzblatt 1919, S. 787; *Burgard / Linsmayer*, Von der Vereinigung der Saarstädte zum Abstimmungskampf, S. 145.

33 *Brosig*, Die Verfassung des Saarlandes, S. 69.

34 *Brosig*, Die Verfassung des Saarlandes, S. 70.

35 *Brosig*, Die Verfassung des Saarlandes, S. 69; *Gergen*, Die Zwischenkriegszeit in der saarländischen Rechtsgeschichte, S. 33; *Ders.*, Politische Entscheidungsjahre 1815, 1935 und 1955, S. 61.

36 § 19, Anlage Kapitel II, Der Friedensvertrag von Versailles, 28. 6. 1919, Reichsgesetzblatt 1919, S. 787.

37 § 19, Anlage Kapitel II, Der Friedensvertrag von Versailles, 28. 6. 1919, Reichsgesetzblatt 1919, S. 787; *Hirsch*, S. 54.

38 Bezogen auf das ganze Saarland: *Zenner*, Parteien und Politik im Saargebiet unter dem Völkerbundsregime 1920-1935, S. 33.

39 *Helmut Hirsch*, Die Saar in Versailles. Die Saarfrage auf der Friedenskonferenz von 1919, Bonn 1952, S. 52.

40 Anlage Kapitel II, § 23, Der Friedensvertrag von Versailles, 28. 6. 1919, Reichsgesetzblatt 1919, S. 789.

41 *Gergen*, Die Zwischenkriegszeit in der saarländischen Rechtsgeschichte, S. 31; *Ders.*, Recht im Saargebiet, in: Simon Matzerath / Jessica Siebenreich (Hrsg.), Die 20er Jahre. Leben zwischen Tradition und Moderne im internationalen Saargebiet (1920-1935), Petersberg 2020, S. 26-33, hier S. 26.

vom 11. August 1919[42] – die „Weimarer Reichsverfassung“ – fand damit in Saarbrücken keine Anwendung. Die Regierungskommission nahm in der Folge Eingriffe in das Gerichtsverfassungsgesetz, das Bürgerliche Gesetzbuch, das Handelsgesetzbuch, die Zivilprozessordnung, die Konkursordnung, das Gesetz über die Angelegenheiten der freiwilligen Gerichtsbarkeit, die Grundbuchordnung, das Strafgesetzbuch, die Strafprozessordnung, die Rechtsanwaltsordnung, das Gesetz betreffend den Forstdiebstahl, das Gesetz über den Verkehr mit Nahrungsmitteln, die preußische Jagdordnung, das Vogelschutzgesetz, das Gesetz betreffend die Entschädigung für unschuldig erlittene Untersuchungshaft, das Gesetz betreffend die Besteuerung des Gewerbebetriebs im Umherziegen und das Gesetz betreffend Kinderarbeit in gewerblichen Betrieben vor.[43]

42 Verfassung des Deutschen Reichs, 11. 8. 1919, Reichsgesetzblatt 1919, S. 1383-1418.

43 Verordnung betr. Abänderung der Justizgesetze und der nachstehend genannten Einzelgesetze, 2. 8. 1921, Regierungskommission, Amtsblatt der Regierungskommission des Saargebietes 1921, S. 125-136; Hans Westhoff, Recht und Verwaltung im Saargebiet, Trier 1934, S. 101-114.

7. Kapitel.
Saarbrücken während der Zeit des Völkerbundsmandats 1920-1935

I. Regierungskommission des Völkerbundes

Saarbrücken prägten während der Verwaltung durch den Völkerbund ein internationaler „Flair“ und die „offene Grenze“ zu Frankreich.[1] Der spätere Saarbrücker Rabbiner Schlomo Rülf (1896-1976)[2] bemerkte: „Aber Saarbrücken war damals mehr als eine Provinzhauptstadt. Ihre Atmosphäre war international, denn sie war eine Brücke von Mitteleuropa zur westlichen Welt. Man sah viele ausländische Besucher, Diplomaten, Militärs, Industrielle.“[3]

Der fünfköpfigen Regierungskommission des Völkerbundes stand der Franzose Victor Rault (1858-1930) als Präsident voran. Er übte sein Amt von Februar 1920 bis zum März 1926 aus. In dieser Zeit leitete er innerhalb der Regierungskommission die Ressorts für „Inneres, Auswertiges, Angelegenheiten von Industrie und Handel“ sowie das „Arbeitswesen“. In erster Linie vertrat er die „französischen Staatsinteressen“.[4] Er bezeichnete sich als „Delegierter Frankreichs“.[5] Auf Rault folgte der Kanadier George W. Stephens (1866-1942)[6], den

---

1 *Hans-Walter Herrmann*, Saarbrücken unter der NS-Herrschaft, in: Rolf Wittenbrock (Hrsg.), Geschichte der Stadt Saarbrücken, Bd. 2, Von der Zeit des stürmischen Wachstums bis zur Gegenwart, Saarbrücken 1999, S. 243-338, hier S. 330; *Brosig*, Die Verfassung des Saarlandes, S. 71.

2 *Herbert Jochum*, Leben und Wirken von Rabbiner Dr. Friedrich Schlomo Rülf, in: Hans-Christian *Herrmann* / Ruth Bauer (Hrsg.), Widerstand, Repression und Verfolgung. Beiträge zur Geschichte des Nationalsozialismus an der Saar (Geschichte, Politik und Gesellschaft. Schriftenreihe der Stiftung Demokratie Saarland, Bd. 14), St. Ingbert 2014, S. 313-336.

3 *Schlomo Rülf*, Ströme im dürren Land. Erinnerungen, Stuttgart 1964, S. 64.

4 Bekanntmachung an die Bewohner des Saargebietes, 26. 2. 1920, Regierungskommission, Amtsblatt der Regierungskommission des Saargebietes 1920, S. 1-2; Verordnung der Regierungsbefugnisse der einzelnen Mitglieder der Regierungskommission, 12. 4. 1920, Regierungskommission, Amtsblatt der Regierungskommission des Saargebietes 1920, S. 2; *Brosig*, Die Verfassung des Saarlandes, S. 71; *Burgard / Linsmayer*, Von der Vereinigung der Saarstädte zum Abstimmungskampf, S. 148; *Zenner*, Parteien und Politik im Saargebiet unter dem Völkerbundsregime 1920-1935, S. 41, 43; http://www.saarland-biografien.de/frontend/php/ergebnis_detail.php?id=2858.

5 *Brosig*, Die Verfassung des Saarlandes, S. 70.

6 http://www.saarland-biografien.de/frontend/php/ergebnis_detail.php?id=2859.

https://doi.org/10.1515/9783111002996-007

kurze Zeit später der Engländer Sir Ernest Wilton (1870-1952)[7] ablöste, der zwischen 1927 und 1932 Präsident der Regierungskommission war.[8] Wilton sorgte für eine „Liberalisierung des Völkerbundregimes“ in Saarbrücken, wozu die Aufnahme Deutschlands in den Völkerbund und die „Verständigungspolitik“ zwischen Deutschland und Frankreich beitrug.[9] Als letzter Präsident stand der Regierungskommission der Engländer Sir Geoffrey George Knox (1884-1958)[10] voran, der das Amt zwischen 1932 und 1935 bekleidete.[11]

Das erste saarländische Mitglied der Regierungskommission war der Unternehmer Alfred von Boch (18601-1943)[12], auf den noch im Jahre 1920 der Arzt und Bürgermeister von Saarlouis Jacob Hector (1872-1954)[13] folgte, der bis 1923 dem Ausschuss als Mitglied angehörte. Auf ihn folgte zwischen 1923 und 1924 der Landrat von Saarlouis Julius Land (1855-1928)[14] als Mitglied der Regierungskommission. Schließlich war Koßmann von 1924 bis 1935 Mitglied der Regierungskommission,[15] zunächst für die Landwirtschaft sowie das Wohlfahrts- und Gesundheitswesen zuständig. Nach einer Neuaufteilung der Ressorts trug er seit 1926 die Verantwortung für das „Arbeitswesen“, die Sozialversicherung, das Versorgungswesen, die „Volkswohlfahrt“, das Gesundheitswesen sowie die Land- und Forstwirtschaft.[16] Koßmann, der sich als „Bewahrer des

---

7 http://www.saarland-biografien.de/frontend/php/ergebnis_detail.php?id=2860.

8 *Behringer / Clemens*, Geschichte des Saarlandes, S. 95; *Bünte*, Kleine Saarbrücker Stadtgeschichte, S. 101; *Burgard / Linsmayer*, Von der Vereinigung der Saarstädte zum Abstimmungskampf, S. 151; *Zenner*, Parteien und Politik im Saargebiet unter dem Völkerbundsregime 1920-1935, S. 422.

9 *Burgard / Linsmayer*, Von der Vereinigung der Saarstädte zum Abstimmungskampf, S. 151; *Bünte*, Kleine Saarbrücker Stadtgeschichte, S. 101.

10 http://www.saarland-biografien.de/frontend/php/ergebnis_detail.php?id=2861.

11 *Zenner*, Parteien und Politik im Saargebiet unter dem Völkerbundsregime 1920-1935, S. 423; Allgemeines, 8. 4. 1932, Verordnungen, Erlasse, Verfügungen und Bekanntmachungen der Regierungskommission des Saargebietes verbunden mit öffentlichem Anzeiger 1932, S. 139.

12 *Brosig*, Die Verfassung des Saarlandes, S. 68; http://www.saarland-biografien.de/frontend/php/ergebnis_detail.php?id=2380.

13 http://www.saarland-biografien.de/frontend/php/ergebnis_detail.php?id=591.

14 http://www.saarland-biografien.de/frontend/php/ergebnis_detail.php?id=4825.

15 *Bost*, Bartholomäus Koßmann, S. 177; *Brosig*, Die Verfassung des Saarlandes, S. 68; *von Hippel*, Hermann Röchling, S. 208; *Zenner*, Parteien und Politik im Saargebiet unter dem Völkerbundsregime 1920-1935, S. 421-422.

16 *Bost*, Bartholomäus Koßmann, S. 180, 184.

Deutschtums an der Saar" betrachtete,[17] genoss das „Vertrauen weiter Teile der Bevölkerung".[18]

II. „Saarländischer Landesrat"

Eine Verordnung vom 24. März 1922 führte zur Bildung eines „saarländischen Landesrats" in Saarbrücken 1922.[19] Der erste Präsident des Landesrats war Koßmann,[20] der dieses Amt nach seiner Berufung in die Regierungskommission niederlegte.[21] Die Nachfolge von Koßmann trat 1924 Peter Scheuer (1882-1944)[22] aus St. Ingbert an, der das Amt bis 1935 bekleidete.[23]

Die Wahlberechtigten wählten den Landesrat aufgrund allgemeiner, gleicher und geheimer Wahlen nach dem Verhältniswahlrecht.[24] Die Wahlberechtigung und Wählbarkeit zum Landesrat unterlagen Einschränkungen. Wählbar waren alle „geborenen Saarländer" ab dem 25. Lebensjahr, die „aus dem Saargebiet stammen", kein „öffentliches Amt außerhalb des Saargebietes bekleiden" und kein Mitglied einer „nicht-saarländischen Vertretung" waren.[25] Die Wahlberechtigung besaßen alle „Bewohner des Saargebietes" ab dem 20. Lebensjahr, sofern sie die „Saareinwohnerschaft" innehatten. Diese Einschränkungen des

---

17 *Bost*, Bartholomäus Koßmann, S. 184.

18 *Zenner*, Parteien und Politik im Saargebiet unter dem Völkerbundsregime 1920-1935, S. 89.

19 Verordnung betr. die Errichtung 1. eines Landesrates, 2. eines Studienausschusses, 24. 3. 1922, Regierungskommission, Amtsblatt der Regierungskommission des Saargebietes 1922, S. 41-42; *Burgard / Linsmayer*, Von der Vereinigung der Saarstädte zum Abstimmungskampf, S. 148;

20 Erlass betr. Ernennung zum Vorsitzenden des Landesrates, 11. 7. 1922, Regierungskommission, Amtsblatt der Regierungskommission des Saargebietes 1922, S. 132; *Brosig*, Die Verfassung des Saarlandes, S. 77; *Zenner*, Parteien und Politik im Saargebiet unter dem Völkerbundsregime 1920-1935, S. 96.

21 *Bost*, Bartholomäus Koßmann, S. 177.

22 *Peter Wettmann-Jungblut*, Die Gesichter des Abstimmungskampfes, in: Ludwig Linsmayer (Hrsg.), Der 13. Januar: Die Saar im Brennpunkt der Geschichte (Echolot. Historische Beiträge des Landesarchivs Saarbrücken, Bd. 1), Merzig 2005, S. 221-313, hier S. 249-261; http://www.saarland-biografien.de/frontend/php/ergebnis_detail.php?id=3834.

23 *Brosig*, Die Verfassung des Saarlandes, S. 77.

24 Artikel 2, Verordnung betr. die Errichtung 1. eines Landesrates, 2. eines Studienausschusses, 24. 3. 1922, Regierungskommission, Amtsblatt der Regierungskommission des Saargebietes 1922, S. 41.

25 Artikel 3, 4, Verordnung betr. die Errichtung 1. eines Landesrates, 2. eines Studienausschusses, 24. 3. 1922, Regierungskommission, Amtsblatt der Regierungskommission des Saargebietes 1922, S. 42.

Wahlrechtes betrachten zahlreiche Politiker als eine „politische Manipulation“,[26] da es keine eigene Staatsangehörigkeit für die Einwohner des Saargebietes gab.[27]

Um ein Parlament im „modernen Sinne“ handelte es sich bei dem Landesrat nicht, da diesem die bedeutenden Rechte eines Parlaments im „modernen Sinne“ nicht zukamen. Es fehlte dem Landesrat das „Gesetzgebungs- und Budgetrecht“ sowie das „Initiativ- und Immunitätsrecht“ und das Recht zur „Kontrolle der Regierung“. Im Ergebnis besaß der Landesrat nur die Berechtigung, „Gutachten zu Gesetzesvorlagen der Regierungskommission vorzulegen, die letztere in keiner Weise banden“.[28] In der Praxis fand die Immunität der Mitglieder des Landesrates in weiten Teilen Beachtung.[29] Die Regierungskommission ernannte den Präsidenten des Landesrates und bestimmte die Tagesordnungspunkte der Sitzungen des Landesrates.[30] Allerdings setzte sich in der Praxis das Recht der Regierungskommission zur Festsetzung der Tagesordnung nicht durch. So beanspruchte der Landesrat mit Erfolg das Recht, sich mit allen das Saargebiet betreffenden „außenpolitischen, wirtschaftlichen, sozialen“ und weiteren Problemen zu befassen.[31]

Zu einer eigentlichen „politischen Mitbestimmung“ der Bevölkerung führte die Errichtung des Landesrates nicht.[32] Immerhin existierte durch den Landesrat die „Möglichkeit zu legaler politischer Organisation“.[33] Die bestimmende politische Kraft im Landesrat war die Zentrumspartei.[34]

---

26 *Zenner*, Parteien und Politik im Saargebiet unter dem Völkerbundsregime 1920-1935, S. 90.

27 *Brosig*, Die Verfassung des Saarlandes, S. 73-74.

28 *Brosig*, Die Verfassung des Saarlandes, S. 75-78; *Burgard / Linsmayer*, Von der Vereinigung der Saarstädte zum Abstimmungskampf, S. 148; *Gergen*, Die Zwischenkriegszeit in der saarländischen Rechtsgeschichte, S. 3; Linsmayer, Politische Kultur im Saargebiet 1920-1932, S. 181; *Zenner*, Parteien und Politik im Saargebiet unter dem Völkerbundsregime 1920-1935, S. 58, 91, 93.

29 *Zenner*, Parteien und Politik im Saargebiet unter dem Völkerbundsregime 1920-1935, S. 97.

30 *Zenner*, Parteien und Politik im Saargebiet unter dem Völkerbundsregime 1920-1935, S. 93.

31 *Linsmayer*, Politische Kultur im Saargebiet 1920-1932, S. 181; Zenner, Parteien und Politik im Saargebiet unter dem Völkerbundsregime 1920-1935, S. 94-95.

32 *Behringer / Clemens*, Geschichte des Saarlandes, S. 95; *Zenner*, Parteien und Politik im Saargebiet unter dem Völkerbundsregime 1920-1935, S. 58.

33 *von Hippel*, Hermann Röchling, S. 221.

34 *Joachim Heinz*, Sozialdemokratie und Kommunisten 1933 bis 1945 im Saarland. Ein Überblick, in: Hans-Christian Herrmann / Ruth Bauer (Hrsg.), Widerstand, Repression und Verfolgung. Beiträge zur Geschichte des Nationalsozialismus an der Saar

III. Justiz und Oberbehörden

Zahlreiche Oberbehörden nahmen zwischen 1920 und 1935 ihren Sitz in Saarbrücken. Dies galt für die „Eisenbahndirektion für das Saargebiet", die „Oberpostdirektion für die Post- und Telegraphenverwaltung", das „Oberversicherungsamt für das Saargebiet", das Oberversicherungsamt der Verkehrsanstalten", das „Knappschafts-Oberversicherungsamt", die „Landesversicherungsanstalt für Arbeiter und Angestellte" und das „Landesamt für Arbeitsvermittlung".[35] Die Regierungskommission errichtete mit Verordnung vom 18. September 1925 eine „Arbeitskammer im Saargebiet" mit Sitz Saarbrücken. Der Arbeitskammer fiel die „Aufgabe zu, der Regierungskommission Gutachten und Wünsche zu unterbreiten, welche die Wahrnehmung der gemeinsamen Interessen, sowohl der Arbeitgeber als auch der Arbeitnehmer, namentlich in Bezug auf Verbesserung der Arbeitsbedingungen, betreffen."[36]

Das Amtsgericht Saarbrücken und Landgericht Saarbrücken blieben bestehen. Der Bezirk des Landgerichts Saarbrücken umfasste das gesamte Saargebiet. Ein „Oberster Gerichtshof" für das Saargebiet war für Zivil- und Strafsachen zuständig mit Sitz in Saarlouis.[37] In Saarbücken erfolgte die Errichtung eines Verwaltungsgerichts, das den Namen Verwaltungsausschuss trug. Das Oberverwaltungsgericht befand sich in Saarlouis. Eine Verfassungsgerichtsbarkeit gab es nicht.[38]

(Geschichte, Politik und Gesellschaft. Schriftenreihe der Stiftung Demokratie Saarland, Bd. 14), St. Ingbert 2014, S. 185-211, hier S. 187.

35 Verordnung betr. Die Errichtung eines Knappschafts=Oberversicherungsamtes, 1.2.1921, Regierungskommission, Amtsblatt der Regierungskommission des Saargebietes 1921, S. 12-13; Verordnung betr. Errichtung eines Oberverischerungsamtes, 18. 4. 1921, Regierungskommission, Amtsblatt der Regierungskommission des Saargebietes 1921, S. 164; Brosig, Die Verfassung des Saarlandes, S. 73; *Gergen*, Die Zwischenkriegszeit in der saarländischen Rechtsgeschichte, S. 34; *Herrmann*, Gedanken zum Aufstieg Saarbrückens, S. 26.

36 Artikel 1, 2, Verordnung betr. die Errichtung einer Arbeitskammer im Saargebiet, 18. 9. 1925, Regierungskommission, Amtsblatt der Regierungskommission des Saargebietes 1925, S. 242-243; siehe: *Harald Glaser*, „Ein Werkzeug des sozialen Friedens". Die Arbeitskammer im Saargebiet 1925-1935, in: Saarbrücker Hefte 109 (2013), S. 83-101.

37 *Brosig*, Die Verfassung des Saarlandes, S. 80-81; *Gergen*, Politische Entscheidungsjahre 1815, 1935 und 1955, S. 63; *Heike Jung*, Zur Entwicklung der Gerichtsbarkeit im Saarland in Wort und Bild, in: Saarpfalz 137 (2018), S. 12-19, hier S. 17.

38 Verordnung betreffend die Errichtung von Verwaltungsgerichten für das Saargebiet, 28. 7. 1920, Regierungskommission, Amtsblatt der Regierungskommission des Saargebietes 1920, S. 47-48; *Brosig*, Die Verfassung des Saarlandes, S. 84-85.

IV. Bergarbeiterstreik

Die Regierungskommission verweigerte die Einführung sozialrechtlicher Bestimmungen, die vom Reichstag in Berlin verabschiedet worden waren. Exemplarisch galt etwa das Betriebsrätegesetz von 4. Februar 1920[39] im Saargebiet und in Saarbrücken nicht.[40] Das Arbeits- und Sozialrecht der „Weimarer Republik" fand in Saarbrücken nicht ohne weiteres Anwendung.[41] Erst seit November 1924 galt im Saargebiet der „Achtstundentag" – jenseits von den bereits vorher geschilderten Ausnahmen -[42] auf breiter Ebene.[43] Anders als im „Reich" seit 1926[44] bestanden in Saarbrücken und im Saargebiet keine Arbeitsgerichte.[45]

Die saarländischen Gewerkschaften, die Frankreich im Oktober 1921 als „berufene Vertreter der Arbeiterschaft" anerkannte,[46] verlangten aufgrund gestiegener Lebenshaltungskosten höhere Löhne von den französischen Arbeitgebern als bisher. Keine der beiden Seiten gab nach und es folgte nach einem entsprechenden Beschluss vom 28. Januar 1923 ein Streik der Bergarbeiter am 5. Februar 1923, der 100 Tage dauerte.[47] Als ein „entscheidendes Erlebnis der fünfzehn Jahre Völkerbundherrschaft" prägte der Streik die saarländischen Bergarbeiter.[48]

Ein Mittelpunkt des Streikes lag im „Grubenstandort" Saarbrücken. Es lebten tausende Bergarbeiter in Saarbrücken und die französische Bergbehörde nahm

---

39 Betriebsrätegesetz, 4. 2. 1920, Reichsgesetzblatt 1920, S. 147-174.

40 *Burgard / Linsmayer*, Von der Vereinigung der Saarstädte zum Abstimmungskampf, S. 149; *Zenner*, Parteien und Politik im Saargebiet unter dem Völkerbundsregime 1920-1935, S. 62.

41 *Herrmann*, Wirtschaftliche und soziale Entwicklung 1918-1959, S. 70; *Zenner*, Parteien und Politik im Saargebiet unter dem Völkerbundsregime 1920-1935, S. 117, 120.

42 *Herrmann*, Wirtschaftliche und soziale Entwicklung 1918-1959, S. 69; *Zenner*, Parteien und Politik im Saargebiet unter dem Völkerbundsregime 1920-1935, S. 120.

43 *Herrmann*, Wirtschaftliche und soziale Entwicklung 1918-1959, S. 69.

44 *Hannes Ludyga*, Otto Kahn-Freund (1900-1979). Ein Arbeitsrechtler in der Weimarer Zeit (Juristisches Zeitgeschichte, Abteilung 4, Leben und Werk, Bd. 16), Berlin 2016, S. 28-29.

45 *Muskalla*. NS-Politik an der Saar unter Josef Bürckel, S. 191.

46 *Zenner*, Parteien und Politik im Saargebiet unter dem Völkerbundsregime 1920-1935, S. 120.

47 *Burgard / Linsmayer*, Von der Vereinigung der Saarstädte zum Abstimmungskampf, S. 149; *von Hippel*, Hermann Röchling, S. 228-229; *Mallmann / Steffens*, Lohn der Mühen, S. 154; *Zenner*, Parteien und Politik im Saargebiet unter dem Völkerbundsregime 1920-1935, S. 73.

48 *Mallmann / Steffens*, Lohn der Mühen, S. 163; *Zenner*, Parteien und Politik im Saargebiet unter dem Völkerbundsregime 1920-1935, S. 74.

ihren Sitz in der Stadt. Die französische Bergbehörde entließ aufgrund des Streiks viele Bergarbeiter und sprach die Kündigung von Werkswohnungen aus. Sie forderte das französische Militär an, das gegen die Streikenden durchgriff und die Meinungs- sowie Versammlungsfreiheit nachhaltig eingeschränkte.[49] 4.800 französische Militärpersonen hielten sich während des Streiks im Saargebiet auf.[50] Neben sozialpolitischen Forderungen verfolgten die Streikenden weitere Interessen. Sie betrachteten den Streik in politischer Hinsicht als „nationale Solidaritätsaktion" mit dem Ruhrgebiet, das französische und belgische Militärs seit Januar 1923 wegen einer Missachtung der Reparationspflichten durch Deutschland besetzen.[51] Der Streik stellte insoweit eine „nationale Kraftprobe" dar.[52] Eine „antifranzösische Aufbruchsstimmung" prägte das Meinungsbild unter den Streikenden.[53]

In sozialpolitischer Hinsicht erreichten die Streikenden geringe Erfolge. Nach dem Streik stiegen die Löhne in Saarbrücken minimal,[54] teilweise nahmen die Bergarbeiter eine Absenkung der Löhne hin.[55]

V. Währung

Sukzessiv führte Frankreich in Saarbrücken den Franc als Währung ein. Seit dem 1. Juli 1920 erhielten die Angestellten, Beamten und Arbeiter der französischen Staatsgruben ihren Lohn in Franc ausgezahlt. Zunächst bestanden in Saarbrücken Franc und Mark als Zahlungsmittel nebeneinander, was zu einem

49 *Burgard / Linsmayer*, Von der Vereinigung der Saarstädte zum Abstimmungskampf, S. 149; *von Hippel*, Hermann Röchling, S. 230; *Mallmann / Steffens*, Lohn der Mühen, S. 158-159; *Zenner*, Parteien und Politik im Saargebiet unter dem Völkerbundsregime 1920-1935, S. 74.

50 *Zenner*, Parteien und Politik im Saargebiet unter dem Völkerbundsregime 1920-1935, S. 75.

51 *Burgard / Linsmayer*, Von der Vereinigung der Saarstädte zum Abstimmungskampf, S. 150; *von Hippel*, Hermann Röchling, S. 229; *Mallmann / Steffens*, Lohn der Mühen, S. 154-155; *Paul*, Von der Bastion im Westen zur Brücke der Verständigung, S. 21-33; *Winkler*, Weimar 1918-1933, S. 188; *Willoweit / Schlinker*, Deutsche Verfassungsgeschichte, S. 316; *Zenner*, Parteien und Politik im Saargebiet unter dem Völkerbundsregime 1920-1935, S. 74.

52 *Mallmann / Steffens*, Lohn der Mühen, S. 162.

53 *Mallmann / Steffens*, Lohn der Mühen, S. 163.

54 *Burgard / Linsmayer*, Von der Vereinigung der Saarstädte zum Abstimmungskampf, S. 150; *Herrmann*, Wirtschaftliche und soziale Entwicklung 1918-1959, S. 69; *Mallmann / Steffens*, Lohn der Mühen, S. 160.

55 *Behringer / Clemens*, Geschichte des Saarlandes, S.96; *Herrmann*, Wirtschaftliche und soziale Entwicklung 1918-1959, S. 69.

Anstieg der Lebenshaltungskosten in der Stadt führte. Schließlich erhielten die Metallarbeiter, die Beamten der Regierungskommission sowie die Beamten und Angestellten der Kommunen ihre Gehälter in Franc. Die verbindliche Einführung des Franc am 1. Juni 1923 als das einzige in Saarbrücken geltende Zahlungsmittel[56] beendete den „Währungsdualismus".[57] Die alleinige Geltung des Franc als Zahlungsmittel erschwerte es der Stadt, notwendige Anleihen zur Finanzierung städtischer Ausgaben aufzunehmen.[58] Einen Franc handelte die Börse in Berlin am 1. Juni 1923 mit 4.875 Mark.[59] Im Jahre 1925 setzte eine Entwertung des Francs ein.[60]

Das französische Zollsystem galt in Saarbrücken seit dem 10. Januar 1925. Damit endete nach einem Übergangsstadium von fünf Jahren der zollfreie Warenverkehr vom Saargebiet und von Saarbrücken in das deutsche „Reich".[61]

VI. Pressefreiheit

Zeitungen boten zwischen 1920 und 1935 die entscheidende „Informations- und Unterhaltungsquelle" für die Bevölkerung in Saarbrücken. Sie gehörten zum „unverzichtbaren Bestandteil des täglichen Lebens".[62]

In Saarbrücken herrschte zwischen 1920 und 1935 nur eine eingeschränkte Pressefreiheit. „Zeitungsverbote" durch die Regierungskommission standen auf der „Tagesordnung".[63] Eine Verordnung der Regierungskommission vom 7. März

---

56 Verordnung betr. die gesetzliche Währung im Saargebiet, 18. 5. 1923, Regierungskommission, Amtsblatt der Regierungskommission des Saargebietes 1923, S. 114-115; *Burgard / Linsmayer*, Von der Vereinigung der Saarstädte zum Abstimmungskampf, S. 148; *Paul*, Von der Bastion im Westen zur Brücke der Verständigung, S. 31; *Thomes*, Da, wo Sie zu Hause sind, S. 154; *Zenner*, Parteien und Politik im Saargebiet unter dem Völkerbundsregime 1920-1935, S. 44.

57 *Herrmann*, Wirtschaftliche und soziale Entwicklung 1918-1959, S. 64.

58 *Neikes*, Fünfundzwanzig Jahre Gesamtstadt Saarbrücken, S. 54.

59 *Herrmann*, Wirtschaftliche und soziale Entwicklung 1918-1959, S. 64.

60 *Thomes*, Da, wo Sie zu Hause sind, S. 155.

61 *Gergen*, Die Zwischenkriegszeit in der saarländischen Rechtsgeschichte, S. 36; *Herrmann*, Wirtschaftliche und soziale Entwicklung 1918-1959, S. 65.

62 Allgemein: *Merl*, Tagespresse im Saargebiet 1918-1945, S. 38.

63 Exemplarisch: Verfügung betr. Verbot der illustrierten Druckschrift „Frankreich im Rheinland, an der Ruhr und an der Saar", 22. 5. 1927, Regierungskommission, Amtsblatt der Regierungskommission des Saargebietes 1927, S. 148; Verfügung betr. Verbot eines Wochenblatts, 21. 5. 1926, Regierungskommission, Amtsblatt der Regierungskommission des Saargebietes 1926, S. 105-106; Verfügung betr. Verbot der Druckschriften und Tageszeitungen, ohne Tag März 1923, Regierungskommission, Amtsblatt der Regierungskommission des Saargebietes 1923, S. 64; Verfügung betr. Verbot der Saarbrücker

1923 bestimmte eine Pressezensur und ein „Verbot von Kritik am Völkerbund, an der Regierungskommission und am Vertrag von Versailles". Eine Verordnung der Regierungskommission vom 18. Juni 1923 nahm diese Einschränkungen der Pressefreiheit in Teilen zurück.[64]

Die Zeitungen in Saarbrücken orientierten sich an der Parteipolitik[65] und betrieben eine „politische Berichterstattung.[66] Die „Saarbrücker Landeszeitung" etablierte sich als ein „Organ" der Zentrumspartei. Den Demokraten und Liberalen nahe stand die „Saarbrücker Zeitung". Die „Volksstimme Saarbrücken" war ein Organ der SPD, die „Arbeiterzeitung" ein Organ der Kommunisten. Keiner Partei gehörte das „Saarbrücker Abendblatt" an. Die Presse in Saarbrücken betrachtete sich als „Hüterin des Deutschtums an der Saar" und Bewahrerin der „Rechte der Saarländer" gegenüber der Regierungskommission.[67] Sie einte eine Opposition gegen den „profranzösischen Kurs der Regierungskommission".[68] Über die Zeitungen bemühten sich die Parteien um eine Beeinflussung der Regierungskommission.[69]

Zeitung, ohne Tag April 1923, Regierungskommission, Amtsblatt der Regierungskommission des Saargebietes 1923, S. 73; *Bünte*, Die abenteuerliche Geschichte einer Zeitung, S. 117; Merl, Tagespresse im Saargebiet 1918-1945, S. 44. Merl zeigt, dass ein Schwerpunkt der Verbote in den Jahren 1933 bis 1935 lag.

64 Notverordnung betreffend Aufrechterhaltung der Ordnung und Sicherheit im Saargebiet unter entsprechender Anwendung der Vorschriften des deutschen Reichsgesetzes zum Schutz der Republik vom 21. Juli 1922, Regierungskommission, Amtsblatt der Regierungskommission des Saargebietes 1923, S. 49-51; Verordnung betreffend Maßnahmen zur Aufrechterhaltung der öffentlichen Sicherheit im Saargebiet, 18. 6. 1923, Regierungskommission, Amtsblatt der Regierungskommission des Saargebietes 1923, S. 134-135; *Merl*, Tagespresse im Saargebiet 1918-1945, S. 44.

65 *Zenner*, Parteien und Politik im Saargebiet unter dem Völkerbundsregime 1920-1935, S. 59-60.

66 *Linsmayer*, Politische Kultur im Saargebiet 1920-1932, S. 184.

67 *Merl*, Tagespresse im Saargebiet 1918-1945, S. 47-48; *Andreas Merl*, „…sich selbst auf dem Altare des Vaterlandes zu opfern" – Zum vorauseilenden Gehorsam der Saarländer 1933 bis 1935, in: Hans-Christian Herrmann / Ruth Bauer (Hrsg.), Widerstand, Repression und Verfolgung. Beiträge zur Geschichte des Nationalsozialismus an der Saar (Geschichte, Politik und Gesellschaft. Schriftenreihe der Stiftung Demokratie Saarland, Bd. 14), St. Ingbert 2014, S. 123-148, hier S. 137; *Zenner*, Parteien und Politik im Saargebiet unter dem Völkerbundsregime 1920-1935, S. 59-60.

68 *Merl*, Tagespresse im Saargebiet 1918-1945, S. 43.

69 *Merl*, Tagespresse im Saargebiet 1918-1945, S 44.

VII. Stadtverwaltung

Oberbürgermeister Saarbrückens war zwischen 1921 und 1935 der in Köln geborene Jurist Hans Neikes (1881-1954).[70] Er studierte Rechtswissenschaften in Berlin und Bonn und wurde 1903 an der Universität Rostock mit einer Arbeit zu dem Thema „Die Klage aus § 1007 des bürgerlichen Gesetzbuches und ihre Grundlagen unter besonderer Berücksichtigung der actio publiciana“[71] promoviert. Das 1. Juristische Staatsexamen legte er 1903 und das 2. Juristische Staatsexamen 1908 ab.[72] Neikes, der einer „konservativen“ Gesinnung folgte, durchlief diverse Stellen in der Kommunalverwaltung in Oberhausen und Dortmund bis zu seiner Wahl als Bürgermeister von Saarbrücken und zu seinem Amtsantritt am 3. Mai 1921. Den Titel eines Oberbürgermeisters führte er seit dem 30. Mai 1928 nach einem entsprechenden Beschluss der Regierungskommission.[73] Kulturelle und wirtschaftliche Themen betrachtete er als einen primären Aufgabenkreis einer Kommune. Stets betonte er gegenüber der Regierungskommission die Bedeutung der kommunalen Selbstverwaltung.[74]

Bei den ersten Wahlen, die „demokratischen Grundsätzen“ folgten,[75] nach dem Ersten Weltkrieg zur Stadtverordnetenversammlung von Saarbrücken im Juli 1920 erhielten die Zentrumspartei 30, 6 Prozent, die SPD 23, 1 Prozent, die USPD 16, 3 Prozent, eine „Sammlungsbewegung“ von Liberalen und

---

70 *Burgard / Linsmayer*, Von der Vereinigung der Saarstädte zum Abstimmungskampf, S. 150; Klein, Kurzbiographien der Bürgermeister (Alt-) Saarbrücken, St. Johanns, Malstatt-Burbachs und der Großstadt Saarbrücken, S. 527; *Neikes*, Fünfundzwanzig Jahre Gesamtstadt Saarbrücken, S. 50.

71 *Hans Neikes*, Die Klage aus § 1007 des Bürgerlichen Gesetzbuches und ihre Grundlagen, unter besonderer Berücksichtigung der actio Publiciana, Bonn 1903.

72 *Fritz Jacoby*, Oberbürgermeister Hans Neikes, eine bedeutende Persönlichkeit im Saargebiet, in: Zeitschrift für die Geschichte der Saargegend 19 (1971) = Festschrift zur 650jährigen Verleihung des Freiheitsbriefes an Saarbrücken und St. Johann, S. 497-509, hier S. 497; *Klein*, Kurzbiographien der Bürgermeister (Alt-) Saarbrücken, St. Johanns, Malstatt-Burbachs und der Großstadt Saarbrücken, S. 527; *Christoph Sonntag*, Hans Neikes: Politik für das Saargebiet und das Deutsche Reich. Ein Überblick über sein Wirken als Stadtoberhaupt Saarbrückens, in: Zeitschrift für die Geschichte der Saargegend 68 (2020), S. 73-91, hier S. 75.

73 *Jacoby*, Oberbürgermeister Hans Neikes, eine bedeutende Persönlichkeit im Saargebiet, S. 499, 504; *Klein*, Kurzbiographien der Bürgermeister (Alt-) Saarbrücken, St. Johanns, Malstatt-Burbachs und der Großstadt Saarbrücken, S. 527; *Sonntag*, Hans Neikes, S. 79; *Wettmann / Jungblut*, Die Gesichter des Abstimmungskampfes, S. 263-264.

74 *Jacoby*, Oberbürgermeister Hans Neikes, eine bedeutende Persönlichkeit im Saargebiet, S. 497, 499.

75 *Kloevekorn*, Saarbrücken, S. 197.

Demokraten 26, 6 Prozent sowie die DNVP 2, 4 Prozent der Stimmen.[76] In den 1920er Jahren war die Saarbrücker Stadtverwaltung ein „Zentrum der deutschnationalen Opposition".[77] Neikes galt als einer der „wichtigsten Ansprechpartner der preußischen Saarpolitik".[78] Er verstand sich als Stütze des „deutschen Einflusses im Saargebiet".[79] Einer Konfrontation mit der Regierungskommission ging er nicht aus dem Weg. Immer wieder drohte seine Amtsenthebung durch die Regierungskommission.[80] Während der Amtszeit von Neikes lebten nach einer Volkszählung aus dem Jahre 1927 125.020 Menschen in der Stadt.[81]

VIII. Spezifisch städtische Handlungsfelder

1. Armenfürsorge und Arbeitslosigkeit

Die soziale und wirtschaftliche Situation in Saarbrücken nach dem Ersten Weltkrieg war desaströs. Eine „breite Schicht" der Bevölkerung gehörte zu den „Armen".[82] Die „goldenen zwanziger Jahre" und „wirtschaftlich günstigeren Jahre" hielten in Saarbrücken bestenfalls „vier, höchstens fünf Jahre" (1924-1928/1929) an.[83] Seit 1928/29 herrschte in sozialer Hinsicht in Saarbrücken ein „rauer Wind", Lohn- und Gehaltskürzungen standen auf der Tagesordnung.[84]

Auf das traditionelle System der Armenfürsorge konnte in Saarbrücken in den 1920er Jahren nicht verzichtet werden.[85] Die Armenfürsorge folgte weiterhin

76 *Burgard / Linsmayer*, Von der Vereinigung der Saarstädte zum Abstimmungskampf, S. 167.

77 *Burgard / Linsmayer*, Von der Vereinigung der Saarstädte zum Abstimmungskampf, S. 150.

78 *Burgard / Linsmayer*, Von der Vereinigung der Saarstädte zum Abstimmungskampf, S. 150.

79 *Jacoby*, Oberbürgermeister Hans Neikes, eine bedeutende Persönlichkeit im Saargebiet, S. 501.

80 *Burgard / Linsmayer*, Von der Vereinigung der Saarstädte zum Abstimmungskampf, S 150.

81 *Neikes*, Fünfundzwanzig Jahre Gesamtstadt Saarbrücken, S. 69.

82 Allgemein: *Stolleis*, Geschichte des Sozialrechts, S. 124.

83 *Burgard / Linsmayer*, Von der Vereinigung der Saarstädte zum Abstimmungskampf, S. 152. Allgemein: *Henning*, Handbuch der Wirtschafts- und Sozialgeschichte Deutschlands, Bd. 3, Teil I, S. 332; *Schmidt*, Der deutsche Sozialstaat, S. 18; *Stolleis*, Geschichte des Sozialrechts, S. 137.

84 *Burgard / Linsmayer*, Von der Vereinigung der Saarstädte zum Abstimmungskampf, S. 152.

85 Allgemein: *Stolleis*, Geschichte des Sozialrechts, S. 128.

dem „Elberfelder System".[86] Seit 1933 bemühte sich Saarbrücken um eine Stärkung der Familie bei der Armenfürsorge.[87] Die mangelhaften „wirtschaftlichen und finanziellen Ressourcen" belasteten eine effektive Versorgung der „Armen". Ein großer Handlungsspielraum bestand für die Stadt bei der Armenfürsorge nicht.[88] Spätestens die Weltwirtschaftskrise, die zu einer Verringerung der Steuereinnahmen in Saarbrücken führte,[89] brachte ein Ende des Ausbaus der Armenfürsorge in der Stadt hinsichtlich des finanziellen Umfangs der Leistungen.[90] Neben der Stadt kümmerte sich um die Armen die „freie Wohlfahrtspflege".[91]

Das Armenamt der Stadt unterstützte 1926 1.173 Menschen.[92] Im Jahre 1929 versorgte es 1.573 Menschen, 1930 1.587 Menschen und im Jahre 1933 2.363 Menschen.[93] Häufig handelte es sich um „Notmaßnahmen" zur Deckung des „notwendigen Lebensbedarfs".[94] Zu den unterstützten Menschen gehörten Kriegsbeschädigte, Kriegshinterbliebene, Personen aus dem verarmten Mittelstand, Personen mit sehr geringen Renten sowie Arbeitslose.[95] 1931/32 errichtete die Stadt eine Herberge mit 81 Betten für Obdachlose.[96] Neben der Stadt kümmerten sich um die Obdachlosen karitative Institutionen der Kirchen.[97] Bestimmungen der Regierungskommission über die Höchstpreise für den Verkauf von Brot und Getreide verfolgten den Zweck, die Versorgung der Bevölkerung mit Grundnahrungsmitteln sicherzustellen.[98]

---

86 *Nimmesgern*, „Vater Staat" und „Mutter Fürsorge", S. 382.

87 *Nimmesgern*, „Vater Staat" und „Mutter Fürsorge", S. 394-395.

88 Allgemein: *Schmidt*, Der deutsche Sozialstaat, S. 17-18.

89 *Herrmann*, Saarbrücken unter der NS-Herrschaft, S. 268.

90 Allgemein: *Schmidt*, Der deutsche Sozialstaat, S. 20.

91 Allgemein: *Stolleis*, Geschichte des Sozialrechts, S. 124.

92 *Schumacher*, Wohlfahrtspflege in der Stadt Saarbrücken, S. 136.

93 *Schumacher*, Wohlfahrtspflege in der Stadt Saarbrücken, S. 136.

94 Allgemein: *Stolleis*, Geschichte des Sozialrechts, S. 129, 134.

95 Allgemein: *Stolleis*, Geschichte des Sozialrechts, S. 128.

96 *Schumacher*, Wohlfahrtspflege in der Stadt Saarbrücken, S. 136.

97 *Burgard / Linsmayer*, Von der Vereinigung der Saarstädte zum Abstimmungskampf, S. 152.

98 Verordnung betr. Den Ankauf von Brotgetreide aus der Ernte 1920, 28. 7. 1920, Regierungskommission, Amtsblatt der Regierungskommission des Saargebietes 1920, S. 50; Bekanntmachung betr. Höchstpreise für den Verkauf von Brot, 6. 3. 1930, Regierungskommission, Amtsblatt der Regierungskommission des Saargebietes 1930, S 70; Bekanntmachung betr. Höchstpreise für den Verkauf von Brot, 10. 3. 1933, Verordnungen, Erlasse, Verfügungen und Bekanntmachungen der Regierungskommission des Saargebietes verbunden mit dem öffentlichen Anzeiger 1933, S. 98.

Die Versorgung der Arbeitslosen in der Stadt war in den 1920er Jahren nach dem Fürsorgesystem aufgebaut. Das Gesetz über die „Arbeitsvermittlung und Arbeitslosenversicherung“ vom 16. Juli 1927,[99] das in Deutschland das Versicherungssystem für Arbeitslose in Deutschland einführte, galt in Saarbrücken nicht.[100] Die Arbeitslosen erhielten unter strengen Voraussetzungen Unterstützungsleistungen. Ein „erzwingbarer Anspruch“ auf Unterstützungsleistungen durch die Stadt bestand für die Betroffenen nicht.[101] Für die „Erwerbslosenfürsorge“ existierten von der Regierungskommission festgelegte Höchstsätze.[102] Frauen litten bei der „Erwerbslosenfürsorge“ unter Benachteiligungen. Eine „Erwerbslosenfürsorge“ erhielten etwa Ehefrauen nur, wenn ihr Ehemann sie nicht ausreichend ernähren konnte.[103]

Stadt und Landkreis Saarbrücken betrieben seit 1921 gemeinsam eine Arbeitsnachweisstelle,[104] die der „Abteilung Arbeitsamt“ der Regierungskommission unterstand.[105] Die „Umstellung von Kriegs- auf die Friedenswirtschaft“[106] führte zu einem Anstieg der Erwerbslosen.[107] In die Heimat zurückkehrende Kriegsgefangene und aus dem Militärdienst entlassene Soldaten suchten eine Anstellung in Saarbrücken.[108] Seit 1925 stieg die Anzahl der Erwerbslosen in Saarbrücken stetig an, eine rapide Zunahme der Anzahl der Arbeitslosen gab es 1928 und

---

99 Gesetz über die Arbeitsvermittlung und Arbeitslosenversicherung, 16. 7. 1927, Reichsgesetzblatt 1927 I, S. 187-218.

100 *Schumacher*, Wohlfahrtspflege in der Stadt Saarbrücken, S. 136-137; *Westhoff*, Recht und Verwaltung im Saargebiet, S. 287.

101 *Tascher*, Staat, Macht und ärztliche Berufsausübung 1920-1956, S. 77-78; *Westhoff*, Recht und Verwaltung im Saargebiet, S. 289-290.

102 Verordnung betreffend Erwerbslosenfürsorge im Saargebiet, 15. 2. 1922, Regierungskommission, Amtsblatt der Regierungskommission des Saargebietes 1922, S. 29; Verordnung betreffend Erwerbslosenfürsorge im Saargebiet, 20. 12. 1923, Regierungskommission, Amtsblatt der Regierungskommission des Saargebietes 1924, S. 6; Verordnung über die Höchstsätze in der Erwerbslosenfürsorge, 11. Dezember 1929, Regierungskommission, Amtsblatt der Regierungskommission des Saargebietes 1929, S. 564.

103 *Susanne Nimmesgern*, „Neue Fragen“ oder „alte Hüte“?! *Emma Schneider*: Verwaltungsangestellte der Stadt Saarbrücken 1915-1955, in: Annette Keinhorst / Petra Messinger (Hrsg.), Die Saarbrückerinnen. Beiträge zur Stadtgeschichte (Schriftenreihe Geschichte, Politik und Gesellschaft der Stiftung Demokratie Saarland, Bd. 2), St. Ingbert 1998, S. 249-266.

104 *Klein*, Geschichte des Landkreises Saarbrücken 1816-1965, S. 91.

105 *Westhoff*, Recht und Verwaltung im Saargebiet, S. 288.

106 *Manfred G. Schmidt*, Der deutsche Sozialstaat. Geschichte und Gegenwart, München 2012, S. 17.

107 Allgemein: *Schmidt*, Der deutsche Sozialstaat, S. 17.

108 Allgemein: *Henning*, Handbuch der Wirtschafts- und Sozialgeschichte Deutschlands, Bd. 3, Teil I, S. 325.

1929. Versorgte die Stadt 1928 etwa 570 Arbeitslose jeden Monat, waren es 1929 1.284 Menschen.[109] Erst 1933 ging die Zahl der Arbeitslosen leicht zurück.[110]

2. Schulwesen

Frankreich bemühte sich um eine Beeinflussung der Entwicklung des Schulwesens[111] und führte 1920 im Saargebiet die französischen Domanialschulen ein, bei denen es sich um Volksschulen handelte.[112] 1921 startete der Unterricht an der Domanialschule in Saarbrücken.[113] Die Domanialschulen leitete die französische Grubenverwaltung. Eine Zugangsberechtigung zur Domanialschule in Saarbrücken erhielten neben den Kindern des „französischen Grubenpersonals" alle weiteren Kinder aus Saarbrücken bzw. dem Saargebiet. Zahlreiche Einwohner Saarbrückens betrachteten dies als eine Gefährdung ihrer Selbstbestimmung, sahen die „deutsche Identität" der Kinder sowie Eltern gefährdet[114] und befürchteten eine „Gefährdung des deutschen Charakters" des Schulwesens.[115]

In den Saarbrücker Volksschulen gab es seit 1921 einen „fakultativen Französischunterricht".[116] Den fakultativen französischen Schulunterricht betrachteten zahlreiche Saarbrücker als „französische Propaganda".[117] Im Februar 1929 warnten die Zentrumspartei, SPD, die Deutsch-Saarländische Volkspartei, die Wirtschaftspartei und die Deutschnationale Volkspartei in einem Aufruf vor

---

109 *Hassdenteufel*, Das Wohlfahrtswesen, S. 335; *Schumacher*, Wohlfahrtspflege in der Stadt Saarbrücken, S. 137.

110 *Schumacher*, Wohlfahrtspflege in der Stadt Saarbrücken, S. 137.

111 *Zenner*, Parteien und Politik im Saargebiet unter dem Völkerbundsregime 1920-1935, S. 48; *Zenner*, Das Schulwesen der Stadt Saarbrücken, S. 242.

112 *Bost*, Bartholomäus Koßmann, S. 185; *von Hippel*, Hermann Röchling, S. 267; *Arnold Ilgemann*, „Franzosenschulen". Die französischen Domanialschulen in der Völkerbundszeit (Beiträge zur Regionalgeschichte, Heft 4), St. Ingbert 1990, S. 2; *Zenner*, Das Schulwesen der Stadt Saarbrücken, S. 242.

113 *Ilgemann*, „Franzosenschulen", S. 4.

114 *Bost*, Bartholomäus Koßmann, S. 185; *von Hippel*, Hermann Röchling, S. 267; *Schreiber*, Zwei Konfliktlinien bestimmten die Schuldiskussion im Saargebiet, S. 81; Verordnung betr. Benutzung der Schulen der Bergverwaltung, 10. 7. 1920, Regierungskommission, Amtsblatt der Regierungskommission des Saargebietes 1920, S. 40.

115 *Zenner*, Parteien und Politik im Saargebiet unter dem Völkerbundsregime 1920-1935, S. 101.

116 *Schreiber*, Zwei Konfliktlinien bestimmten die Schuldiskussion im Saargebiet, S. 77; *Zenner*, Parteien und Politik im Saargebiet unter dem Völkerbundsregime 1920-1935, S. 100; *Zenner*, Das Schulwesen der Stadt Saarbrücken, S. 242.

117 *Zenner*, Parteien und Politik im Saargebiet unter dem Völkerbundsregime 1920-1935, S. 102.

einem Besuch der Domanialschulen und dem „fakultativen französischen Unterricht“.[118] Neikes setzte sich für die „Anlehnung“ des Saarbrücker Schulwesens an das von einer starken Bürokratisierung geprägte Schulwesen in Preußen ein.[119] Im Ergebnis war zu konstatieren, dass die Regierungskommission keinen „ernsthaften Eingriff“ in die Struktur des Schulwesens in Saarbrücken vornahm.[120] So besaßen die Domanialschulen unabhängig vom verpflichtenden Französischunterricht im Ergebnis keine anderen Lehrpläne als die „deutschen Schulen“.[121]

Im Jahre 1925 besuchten 11.340 Volksschüler in Saarbrücken 353 Volksschulklassen. Die durchschnittliche Klassenstärke lag bei etwa 32 Schülern. Bis 1932 stieg die Klassenstärke auf ungefähr 46 Schüler an.[122]

1926 legten an der städtischen „Auguste-Viktoria-Schule“ erstmals 16 Schülerinnen das Abitur ab.[123] Gab es 1910 am Reformrealgymnasium zwei Klassen mit 80 Schülern, bestanden 1927 18 Schulklassen mit 575 Schülern. Was die Anzahl der Schüler betraf, handelte es sich damit um die größte Schule der Stadt. Das Ludwigsgymnasium besuchten zu dieser Zeit 523 und die Oberrealschule 569 Schüler.[124]

Die Lehrer in Saarbrücken schlossen sich in zahlreichen Vereinigungen zusammen. Dazu gehörten der „Katholische Lehrerverband“, der „Bezirksverband katholischer Lehrerinnen“; der „Deutsche Lehrerverein“, der „Allgemeine deutsche Lehrerinnenverein“, die „Vereinigung der Lehrer und Lehrerinnen“ und die „Arbeitsgemeinschaft sozialistischer Lehrer“. Die Vereine schufen eine Grundlage für eine „breite Mitbestimmung der Lehrer“.[125] Die Bezahlung sämtlicher Lehrer an den öffentlichen Schulen übernahm die Regierungskommission.[126]

---

118 *Zenner*, Parteien und Politik im Saargebiet unter dem Völkerbundsregime 1920-1935, S. 105.

119 *Jacoby*, Oberbürgermeister Hans Neikes, eine bedeutende Persönlichkeit im Saargebiet, S. 501; *Schreiber*, Zwei Konfliktlinien bestimmten die Schuldiskussion im Saargebiet, 74.

120 *Zenner*, Parteien und Politik im Saargebiet unter dem Völkerbundsregime 1920-1935, S. 110.

121 *Schreiber*, Zwei Konfliktlinien bestimmten die Schuldiskussion im Saargebiet, S. 84.

122 *Zenner*, Das Schulwesen der Stadt Saarbrücken, S. 244.

123 *Schätzer*, Das Gymnasium am Rotenbühl, S. 206.

124 *Zenner*, Das Schulwesen der Stadt Saarbrücken, S. 240.

125 *Westhoff*, Recht und Verwaltung im Saargebiet, S. 177; *Schreiber*, Zwei Konfliktlinien bestimmten die Schuldiskussion im Saargebiet, S. 75.

126 *Westhoff*, Recht und Verwaltung im Saargebiet, S. 175-176.

3. Straßenbahnen

Zwischen 1919 und 1929 fand in Saarbrücken eine „Verkehrsrevolution“ statt, die das Straßenbahnwesen erfasste.[127] Die Stadt Saarbrücken war seit 1920/21 alleiniger Aktionär der „Gesellschaft für Straßenbahnen im Saarland AG-Saarbrücken“.[128] Das Streckennetz der Straßenbahnen baute die Gesellschaft nachhaltig aus.[129] Seit 1929 gab es eine Straßenbahnverbindung vom Stadtzentrum zum Hauptfriedhof, der außerhalb des Zentrums lag.[130] Im Januar 1925 nahmen drei Omnibusse ihren Betrieb auf. Seit 1926 fuhren Omnibusse das „Bürgerhospital“ an.[131]

Wegen einer von der Bergverwaltung „angeordneten Stromsperre“ stand der Betrieb der Straßenbahnen während des Bergarbeiterstreiks 1923 still. Zahlreiche Bedienstete der Straßenbahn führten in dieser Zeit Gleisarbeiten durch.[132]

Anfang der 1930er Jahre fuhren in Saarbrücken 81 Straßenbahn-Triebwagen mit 3.728 Plätzen und 61 Beiwagen mit 3.062 Plätzen. Noch im Jahre 1909 hatte es insgesamt nur 3.539 Plätze gegeben.[133] 1930 beförderten die Straßenbahnen in Saarbrücken auf das Jahr verteilt fast 24 Millionen Menschen.[134] Allerdings gingen die Beförderungszahlen seit 1930 zurück.[135]

4. Energieversorgung und Wasserversorgung

In der Mitte der 1920er Jahre veränderte sich die Versorgung mit Elektrizität in der Stadt. Im Jahre 1924 schloss die Stadt einen Vertrag mit den „Röchlingschen Eisen- und Stahlwerken“ zur Elektrizitätsversorgung. Der Vertrag legte den Anschluss Saarbrückens an das Kraftwerk Wehrden fest, das den „Röchlingschen Eisen- und Stahlwerken“ gehörte. 1926 beteiligte sich die Stadt an der Gründung

---

127 *Burgard / Linsmayer*, Von der Vereinigung der Saarstädte zum Abstimmungskampf, S. 196.

128 75 Jahre Gesellschaft für Straßenbahnen im Saartal AG-Saarbrücken, S. 70; *Herrmann*, Saarbrücken, S. 519; *Schleiden*, Hundert bewegte Jahre 1892-1992, S. 27.

129 *Herrmann / Ruth*, Die Straßenbahn, S. 32; *Lengerle*, Die Saarbrücker Straßenbahn von 1909 bis 1934, S. 119; *Schleiden*, Hundert bewegte Jahre 1892-1992, S. 29-31.

130 *Neikes*, Fünfundzwanzig Jahre Gesamtstadt Saarbrücken, S. 64.

131 *Schleiden*, Hundert bewegte Jahre 1892-1992, S. 36-37; *Herrmann / Ruth*, Die Straßenbahn, S. 32.

132 *Schleiden*, Hundert bewegte Jahre 1892-1992, S. 28.

133 *Lengerle*, Die Saarbrücker Straßenbahn von 1909 bis 1934, S. 119.

134 *Lengerle*, Die Saarbrücker Straßenbahn von 1909 bis 1934, S. 120.

135 *Schleiden*, Hundert bewegte Jahre 1892-1992, S. 32; *Herrmann / Ruth*, Die Straßenbahn, S. 32.

der „Kraftwerk Wehrden G. m. b. H.“[136] Den stetig zunehmenden Strombedarf in Saarbrücken sicherte dieses Kraftwerk. Vom Kraftwerk aus leiteten Hochspannungskabel den Strom in Umspannungswerke der Stadt.[137]

Seit 1926 versorgte neben der Halberger Hütte zusätzlich die Burbacher Hütte die Stadt mit Gas. Diese Erweiterung der Gasversorgung bedeutete eine größere Sicherheit für die Bevölkerung bei der Energieversorgung. 1929 schloss sich die Stadt Saarbrücken mit den Hütten zur „Ferngasgesellschaft Saar“ zusammen. Eine Bedeutung besaß die Gasversorgung für die Beleuchtung der Straßen in der Stadt. Allerdings setzte sich in den 1930er Jahren die elektrische Beleuchtung der Straßen durch.[138]

Die Erneuerung und Vergrößerung des Wasserwerks im Rentrischen Tal in den 1920er Jahren verbesserte den wachsenden Bedarf an Wasserversorgung in der Stadt. Besondere Filter entfernten Chemikalien aus dem Wasser.[139] Ein neu errichtetes Wasserwerk auf den St. Arnualer Wiesen diente einer Versorgung Saarbrückens.[140]

5. Gesundheitswesen

Am 1. Dezember 1918 entstand eine städtische „Tuberkulosefürsorgestelle“.[141] Nach der Diagnose einer Tuberkuloseerkrankung gab es die Möglichkeit einer Unterbringung im Krankenhaus unter Zwang.[142] Ein städtisches Gesundheitsamt existierte in Saarbrücken seit 1919. Ende der 1920er Jahre waren in dem Amt

136 *Schneider*, Die wirtschaftlichen Unternehmungen der Stadt Saarbrücken, S. 89; *von Hippel*, Hermann Röchling, S. 248-249; *Voltz*, Die wirtschaftliche und technische Entwicklung der Elektrizitäts-, Gas- und Wasserversorgung sowie der städtischen Bäder, S. 110-111.

137 *Voltz*, Die wirtschaftliche und technische Entwicklung der Elektrizitäts-, Gas- und Wasserversorgung sowie der städtischen Bäder, S. 111.

138 *Burgard / Linsmayer*, Von der Vereinigung der Saarstädte zum Abstimmungskampf, S. 206; *Herrmann*, Saarbrücken, S. 521; *Herrmann*, Saarbrücken unter der NS-Herrschaft, S. 303; *Schneider*, Die wirtschaftlichen Unternehmungen der Stadt Saarbrücken, S. 92; *Voltz*, Die wirtschaftliche und technische Entwicklung der Elektrizitäts-, Gas- und Wasserversorgung sowie der städtischen Bäder, S. 112.

139 *Voltz*, Die wirtschaftliche und technische Entwicklung der Elektrizitäts-, Gas- und Wasserversorgung sowie der städtischen Bäder, S. 462.

140 *Herrmann*, Saarbrücken unter der NS-Herrschaft, S. 302; *Schneider*, Die wirtschaftlichen Unternehmungen der Stadt Saarbrücken, S. 93; *Voltz*, Die wirtschaftliche und technische Entwicklung der Elektrizitäts-, Gas- und Wasserversorgung sowie der städtischen Bäder, S. 113.

141 *Hassdenteufel*, Das Wohlfahrtswesen, S. 337.

142 *Tascher*, Staat, Macht und ärztliche Berufsausübung 1920-1956, S. 70; *Westhoff*, Recht und Verwaltung im Saargebiet, S. 273.

beinahe 60 Personen tätig.[143] Eine „Krüppelfürsorge“ richtete die Stadt am 1. April 1921 ein.[144] Sie kümmerte sich um eine „Verwahrung, Kur und Pflege“ der betroffenen Menschen.[145]

Der „wissenschaftlichen und sozialen Förderung“ der Ärzte in Saarbrücken diente der „Ärzteverein Saarbrücken-Stadt“. Im Vergleich zu der Zeit vor dem Ersten Weltkrieg nahm die Anzahl der in Saarbrücken tätigen Ärzte deutlich zu.[146] Städtische Hebammen betreuten Frauen vor und nach der Geburt. Noch immer starben viele Frauen während der Entbindung oder in der unmittelbaren Zeit danach.[147]

Die Stadt baute das „Bürgerhospital“ in den 1920er und 1930er Jahren aus. Mitte der 1930er Jahre hatte das Hospital 520 Betten.[148] Es entstanden eine eigene Abteilung für Säuglinge zur Senkung der Säuglingssterblichkeit, eine Röntgenabteilung und ein „Isolierhaus“.[149] Ende der 1920er Jahre startete im „Bürgerhospital“ die Bekämpfung von Krebs mit Röntgenstrahlen.[150] Seit Anfang der 1930er Jahre befand sich im „Bürgerhospital“ eine „staatlich“ anerkannte Säuglingspflegerinnenschule.[151] Das Rastpfuhl-Krankenhaus wies Mitte der 1920er Jahre eine Anzahl von mehr als 200 Betten auf.[152] Die Versorgung der

---

143 *Bodtländer*, Das Gesundheitswesen, S. 316; *Burgard / Linsmayer*, Von der Vereinigung der Saarstädte zum Abstimmungskampf, S. 210.

144 *Bodtländer*, Das Gesundheitswesen, S. 318; siehe: Verordnung betr. die öffentliche Krüppelfürsorge im Saargebiet, 11. Mai 1921, Regierungskommission, Amtsblatt der Regierungskommission des Saargebietes 1921, S. 90-91.

145 *Westhoff*, Recht und Verwaltung im Saargebiet, S. 266.

146 *Tascher*, Staat, Macht und ärztliche Berufsausübung 1920-1956, S. 37. 39. Die Autorin nennt Zahlen für das Saargebiet.

147 *Tascher*, Staat, Macht und ärztliche Berufsausübung 1920-1956, S. 41.

148 *Burgard / Linsmayer*, Von der Vereinigung der Saarstädte zum Abstimmungskampf, S. 212; *Schumacher*, Wohlfahrtspflege in der Stadt Saarbrücken, S. 141.

149 *Bodtländer*, Das Gesundheitswesen, S. 321; *Hans Krajewski*, Die bauliche Entwicklung, in: Kulturdezernat der Stadt Saarbrücken (Hrsg.), Saarbrücken 1909-1959, Saarbrücken 1959, S. 156-205, hier S. 182; *Schumacher*, Wohlfahrtspflege in der Stadt Saarbrücken, S. 137, 139; *Werle*, Bau= und Bodenpolitik der jungen Großstadt, S. 88.

150 *Herrmann*, Medizin in der Krise?, S. 92.

151 Bekanntmachung betr. Erlass von Ausbildungs- und Prüfungsvorschriften für Säuglingspflegerinnen und Säuglingsschwestern, 19. 2. 1931, Verordnungen, Erlasse, Verfügungen und Bekanntmachungen der Regierungskommission des Saargebietes verbunden mit öffentlichem Anzeiger 1931, S. 63.

152 *Bodtländer*, Das Gesundheitswesen, S. 324; *Tascher*, Staat, Macht und ärztliche Berufsausübung 1920-1956, S. 47.

Krankenhäuser mit Medikamenten übernahm die Victoria-Apotheke in der Bahnhofstraße in Saarbrücken.[153]

Die Grippe führte 1918 zu einem deutlichen Anstieg der Mortalität in Saarbrücken.[154] Im Januar 1927 starben 44 Einwohner von Saarbrücken an der Grippe. Ende 1929 gab es vermutlich 4.000 Fälle von Tuberkulose in der Stadt.[155]

6. Jugendamt

Ein städtisches Jugendamt, das einen „pädagogisch motivierten Schutz der Jugend" verfolgte[156] und „Jugend" als eine „eigenständige Lebensphase" anerkannte,[157] existierte in Saarbrücken seit 1921.[158] Unterstellt war das Jugendamt dem von der Regierungskommission errichteten „Landesjugendamt".[159] Es handelte sich bei dem städtischen Jugendamt um eine „neue Behörde"[160] der Stadt. Zu den Aufgaben des Jugendamtes gehörten im Rahmen der öffentlichen Jugendfürsorge die „Amtsvormundschaft für uneheliche Kinder, die Mitwirkung bei Schutzaufsicht und Fürsorgeerziehung", der „Schutz der Pflegekinder und die Jugendgerichtshilfe".[161] Das Jugendamt orientierte sich bei seinen Maßnahmen am Kindeswohl.[162] In den 1920er Jahren fand zwar eine zunehmende Professionalisierung der Tätigkeit des städtischen Jugendamtes statt. In der praktischen Arbeit des Jugendamtes gab es aber erhebliche „Umsetzungsdefizite" bei

---

153 *Herrmann*, Medizin in der Krise? S. 96.

154 *Hans-Christian Herrmann*, Epidemien und Pandemien. Blinder Fleck der Saarbrücker Stadt- und saarländischen Landesgeschichte? – Ein Essay, in: Zeitschrift für die Geschichte der Saargegend 68 (2020), S. 155-172, hier S. 160.

155 *Herrmann*, Medizin in der Krise?, S. 93.

156 *Stolleis*, Geschichte des Sozialrechts, S. 141.

157 *Schumacher*, Wohlfahrtspflege in der Stadt Saarbrücken, S. 140.

158 *Hassdenteufel*, Das Wohlfahrtswesen, S. 336; *Schumacher*, Wohlfahrtspflege in der Stadt Saarbrücken, S. 138.

159 *Westhoff*, Recht und Verwaltung im Saargebiet, S. 276.

160 *Stolleis*, Geschichte des Sozialrechts, S. 141.

161 *Schumacher*, Wohlfahrtspflege in der Stadt Saarbrücken, S. 138; allgemein: *Stolleis*, Geschichte des Sozialrechts, S. 140-141; siehe: Verordnung für Jugendwohlfahrt, 4. 7. 1928, Regierungskommission, Amtsblatt der Regierungskommission des Saargebietes 1928, S. 567-575; Ausführungsbestimmung zur Verordnung für Jugendwohlfahrt, 28. 3. 1929, Regierungskommission, Amtsblatt der Regierungskommission des Saargebietes 1929, S. 204-205; Richtlinien zum Schutz der Pflegekinder, 4. 5. 1929, Regierungskommission, Amtsblatt der Regierungskommission des Saargebietes 1929, S. 311-313.

162 *Stolleis*, Geschichte des Sozialrechts, S. 138.

der Ausführung der Aufgaben.[163] Die „freigemeinnützige Jugendpflege" existierte neben dem städtischen Jugendamt.[164]

7. Stadtsparkasse Saarbrücken

Die Stadtsparkasse Saarbrücken, die Mitglied im Rheinisch-Westfälischen Sparkassenverband war,[165] bot Spar- und Depositenkonten sowie Darlehen in Währungen, die als wertbeständig galten, an. Spareinlagen der Kunden blieben die „Basis des Kreditgeschäfts".[166] 1924 wies die Stadtsparkasse ein „Einlagevolumen" von über 50 Millionen Francs auf.[167] Die Anzahl von Sparkonten stieg zwischen 1925 und 1930 von etwa 138.000 auf 239.000 an. Der Bestand an Einlagen nahm zwischen 1924 und 1934 um das Fünfzehnfache zu.[168] Seit 1927 förderte die Stadtsparkasse „Haussparbüchsen" und das „Schulsparen".[169] Zu Beginn der 1930er Jahre limitierte die Stadtsparkasse die Höhe ausgezahlter Beträge.[170] Spätestens seit 1933 bestimmten „deutschnationale Aspekte" das Sparkassengeschäft.[171]

Im internen Geschäftsablauf bemühte sich die Stadtsparkasse um eine „Automatisierung der Datenverarbeitung". Ende 1927 führte sie die „doppelte kaufmännische oder amerikanische Buchführung" und spätestens seit September 1929 die „Maschinenbuchhaltung" ein.[172]

8. Wohnungswesen

Das Wohnungsgesetz vom 28. März 1918 führte zur Gründung des städtischen Wohnungsamtes zur Bekämpfung der Wohnungsnot in Saarbrücken.[173]

163 Allgemein: *Stolleis*, Geschichte des Sozialrechts, S. 143.

164 Allgemein: *Stolleis*, Geschichte des Sozialrechts, S. 141.

165 *Thomes*, Da, wo Sie zu Hause sind, S. 162.

166 *Thomes*, Da, wo Sie zu Hause sind, S. 163.

167 *Thomes*, Da, wo Sie zu Hause sind, S. 165.

168 *Thomes*, Da, wo Sie zu Hause sind, S. 165.

169 *Thomes*, Da, wo Sie zu Hause sind, S. 173.

170 *Thomes*, Da, wo Sie zu Hause sind, S. 168.

171 *Thomes*, Da, wo Sie zu Hause sind, S. 191.

172 *Thomes*, Da, wo Sie zu Hause sind, S. 203-204.

173 Wohnungsgesetz, 28. März 1918, Preußische Gesetzsammlung 1918, S. 23-37; *Schumacher*, Wohlfahrtspflege in der Stadt Saarbrücken, S. 139.

Gegenüber dem Wohnungsamt stand der Vorwurf der Korruption und „Wohnungsschieberei" im Raum.[174]

Während des Ersten Weltkrieges stand der Bau von Wohnungen still.[175] Der „Fehlbestand" an Wohnungen nach dem Ersten Weltkrieg war enorm.[176] Die Wohnungsnot betraf insbesondere kinderreiche Familien sowie alte und kranke Menschen. Kinderreiche Familien bewohnten häufig gemeinsam nur ein Zimmer,[177] was die Ausbreitung der Grippe begünstigte.[178] Zur Verschärfung der Wohnungsnot trugen die Unterbringung französischer Truppen in Saarbrücken[179] sowie die „Zusammenballung" zahlreicher Arbeiter[180] und die „heimkehrenden" Soldaten[181] in der Stadt bei. Um der Wohnungsnot zu begegnen, wies die Stadt neue Baugebiete aus und förderte die Schaffung von Stadtrandsiedlungen.[182] Zur Förderung des Wohnungsbaus trugen Darlehen der Stadtsparkasse an die Stadt bei.[183] Die Stadt errichtete im Juli 1919 eine „Geschäftsstelle für den städtischen Kleinwohnungsbau". Auf die Initiative der Geschäftsstelle ging der Bau von 60 Wohnungen seit Oktober 1919 zurück.[184] Die Stadt förderte nachhaltig den privaten Wohnungsbau durch finanzielle Zuschüsse.[185] Dies geschah durch Hypothekendarlehen und Zinszuschüsse.[186]

---

174 *Nimmesgern*, „Vater Staat" und „Mutter Fürsorge", S. 413.

175 *Herrmann*, Die Geschichte einer aktiven Wohnungsbaupolitik, S. 17; Allgemein: *Stolleis*, Geschichte des Sozialrechts, S. 144.

176 Allgemein: *Stolleis*, Geschichte des Sozialrechts, S. 144.

177 *Schumacher*, Wohlfahrtspflege in der Stadt Saarbrücken, S. 139-140.

178 *Henning*, Handbuch der Wirtschafts- und Sozialgeschichte Deutschlands, Bd. 3, Teil I, S. 328; *Herrmann*, Die Geschichte einer aktiven Wohnungsbaupolitik, S. 9-10.

179 *Zenner*, Parteien und Politik im Saargebiet unter dem Völkerbundsregime 1920-1935, S. 67.

180 Allgemein: *Stolleis*, Geschichte des Sozialrechts, S. 144.

181 Allgemein: *Stolleis*, Geschichte des Sozialrechts, S. 145.

182 *Schumacher*, Wohlfahrtspflege in der Stadt Saarbrücken, S. 140; *Werle*, Bau= und Bodenpolitik der jungen Großstadt, S. 81.

183 *Thomes*, Da, wo Sie zu Hause sind, S. 182.

184 *Herrmann*, Die Geschichte einer aktiven Wohnungsbaupolitik, S. 8; *Saarbrücker Gemeinnützige Siedlungsgesellschaft* (Hrsg.), 50 Jahre Saarbrücker Gemeinnützige Siedlungsgesellschaft, Saarbrücken 1970, S. 6.

185 *Schumacher*, Wohlfahrtspflege in der Stadt Saarbrücken, S. 140; *Werle*, Bau= und Bodenpolitik der jungen Großstadt, 85.

186 *Bauer*, Burbachs Städtebauliche Entwicklung bis 1945, S. 122; *Thomes*, Da, wo Sie zu Hause sind, S. 187; *Westhoff*, Recht und Verwaltung im Saargebiet, S. 298.

Die Stadt gründete mit weiteren Investoren 1919/1920 die „Saarbrücker gemeinnützige Siedlungsgesellschaften m.b.H.".[187] Sie brachte nach dem Abschluss des Gesellschaftervertrags am 21. August 1919 82 Prozent des Stammkapitals der Gesellschaft auf.[188] Die Gesellschaft zielte gemäß dem Eintrag im Handelsregister vom 30. Januar 1920 auf den „Erwerb von Baugelände und die Errichtung von Wohnhäusern" für „minderbemittelte, besonders kinderreiche Familien" ab.[189] Die Stadt bekannte sich mit der Errichtung der Gesellschaft zum „öffentlich geförderten Wohnungsbau".[190] Die Vorbereitungen für Baumaßnahmen der Siedlungsgesellschaft begannen 1920.[191] Die Siedlungsgesellschaft errichtete bis 1931 2.295 Wohnungen.[192] Trotz beachtlicher Leistungen der Stadt Saarbrücken beim Wohnungsbau,[193] „verwaltete" im Ergebnis die Stadt mit ihren Maßnahmen den „bestehenden Mangel"[194] und verringerte die Wohnungsnot nur bedingt.[195] Das soziale Mietrecht der „Weimarer Republik"[196] galt in Saarbrücken nicht.[197]

Die Regierungskommission ordnete am 15. Januar 1921 die „Einführung der Reichsverordnung zur Behebung der dringendsten Wohnungsnot vom 15. Januar 1919" im Saargebiet und in Saarbücken an.[198] Die Verordnung des

---

187 *Herrmann*, Die Geschichte einer aktiven Wohnungsbaupolitik, S. 6; *Schumacher*, Wohlfahrtspflege in der Stadt Saarbrücken, S. 140; *Werle*, Bau= und Bodenpolitik der jungen Großstadt, S. 86.

188 *Herrmann*, Die Geschichte einer aktiven Wohnungsbaupolitik, S. 6, 16.

189 Zitiert nach: *Saarbrücker Gemeinnützige Siedlungsgesellschaft*, 50 Jahre Saarbrücker Gemeinnützige Siedlungsgesellschaft, S. 4.

190 *Herrmann*, Die Geschichte einer aktiven Wohnungsbaupolitik, S. 16.

191 *Saarbrücker Gemeinnützige Siedlungsgesellschaft*, 50 Jahre Saarbrücker Gemeinnützige Siedlungsgesellschaft, S. 6.

192 *Herrmann*, Die Geschichte einer aktiven Wohnungsbaupolitik, S. 18. Zu weiteren Zahlen: *Schumacher*, Wohlfahrtspflege in der Stadt Saarbrücken, S. 140; *Werle*, Bau= und Bodenpolitik der jungen Großstadt, S. 86.

193 *Krajewski*, Die bauliche Entwicklung, S. 175.

194 Allgemein: *Stolleis*, Geschichte des Sozialrechts, S. 147.

195 *Herrmann*, Die Geschichte einer aktiven Wohnungsbaupolitik, S. 32.

196 Dazu: *Ludyga*, Krisenintervention durch Mietgesetze in der Weimarer Zeit, S. 71-90.

197 *Muskalla*, NS-Politik an der Saar unter Josef Bürckel, S. 190.

198 Verordnung betr. Die Einführung der Reichsverordnung zur Behebung der dringendsten Wohnungsnot vom 15. Januar 1919, Regierungskommission, Amtsblatt der Regierungskommission des Saargebietes 1921, S. 15.

„Reichs" bestimmte eine „Unterbringung obdachloser Familien" und die „Förderung der Herstellung geeigneter Klein- und Mittelwohnungen".[199]

Aktivitäten auf dem Gebiet des Wohnungsbaus entfaltete der Regierungskommission. Sie ließ in St. Johann und Malstatt zwischen 1927 und 1929 Wohnungen für Staatsbeamte errichten. Im Vergleich zu sonstigen von der Stadt und Privaten gebauten Wohnungen waren die von der Regierungskommission erbauten Wohnungen „sehr geräumig dimensioniert".[200] Der „Förderung des Wohnungsbaus" diente der von der Regierungskommission geschaffene „Wohnungsbauverband" der saarländischen Kommunen mit Sitz in Saarbrücken.[201]

Die französische Grubenverwaltung errichtete 1921 eine Arbeitersiedlung in der Nähe der Grube Jägersfreude. Die Siedlung für die Arbeiter der Grube bestand aus eineinhalbgeschossigen Häusern.[202]

Die Weltwirtschaftskrise steigerte die Wohnungsnot in Saarbrücken. Zahlreiche Menschen konnten sich die Mieten nicht mehr leisten. Immer mehr Menschen traf die Obdachlosigkeit.[203]

9. Stadtbücherei und Volkshochschule

Saarbrücken errichtete 1924 eine Stadtbücherei, um größeren Teilen der Bevölkerung einen Zugang zur Bildung zu ermöglichen.[204] Die Stadtbücherei führte

---

199 §§ 1-3, Verordnung zur Behebung der dringendsten Wohnungsnot, 15. 1. 1919, Reichsgesetzblatt 1919, S. 16.

200 *Gerhild Krebs*, Neues Bauen – Wohnbau um Auftrag der Regierungskommission des Saargebietes (1920-1935), in: Rainer Hudemann unter Mitarbeit von Marcus Hahn, Gerhild Krebs und Johannes Großmann (Hg.), Stätten grenzüberschreitender Erinnerung – Spuren der Vernetzung des Saar-Lor-Lux-Raumes im 19. und 20. Jahrhundert. Lieux de la mémoire transfrontalière – Traces et réseaux dans l'espace Sarre-Lor-Lux aux 19e et 20e siècles, Saarbrücken 2002, 3., technisch überarbeitete Auflage 2009. Publiziert als CD-ROM sowie im Internet unter www.memotransfront.uni-saarland.de [http://www.memotransfront.uni-saarland.de/pdf/regierungskommission_wohnbau.pdf].

201 Verordnung betr. Errichtung eines Wohnungsverbandes der Gemeinden des Saargebietes, 30. 11. 1920, Regierungskommission, Amtsblatt der Regierungskommission des Saargebietes 1921, S. 19-20.

202 *Marianne Alles / Peter Backes*, Werkswohnungen des Preußischen Bergfiskus und der Mines Domaniales Françaises, Saarbrücken 1985, S. 43.

203 *Burgard / Linsmayer*, Von der Vereinigung der Saarstädte zum Abstimmungskampf, S. 152; *Herrmann*, Die Geschichte einer aktiven Wohnungsbaupolitik, S. 32; *Schumacher*, Wohlfahrtspflege in der Stadt Saarbrücken, S. 140.

204 *Behringer / Clemens*, Geschichte des Saarlandes, S. 98-99; *Burgard / Linsmayer*, Von der Vereinigung der Saarstädte zum Abstimmungskampf, S. 229; *Walther Koch,*

zur Erweiterung des „regionalen Kulturangebots“[205] und galt als eine „saarländische Zentralbibliothek“.[206] Sie war eine „Ausleihe- und Präsenzbibliothek“.[207] In der Bücherei gab es eine „Volkslesehalle“ und ein „wissenschaftliches Lesezimmer“.[208] Bücherbusse versorgten die Bevölkerung im Umland von Saarbrücken mit Büchern. Das Angebot Bücher zu entleihen richtete sich auch an Arbeiter.[209] Allerdings nahmen nur etwa zwei Prozent der Arbeiter diese Möglichkeit wahr.[210]

Zum Lehrkörper der 1926/1927 errichteten Volkshochschule gehörten Akademiker aus dem Bürgertum, Geistliche und sozialistische Gewerkschaftler. Die Volkshochschule hing einem „anti-elitären Bildungsideal“ an. Zu den Gastdozenten an der Volkshochschule gehörten der Theaterkritiker Julius Bab (1880-1955)[211] und die „Frauenrechtlerin“ Marianne Weber (1870-1954)[212,213]

10. Theater und Heimatmuseum

Die Wurzeln eines Theaters in Saarbrücken lagen im 18. Jahrhundert. Seit 1786/1787 existierte in Saarbrücken ein fürstliches Theater. Gastauftritte an dem Theater gab der Schauspieler August Wilhelm Iffland (1759-1814),[214] der zu den „großem Charakterdarstellern“ des 18. Jahrhunderts zählte.[215] Nahezu im

---

Entwicklung des städtischen Büchereiwesens, in: Heinrich Krueckemeyer (Hrsg.), 25 Jahre Stadt Saarbrücken, Saarbrücken 1934, S. 217-222, hier S. 218.

205 *Linsmayer*, Politische Kultur im Saargebiet 1920-1932, S. 335.

206 *Linsmayer*, Politische Kultur im Saargebiet 1920-1932, S. 343.

207 *Linsmayer*, Politische Kultur im Saargebiet 1920-1932, S. 338.

208 *Neikes*, Fünfundzwanzig Jahre Gesamtstadt Saarbrücken, S. 63.

209 *Burgard / Linsmayer*, Von der Vereinigung der Saarstädte zum Abstimmungskampf, S. 229; *Behringer / Clemens*, Geschichte des Saarlandes, S. 98-99; *Linsmayer*, Politische Kultur im Saargebiet 1920-1932, S. 336.

210 *Linsmayer*, Politische Kultur im Saargebiet 1920-1932, S. 338.

211 *Sylvia Rogge-Gau*, Die doppelte Wurzel des Daseins. Julius Bab und der Jüdische Kulturbund Berlin (Dokumente – Texte – Materialien, Bd. 30), Berlin 1999.

212 *Bärbel Meurer* (Hrsg.), Marianne Weber. Beiträge zu Werk und Person, Tübingen 2004.

213 *Burgard / Linsmayer*, Von der Vereinigung der Saarstädte zum Abstimmungskampf, S. 229-230; *Herrmann*, (Alt-)Saarbrücken, S. 522.

214 *Herrmann*, Gedanken zum Aufstieg Saarbrückens, S. 17; *Fritz Kloevekorn*, Das Theater in Saarbrücken, in: Heinrich Krueckemeyer (Hrsg.), 25 Jahre Stadt Saarbrücken, Saarbrücken 1934, S. 190-201, hier S. 190.

215 *Hans-Gerhard Winter*, Hans-Gerhard, Iffland, August Wilhelm, in: Neue Deutsche Biographie 10 (1974), S. 120-123 [Online-Version]; URL: https://www.deutsche-biographie.de/pnd118555324.html#ndbcontent.

gesamten 19. Jahrhundert bestand in der Stadt kein Theater in öffentlicher Hand.[216]

Neikes gab 1922 den Anstoß zur Gründung der „Gemeinnützigen Theater- und Musikgesellschaft m. b. H. Saarbrücken".[217] Die Stadt bezuschusste die Gesellschaft, die Trägerin des Theaters war,[218] jährlich mit zwei Millionen Francs und stellte die Mehrheit der Mitglieder im Aufsichtsrat.[219] Die Stadt investierte finanziell in das Theater deutlich mehr als in andere Kultur- oder Bildungseinrichtungen.[220] Die Zuschüsse der Stadt glichen die finanziellen Zuschüsse des Theaters nicht aus.[221] Keinen Zuschuss für den Betrieb des Theaters gewährte die Regierungskommission.[222]

Die „Gründung der „Gemeinnützigen Theater- und Musikgesellschaft" fiel in die Zeit einer „Theaterbegeisterung" in Deutschland. Es herrschte in großen Teilen der Öffentlichkeit ein „Glaube" an die „Kulturmission und Erziehungsfunktion des Theaters".[223] Das Theater sollte als das „kulturelle Aushängeschild" Saarbrückens dienen,[224] den „Nationalgedanken" stärken[225] und nach zeitgenössischer Ansicht die „deutsche Kultur" pflegen.[226] Auf dem Programm des Theaters standen etwa achtzig bis neunzig Prozent Stücke „deutschsprachiger Autoren".[227] Das Theater wies zwar einen „bürgerlich-elitären Charakter" auf,[228] es ging aber auch um eine „kulturelle Förderung der breiten Masse".[229]

---

216 *Linsmayer*, Politische Kultur im Saargebiet 1920-1932, S. 307.

217 *Burgard / Linsmayer*, Von der Vereinigung der Saarstädte zum Abstimmungskampf, S. 225; *Herrmann*, Saarbrücken unter der NS-Herrschaft, S. 318; *Kloevekorn*, Das Theater in Saarbrücken, S. 198.

218 *Kloevekorn*, Das Theater in Saarbrücken, S. 198.

219 *Burgard / Linsmayer*, Von der Vereinigung der Saarstädte zum Abstimmungskampf, S. 226; *Linsmayer*, Politische Kultur im Saargebiet 1920-1932, S. 307.

220 *Linsmayer*, Politische Kultur im Saargebiet 1920-1932, S. 307.

221 *Linsmayer*, Politische Kultur im Saargebiet 1920-1932, S. 309.

222 *Linsmayer*, Politische Kultur im Saargebiet 1920-1932, S. 312.

223 *Linsmayer*, Politische Kultur im Saargebiet 1920-1932, S. 307.

224 *Burgard / Linsmayer*, Von der Vereinigung der Saarstädte zum Abstimmungskampf, S. 226; *Linsmayer*, Politische Kultur im Saargebiet 1920-1932, S. 307.

225 *Burgard / Linsmayer*, Von der Vereinigung der Saarstädte zum Abstimmungskampf, S. 227.

226 *Neikes*, Fünfundzwanzig Jahre Gesamtstadt Saarbrücken, S. 62.

227 *Linsmayer*, Politische Kultur im Saargebiet 1920-1932, S. 312.

228 *Linsmayer*, Politische Kultur im Saargebiet 1920-1932, S. 318.

229 *Behringer / Clemens*, Geschichte des Saarlandes, S. 98.

Den zum 31. August 1933 endenden Vertrag mit dem Leiter des Stadttheaters Georg Pauly (1883-1950) verlängerte die Stadt nicht. Bereits am 31. Mai 1933 gab Pauly die Leitung des Theaters auf. Einzelne Saarbrücker Zeitungen hatten bereits vor 1933 gegen Pauly wegen seiner jüdischen Herkunft gehetzt. Pauly emigrierte 1935 nach Argentinien. Als Dirigent und Regisseur führte er in Argentinien und Chile deutsche und italienische Opern auf. Nach Deutschland kehrte er nicht mehr zurück. Er starb in Buenos Aires.[230]

In Saarbrücken gab es zwischen 1920 und 1935 eine „Blüte" des Museumswesens. Auf diesem Gebiet betrat Saarbrücken städtisches „Neuland".[231] Ein städtisches „Heimatmuseum" bestand in Saarbrücken seit 1925.[232] Der Gründung dieses Museums war in zeitlicher Hinsicht die Ausstellung „Landschaft und Kultur des Saarlandes" in Frankfurt am Main im September 1924 vorausgegangen, die eine große Resonanz nach sich zog und den entscheidenden Anstoß zur Gründung des „Heimatmuseums" in Saarbrücken gab.[233] Das „Heimatmuseum" stellte nach Angaben der Zeitgenossen „Stücke heimatlicher Kunst und Kultur"[234] aus dem Saargebiet, der Pfalz, dem Rheinland und Lothringen aus. Es entwickelte sich zu den „führenden Einrichtungen" dieser „Art im gesamten deutschsprachigen Raum".[235] Es richtete sich nicht an ein „elitäres Liebhaberpublikum" sondern an „jeden Bürger". Das Heimatmuseum folgte ideologisch einer „mythisierenden Volkstumsvorstellung"[236] und verbreitete „völkisch-

---

230 *Herrmann*, Saarbrücken unter der NS-Herrschaft, S. 319; *Herrmann*, Aspekte zum jüdischen Leben an der Saar, S. 86; *Hans-Christian Herrmann*, „Mitten im Leben und ihrer Zeit voraus" – Juden in Saarbrücken, in: Zeitschrift für die Geschichte der Saargegend 69 (2021), S. 149-206, hier S. 170-172; *Hermann Schäfer / Oliver Werner*, Georg Pauly, in: Rotary unter dem Nationalsozialismus. Digitales Gedenkbuch diskriminierter Rotarier [Onlinefassung Stand September 2021] https://memorial-rotary.de/members/1083; *Wolfgang Poppelbaum*: Georg Pauly, in: Claudia Maurer Zenck / Peter Petersen (Hrsg.), Lexikon verfolgter Musiker und Musikerinnen der NS-Zeit, Hamburg: 2007 [https://www.lexm.uni-hamburg.de/object/lexm_lexmperson_00001608].

231 *Linsmayer*, Politische Kultur im Saargebiet 1920-1932, S. 323.

232 *Keuth*, Das Heimatmuseum der Stadt Saarbrücken, in: Heinrich Krueckemeyer (Hrsg.), 25 Jahre Stadt Saarbrücken, Saarbrücken 1934, S. 202-207; *Linsmayer*, Politische Kultur im Saargebiet 1920-1932, S. 326; *Neikes*, Fünfundzwanzig Jahre Gesamtstadt Saarbrücken, S. 63.

233 *Linsmayer*, Politische Kultur im Saargebiet 1920-1932, S. 324.

234 *Keuth*, Das Heimatmuseum der Stadt Saarbrücken, S. 202-207; *Linsmayer*, Politische Kultur im Saargebiet 1920-1932, S. 326; *Neikes*, Fünfundzwanzig Jahre Gesamtstadt Saarbrücken, S. 63.

235 *Burgard / Linsmayer*, Von der Vereinigung der Saarstädte zum Abstimmungskampf, S. 227-228.

236 *Linsmayer*, Politische Kultur im Saargebiet 1920-1932, S. 326.

nationale Ideen".[237] Die Nationalsozialisten knüpften an diese Ideen im Sinne eines nationalsozialistischen „Kunst- und Kulturbegriffes" an.[238]

11. Flughafen St. Arnual

Die Stadt beschloss im Juni 1924 die Anbindung Saarbrückens an den europäischen Flugverkehr und die Beteiligung am Ausbau des Flughafens St. Arnual.[239] Sie stellte seit 1924 maßgebliche finanzielle Mittel für die Erweiterung des Flughafens in St. Arnual zu einem „Verkehrsflughafen" bereit und errichtete eine Flughalle und sowie eine Abfertigungshalle.[240] Nach dem Anschluss des Flughafens St. Arnual an das internationale Verkehrsstreckennetz im September 1928 legte die Flugverbindung von Frankfurt nach Paris in Saarbrücken einen Zwischenstopp ein. Fortan landeten französische und deutsche Linienflugzeuge auf dem Flughafen St. Arnual. Neben dem Personenverkehr besaß der Flughafen eine Bedeutung für den Frachtverkehr. Der Flughafen stand im Miteigentum der Stadt Saarbrücken.[241] Die Verantwortung für den Flugbetrieb lag seit März 1929 bei der „Saarländischen Luftverkehrsgesellschaft GmbH".[242] An dieser Gesellschaft beteiligte sich die Regierungskommission mit 55 Prozent und die „Saarbrücker Flughafengesellschaft" mit 45 Prozent. Gesellschafter der „Saarbrücker Flughafengesellschaft" waren die Stadt Saarbrücken und die Handelskammer.[243] Ab Februar 1935 übernahm die „Saarbrücker Flughafengesellschaft" den Flugbetrieb.[244] Die Regierungskommission gestattete am 23. Februar 1929 die Errichtung und den Betrieb der „für die Sicherheit des Flugverkehrs notwendigen

---

237 *Behringer / Clemens*, Geschichte des Saarlandes, S.98.

238 *Herrmann*, Saarbrücken unter der NS-Herrschaft, S. 313.

239 *Herrmann*, Gedanken zum Aufstieg Saarbrückens, S. 26; *Kloevekorn*, Saarbrücken, S. 210.

240 *Kloevekorn*, Saarbrücken, S. 210; *Kretschmer*, Flughafen Saarbrücken und Luftverkehr mit dem Saarland bis 1939, S. 208, 223; Siehe: Beschreibung des Verkehrsflughafens Saarbrücken = St. Arnual, Regierungskommission, Amtsblatt der Regierungskommission des Saargebietes 1927, S. 177-179.

241 *Becker*, Flughafen Saarbrücken, S. 14-15, 17; *Herrmann*, Gedanken zum Aufstieg Saarbrückens, S. 26; *Herrmann*, Franz Josef Röder. Das Saarland und seine Geschichte, St. Ingbert 2017, S. 169.

242 *Kretschmer*, Flughafen Saarbrücken und Luftverkehr mit dem Saarland bis 1939, S. 208. Siehe den Flugplan von 1930: Bekanntmachung. Flugpläne und Tarife für die den Flughafen Saarbrücken berührenden Luftverkehrslinien, Amtsblatt der Regierungskommission des Saargebietes 1930, S. 277-279.

243 *Westhoff*, Recht und Verwaltung im Saargebiet, S. 311.

244 *Kretschmer*, Flughafen Saarbrücken und Luftverkehr mit dem Saarland bis 1939, S. 208.

Funkanlage".[245] Sie gewährte Ende April 1929 „Luftfahrzeugen, die in Deutschland eingetragen sind, das Recht zum Luftverkehr im Saargebiet"[246] und legte detailliert die Anforderungen für die Ausgestaltung des Flughafens und des Flughafenbetriebs fest.[247]

12. Müllabfuhr und Straßenreinigung

Seit 1919 entwickelten sich die Straßenreinigung und die Müllabfuhr zu einer kommunalen Aufgabe. 18 mit Pferden bespannte Müllwagen übernahmen in Saarbrücken die Müllabfuhr. Seit 1924 standen mit Motoren betriebene Müllwagen im Dienst der Stadt. Es wurden alle Straßen und nicht nur die Hauptverkehrsstraßen gereinigt.[248]

---

245 Verfügung betr. Genehmigung zur Errichtung und zum Betrieb einer dem Flugverkehr dienenden Funkanlage, 23. Februar 1929, Regierungskommission, Amtsblatt der Regierungskommission des Saargebietes 1929, S. 143.

246 Abrede zwischen der Regierungskommission des Saargebietes und der Deutschen Regierung über den Luftverkehr zwischen dem Saargebiet und Deutschland, 25./30. 4. 1929, Amtsblatt der Regierungskommission des Saargebietes 1929, S. 210.

247 Verordnung über den Betrieb und Verkehr auf den Flughäfen des Saargebietes, 8. 5. 1919, Regierungskommission, Amtsblatt der Regierungskommission des Saargebietes 1919, S. 224-226.

248 *Herrmann*, Medizin in der Krise?, S. 97-98.

8. Kapitel.
Machtübernahme der Nationalsozialisten

Nach der Ernennung Adolf Hitlers (1889-1945) zum Reichskanzler am 30. Januar 1933[1] nahm die „Saar-NSDAP" einen weiteren „deutlichen Aufschwung"[2] und die Stadt Saarbrücken ernannte Hitler 1934 nach einer entscheidenden Initiative von Neikes zum Ehrenbürger.[3] Neikes schrieb an Hitler:

> Die Stadtverordneten-Versammlung von Saarbrücken hat soeben beschlossen, dem Führer der Deutschen das Ehrenbürgerrecht der Stadt Saarbrücken zu verleihen. Den Mann, der Millionen verzweifelter Volksgenossen wieder in den Arbeitsprozess eingegliedert hat, unter ihre Ehrenbürger zu zählen, wird der Stadt Saarbrücken zur höchsten Ehre gereichen. Ich bitte ergebenst um Annahme der Ehrung.[4]

In Saarbrücken, wo im Januar 1935 131.770 Menschen lebten,[5] waren nach der Machtübernahme der Nationalsozialisten im öffentlichen Raum vermehrt Hakenkreuze und Portraits von Hitler zu sehen.[6] Der NS-Landesleiter für das Saarland und Saarbrücken war zunächst Alois Spaniol (1904-1959)[7], auf den Anfang 1934 der pfälzische NSDAP-Gauleiter Joseph Bürckel (1895-1944)[8] folgte. Bürckel war fortan der „Saarbevollmächtigte" des „Reichs".[9] Bürckel stand für eine „moralische Skrupellosigkeit".[10] Er war ein „eingefleischter Nationalsozialist"[11] und „Garant für die Methoden eines totalitären Systems".[12]

---

1 *Michael Wildt*, Geschichte des Nationalsozialismus, Göttingen 2008, S. 72.

2 *Burgard / Linsmayer*, Von der Vereinigung der Saarstädte zum Abstimmungskampf, S. 154.

3 *Bünte*, Kleine Saarbrücker Stadtgeschichte, S. 109; *Jacoby*, Oberbürgermeister Hans Neikes, eine bedeutende Persönlichkeit im Saargebiet, S. 506; *Sonntag*, Hans Neikes, S. 80.

4 Zitiert nach: *Wettmann-Jungblut*, Die Gesichter des Abstimmungskampfes, S. 271.

5 *Herrmann*, Saarbrücken unter der NS-Herrschaft, S. 285.

6 *Burgard / Linsmayer*, Von der Vereinigung der Saarstädte zum Abstimmungskampf, S. 155.

7 *Muskalla*, NS-Politik an der Saar unter Josef Bürckel, S. 94 Anm. 120; *Gerhard Paul*, Die NSDAP des Saargebietes 1920-1935. Der verspätete Aufsteig der NSDAP in der katholisch-proletarischen Provinz, Saarbrücken 1987, S. 286.

8 http://www.saarland-biografien.de/frontend/php/ergebnis_detail.php?id=800.

9 *Burgard / Linsmayer*, Von der Vereinigung der Saarstädte zum Abstimmungskampf, S. 156; *Paul*, Von der Bastion im Westen zur Brücke der Verständigung, S. 33.

10 *Küppers*, Johannes Hoffmann (1890-1967), S. 163.

11 *Küppers*, Johannes Hoffmann (1890-1967), S. 165.

12 *Küppers*, Johannes Hoffmann (1890-1967), S. 163.

https://doi.org/10.1515/9783111002996-008

Nach der Machtübernahme der Nationalsozialisten flohen etwa 30.000 „Reichsdeutsche" in das Saargebiet.[13] Mit der Flucht verbanden sie die Hoffnung, Mord und Verfolgung im „Reich" entgehen zu können. Etwa 8.000 dieser Menschen stellten einen Antrag auf Asyl im Saargebiet. Viele der Flüchtlinge lebten in Saarbrücken in notdürftigen Unterkünften.[14] In Saarbrücken fanden die Flüchtlinge bestenfalls vorübergehenden Schutz „auf dem Wege in ein ferneres Exil".[15] Spätestens nach dem Verbot der SPD im „Reich" am 14. Juli 1933 flohen zahlreiche Sozialdemokraten in das Saargebiet und nach Saarbrücken.[16] Nach Saarbrücken emigrierte Mitglieder des Parteivorstands der SPD fanden sich am 14. und 21. Mai 1933 in der Stadt zu Sitzungen zusammen. Kurze Zeit später verlegte der Vorstand den Sitz nach Prag und tagte dort am 29. Mai 1933.[17]

Die Gestapo entfaltete in Saarbrücken seit 1933 Aktivitäten von Trier aus. Die Trierer Stelle der Gestapo leitete in den Jahren 1934 und 1935 der spätere saarländische Ministerpräsident Heinrich Welsch (1888-1976). Welsch lies ein Verzeichnis von Sozialdemokraten, Kommunisten und oppositionellen Geistlichen an der Saar erstellen.[18]

13 *Behringer / Clemens*, Geschichte des Saarlandes, S. 101; *Bünte*, Kleine Saarbrücker Stadtgeschichte, S. 107; *von zur Mühlen*, „Schlagt den Hitler an der Saar!", S. 83.

14 *Burgard / Linsmayer*, Von der Vereinigung der Saarstädte zum Abstimmungskampf, S. 157; *von zur Mühlen*, „Schlagt den Hitler an der Saar!", S. 171-175.

15 *von zur Mühlen*, „Schlagt den Hitler an der Saar!", S. 168.

16 *von zur Mühlen*, „Schlagt den Hitler an der Saar!", S. 90, 168-169, 176

17 *von zur Mühlen*, „Schlagt den Hitler an der Saar!", S. 82; *Gerhard Paul / Klaus-Michael Mallmann*, Milieus und Widerstand. Eine Verhaltensgeschichte der Gesellschaft im Nationalsozialismus. Widerstand und Verweigerung im Saarland 1935-1945, Bd. 3, hrsg. von Hans-Walter Herrmann, Bonn 1995, S. 207-208.

18 *Reinhard Klimmt*, „Wenn du nicht artig bist, kommst du auf den Schloßplatz". Die Gestapo an der Saar 1933-1945, in: Klaus-Michael Mallmann / Gerhard Paul / Ralph Schock / Reinhard Klimmt (Hrsg.), Richtig daheim waren wir nie. Entdeckungsreisen in Saarrevier 1815-1955, Berlin 1987, S. 166-171; http://www.saarland-biografien.de/frontend/php/ergebnis_detail.php?id=818.

9. Kapitel.
„Abstimmungskampf“ und Saarabstimmung 1935

Die Nationalsozialisten starteten im Sommer 1933 große Propagandaaktionen, die Neikes unterstütze,[1] für eine „Rückgliederung“ des Saargebietes an das „Reich“. Zum Auftakt organisierte Joseph Goebbels (1897-1945)[2] eine Kundgebung am Niederwalddenkmal in Rüdesheim Ende August 1933. Bei dieser Veranstaltung jubelten Tausende von Saarländern Hitler begeistert zu.[3] Neikes ließ im April 1934 anlässlich des Geburtstages von Hitler in einem Fenster des Rathauses eine Büste Hitlers umrahmt von Hakenkreuzen aufstellen.[4] Auf diese Weise wollte er ein verhängtes Flaggenverbot der Regierungskommission umgehen.[5] Eine Massenkundgebung mit 300.000 Menschen auf dem nahe Saarbrücken gelegenen Wackenberg mit einem Aufruf zur „Rückgliederung“ des Saargebietes an das „Reich“ fand am 6. Januar 1935 statt.[6] Es handelte sich um ein saarländisches „Massenereignis“.[7]

Im Sommer 1933 erhob die KP-Saar die Forderung nach der Errichtung eines „roten Saargebietes in einem sozialistischen Rätedeutschland“ und trat damit für eine „Rückgliederung“ des Saargebietes an das „Reich“ ein.[8] Seit Ende 1933 bzw. Anfang 1934 änderte die KP-Saar ihre Linie und forderte eine Beibehaltung des „status quo“ für das Saargebiet mit der Verwaltung durch den Völkerbund.[9] Entgegen ihrer ursprünglichen Forderung nach einer „Rückgliederung“ des Saargebietes an das „Reich“ plädierte auch die SPD-Saar endgültig und

---

1 *Jacoby*, Oberbürgermeister Hans Neikes, eine bedeutende Persönlichkeit im Saargebiet, S. 506.

2 *Peter Longerich*, Goebbels, Biographie, München 2010, passim.

3 *Burgard / Linsmayer*, Von der Vereinigung der Saarstädte zum Abstimmungskampf, S. 155.

4 *Jacoby*, Oberbürgermeister Hans Neikes, eine bedeutende Persönlichkeit im Saargebiet, S. 506; *Sonntag*, Hans Neikes, S. 80.

5 *Herrmann*, Saarbrücken unter der NS-Herrschaft, S. 265.

6 *Burgard / Linsmayer*, Von der Vereinigung der Saarstädte zum Abstimmungskampf, S. 159.

7 *Behringer / Clemens*, Geschichte des Saarlandes, S. 102.

8 *Joachim Heinz*, Zum Abstimmungskampf an der Saar 1933-1935, in: Zeitschrift für die Geschichte der Saargegend 38/39 (1990/1991), S. 118-147, hier S. 120; *Heinz*, Sozialdemokratie und Kommunisten 1933 bis 1945 im Saarland, S. 191.

9 *Heinz*, Zum Abstimmungskampf an der Saar 1933-1935, S. 120-122.

https://doi.org/10.1515/9783111002996-009

offiziell seit Mitte 1934 für eine Aufrechterhaltung des „status quo".[10] Die Bemühungen der SPD-Saar durch eine Intervention beim Völkerbund, den im „Versailler Friedensvertrag" für das Jahr 1935 festgelegten Termin der Volksabstimmung über die Zugehörigkeit des Saargebietes zu verschieben, blieben ohne Erfolg.[11] Vergebens setzten sich im Vorfeld der Volksabstimmung SPD und KP-Saar, die sich seit der ersten Jahreshälfte 1934 zu einer „antifaschistischen Einheitsfront" zusammenschlossen,[12] dafür ein, dass das Saargebiet unter der Verwaltung des Völkerbundes blieb.[13] Das Saar-Zentrum, die deutsch-saarländische Volkspartei und die „Saar-NSDAP" traten unter dem gemeinsamen Dach der „Deutschen Front" für eine „Rückgliederung" des Saargebietes an das „Reich" [14] als „nationalsozialistisch gelenkte Agitationsgruppe" ein.[15] Der Abstimmungskampf führte zu einer bis zu diesem Zeitpunkt „unbekannten Politisierung" des „gesellschaftlichen und politischen Lebens" in Saarbrücken.[16]

Etwa ein Jahr vor der Abstimmung über die Zugehörigkeit des Saargebietes setzte der Völkerbundsrat eine „Abstimmungskommission" ein, das einer Vorbereitung der Abstimmung diente.[17] Am 13. Januar 1935 sprachen sich bei der Abstimmung, die unter der Überwachung einer internationalen Polizeitruppe

---

10 *Heinz*, Zum Abstimmungskampf an der Saar 1933-1935, S. 124, 126-127; *Heinz*, Sozialdemokratie und Kommunisten 1933 bis 1945 im Saarland, S. 190.

11 *Heinz*, Zum Abstimmungskampf an der Saar 1933-1935, S. 126; *Heinz*, Sozialdemokratie und Kommunisten 1933 bis 1945 im Saarland, S. 190; *Paul*, Von der Bastion im Westen zur Brücke der Verständigung, S. 34.

12 *Behringer / Clemens*, Geschichte des Saarlandes, S. 101; *Heinz*, Sozialdemokratie und Kommunisten 1933 bis 1945 im Saarland, S. 193.

13 *Paul*, Von der Bastion im Westen zur Brücke der Verständigung, S. 34.

14 *Bünte*, Kleine Saarbrücker Stadtgeschichte, S. 107; *Heinz*, Zum Abstimmungskampf an der Saar 1933-1935, S. 136-147; *Herrmann*, Saarbrücken unter der NS-Herrschaft, S. 271.

15 *Heinrich Küppers*, Das christlich-katholische Lager an der Saar 1933 bis 1945, in: Hans-Christian *Herrmann* / Ruth Bauer (Hrsg.), Widerstand, Repression und Verfolgung. Beiträge zur Geschichte des Nationalsozialismus an der Saar (Geschichte, Politik und Gesellschaft. Schriftenreihe der Stiftung Demokratie Saarland, Bd. 14), St. Ingbert 2014, S. 213-236, hier S. 229.

16 *Ludwig Linsmayer*, Die Macht der Erinnerung, in: Ders. (Hrsg.), Der 13. Januar: Die Saar im Brennpunkt der Geschichte (Echolot. Historische Beiträge des Landesarchivs Saarbrücken, Bd. 1), Merzig 2005, S. 14-49, hier S. 14; *Paul*, Von der Bastion im Westen zur Brücke der Verständigung, S. 34.

17 Maßnahmen, die im Hinblick auf die Volksabstimmung im Saargebiet zu treffen sind, 4. 6.1934, Verordnungen, Erlasse, Verfügungen und Bekanntmachungen der Regierungskommission des Saargebietes verbunden mit dem öffentlichen Anzeiger 1934, S. 236-242; *von zur Mühlen*, „Schlagt den Hitler an der Saar!", S. 223-225.

stand,[18] 90, 53 Prozent der Saarländer für einen „Anschluss" an das „Reich" aus. 0, 4 Prozent der Abstimmungsberechtigten votierten für eine Vereinigung mit Frankreich und 8, 83 Prozent der Abstimmungsberechtigten plädierten für den „status quo". In Saarbrücken votierten 87, 4 Prozent der Einwohner für eine „Rückgliederung" des Saargebietes an das „Reich", 0, 3 Prozent der Abstimmungsberechtigten plädierten für die Vereinigung mit Frankreich und 12, 3 Prozent wünschten den „status quo".[19] Eine Mehrheit der Abstimmungsberechtigten für die „Rückgliederung" an das „Reich" war zwar vorhergesehen worden, überrascht waren Politik, Gesellschaft und sonstige Öffentlichkeit aber von der Eindeutigkeit der Abstimmung.[20] Nach der Bekanntgabe des Ergebnisses der Abstimmung wehten in Saarbrücken schwarz-weiß-rote Fahnen und Hakenkreuzfahnen in der Öffentlichkeit. An zahlreichen Häusern hingen Bilder von Hitler.[21]

Die Saarbrücker entschieden sich mit der Abstimmung gegen die Demokratie. An der Abstimmung zeigte sich ein „Fehlen" einer „demokratischen … Kultur" in Saarbrücken.[22] Über die Maßnahmen der Nationalsozialisten wie die Ausschaltung der demokratischen Parteien, die Zerschlagung der Gewerkschaften und Arbeiterbewegung, die Morde seit 1933 und den Boykott der Geschäfte von Juden konnten sich die Saarbrücker über Zeitungen und Zeitschriften informieren.[23]

---

18 *von zur Mühlen*, „Schlagt den Hitler an der Saar!", S. 226; *Paul*, Von der Bastion im Westen zur Brücke der Verständigung, S. 36.

19 *Behringer / Clemens*, Geschichte des Saarlandes, S. 102; *Bünte*, Kleine Saarbrücker Stadtgeschichte, S. 108; *Heinz*, Zum Abstimmungskampf an der Saar 1933-1935, S. 118; *Herrmann*, Saarbrücken unter der NS-Herrschaft, S. 243; *Muskalla*. NS-Politik an der Saar unter Josef Bürckel, S. 46.

20 *Herrmann*, Saarbrücken unter der NS-Herrschaft, S. 244; *von zur Mühlen*, „Schlagt den Hitler an der Saar!", S. 228-229; *Muskalla*. NS-Politik an der Saar unter Josef Bürckel, S. 47.

21 *Herrmann*, Saarbrücken unter der NS-Herrschaft, S. 246.

22 *Herrmann*, Saarbrücken unter der NS-Herrschaft, S. 245; *von zur Mühlen*, „Schlagt den Hitler an der Saar!", S. 232; *Paul*, Von der Bastion im Westen zur Brücke der Verständigung, S. 37.

23 *Heinz*, Zum Abstimmungskampf an der Saar 1933-1935, S. 118.

10. Kapitel. „Rückgliederung" des Saargebietes an das „Deutsche Reich"

Der Völkerbund beschloss am 15. Januar 1935 die „Rückgliederung" des Saargebietes an das „Deutsche Reich" und bestimmte den 1. März 1935 als den Tag der „Rückgliederung".[1] Saarbrücken stand bereits ab dem 18. Februar 1935 unter deutscher Zollhoheit.[2] Ebenfalls am 18. Februar 1935 wurde die Reichsmark anstelle des Franc im Saargebiet und in Saarbrücken eingeführt.[3] Die Sparkassen wechselten das Geld.[4] Letzte internationale Truppen zogen am 27. Februar 1935 aus Saarbrücken ab.[5] Am 1. März 1935 um 9.30 Uhr übergab der Völkerbund im Kreisständehaus in Saarbrücken die Regierungsgewalt über das Saargebiet an das „Deutsche Reich", das der Reichsminister des Innern Wilhelm Frick (1877-1946)[6] vertrat.[7] Frick setzte auf Grundlage des „Gesetzes über die vorläufige Verwaltung des Saarlandes" vom 30. Januar 1935[8] am Vormittag des 1. März 1935 Bürckel als „Reichskommissar für die Rückgliederung des Saarlandes" mit Sitz in Saarbrücken ein.[9] Einher ging die „Rückgliederung" mit einer öffentlichen Feier in Saarbrücken bei der Hitler, Rudolf Heß (1894-1987),[10]

1 *Gergen*, Politische Entscheidungsjahre 1815, 1935 und 1955, S. 65-66; *Herrmann*, Saarbrücken unter der NS-Herrschaft, S. 246.

2 *Muskalla*, NS-Politik an der Saar unter Josef Bürckel, S. 153-154.

3 *Bünte*, Kleine Saarbrücker Stadtgeschichte, S. 109; *Herrmann*, Saarbrücken unter der NS-Herrschaft, S. 293; *Muskalla*, NS-Politik an der Saar unter Josef Bürckel, S. 154-155.

4 *Thomes*, Da, wo Sie zu Hause sind, S. 216.

5 *Herrmann*, Saarbrücken unter der NS-Herrschaft, S. 246.

6 *Gerhard Schulz*, Wilhelm Frick, in: Neue Deutsche Biographie 5 (1961), S. 432-433 [Online-Version]; URL: https://www.deutsche-biographie.de/pnd119055201.html#ndbcontent.

7 *Herrmann*, Saarbrücken unter der NS-Herrschaft, S. 246.

8 Gesetz über die vorläufige Verwaltung des Saarlandes, 30. 1. 1935, Reichsgesetzblatt 1935 I, S. 66-68; *Herrmann*, Saarbrücken unter der NS-Herrschaft, S. 248.

9 *Brosig*, Die Verfassung des Saarlandes, S. 93; *Herrmann*, Saarbrücken unter der NS-Herrschaft, S. 246. Siehe: Der Gruß des Reichskommissars an das Volk an der Saar, 2. 3. 1935, Amtsblatt des Saarlandes 1935, S. 1-2.

10 *Peter Longerich*, Hitlers Stellvertreter. Führung der Partei und Kontrolle des Staatsapparates durch den Stab Heß und die Partei-Kanzlei Bormann, München 1992, passim.

https://doi.org/10.1515/9783111002996-010

Goebbels und Heinrich Himmler (1900-1945)[11] sowie die Bischöfe von Speyer Ludwig Sebastian (1862-1943)[12] und Trier Franz Rudolf Bornewasser (1866-1951)[13] anwesend waren.[14] Beide Bischöfe betrachteten die Machtübernahme der Nationalsozialisten als „legitim".[15] Tausende Einwohner von Saarbrücken jubelten Hitler bei seiner Rede auf dem Rathausplatz um 17 Uhr zu.[16]

Die Ausgestaltung der Verwaltung des Saargebietes normierte das „Gesetz über die vorläufige Verwaltung des Saarlandes" vom 30. Januar 1935.[17] Das Saarland – so fortan die offizielle Diktion[18] - war ab dem 1. März 1935 „unmittelbares Reichsland",[19] das Bürckel als „Reichskommissar für die Rückgliederung des

---

11 *Wolfgang Scheffler*, Heinrich Himmler, in: Neue Deutsche Biographie 9 (1972), S. 172-175 [Online-Version]; URL: https://www.deutsche-biographie.de/pnd11855123X.html# ndbcontent.

12 *Manfred Weitlauff*, Ludwig Sebastian, in: Neue Deutsche Biographie 24 (2010), S. 109-110 [Online-Version]; URL: https://www.deutsche-biographie.de/pnd117458910.html# ndbcontent.

13 *Eduard Hegel*, Franz Rudolph Bornewasser, in: Neue Deutsche Biographie 2 (1955), S. 470 [Online-Version]; URL: https://www.deutsche-biographie.de/pnd122304063. html# ndbcontent.

14 *Behringer / Clemens*, Geschichte des Saarlandes, S. 102; *Bünte*, Kleine Saarbrücker Stadtgeschichte, S. 108; *Heinz*, Zum Abstimmungskampf an der Saar 1933-1935, S. 118; *Herrmann*, Saarbrücken unter der NS-Herrschaft, S. 246; *Mieck*, Deutschlands Westgrenze, S. 220.

15 *Paul*, Von der Bastion im Westen zur Brücke der Verständigung, S. 34. Siehe: *Hans-Walter Herrmann*, Die Volksabstimmung vom 13. Januar 1935, in: Saarheimat 29 (1985), S. 21-24, hier 24.

16 *Behringer / Clemens*, Geschichte des Saarlandes, S. 102; *Bünte*, Kleine Saarbrücker Stadtgeschichte, S. 108; *Heinz*, Zum Abstimmungskampf an der Saar 1933-1935, S. 118; *Herrmann*, Saarbrücken unter der NS-Herrschaft, S. 246; *Mieck*, Deutschlands Westgrenze, S. 220.

17 Gesetz über die vorläufige Verwaltung des Saarlandes, 30. 1. 1935, Reichsgesetzblatt 1935 I, S. 66-68; *Herrmann*, Saarbrücken unter der NS-Herrschaft, S. 248.

18 Gesetz über die vorläufige Verwaltung des Saarlandes, 30. 1. 1935, Reichsgesetzblatt 1935 I, S. 66-68; *Thomas Gergen*, Saarlouis – Siège présidial und Oberster Gerichtshof. Ein Blick auf die saarländische Rechtsgeschichte, in: Ulrich Falk / Markus Gehrlein / Gerhart Kreft / Marcus Obert (Hrsg.), Rechtshistorische und andere Rundgänge. Festschrift für Detlev Fischer, Karlsruhe 2018, S. 165-185, hier S. 166; *Herrmann*, Saarbrücken unter der NS-Herrschaft, S. 248.

19 *Behringer / Clemens*, Geschichte des Saarlandes, S. 102; *Brosig*, Die Verfassung des Saarlandes, S. 94; *Fritz Jacoby*, Die nationalsozialistische Herrschaftsübernahme an der Saar. Die innenpolitischen Probleme der Rückgliederung des Saargebietes bis 1935 (Veröffentlichungen der Kommission für saarländische Landesgeschichte und Volksforschung, Bd. VI), Saarbrücken 1973, S. 162; *Paul*, Von der Bastion im Westen zur Brücke der Verständigung, S. 37, 39.

Saarlandes“[20] verwaltete.[21] Das Saarland blieb als eigene Gebietskörperschaft bestehen ohne Eingliederung in die Rheinprovinz bzw. die Pfalz.[22] Als Regierungspräsidenten mit Sitz in Saarbrücken, der den „Reichskommissar“ vertreten sollte, setzte Bürckel[23] seinen Vertrauensmann Philipp Wilhelm Jung (1884-1965)[24] ein. Jung, seit 1930 Mitglied der NSDAP, war Jurist und vor seiner Ernennung zum Regierungspräsidenten in Saarbrücken hessischer Staatsminister. Ab 1939 bekleidete er das Amt des hessischen Landtagspräsidenten. Zwischen 1940 und 1943 war er Bürgermeister in Wien und in der Nachkriegszeit Notar im hessischen Waldmichelbach.[25]

Unmittelbar nach der „Rückgliederung“ des Saarlandes an das „Reich“ traten in Saarbrücken den Rechtsstaat aufhebende nationalsozialistische Normen in Kraft.[26] Dies galt für die „Verordnung des Reichspräsidenten zum Schutz des deutschen Volkes“ vom 4. Februar 1933[27] und die „Verordnung des Reichspräsidenten zum Schutz von Volk und Staat“ vom 28. Februar 1933[28]. Das „Gesetz zur Behebung der Not von Volk und Reich“ vom 24. März 1933 beseitigte endgültig die Gewaltenteilung. Nach dem Gesetz konnten „Reichsgesetze ... auch durch die Reichsregierung beschlossen werden“.[29] Es fanden in Saarbrücken das „Gesetz über die Einziehung kommunistischen Vermögens“ vom 26. Mai 1933[30] und das „Gesetz über die Einziehung volks- und staatsfeindlichen

---

20 § 1, Gesetz über die vorläufige Verwaltung des Saarlandes, 30. 1. 1935, Reichsgesetzblatt 1935 I, S. 66.

21 *Herrmann*, Saarbrücken unter der NS-Herrschaft, S. 248.

22 *von zur Mühlen*, „Schlagt den Hitler an der Saar!“, S. 237.

23 § 2, Gesetz über die vorläufige Verwaltung des Saarlandes, 30. 1. 1935, Reichsgesetzblatt 1935 I, S. 66; *Herrmann*, Saarbrücken unter der NS-Herrschaft, S. 248, 250.

24 Http://www.saarland-biografien.de/frontend/php/ergebnis_detail.php?id=3080.

25 *Herrmann*, Saarbrücken unter der NS-Herrschaft, S. 274; *Jacoby*, Die nationalsozialistische Herrschaftsübernahme an der Saar, S. 164; *Ernst Klee*, Das Personenlexikon zum Dritten Reich. Wer war was vor und nach 1945, Frankfurt am Main 2003, S. 292; *Klaus Michael Mallmann / Gerhard Paul*, Herrschaft und Alltag. Ein Industrierevier im Dritten Reich. Widerstand und Verweigerung im Saarland 1935-1945, Bd. 2, hrsg. von Hans-Walter Herrmann, Bonn 1991, S. 85.

26 *Muskalla*. NS-Politik an der Saar unter Josef Bürckel, S. 203.

27 Verordnung des Reichspräsidenten zum Schutze des deutschen Volkes, 4. 2. 1933, Reichsgesetzblatt 1933 I, S. 35-40; *Muskalla*, NS-Politik an der Saar unter Josef Bürckel, S. 203.

28 Verordnung des Reichspräsidenten zum Schutz von Volk und Staat, 28. 2. 1933, Reichsgesetzblatt 1933 I, S. 83; Muskalla. NS-Politik an der Saar unter Josef Bürckel, S. 204.

29 Artikel 1, Gesetz zur Behebung der Not von Volk und Reich, 24. 3. 1933, Reichsgesetzblatt 1933 I, S. 141; *Muskalla*. NS-Politik an der Saar unter Josef Bürckel, S. 205.

30 Gesetz über die Einziehung kommunistischen Vermögens, 26. 5. 1933, Reichsgesetzblatt 1933 I, S. 293.

Vermögens“ vom 14. Juli 1933[31] Anwendung.[32] Die Gesetze führten zum „Einzug kommunistischen Vermögens“ und des Vermögens der „Sozialdemokratischen Partei“.[33] Eine Parteienvielfalt gab es nicht mehr.[34] Es galt die „Einheit von Partei und Staat“[35] mit der Folge einer Auflösung der demokratischen Parteien und „Gleichschaltung“ der Gewerkschaften.[36]

Eine „Verordnung zur Überleitung der Strafrechtspflege im Saarland“ erging am 21. Februar 1935[37] und die „Verordnung über das bürgerliche Streitverfahren und die Zwangsvollstreckung im Saarland“ am 22. Februar 1935.[38] Die Verordnungen führten zur Einführung des Reichsstrafgesetzbuchs und der Zivilprozessordnung im Saarland und in Saarbrücken in der im „Reich“ zu diesem Zeitpunkt geltenden Fassung.[39] Die endgültige Einführung des Gerichtsverfassungsgesetzes, der Strafprozessordnung und des Jugendgerichtsgesetzes aus dem „Reich“ in den damaligen Fassungen erfolgte am 1. Januar 1936.[40]

Zwischen 1935 und 1945 gab es einen „Niedergang der Justiz“ in Saarbrücken und Verbrechen entwickelten sich zur „Staatsaufgabe“ bzw. Aufgabe der Kommunen.[41] Die Justiz im Saarland wurde „gleichgeschaltet“.[42] Seit dem 1. Juli 1935 existierte ein Arbeitsgericht in Saarbrücken mit vier Kammern.[43] Ein

---

31 Gesetz über die Einziehung volks- und staatsfeindlichen Vermögens, 14. 7. 1933, Reichsgesetzblatt 1933 I, S. 479-480.

32 *Herrmann*, Saarbrücken unter der NS-Herrschaft, S.271.

33 Gesetz über die Einziehung kommunistischen Vermögens, 26. 5. 1933, Reichsgesetzblatt 1933 I, S. 293; Gesetz über die Einziehung volks- und staatsfeindlichen Vermögens, 14. 7. 1933, Reichsgesetzblatt 1933 I, S. 479-480.

34 *Frotscher / Pieroth*, Verfassungsgeschichte, S. 304; *Behringer / Clemens*, Geschichte des Saarlandes, S. 103.

35 Gesetz zur Sicherung der Einheit von Partei und Staat, 1. 12. 1933, Reichsgesetzblatt 1933 I, S. 1016.

36 *Paul*, Von der Bastion im Westen zur Brücke der Verständigung, S. 38.

37 Verordnung zur Überleitung der Strafrechtspflege im Saarland, 21. 2. 1935, Reichsgesetzblatt 1935 I, S. 248.

38 Verordnung über das bürgerliche Streitverfahren und die Zwangsvollstreckung im Saarland, 22. 2. 1935, Reichsgesetzblatt 1935 I, S. 248-250.

39 Verordnung zur Überleitung der Strafrechtspflege im Saarland, 21. 2. 1935, Reichsgesetzblatt 1935 I, S. 248; Verordnung über das bürgerliche Streitverfahren und die Zwangsvollstreckung im Saarland, 22. 2. 1935, Reichsgesetzblatt 1935 I, S. 248-250.

40 Verordnung zur Überleitung der Rechtspflege im Saarland, 22. 11. 1935, Reichsgesetzblatt 1935 I, S. 1351-1352.

41 Dazu allgemein: *Willoweit / Schlinker*, Deutsche Verfassungsgeschichte, S. 332-335, 338-339.

42 *Muskalla*, NS-Politik an der Saar unter Josef Bürckel, S. 194.

43 *Muskalla*, NS-Politik an der Saar unter Josef Bürckel, S. 197.

„Landesarbeitsgericht beim Landgericht Saarbrücken" bestand seit dem 1. Juli 1935.[44] Mit Verfügung des Reichsjustizministers vom 14. Dezember 1935 existierte beim Landgerichts Saarbrücken ein Sondergericht.[45] Vorsitzender des Sondergerichts Saarbrücken war zwischen 1936 und 1944 der überzeugte Nationalsozialist Karl Freudenberger (1894-1972).[46] Das Sondergericht verurteilte 34 Menschen zu Tode.[47] Das letzte Todesurteil verhängte das Sondergericht Saarbrücken am 2. März 1945.[48] Nach Freudenbergers Auffassung im Sinne der NS-Ideologie sollte die Justiz einen Beitrag dazu leisten, „mitzuhelfen, die deutsche Rasse zu schützen und zu erhalten".[49] Gehörte das Saarland zunächst zum Oberlandesgerichtsbezirk Köln, war es seit dem 1. Oktober 1938 dem Oberlandesgerichtsbezirk Zweibrücken zugehörig.[50]

Eine Pressefreiheit und Meinungsfreiheit gab es in Saarbrücken nach der „Rückgliederung" an das „Reich" nicht.[51] Die Saarbrücker Presse unterlag einer „Gleichschaltung".[52]

Im Reichstag waren die Einwohner Saarbrückens fortan mit Abgeordneten vertreten.[53] Nach dem „Gesetz über die Vertretung des Saarlandes im Reichstag"

44 *Christoph Lafontaine*, Streifzug durch die Geschichte des Landgerichts Saarbrücken – Teil 1, in: 1835-2010. 175 Jahre Landgericht Saarbrücken, Landgericht Saarbrücken (Gesamtverantwortung), Saarbrücken 2010, S. 13-28, hier S. 19.

45 *Muskalla*, NS-Politik an der Saar unter Josef Bürckel, S. 198.

46 *Simon Dörrenbächer*, Der Einfluss des Nationalsozialismus auf die Rechtsprechung der saarländischen Strafjustiz am Beispiel der Todesurteile des Sondergerichts Saarbrücken (Dissertation zur Erlangung des Grades eines Doktors der Rechtswissenschaft der Rechtswissenschaftlichen Fakultät der Universität des Saarlandes), Saarbrücken 2021, S. 141-146; *Mallmann / Paul*, Herrschaft und Alltag, S. 299.

47 *Dörrenbächer*, Der Einfluss des Nationalsozialismus auf die Rechtsprechung der saarländischen Strafjustiz am Beispiel der Todesurteile des Sondergerichts Saarbrücken, S. 150, 415.

48 *Dörrenbächer*, Der Einfluss des Nationalsozialismus auf die Rechtsprechung der saarländischen Strafjustiz am Beispiel der Todesurteile des Sondergerichts Saarbrücken, S. 126-129.

49 Zitiert nach: *Herrmann*, Aspekte zum jüdischen Leben an der Saar, S. 77.

50 Verordnung über die Eingliederung des Landgerichtsbezirks Saarbrücken in den Oberlandesgerichtsbezirk Zweibrücken, 21. 7. 1938, Reichsgesetzblatt 1938 I, S. 912; *Muskalla*, NS-Politik an der Saar unter Josef Bürckel, S. 200.

51 *Muskalla*, NS-Politik an der Saar unter Josef Bürckel, S. 558. Dazu allgemein: *Willoweit / Schlinker*, Deutsche Verfassungsgeschichte, S. 332-335, 338-339.

52 *Herrmann*, Saarbrücken unter der NS-Herrschaft, S. 314; Merl, Tagespresse im Saargebiet 1918-1945, S. 54-55; *Muskalla*. NS-Politik an der Saar unter Josef Bürckel, S. 575.

53 *Brosig*, Die Verfassung des Saarlandes, S. 97.

vom 30. Januar 1935[54] zogen acht Abgeordnete aus dem Saarland nach einer entsprechenden Anordnung Hitlers in den Reichstag ein.[55] Es erfolgte eine Ernennung und keine Wahl der Mitglieder des Reichstags.[56]

54 Gesetz über die Vertretung des Saarlandes im Reichstag, 30. 1. 1935, Reichsgesetzblatt 1935 I, S. 68.

55 § 2, Gesetz über die Vertretung des Saarlandes im Reichstag, 30. 1. 1935, Reichsgesetzblatt 1935 I, S. 68.

56 *Kloevekorn*, Saarbrücken, S. 222.

11. Kapitel. Nationalsozialismus

I. Stadtverwaltung

Nach einer „Anordnung zur Sicherung der Gemeindeverwaltung“ vom 8. März 1936 durch Bürckel schieden alle diejenigen Personen aus der Stadtverwaltung Saarbrückens aus, die nicht bis spätestens 12. Januar 1935 der „Deutschen Front“ angehörten.[1] Nachdem Neikes am 9. April 1935 beurlaubt worden war,[2] versetzten die Nationalsozialisten Neikes, obwohl er für die „Rückgliederung“ des Saarlandes an das „Reich“ eintrat und mit der Machtübernahme der Nationalsozialisten im Sinne der NS-Ideologie „große Hoffnungen auf ein Erstarken Deutschlands verband“,[3] zum 1. August 1935 in den Ruhestand.[4] Nachhaltig hatte Neikes die Machtübernahme der Nationalsozialsten im Saarland und in Saarbrücken unterstützt.[5] Er folgte einer „nationalen Gesinnung“ und stand in „offener Gegnerschaft zur Sozialdemokratie“.[6] Die Versetzung von Neikes in den Ruhestand überraschte vor diesem Hintergrund.[7] Ein Hauptmotiv für seine Versetzung in den Ruhestand war vermutlich, dass er ursprünglich eine „nicht-nationalsozialistische Vergangenheit“ aufwies.[8] Nach seiner Versetzung in den Ruhestand arbeitete Neikes bei der „Generalbauinspektion“ in Berlin, die Albert

1 *Herrmann*, Saarbrücken unter der NS-Herrschaft, S. 264; *Jacoby*, Die nationalsozialistische Herrschaftsübernahme an der Saar, S. 171.

2 Jacoby, Oberbürgermeister Hans Neikes, eine bedeutende Persönlichkeit im Saargebiet, S. 507-508; *Wettmann-Jungblut*, Die Gesichter des Abstimmungskampfes, S. 273.

3 *Jacoby*, Oberbürgermeister Hans Neikes, eine bedeutende Persönlichkeit im Saargebiet, S. 505.

4 *Herrmann*, Saarbrücken unter der NS-Herrschaft, S. 265; *Klein*, Kurzbiographien der Bürgermeister (Alt-) Saarbrücken, St. Johanns, Malstatt-Burbachs und der Großstadt Saarbrücken, S. 527.

5 *Dirk Amsel*, Im Saarland nicht weiter beachtet. Die zweite Karriere des Saarbrücker Oberbürgermeisters Hans Neikes bei Albert Speer, in Saarbrücker Hefte 119 (2019), S. 19-27, hier S. 20-21; *Jacoby*, Oberbürgermeister Hans Neikes, eine bedeutende Persönlichkeit im Saargebiet, S. 507-508; *Wettmann-Jungblut*, Die Gesichter des Abstimmungskampfes, S. 273.

6 *Herrmann*, Saarbrücken unter der NS-Herrschaft, S. 265.

7 *Jacoby*, Oberbürgermeister Hans Neikes, eine bedeutende Persönlichkeit im Saargebiet, S. 507-508.

8 *Jacoby*, Oberbürgermeister Hans Neikes, eine bedeutende Persönlichkeit im Saargebiet, S. 507-508.

https://doi.org/10.1515/9783111002996-011

Speer (1905-1981)[9] leitete. „Direkt oder indirekt“ führte er als Leiter der Rechtsabteilung Enteignungen von Juden durch. Innerhalb der „Generalbauinspektion“ kümmerte er sich um den Ankauf von Grundstücken, um auf diesen Konzentrationslager zu errichten.[10] Nach 1945 leugnete er historische Tatsachen und betrachtete sich als Opfer des Nationalsozialismus.[11]

Auf Neikes folgte Ernst Dürrfeld (1898-1945).[12] Er war zwischen 1935 und 1937 Oberbürgermeister Saarbrückens[13] und galt als „alter Kämpfer“ der Nationalsozialisten,[14] seit 1924 war er Mitglied der NSDAP. Ein „gelernter Verwaltungsfachmann“ war er nicht. Von 1919 bis 1923 war er „Hilfsgrubenwächter“ und von 1923 bis 1924 „Geldzähler“ bei der Reichsbanknebenstelle in Saarbrücken. Im Juni 1926 fand er eine Anstellung bei der Stadtverwaltung in Kaiserslautern, wo er seit 1929 Bezirksleiter der NSDAP und für die NSDAP Stadtverordneter war. Er war er seit Anfang Mai 1934 2. besoldeter Bürgermeister von Kaiserslautern. Auf Betreiben Bürckels wechselte Dürrfeld von Kaiserslautern nach Saarbrücken, wo seit dem 8. März 1935 1. Beigeordneter der Stadt mit der Bezeichnung Bürgermeister war. Er war NSDAP-Kreisleiter in Saarbrücken.[15] An Dürrfeld zeigte es sich, dass Bürckel zahlreiche „Führungspositionen“ in Saarbrücken „mit politischen Weggenossen meist pfälzischer Herkunft“ besetzte.[16] Das Amt des Oberbürgermeisters von Saarbrücken bekleidete Dürrfeld „offiziell“ seit dem 17. Mai 1935.[17] Am 2. September 1937 wurde Dürrfeld als Oberbürgermeister entlassen. Er trat am 31. Dezember 1937 in den Ruhestand. Seine „stadtbekannten Trinkgelage“ und seine mangelnden Erfahrungen in Verwaltungsaufgaben führten zu seiner Versetzung in den Ruhestand. Seit August 1940 war er „Leiter des Finanzwesens“ Warschaus und ab Dezember 1942

---

9 *Klee*, Das Personenlexikon zum Dritten Reich, S. 590-591

10 *Amsel*, Im Saarland nicht weiter beachtet, S. 21-22; *Sonntag*, Hans Neikes, S. 88-89; *Wettmann-Jungblut*, Die Gesichter des Abstimmungskampfes, S. 273-274.

11 *Wettmann-Jungblut*, Die Gesichter des Abstimmungskampfes, S. 275.

12 *Klein*, Kurzbiographien der Bürgermeister (Alt-) Saarbrücken, St. Johanns, Malstatt-Burbachs und der Großstadt Saarbrücken, S. 528-529.

13 *Klein*, Kurzbiographien der Bürgermeister (Alt-) Saarbrücken, St. Johanns, Malstatt-Burbachs und der Großstadt Saarbrücken, S. 528-529.

14 *Bünte*, Kleine Saarbrücker Stadtgeschichte, S. 109.

15 *Herrmann*, Saarbrücken unter der NS-Herrschaft, S. 265; *Klein*, Kurzbiographien der Bürgermeister (Alt-) Saarbrücken, St. Johanns, Malstatt-Burbachs und der Großstadt Saarbrücken, S. 528-529; *Mallmann / Paul*, Herrschaft und Alltag, S. 87.

16 *Herrmann*, Saarbrücken unter der NS-Herrschaft, S. 273.

17 *Herrmann*, Saarbrücken unter der NS-Herrschaft, S. 265; *Klein*, Kurzbiographien der Bürgermeister (Alt-) Saarbrücken, St. Johanns, Malstatt-Burbachs und der Großstadt Saarbrücken, S. 529.

„Generalbevollmächtigter der städtischen Werke und Verkehrsbetriebe“ Warschau.[18] In Warschau veranlasste er die Deportationen zahlreicher Mitarbeiter der Stadt in Arbeits- und Konzentrationslager.[19]

Fritz Schwitzgebel (1888-1957), der aus Waldmohr in der Pfalz stammte, war zwischen dem 2. September 1937 und 19./20. März 1945 Oberbürgermeister Saarbrückens.[20] Er studierte Philologie in München, Nancy, England und Straßburg. In Bonn legte er 1924 die 1. und 1925 die 2. Lehramtsprüfung ab. Bis zum 28. Februar 1935 war er Studienrat in Zweibrücken.[21] Am 1. März 1935 wechselte er als Oberregierungsrat in die Schulabteilung des „Reichskommissars für das Saarland“. Schwitzgebel trat im Januar 1926 in die NSDAP ein. In der Pfalz war er SA-Brigadeführer.[22] Von 1942 bis 1944 war er „kommissarischer Kreisleiter der NSDAP“ für die Stadt und den Landkreis Saarbrücken.[23]

Schwitzgebel war nach der Besetzung Frankreichs durch Deutschland,[24] in der Zeit der Annexion des Moseldepartements zwischen 1940 und 1944, zudem Stadtkommissar der lothringischen Stadt Forbach.[25] Das Verwaltungszentrum von Lothringen lag in Saarbrücken.[26] Für Schwitzgebel lag die „Aufgabe und Bedeutung der Stadt Saarbrücken“ darin, „zwischen Aachen und Straßburg …

---

18 *Herrmann*, Saarbrücken unter der NS-Herrschaft, S. 265; *Klein*, Kurzbiographien der Bürgermeister (Alt-) Saarbrücken, St. Johanns, Malstatt-Burbachs und der Großstadt Saarbrücken, S. 529; *Joachim Lilla* (Bearb.), Statisten in Uniform - Die Mitglieder des Reichstags 1933-1945 - Ein biographisches Handbuch - Unter Einbeziehung der völkischen nationalsozialistischen Reichstagsabgeordneten ab Mai 1924, Düsseldorf 2004, S. 114.

19 *Markus Roth*, Herrenmenschen. Die deutschen Kreishauptleute im besetzten Polen – Karrierewege, Herrschaftspraxis und Nachgeschichte (Beiträge zur Geschichte des 20. Jahrhunderts, Bd. 9), Göttingen 2009, S. 112.

20 *Herrmann*, Saarbrücken unter der NS-Herrschaft, S. 266; *Klein*, Kurzbiographien der Bürgermeister (Alt-) Saarbrücken, St. Johanns, Malstatt-Burbachs und der Großstadt Saarbrücken, S. 529-530; *Lilla*, Statisten in Uniform, S. 608.

21 *Herrmann*, Saarbrücken unter der NS-Herrschaft, S. 265; *Klein*, Kurzbiographien der Bürgermeister (Alt-) Saarbrücken, St. Johanns, Malstatt-Burbachs und der Großstadt Saarbrücken, S. 529.

22 *Herrmann*, Saarbrücken unter der NS-Herrschaft, S. 266; *Klein*, Kurzbiographien der Bürgermeister (Alt-) Saarbrücken, St. Johanns, Malstatt-Burbachs und der Großstadt Saarbrücken, S. 529.

23 *Klein*, Kurzbiographien der Bürgermeister (Alt-) Saarbrücken, St. Johanns, Malstatt-Burbachs und der Großstadt Saarbrücken, S. 529.

24 *Willdt*, Geschichte des Nationalsozialismus, S. 154-155.

25 *Herrmann*, Saarbrücken unter der NS-Herrschaft, S. 251; *Klein*, Kurzbiographien der Bürgermeister (Alt-) Saarbrücken, St. Johanns, Malstatt-Burbachs und der Großstadt Saarbrücken, S. 530.

26 *Herrmann*, Saarbrücken unter der NS-Herrschaft, S. 252.

wirtschaftliches und kulturelles Zentrum für die deutsche Bevölkerung im Westen des Reiches zu sein".[27] Die Alliierten verhafteten ihn am 13. Juli 1945. Eine Spruchkammer stufte ihn als „Schuldigen" ein und verurteilte ihn zu vier Jahren Haft. Nach seiner vorzeitigen Entlassung aus der Haft im April 1949 durfte er das Saarland nicht mehr betreten.[28]

II. Gestapo Saarbrücken

Die Gestapo in Saarbrücken mit Sitz im Saarbrücker Schloss, wo sie acht Zellen für Gefangene unterhielt, leitete seit dem 1. März 1935 der mit Himmler befreundete und aus München stammende Jurist Anton Dunckern (1905-1985).[29] Er beteiligte sich im November 1923 am „Hitler-Putsch" in München und gehörte dem rechtsradikalen „Bund-Oberland"[30] sowie seit 1930 der NSDAP und SS an.[31] Vor seinem Amtsantritt in Saarbrücken baute er die Stelle der Gestapo in Breslau auf. Duncker verfolgte als Leiter der Gestapo das Ziel, jede Opposition und jeden Widerstand in Saarbrücken zu unterdrücken. Duncker schickte im Mai 1936 an die Gestapo in Berlin Listen „über prominente Persönlichkeiten der Systemzeit". Auf den Listen standen unter anderem Namen von 566 Sozialdemokraten, die im Saarland lebten. Die Gestapo kooperierte mit saarländischen Unternehmen, sofern es um die „politische Zuverlässigkeit" der bei den Unternehmen Beschäftigten ging. Die saarländischen Unternehmen entließen nach den Informationen der Gestapo 1936/37 Bergarbeiter, die als „Hitlergegner" in Konzentrationslager verschleppt wurden. Die Gestapo Saarbrücken nahm in den ersten zehn Monaten ihrer Tätigkeit 260 Menschen in „Schutzhaft". In der Haft setzte die Gestapo die Gefangenen einem „physischen und psychischen Terror" aus. Auf brutale Art erzwang sie Geständnisse. Am stärksten verfolgte die Gestapo in Saarbrücken zwischen 1935 und 1939 die Kommunisten. Duncker wechselte im Frühjahr 1938 nach Berlin in das Reichssicherheitshauptamt. Seit Oktober 1940 war er „Befehlshaber der Sicherheitspolizei und des SD in

---

27 Zitiert nach: *Herrmann*, Saarbrücken unter der NS-Herrschaft, S. 251.

28 *Herrmann*, Saarbrücken unter der NS-Herrschaft, S. 266; *Klein*, Kurzbiographien der Bürgermeister (Alt-) Saarbrücken, St. Johanns, Malstatt-Burbachs und der Großstadt Saarbrücken, S. 530; http://www.saarland-biografien.de/frontend/php/ergebnis_detail.php?id=804.

29 *Klimmt*, „Wenn du nicht artig bist, kommst du auf den Schloßplatz", S. 167-169; http://www.saarland-biografien.de/frontend/php/ergebnis_detail.php?id=1569; *Dieter Wolfanger*, Anton Dunckern. Der erste Gestapochef des Saarlandes und spätere Befehlshaber der Sicherheitspolizei und des SD in Lothringen-Saarpfalz, in Jahrbuch für westdeutsche Landesgeschichte 18 (1992), S. 303-324, hier S. 303.

30 *Wolfanger*, Anton Dunckern, S. 303.

31 *Wolfanger*, Anton Dunckern, S. 304.

Lothringen-Saarpfalz" und ab September 1944 der örtliche „SS- und Polizeiführer" von Metz. Ab November 1944 befand sich Dunckern in amerikanischer und seit Herbst 1947 in französischer Gefangenschaft. Im Juni 1954 wurde Dunckern vorzeitig aus der Gefangenschaft entlassen. Seit Mitte der 1950er Jahre arbeitete er als Rechtsanwalt in München.[32] Die Nachfolge von Dunckern in Saarbrücken als Leiter der Gestapo trat der Jurist Hans-Ulrich Geschke (1907-?) an.[33]

III. Spezifisch städtische Handlungsfelder

1. Schulwesen

Die Lehrerschaft in Saarbrücken folgte in großen Teilen einer nationalen Gesinnung.[34] Organisiert war sie im „Nationalsozialistischen Lehrerbund".[35]

Der Schulunterricht in Saarbrücken orientierte sich an der NS-Ideologie.[36] Der Geschichts- und Biologieunterricht behandelte die „Rassenkunde". Eingang in den Biologieunterricht fand die „Vererbungslehre".[37] Der Deutschunterricht diente einer „Heroisierung deutscher Geisteshelden".[38]

Das „Gesetz über die Hitlerjugend" vom 1. Dezember 1936 fasste die „gesamte deutsche Jugend" in der „Hitlerjugend" zusammen. In der „Hitlerjugend" sollte die Jugend „körperlich, geistig und sittlich im Geiste des Nationalsozialismus

32 *Klimmt*, „Wenn du nicht artig bist, kommst du auf den Schloßplatz", S. 167-169; http://www.saarland-biografien.de/frontend/php/ergebnis_detail.php?id=1569; *Elisabeth Thalhofer*, Repression und Verfolgung und das Lager Neue Bremm, in: Hans-Christian Herrmann / Ruth Bauer (Hrsg.), Widerstand, Repression und Verfolgung. Beiträge zur Geschichte des Nationalsozialismus an der Saar (Geschichte, Politik und Gesellschaft. Schriftenreihe der Stiftung Demokratie Saarland, Bd. 14), St. Ingbert 2014, S. 337-370, hier S. 339, 342-343, 350; *Wolfanger*, Anton Dunckern, S. 304, 308-309, 317-321.

33 *Wolfanger*, Anton Dunckern, S. 307; *Klee*, Das Personenlexikon zum Dritten Reich, S. 181-182.

34 *Herrmann*, Saarbrücken unter der NS-Herrschaft, S. 323; *Hans-Ulrich Wehler*, Deutsche Gesellschaftsgeschichte, Bd. 4, Vom Beginn des Ersten Weltkriegs bis zur Gründung der beiden deutschen Staaten 1914-1949, München 2003, S. S. 822.

35 *Kurt Bauer*, Nationalsozialismus, Ursprünge, Anfänge, Aufstieg und Fall, Wien, Köln, Weimar 2008, S. 277.

36 Siehe allgemein: *Bauer*, Nationalsozialismus, S. 277.

37 Siehe allgemein: *Bölling*, Kleine Geschichte des Abiturs, S. 86.

38 *Wehler*, Deutsche Gesellschaftsgeschichte, Bd. 4, S. 822.

zum Dienst am Volk und zur Volksgemeinschaft" erzogen werden.[39] Die „Hitlerjugend" konkurrierte mit der Schule als „Erziehungsinstanz".[40]

Im Schuljahr 1937/38 führten die Nationalsozialisten die „Gemeinschaftsschule" ein.[41] Das „Gesetz über die Schulpflicht im Deutschen Reich" vom 6. Juli 1938 bestimmte, dass die „allgemeine Schulpflicht" die „Erziehung und Unterweisung der deutschen Jugend im Geiste des Nationalsozialismus" „sichert".[42] Für „alle Kinder, die bis zum 30. Juni das 6. Lebensjahr" vollendet hatten, begann „mit dem Anfang des Schuljahres die Pflicht zum Besuch der Volksschule".[43] Die Volksschulpflicht dauerte acht Jahre.[44]

Das städtische Reformrealgymnasium in Saarbrücken erhielt am 1. Februar 1935 den Namen „Hindenburgschule" und die staatliche Oberrealschule die Bezeichnung „Horst-Wessel-Schule".[45] Bisher an die katholische Ursulinenschule geleistete Zuschüsse stellte die Stadt ein. Am 1. März 1938 ging die Trägerschaft der Schule von den Ursulinen auf die Stadt über. Die „Auguste-Viktoria-Schule" hieß fortan „Katharina-Weißgerber-Schule" und die „Ursulinenschule" „Königin-Luisen-Schule".[46] Das Ludwigsgymnasium blieb bestehen.[47] Die Ausgestaltung des Abiturs in Saarbrücken unterlag seit Beginn des Zweiten Weltkriegs deutlichen Veränderungen. Bei einer Einberufung von Abschlussklassen zum Wehrdienst erhielten die Schüler das Abiturzeugnis, „wenn Führung und Klassenleistung es rechtfertigten". Seit 1941 bestand für bestimmte Schüler die Möglichkeit einer Vorbereitung auf das Abitur in einem auf ein halbes Jahr verkürztem Schuljahr in „Sonderlehrgängen". In den Jahren 1942, 1943 und 1944 legten die Schüler ein vereinfachtes Abitur ab. Als „Ersatz" für die schriftlichen

---

39 §§ 1, 2, Gesetz über die Hitlerjugend, 1. 12. 1936, Reichsgesetzblatt 1936 I, S. 993.

40 *Bölling*, Kleine Geschichte des Abiturs, S. 88.

41 *Herrmann*, Saarbrücken unter der NS-Herrschaft, S. 324; *Zenner*, Das Schulwesen der Stadt Saarbrücken, S. 252-253.

42 § 1, Gesetz über die Schulpflicht im Deutschen Reich, 6. 7. 1938, Reichsgesetzblatt 1938 I, S. 799.

43 § 2, Gesetz über die Schulpflicht im Deutschen Reich, 6. 7. 1938, Reichsgesetzblatt 1938 I, S. 799.

44 § 4, Gesetz über die Schulpflicht im Deutschen Reich, 6. 7. 1938, Reichsgesetzblatt 1938 I, S. 799.

45 *Herrmann*, Saarbrücken unter der NS-Herrschaft, S. 324; *Zenner*, Das Schulwesen der Stadt Saarbrücken, S. 254.

46 *Herrmann*, Saarbrücken unter der NS-Herrschaft, S. 324; Zenner, Das Schulwesen der Stadt Saarbrücken, S. 241, 253-254.

47 *Manfred Eisenbeis*, Die Geschichte der Schule im 20. Jahrhundert, in: Heinz Paulus / Ewald Wannemacher (Hrsg.), 400 Jahre Ludwigsgymnasium Saarbrücken. Kontinuität und Wandel 1604-2004, Saarbrücken 2004, S. 53-77, hier S. 56-59.

Abiturprüfungen zählten die „letzten Klassenarbeiten in den vier Abiturfächern".[48] Der Schulunterricht konnte an allen Saarbrücker Schulen nach den Sommerferien 1944 nicht mehr fortgeführt werden.[49]

Die jüdischen Schüler in Saarbrücken wurden ausgegrenzt.[50] Ihre Mitschüler beleidigten, diffamierten, schlugen und verfolgten sie.[51] Jüdische Volksschüler unterrichtete die 1934 errichtete jüdische Volksschule in Saarbrücken, die bis 1939 bestand.[52] Leo Grünfeld (1901-?) unterrichtete als letzter Lehrer an der Schule. Er wurde in Auschwitz ermordet.[53] Seit Frühjahr 1936 fand das „Gesetz gegen die Überfüllung deutscher Schulen und Hochschulen" vom 25. April 1933[54] in Saarbrücken Anwendung. Nach dem Gesetz und einer entsprechenden „Durchführungsverordnung"[55] war in Schulen bei „Neuaufnahmen ... darauf zu achten," dass die Zahl der Schüler, „die ... nicht arischer Abstammung sind, unter der Gesamtheit der Besucher jeder Schule" einen Anteil von 1, 5 Prozent nicht überstieg. Die „Anteilszahl" setzte das Gesetz „einheitlich für das gesamte Reichsgebiet" fest.[56] Nach einem Erlass des Reichsministeriums für Wissenschaft, Erziehung und Volksbildung vom 15. November 1938 war „Juden ... der Besuch deutscher Schulen nicht gestattet". „Alle ... eine deutsche Schule

48 *Rainer Bölling*, Kleine Geschichte des Abiturs, Paderborn 2010, S. 88.

49 *Zenner*, Das Schulwesen der Stadt Saarbrücken, S. 255.

50 *Gerhard Paul*, Die jüdische Volksschule in Saarbrücken (1934-1939), in: Zeitschrift für die Geschichte der Saargegend 33 (1985), S. 157-183, hier S. 159; *Herrmann*, Saarbrücken unter der NS-Herrschaft, S. 324; *Wehler*, Deutsche Gesellschaftsgeschichte, Bd. 4, S. 820.

51 *Herrmann*, „Mitten im Leben und ihrer Zeit voraus", S. 159; *Paul*, Die jüdische Volksschule in Saarbrücken, S. 160-161.

52 *Herrmann*, „Mitten im Leben und ihrer Zeit voraus", S. 324; *Paul*, Die jüdische Volksschule in Saarbrücken, S. 162, 167.

53 *Gerhard Paul*, Die jüdische Volksschule in Saarbrücken, in: Klaus-Michael Mallmann / Gerhard Paul / Ralph Schock / Reinhard Klimmt (Hrsg.), Richtig daheim waren wir nie. Entdeckungsreisen in Saarrevier 1815-1955, Berlin 1987, S. 139; https://www.bundesarchiv.de/gedenkbuch/de880910.

54 Gesetz gegen die Überfüllung deutscher Schulen und Hochschulen, 25. 4. 1933, Reichsgesetzblatt 1933 I, S. 225.

55 Erste Verordnung zur Durchführung des Gesetzes gegen die Überfüllung deutscher Schulen und Hochschulen, 25. 4. 1933, Reichsgesetzblatt 1933 I, S. 226.

56 § 4, Gesetz gegen die Überfüllung deutscher Schulen und Hochschulen, 25. 4. 1933, Reichsgesetzblatt 1933 I, S. 225; 8. zu § 4, Erste Verordnung zur Durchführung des Gesetzes gegen die Überfüllung deutscher Schulen und Hochschulen, 25. 4. 1933, Reichsgesetzblatt 1933 I, S. 226. Siehe: *Paul*, Die jüdische Volksschule in Saarbrücken, S. 157-183.

besuchenden jüdischen Schüler und Schülerinnen" waren „sofort zu entlassen".[57] Dies bedeutete den endgültigen Ausschluss aller jüdischen Kinder in Saarbrücken von allen „allgemeinen Volks- und höheren Schulen".[58]

2. Gesundheitswesen

Ein „staatlicher Amtsarzt" leitete das ursprünglich kommunale Gesundheitsamt in Saarbrücken.[59] Zu den Aufgaben des Gesundheitsamtes gehörten im Sinne der NS-Ideologie die „Gesundheitspolizei", die „Erb- und Rassenpflege einschließlich der Eheberatung", die „gesundheitliche Volksbelehrung", die „Schulgesundheitspflege", die „Mütter- und Kinderberatung", die „Fürsorge für Tuberkulose, für Geschlechtskrankheiten, körperlich Behinderte, Sieche und Süchtige" sowie die „ärztliche Mitwirkung bei Maßnahmen zur Förderung der Körperpflege und Leibesübungen".[60] Das Gesundheitsamt nahm bei der nationalsozialistischen „Erb- und Rassenpolitik" eine „Schlüsselposition" ein.[61]

Das „Bürgerhospital" besaß seit 1937 fünf Abteilungen. Es gab eine innere und eine chirurgische Abteilung sowie eine Frauenabteilung, eine Kinderabteilung und eine Röntgenabteilung mit Bestrahlungsmöglichkeiten. Das „Bürgerhospital" verfügte über 580 Betten. Während des Zweiten Weltkriegs diente es wie das Ratspfuhl-Krankenhaus als Lazarett. Seit 1942 bestand im „Bürgerhospital" eine Kieferchirurgische Abteilung. Zwischen dem 31. März und dem 25. April 1945 war das „Bürgerhospital" geräumt.[62]

3. Straßenbahnen

„Schleifwagen" überholten 1935 das Gleisnetz der Straßenbahnen. Die „Gesellschaft für Straßenbahnen im Saarland AG-Saarbrücken" erweiterte den „Wagenpark".[63] Bei Neueinstellungen von Mitarbeitern bevorzugte die Gesellschaft

---

57 Zitiert nach: *Paul*, Die jüdische Volksschule in Saarbrücken, S. 166; *Salomon Adler-Rudel*, Jüdische Selbsthilfe unter dem Naziregime 1933-1939. Im Spiegel der Berichte der Reichsvertretung der Juden in Deutschland (Schriftenreihe wissenschaftlicher Abhandlungen des Leo Baeck Instituts, Bd. 29), Tübingen 1972, S. 32

58 *Paul*, Die jüdische Volksschule in Saarbrücken, S. 166.

59 §§ 2, 4, Gesetz über die Vereinheitlichung des Gesundheitswesens, 3. 7 1934, Reichsgesetzblatt 1934 I, S. 531.

60 § 3, Gesetz über die Vereinheitlichung des Gesundheitswesens, 3. Juli 1934, S. 531.

61 *Nimmesgern*, „Vater Staat" und „Mutter Fürsorge", S. 416; *Tascher*, Staat, Macht und ärztliche Berufsausübung 1920-1956, S. 152.

62 *Bodtländer*, Das Gesundheitswesen, S. 321, 324.

63 *Herrmann / Ruth*, Die Straßenbahn, S. 35; *Schleiden*, Hundert bewegte Jahre 1892-1992, S. 35-36.

Bewerber, die vor 1933 der NSDAP angehörten.[64] Es ist davon auszugehen, dass die Straßenbahnen Juden nur beförderten, wenn kein „arischer Fahrgast dafür stehen" musste.[65]

Während des Zweiten Weltkriegs dienten die Straßenbahnen und Omnibusse dem Truppentransport.[66] Sie führten „Verwundetentransporte" durch.[67]

4. *„Siedlungsbau" und „Volkswohnungsbau"*

Die „Saarbrücker gemeinnützige Siedlungsgesellschaft" errichtete 1934/1935 die „Waldrandsiedlung Rastpfuhl"[68] und ließ für „bedürftige Mieter" Ende der 1930er Jahre am Wackenberg in Saarbrücken „Volkswohnungen" erbauen. Die Wohnungen befanden sich in zweigeschossigen Reihenhäusern mit Schutzräumen im Keller. Dies zeigte, dass die Errichtung der Bauten in einem Zusammenhang mit der Aufrüstung und Mobilmachung für den Zweiten Weltkrieg stand.[69] Strategische Gedanken im Sinne der NS-Ideologie prägten den Bau von „Volkswohnungen".[70]

Die „Saarbrücker gemeinnützige Siedlungsgesellschaft" errichtete als „nationalsozialistische Mustersiedlung" das „Dorf im Warndt" am Rand von Saarbrücken in Großrosseln, wo sie am 1. Juli 1938 122 Kleinsiedlerhäuser sowie vier Geschäftshäuser und eine Gaststätte fertigstellte. Die kleinen Gärten der Häuser ermöglichten eine „minimale Selbstversorgung" der Bewohner. Hinzukamen die seit dem 1. Juli 1939 bezugsfertigen fünf „Volkswohnungshäuser".[71] Die

---

64 *Herrmann / Ruth*, Die Straßenbahn, S. 37.

65 *Herrmann / Ruth*, Die Straßenbahn, S. 38.

66 *Schleiden*, Hundert bewegte Jahre 1892-1992, S. 40.

67 *Schleiden*, Hundert bewegte Jahre 1892-1992, S. 42.

68 *Helmut Weihsmann*, Bauen unterm Hakenkreuz. Architektur des Untergangs, Wien 1998, S. 785.

69 *Gerhild Krebs*, Ehemalige Nationalsozialistische Volkswohnungen, St. Arnual in: Rainer Hudemann unter Mitarbeit von Marcus Hahn, Gerhild Krebs und Johannes Großmann (Hg.), Stätten grenzüberschreitender Erinnerung – Spuren der Vernetzung des Saar-Lor-Lux-Raumes im 19. und 20. Jahrhundert. Lieux de la mémoire transfrontalière – Traces et réseaux dans l'espace Sarre-Lor-Lux aux 19e et 20e siècles, Saarbrücken 2002, 3., technisch überarbeitete Auflage 2009. Publiziert als CD-ROM sowie im Internet unter www.memotransfront.uni-saarland.de [http://www.memotransfront.uni-saarland.de/pdf/volkwohnungen_starnual.pdf]; *Weihsmann*, Bauen unterm Hakenkreuz, S. 787.

70 *Herrmann*, Die Geschichte einer aktiven Wohnungsbaupolitik, S. 34.

71 *Gerhild Krebs*, „Dorf im Warndt", in: Rainer Hudemann unter Mitarbeit von Marcus Hahn, Gerhild Krebs und Johannes Großmann (Hg.), Stätten grenzüberschreitender Erinnerung – Spuren der Vernetzung des Saar-Lor-Lux-Raumes im 19. und 20. Jahrhundert. Lieux de la mémoire transfrontalière – Traces et réseaux dans l'espace Sarre-Lor-Lux aux 19e et 20e siècles, Saarbrücken 2002, 3., technisch überarbeitete Auflage 2009.

Bauplanung übernahm das städtische Bauamt unter der Leitung von Walther Kruspe (1891-1983)[72]. In der Siedlung wohnten in erster Linie keine Familien aus Saarbrücken, sondern „Arbeiterfamilien" aus den umliegenden Gruben und Hütten.[73]

Trotz der erwähnten Bautätigkeiten stand die Bauwirtschaft bei Bauten für Privatpersonen seit 1936 vor Problemen. Die Ursache dafür lag im „Vierjahresplan" Hitlers von 1936. Der Plan bestimmte, dass sich die Bautätigkeit ausschließlichen an „Rüstungsbelangen" zu orientieren habe. Für die Bauten für Privatpersonen fehlte es häufig an Geld und Material.[74] Nach zeitgenössischen „Erhebungen" herrschte im September 1940 ein „Bedarf von 7.200 Wohnungen" in der Stadt. Bomben waren zu diesem Zeitpunkt in Saarbrücken noch nicht eingeschlagen.[75]

Die „Saarbrücker gemeinnützige Siedlungsgesellschaft" folgten der „NS-Rassenpolitik". Es ist anzunehmen, dass gegenüber Juden fristlose Kündigungen ergingen.[76]

5. *Stadtsparkasse Saarbrücken*

Die Stadtsparkasse Saarbrücken trug als integraler Bestandteil der NS-Herrschaft dazu bei, den Finanzbedarf des Staates zu decken.[77] Reichsanleihen in Höhe von 51, 3 Millionen Reichsmark „standen" im Jahre 1943 „in den Büchern" der Stadtsparkasse.[78]

Eine Mitgliedschaft in der NSDAP galt als „Karrierekriterium" für Bedienstete der Stadtsparkasse.[79] Vorstandsvorsitzender der Stadtsparkasse war seit 1939

Publiziert als CD-ROM sowie im Internet unter www.memotransfront.uni-saarland.de [http://www.memotransfront.uni-saarland.de/dorfimwarndt.shtml]; *Saarbrücker Gemeinnützige Siedlungsgesellschaft*, 50 Jahre Saarbrücker Gemeinnützige Siedlungsgesellschaft, S. 7-9; *Weihsmann*, Bauen unterm Hakenkreuz, S. 785.

72 http://www.saarland-biografien.de/frontend/php/ergebnis_detail.php?id=1776.

73 *Krebs*, „Dorf im Warndt" [http://www.memotransfront.uni-saarland.de/dorfimwarndt.shtml]; *Weihsmann*, Bauen unterm Hakenkreuz, S. 785; http://www.saarland-biografien.de/frontend/php/ergebnis_detail.php?id=1776.

74 *Weihsmann*, Bauen unterm Hakenkreuz, S. 777.

75 *Weihsmann*, Bauen unterm Hakenkreuz, S. 782.

76 *Herrmann*, Die Geschichte einer aktiven Wohnungsbaupolitik, S. 34.

77 *Thomes*, Da, wo Sie zu Hause sind, S. 220-221. 230.

78 *Thomes*, Da, wo Sie zu Hause sind, S. 233.

79 *Thomes*, Da, wo Sie zu Hause sind, S. 246-247.

Schwitzgebel. [80] Der Geschäftsbericht für 1937 endete mit den Worten: „Mit dem … Willen zur weiteren vorbehaltslosen Mitarbeit im nationalsozialistischen Staate haben wir das Jahr 1938 begonnen.“[81]

Das für die Sparkasse bisher wichtige Sorten- und Devisengeschäft verlor an Bedeutung, da die Nationalsozialisten die dafür notwendigen Kontakte mit dem Ausland einschränkten.[82] Das Sparverhalten der Bevölkerung erhielt eine „politische Dimension“.[83]

6. Stadtbücherei

Die Stadtbücherei diente einer „NS-Volksbildungsarbeit“ mit nationalsozialistischer und antisemitischer Literatur. „Artfremdes Schrifttum“ sortierte die Bücherei aus. Stadtbücherei und Historischer Verein der Saargegend besaßen seit 1938 eine gemeinsame Bibliothek.[84]

7. Theater

In der Zeit des Nationalsozialismus ergingen gegenüber den jüdischen Mitgliedern des Theaters Kündigungen.[85] Ein „Geschenk“ Hitlers an die Einwohner Saarbrückens für ihr Abstimmungsverhalten war die Errichtung des „Westmark-Theaters“.[86] Hitler stellte für die Errichtung des städtischen Theaters 2 Millionen RM bereit.[87] Er „belohnte“ die Saarbrücker mit dem Bau des Theaters am Ufer der Saar in St. Johann für ihre „Treue“. Hitler besuchte die Eröffnungsfeier des Theaters am 9. Oktober 1938 mit der Vorstellung des „Fliegenden Holländers“[88] persönlich. Das städtische Baudezernat ließ die Stadt anlässlich des Besuchs

---

80 *Thomes*, Da, wo Sie zu Hause sind, S. 248.

81 Zitiert nach: *Thomes*, Da, wo Sie zu Hause sind, S. 248.

82 *Thomes*, Da, wo Sie zu Hause sind, S. 216.

83 *Thomes*, Da, wo Sie zu Hause sind, S. 227.

84 *Herrmann*, Saarbrücken unter der NS-Herrschaft, S. 321-322.

85 *Herrmann*, Saarbrücken unter der NS-Herrschaft, S. 319; *Herrmann*, Aspekte zum jüdischen Leben an der Saar, S. 86; *Hermann Schäfer / Oliver Werner / Georg Pauly, in:* Rotary unter dem Nationalsozialismus. Digitales Gedenkbuch diskriminierter Rotarier [Onlinefassung Stand September 2021] https://memorial-rotary.de/members/1083.

86 *Bünte*, Kleine Saarbrücker Stadtgeschichte, S. 110.

87 *Susanne Heidemann*, Das Geschenk des Führers, in: Stadtverband Saarbrücken (Hrsg.), Zehn statt tausend Jahre. Die Zeit des Nationalsozialismus an der Saar 1935-1945, Merzig 1988, S. 89-97, hier S. 90; *Weihsmann*, Bauen unterm Hakenkreuz, S. 784.

88 *Behringer / Clemens*, Geschichte des Saarlandes, S. 102; *Herrmann*, Saarbrücken unter der NS-Herrschaft, S. 319; *Weihsmann*, Bauen unterm Hakenkreuz, S. 777.

extra mit Hakenkreuzfahnen und Reichsinsignien „schmücken".[89] Die nationalsozialistische Presse nannte das Theater eine „Burg im Westen".[90]

IV. Einführung der Deutschen Gemeindeordnung

Die Deutsche Gemeindeordnung vom 30. Januar 1935[91] galt in der Stadt seit dem 31. Juli 1935 aufgrund der „Verordnung über die Einführung der Deutschen Gemeindeordnung im Saarland".[92] Sie setzte die preußischen Gemeindeordnungen aus dem 19. Jahrhundert außer Kraft.[93]

Nach der Präambel stellte die Deutsche Gemeindeordnung ein „Grundgesetz des nationalsozialistischen Staates" dar.[94] Sie folgte dem „Führerprinzip".[95] Die Deutsche Gemeindeordnung, die erste „reichseinheitliche Gemeindeverfassung",[96] postulierte einen „Einklang" der kommunalen Selbstverwaltung mit den „Zielen der Staatsführung"[97] der Nationalsozialisten. An die Stelle freier und demokratischer Wahlen der Stadt- und Gemeinderäte trat die Einsetzung der entsprechenden Vertreter durch die NSDAP. Die NSDAP setzte in Saarbrücken Ende August 1935 26 Ratsherren ein.[98] Die Ratsherren stellten keine vom Volk in „geheimer, freier und gleicher Wahl gewählten Vertreter" dar.[99] Bei

---

89 *Weihsmann*, Bauen unterm Hakenkreuz, S. 779.

90 *Weihsmann*, Bauen unterm Hakenkreuz, S. 777.

91 Die Deutsche Gemeindeordnung, 30. 1. 1935, Reichsgesetzblatt 1935 I, S. 49.

92 Verordnung über die Einführung der Deutschen Gemeindeordnung im Saarland, 31. 7. 1935, Reichsgesetzblatt 1935 I, S. 1054-1055; *Herrmann*, Saarbrücken unter der NS-Herrschaft, S. 264, 266; *Muskalla*, NS-Politik an der Saar unter Josef Bürckel, S. 269, 272.

93 *Muskalla*, NS-Politik an der Saar unter Josef Bürckel, S. 273.

94 Die Deutsche Gemeindeordnung, 30. 1. 1935, Reichsgesetzblatt 1935 I, S. 49.

95 *Brosig*, Die Verfassung des Saarlandes, S. 98.

96 *Bernhard Gotto*, Nationalsozialistische Kommunalpolitik. Administrative Normalität und Systemstabilisierung durch die Augsburger Stadtverwaltung (Studien zur Zeitgeschichte, Bd. 71), München 2006, S. 78.

97 §§ 1 Absatz 2, 106 Absatz 1, Die Deutsche Gemeindeordnung, 30. 1. 1935, Reichsgesetzblatt 1935 I, S. 49, 63; *Muskalla*, NS-Politik an der Saar unter Josef Bürckel, S. 274.

98 §§ 6 Absatz 2, 41, 51 Absatz 1, Die Deutsche Gemeindeordnung, 30. 1. 1935, Reichsgesetzblatt 1935 I, S. 50, 54-55; *Herrmann*, Saarbrücken unter der NS-Herrschaft, S. 266-267; *Muskalla*. NS-Politik an der Saar unter Josef Bürckel, S. 280. Allgemein: *Gotto*, Nationalsozialistische Kommunalpolitik, S. 79.

99 *Muskalla*, NS-Politik an der Saar unter Josef Bürckel, S. 284.

ihrer Vereidigung sprachen die Ratsherren: „Ich schwöre, ich werde dem Führer des Deutschen Reiches und Volkes treu und gehorsam sein, ...“[100]

Die kommunale Selbstverwaltung beseitige die Deutsche Gemeindeordnung von 1935. Nach der Gemeindeordnung bedeutete Selbstverwaltung die „Mitwirkung der Partei in der Verwaltung“.[101] Für die Ausbildung der Stadt- und Gemeinderäte in der Region im Sinne der NS-Ideologie besaß die „Verwaltungsakademie Pfalz-Saar“ mit Sitz in Saarbrücken die Zuständigkeit.[102] Saarbrücken gehörte dem „Deutschen Gemeindetag“ an.[103]

V. Garnisonsstadt, Evakuierung, Luftkrieg

Am Nachmittag des 7. März 1936 rückten deutsche Truppen in Saarbrücken ein. Erstmals seit November 1918 befanden sich wieder deutsche Soldaten in der Stadt, die die Bevölkerung bejubelte. Mit der Stationierung deutscher Truppen in Saarbrücken missachtete das „Reich“ internationale Bestimmungen über die Entmilitarisierung des Gebietes. Das „Reich“ stationierte in Saarbrücken das Infanterieregiment 70, das Grenzinfanterieregiment 125 und das Maschinengewehrbataillon 14 sowie diverse Stäbe. Zwischen dem Stuhlsatzenhaus und dem Wildpark befand sich im St. Johanner Stadtwald die zwischen 1937 und 1938 neu errichtete „Below-Kaserne“.[104]

Im Jahre 1936 begann das „Reich“ in einer ersten „Phase“ mit der „Befestigung der Westgrenze“. Diese „Befestigung“ erhielt zu propagandistischen Zwecken die Bezeichnung „Westwall“.[105] Der „Westwall“ diente dem „national-

100 *Muskalla*, NS-Politik an der Saar unter Josef Bürckel, S. 284.

101 *Gotto*, Nationalsozialistische Kommunalpolitik, S. 80-81.

102 *Herrmann*, Saarbrücken unter der NS-Herrschaft, S. 267.

103 *Muskalla*. NS-Politik an der Saar unter Josef Bürckel, S. 282.

104 *Herrmann*, Saarbrücken unter der NS-Herrschaft, S. 252; *Gerhild Krebs*, Universität des Saarlandes, in: Rainer Hudemann unter Mitarbeit von Marcus Hahn, Gerhild Krebs und Johannes Großmann (Hg.), Stätten grenzüberschreitender Erinnerung – Spuren der Vernetzung des Saar-Lor-Lux-Raumes im 19. und 20. Jahrhundert. Lieux de la mémoire transfrontalière – Traces et réseaux dans l'espace Sarre-Lor-Lux aux 19e et 20e siècles, Saarbrücken 2002, 3., technisch überarbeitete Auflage 2009. Publiziert als CD-ROM sowie im Internet unter www.memotransfront.uni-saarland.de [http://www.memotransfront.uni-saarland.de/pdf/uni_saarland.pdf; Weihsmann, Bauen unterm Hakenkreuz, S. 780.

105 *Herrmann*, Saarbrücken unter der NS-Herrschaft, S. 252-253; *Nils Franke*, Der Westwall in der Landschaft. Aktivitäten des Naturschutzes in der Zeit des Nationalsozialismus und seine Akteure, hrsg. vom Ministerium für Umwelt, Landwirtschaft, Ernährung, Weinbau und Forsten Rheinland-Pfalz, Main 2015, S. 16; *Gerhild Krebs*, Die Befestigungsanlagen des Westwalls im Saarland, in: Rainer Hudemann unter Mitarbeit von Marcus Hahn,

sozialistischen Angriffs- und Vernichtungskrieg".[106] Die Verantwortung für die Bauausführungen trugen das Militär und die „Organisation Todt".[107] Zwangsverpflichtete Arbeiter aus „Mittel- und Ostdeutschland" führten die Bauarbeiten durch. Sie lebten während der Bauarbeiten in Zelten, Turnhallen und Barackenlagern.[108] Die Baustelle lag im „militärischen Sperrgebiet".[109] Eigens geschaffenen „Sicherungsstäben" von der SS oblag es, für eine Geheimhaltung der Bauarbeiten zu sorgen. Bei Verstößen gegen die Geheimhaltung verhängten die „Sicherungsstäbe" Strafen. Zu den Strafen gehörte die Verschleppung in das „SS-Sonderlager Hinzert", das in der Nähe von Trier lag.[110] Den Lageralltag in Hinzert bestimmten „Zwangsarbeit, Terror und Vernichtung durch Arbeit".[111] Die Bauarbeiten zur Errichtung des „Westwalls" fingen im Saarland 1936 an.[112] Hitler kündigte in einer Ansprache am 9. Oktober 1938 eine Einbeziehung von Saarbrücken und Aachen in die Anlage an, was zur Errichtung von 200 Bunkern und drei Panzerwerken in Saarbrücken führte.[113] Hitler begutachtete die Errichtung des „Westwalls" im Saarland Ende Juli 1939 persönlich.[114] Zum „Westwall" gehörten 700 Meter „Höckerlinien" in St. Arnual, die die „Organisation

---

Gerhild Krebs und Johannes Großmann (Hrsg.), Stätten grenzüberschreitender Erinnerung – Spuren der Vernetzung des Saar-Lor-Lux-Raumes im 19. und 20. Jahrhundert. Lieux de la mémoire transfrontalière – Traces et réseaux dans l'espace Sarre-Lor-Lux aux 19e et 20e siècles, Saarbrücken 2002, 3., technisch überarbeitete Auflage 2009. Publiziert als CD-ROM sowie im Internet unter www.memotransfront.uni-saarland.de [http://www.memotransfront.uni-saarland.de/pdf/westwall.pdf].

106 *Franke*, Der Westwall in der Landschaft, S. 9.

107 *Franke*, Der Westwall in der Landschaft, S. 17, 24; *Krebs*, Die Befestigungsanlagen des Westwalls im Saarland, [http://www.memotransfront.uni-saarland.de/pdf/westwall.pdf]; https://www.gedenkstaette-hinzert-rlp.de/.

108 *Krebs*, Die Befestigungsanlagen des Westwalls im Saarland, [http://www.memotransfront.uni-saarland.de/pdf/westwall.pdf]; https://www.gedenkstaette-hinzert-rlp.de/.

109 *Franke*, Der Westwall in der Landschaft, S. 14.

110 *Franke*, Der Westwall in der Landschaft, S. 14; *Krebs*, Die Befestigungsanlagen des Westwalls im Saarland, [http://www.memotransfront.uni-saarland.de/pdf/westwall.pdf]; https://www.gedenkstaette-hinzert-rlp.de/. Zu dem Lager: *Peter Bucher*, Das SS-Sonderlager Hinzert bei Trier, in: Jahrbuch für westdeutsche Landesgeschichte 4 (1978), S. 413-439.

111 *Franke*, Der Westwall in der Landschaft, S. 23, 26.

112 *Krebs*, Die Befestigungsanlagen des Westwalls im Saarland, [http://www.memotransfront.uni-saarland.de/pdf/westwall.pdf].

113 *Herrmann*, Saarbrücken unter der NS-Herrschaft, S. 252-253; Franke, Der Westwall in der Landschaft, S. 16; *Krebs*, Die Befestigungsanlagen des Westwalls im Saarland, [http://www.memotransfront.uni-saarland.de/pdf/westwall.pdf].

114 *Herrmann*, Saarbrücken unter der NS-Herrschaft, S. 254; *Krebs*, Die Befestigungsanlagen des Westwalls im Saarland, [http://www.memotransfront.uni-saarland.de/pdf/westwall.pdf].

Todt" 1940 errichten ließ und einer „Behinderung von Panzer- und Infanterieangriffen" dienten.[115] Nach einem Befehl Hitlers vom 25. August 1939 rückte die Wehrmacht in den „Westwall" ein.[116]

Die NSDAP und nicht etwa die Wehrmacht oder staatliche Stellen evakuierten ab dem 1. September 1939 mit dem Angriff von Deutschland auf Polen[117] die Einwohner Saarbrückens.[118] Die Evakuierung bedeutete ein „absolutes Novum" für die Stadt, die nach dem Ausbruch des Zweiten Weltkriegs eine „Frontstadt" war.[119] Am 1. September 1939 fand der „Abtransport" der „Nicht-Marschfähigen" aus Saarbrücken mit der Bahn oder dem Bus statt. Zu den „Nicht-Marschfähigen" gehörten alte und gebrechliche Menschen sowie Mütter mit ihren Kindern unter 12 bzw. 14 Jahren. Die „marschfähigen" Einwohner Saarbrückens versammelten sich nach einem entsprechenden Befehl Hitlers vom 2. September 1939 am 3. September 1939 an bestimmten Sammelpunkten. Von dort aus marschierten sie zu weiteren Zielen, von wo aus Busse, Lastwagen oder Bahnen sie weiter transportierten. Die „Bergungsgebiete" der Einwohner Saarbrückens lagen in erster Linie in Kurhessen und Thüringen.[120] Die Stadtverwaltung von Saarbrücken richtete in Fritzlar eine „Ausweichstelle" ein.[121] Die rechtliche Grundlage für die Feststellung von „Kriegsschäden" und „Nutzungsschäden" in Saarbrücken, die im Laufe der Evakuierung entstanden, mit der Möglichkeit einer Entschädigung bildete die „Sachschädenfeststellungsverordnung" vom 8. September 1939[122] und die „Kriegssachschädenverordnung" vom 30. November

115 *Krebs*, Die Befestigungsanlagen des Westwalls im Saarland, [http://www.memotransfront.uni-saarland.de/pdf/westwall.pdf].

116 *Krebs*, Die Befestigungsanlagen des Westwalls im Saarland, [http://www.memotransfront.uni-saarland.de/pdf/westwall.pdf].

117 *Wildt*, Geschichte des Nationalsozialismus, S. 144-151.

118 *Herrmann*, Saarbrücken unter der NS-Herrschaft, S. 255-256; *Nicholas J. Williams*, Von „Saarfranzosen" und „Zigeunervolk". Saarbrücker Evakuierte als „Opfer"?, in: Hans-Christian Herrmann / Ruth Bauer (Hrsg.), Widerstand, Repression und Verfolgung. Beiträge zur Geschichte des Nationalsozialismus an der Saar (Geschichte, Politik und Gesellschaft. Schriftenreihe der Stiftung Demokratie Saarland, Bd. 14), St. Ingbert 2014, S. 279-312, hier S. 288, 290-291, 295. Krankenhäuser und Pflegeeinrichtungen wurden bereits ab Ende August 1939 evakuiert.

119 *Herrmann*, Saarbrücken unter der NS-Herrschaft, S, 332.

120 *Herrmann*, Saarbrücken unter der NS-Herrschaft, S. 255-256; *Williams*, Von „Saarfranzosen" und „Zigeunervolk", S. 290-291, 295; *Nicholas Williams*, Grenzen der „Volksgemeinschaft". Die Evakuierung 1939/40 in Deutschland und Frankreich, in: Zeitschrift für die Geschichte der Saargegend 60 (2012), S. 113-126, hier S. 119.

121 *Lemmes*, Zwangsarbeit in Saarbrücken, S. 87; *Williams*, Von „Saarfranzosen" und „Zigeunervolk", S. 295.

122 Verordnung über die Feststellung von Sachschäden (Sachschädenfeststellungsverordnung), 8. 9. 1939, Reichsgesetzblatt 1939 I, S. 1754-1757.

1940[123]. Das Mitte 1940 errichtete Kriegssachschädenamt für den Stadtkreis Saarbrücken besaß die Zuständigkeit für die Durchführung der Verordnungen.[124]

Nach dem Angriff Deutschlands auf Frankreich im Mai 1940 unterzeichneten beide Staaten am 22. Juni 1940 einen Waffenstilstand.[125] Hitler gab am 25. Juni 1940 den Befehl zur „Wiederbesiedlung" Saarbrückens. Die tatsächliche „Wiederbesiedlung" der Stadt dauerte bis 1941.[126] Am 30. November 1944 befahl die NSDAP erneut die Räumung Saarbrückens. Nicht alle Einwohner Saarbrückens folgten diesem Befehl. Zahlreiche Menschen blieben in Verstecken in Kellern oder Ruinen.[127]

Seit Dezember 1940 war Saarbrücken Hauptstadt des „Gaus Westmark".[128] „Reichsstatthalter in der Westmark" war Bürckel.[129] Zur Westmark gehörten das Saarland, der bayerische Regierungsbezirk Pfalz und das von Deutschland besetzte Lothringen.[130]

Im Luftkrieg um Saarbrücken starben nach Berechnungen 1.234 Menschen. Die Toten setzten sich aus Einwohnern Saarbrückens, Menschen auf der Durchreise, Angehörigen des Militärs und ausländischen Zwangsarbeitern zusammen.[131]

Der SS- und Polizeiführer in Wiesbaden Jürgen Stroop (1895-1952)[132] überbrachte im Sommer 1944 mündlich dem kommissarischen Polizeipräsidenten

---

123 Kriegssachschädenverordnung, 30. 11. 1940, Reichsgesetzblatt 1940 I, S. 1547-1556.

124 Erste Durchführungsverordnung zur Kriegssachschädenverordnung (Kriegsschädenzuständigkeitsverordnung), 2. 12. 1940, Reichsgesetzblatt 1940 I, S. 1557-1558; *Herrmann*, Saarbrücken unter der NS-Herrschaft, S. 268.

125 *Herrmann*, Saarbrücken unter der NS-Herrschaft, S. 258; *Wildt*, Geschichte des Nationalsozialismus, S. 153-154.

126 *Williams*, Von „Saarfranzosen" und „Zigeunervolk", S. 309-310.

127 *Edgar Christoffel*, Krieg am Westwall 1944/45. Das Grenzland im Westen zwischen Aachen und Saarbrücken in den letzten Kriegsmonaten, Trier 1989, S. 539; *Gerhard Heckmann*, Leben unter amerikanischer Besatzung, in: Stadtverband Saarbrücken (Hrsg.), Von der „Stunde 0" zum „Tag X". Das Saarland 1945-1959, Merzig 1990, S. 23-34, hier S. 23; *Herrmann*, Saarbrücken unter der NS-Herrschaft, S. 262.

128 *Bünte*, Kleine Saarbrücker Stadtgeschichte, S. 114.

129 *Brosig*, Die Verfassung des Saarlandes, S. 96; *Muskalla*. NS-Politik an der Saar unter Josef Bürckel, S. 328.

130 *Brosig*, Die Verfassung des Saarlandes, S. 99; *Muskalla*. NS-Politik an der Saar unter Josef Bürckel, S. 328.

131 *Herrmann*, Saarbrücken unter der NS-Herrschaft, S. 261; *Bünte*, Kleine Saarbrücker Stadtgeschichte, S. 114.

132 *Klee*, Das Personenlexikon zum Dritten Reich, S. 609-610.

von Saarbrücken Fritz Dietrich (1898-1948)[133] folgenden Befehl Himmlers: „Von nun an werden mit dem Fallschirm ausgestiegene Flieger nicht mehr am Leben gelassen. Sie müssen „auf der Flucht" erschossen werden. ... Hierzu gibt es keinen schriftlichen Befehl."[134] Am 15. Juli 1947 verurteilte ein amerikanisches Militärgericht in Dachau den früheren Polizeipräsidenten vom Saarbrücken Dietrich mit zwei weiteren Personen wegen seiner Anordnung zur Ermordung sieben amerikanischer Piloten, die im Saarland abgesprungen bzw. notgelandet waren, zum Tode.[135]

VI. Entrechtung und Ermordung der Juden

1933 lebten 2.083 Juden in Saarbrücken.[136] Ein „Zentrum jüdischen Lebens" lag in St. Johann.[137] Der Antisemitismus nahm in Saarbrücken zwischen 1933 und 1935 deutlich zu.[138] 1934 verließen jüdische Familien wegen der antisemitischen Politik im „Reich" Saarbrücken. Nach einer Volkszählung vom 25. Juni 1935 wohnten 1.330 Juden in der Stadt. Dies entsprach einem Anteil von 1, 03 Prozent an der Gesamtbevölkerung. Zu Beginn des Jahres 1938 lebten 480 Juden in der Stadt.[139]

---

133 *Klee*, Das Personenlexikon zum Dritten Reich, S. 110.

134 *Hubert Kesternich*, Die Ermordung des US-Piloten Robert S. Harrison, in: Zeitschrift für die Geschichte der Saargegend 69 (2021), S. 361-366, hier S. 361-362.

135 *Andreas Eichmüller*, „Es ist ganz unmöglich, diese Milde zu vertreten". Die strafrechtliche Verfolgung von NS-Verbrechen im Saarland 1945-1955, in: Ludwig Linsmayer / Peter Wettmann-Jungblut (Hrsg.), Last aus tausend Jahren. NS-Vergangenheit und demokratischer Aufbruch im Saarstaat (Echolot. Historische Beiträge des Landesarchivs Saarbrücken, Bd. 12), Saarbrücken 2013, S. 25-80, hier S. 41; *Horst Wilhelm*, Luftkrieg über der Saar 1939-1945. Die Bombenangriffe der alliierten Luftflotten auf Städte und Gemeinden des Saarlandes und die Flugzeugabstürze der beteiligten Luftstreitkräfte im Saarraum, St. Ingbert ^{3}2004, S. 237-242.

136 *Herrmann*, Saarbrücken unter der NS-Herrschaft, S. 289; *Jacoby*, Die nationalsozialistische Herrschaftsübernahme an der Saar, S. 182. Zur Geschichte der Juden im Saargebiet bzw. Saarland zwischen 1920 bis 1945: Dokumentation zur Geschichte der jüdischen Bevölkerung in Rheinland-Pfalz und im Saarland von 1800 bis 1945, Bd. 6, hrsg. von der Landesarchivverwaltung Rheinland-Pfalz in Verbindung mit dem Landesarchiv Saarbrücken, Koblenz 1974.

137 *Herrmann*, Aspekte zum jüdischen Leben an der Saar, S. 44; *Herrmann*, „Mitten im Leben und ihrer Zeit voraus", S. 150.

138 *Herrmann*, Aspekte zum jüdischen Leben an der Saar, S. 76.

139 *Herrmann*, Saarbrücken unter der NS-Herrschaft, S. 289; *Jacoby*, Die nationalsozialistische Herrschaftsübernahme an der Saar, S. 182. Eine Volkszählung vom 19. Juli 1927 ergab, dass im Saargebiet 4038 Menschen lebten, die nach eigenen Angaben der jüdischen Religion angehörten. Nach einer Volkszählung vom 25. Juni 1935 lebten im Saarland 3.117 Juden.

Die antisemitischen Gesetze des „Reichs“ traten in Saarbrücken aufgrund einer Zusatzerklärung Deutschlands[140] zum „Römischen Abkommen“ zwischen Deutschland und Frankreich vom 3. Dezember 1934[141] erst am 1. März 1936 in Kraft.[142] Den diplomatischen Bemühungen und dem Eintreten des Saarbrücker Rabbiners Schlomo Rülf war es zu verdanken, dass sich Deutschland in der Zusatzerklärung zum „Römischen Abkommen“ dazu verpflichtete, die antisemitischen Gesetze des „Reichs“ erst ab dem 1. März 1936 in Saarbrücken und im Saarland anzuwenden.[143] Bis zu diesem Zeitpunkt sollten die saarländischen Juden „legal und unbehelligt“ aus dem Saarland auswandern dürfen.[144] Ab dem 1. März 1936 galten im Saarland und in Saarbrücken die „Nürnberger Gesetze“ vom September 1935.[145] Zu den „Nürnberger Gesetzen“ gehörten das „Gesetz zum Schutze des deutschen Blutes und der deutschen Ehre“ vom 15. September 1935,[146] das „Reichsbürgergesetz“ vom 15. September 1935[147] und das „Reichsflaggengesetz“ vom 15. September 1935[148]. Das „Gesetz zum Schutze des deutschen Blutes und der deutschen Ehre“ verbot „Eheschließungen zwischen Juden und Staatsangehörigen deutschen oder artverwandten Bluts“. Es untersagte „außerehelichen Verkehr“ zwischen „Juden und Staatsangehörigen deutschen oder artverwandten Blutes“.[149] Diese Bestimmungen sollten nach der NS-Ideologie

140 Auswärtiges Amt, Schreiben Freiherr von Neurath, 3. 12. 1934, Reichsgesetzblatt 1935 II, S. 125.

141 Abkommen von Rom, 3. 12. 1934, Reichsgesetzblatt 1935 II, S. 126-130.

142 *Behringer / Clemens*, Geschichte des Saarlandes, S. 104; *Herrmann*, Aspekte zum jüdischen Leben an der Saar, S. 90; *Herrmann*, Saarbrücken unter der NS-Herrschaft, S. 289; *Jacoby*, Die nationalsozialistische Herrschaftsübernahme an der Saar, S. 182; *Marx*, Die Geschichte der Juden im Saarland, S. 198. Siehe: Bekanntmachung betr. Vollzug des Reichsbürgergesetzes, hier Juden und Beamtenschaft, 4. 3. 1936, Amtsblatt des Reichskommissars für die Rückgliederung des Saarlandes 1936, S. 74-75.

143 Auswärtiges Amt, Schreiben Freiherr von Neurath, 3. 12. 1934, Reichsgesetzblatt 1935 II, S. 125; *Herrmann*, Aspekte zum jüdischen Leben an der Saar, S. 90-91; *Joseph Walk* (Hrsg.), Das Sonderrecht für die Juden im NS-Staat. Eine Sammlung der gesetzlichen Maßnahmen und Richtlinien – Inhalt und Bedeutung (Motive – Texte – Materialien, Bd. 14), Heidelberg – Karlsruhe 1996, S. 152 Nr. 109.

144 *Jochum*, Leben und Wirken von Rabbiner Dr. Friedrich Schlomo Rülf, S. 325.

145 *Behringer / Clemens*, Geschichte des Saarlandes, S. 104; *Herrmann*, Saarbrücken unter der NS-Herrschaft, S. 289.

146 Gesetz zum Schutze des deutschen Blutes und der deutschen Ehre, 15. 9. 1935, Reichsgesetzblatt 1935 I, S. 1146-1147.

147 Reichsbürgergesetz, 15. 9. 1935, Reichsgesetzblatt 1935 I, S. 1146.

148 Reichsflaggengesetz, 15. 9. 1935, Reichsgesetzblatt 1935 I, S. 1145.

149 §§, 1, 2, 3, Gesetz zum Schutze des deutschen Blutes und der deutschen Ehre, 15. 9. 1935, Reichsgesetzblatt 1935 I, S. 1146-1147. Juden durften nach dem Gesetz „weibliche Staatsangehörige deutschen oder artverwandten Blutes unter 45 Jahren in ihrem Haushalt nicht beschäftigen“.

dem „Schutz vor einer Rassenvermischung dienen".[150] Das Landgericht Saarbrücken verurteilte im Dezember 1937 einen Einwohner St. Ingberts zu acht Monaten Gefängnis wegen „intimen Kontakts zu einem 16jährigen jüdischen Mädchen".[151] „Reichsbürger" war nach dem „Reichsbürgergesetz" „nur der Staatsangehörige deutschen oder artverwandten Blutes, der durch sein Verhalten beweist, daß er gewillt und geeignet ist, in Treue dem deutschen Volk zu dienen".[152] Nur der „Reichsbürger" war nach dem Gesetz der „alleinige Träger der vollen politischen Rechte nach Maßgabe der Gesetze".[153] Nach der „Ersten Verordnung zum Reichsbürgergesetz" vom 14. November 1935 konnte „ein Jude" „kein Reichsbürger sein".[154] Demzufolge galten Juden als „Bürger zweiter Klasse".[155]

Anwendung fand in Saarbrücken das „Gesetz zur Wiederherstellung des Berufsbeamtentums" vom 7. April 1933.[156] Das Gesetz, das unter Berufung auf „völkische Prinzipien" erging, beseitigte die Unabhängigkeit der Richter gemäß Artikel 102, 104 „Weimarer Reichsverfassung"[157] und § 1 Gerichtsverfassungsgesetz[158].[159] Anders als es der Titel des Gesetzes vermuten ließ, führte das Gesetz nicht zur „Wiederherstellung", sondern zur Beseitigung des Berufsbeamtentums. Es handelte sich um ein „Säuberungsgesetz" zur „Durchsetzung der nationalsozialistischen Politik".[160] Nach dem Gesetz waren „Beamte ... nicht arischer

150 *Hannes Ludyga*, Das Oberlandesgericht München zwischen 1933 und 1945, hrsg. im Auftrag des Präsidenten des Oberlandesgerichts München, Berlin 2012, S. 164.

151 *Mallmann / Paul*, Herrschaft und Alltag, S. 395.

152 § 2 Absatz 1, Reichsbürgergesetz, 15. 9. 1935, Reichsgesetzblatt 1935 I, S. 1146.

153 § 4 Absatz 1, Reichsbürgergesetz, 15. 9. 1935, Reichsgesetzblatt 1935 I, S. 1146.

154 § 4, Erste Verordnung zum Reichsbürgergesetz, 14. 11. 1935, Reichsgesetzblatt 1935 I, S. 1333.

155 *Bauer*, Nationalsozialismus, S. 297.

156 Insbesondere: § 3 Absatz 1, Gesetz zur Wiederherstellung des Berufsbeamtentums, 7. 4. 1933, Reichsgesetzblatt 1933 I, S. 175; *Marx*, Die Geschichte der Juden im Saarland, S. 198; allgemein: *Ludyga*, Das Oberlandesgericht München zwischen 1933 und 1945, S. 45-49.

157 Artikel 102, 104, Die Verfassung des Deutschen Reichs, 11. August 1919, Reichsgesetzblatt. 1919, S. 1403.

158 § 1, Gerichtsverfassungsgesetz, 22. 3. 1924, Reichsgesetzblatt 1924 I, S. 299; Strafprozeßordnung und Gerichtsverfassungsgesetz nebst ergänzenden Gesetzen. Mit Erläuterungen von *Friedrich Doerr*. München, Berlin 16. Auflage 1936, S. 1.

159 *Ludyga*, Das Oberlandesgericht München zwischen 1933 und 1945, S. 45; *Frank Weiß*, Das Schicksal jüdischer Richter im Oberlandesgerichtsbezirk Bamberg während des „Dritten Reiches". In: 200 Jahre Appellationsgericht/Oberlandesgericht Bamberg. Festschrift, hrsg. von Michael Meisenberg, München 2009, S. 116-132, hier S. 118.

160 *Ludyga*, Das Oberlandesgericht München zwischen 1933 und 1945, S. 45-46.

Abstammung“ „in den Ruhestand zu versetzen“.[161] Als „nicht arisch“ galt nach einer Durchführungsverordnung vom 11. April 1933 zu dem „Gesetz zur Wiederherstellung des Berufsbeamtentums“, „wer von nicht arischen, insbesondere jüdischen Eltern oder Großeltern abstammte“. Es genügte, „wenn ein Elternteil oder ein Großelternteil nicht arisch“ war. Wer jüdische Eltern oder Großeltern hatte, galt als „nicht arisch“.[162] Hinsichtlich der „arischen Abstammung“ bezog sich das „Gesetz zur Wiederherstellung des Berufsbeamtentums“ auf etwa 20 Menschen im gesamten Saarland, die teilweise vor dem Inkrafttreten des Gesetzes „freiwillig“ in den Ruhestand getreten waren.[163]

Die letzten Rechtsanwälte jüdischer Herkunft in Saarbrücken verloren im September 1936 ihre Zulassung. Die Anwaltschaft in Saarbrücken war fortan „judenfrei“.[164] Der Verlust der Zulassungen beruhte auf der „Verordnung zur Ergänzung der Vorschriften über die Zulassung als Rechtsanwalt im Saarland“ vom 15. Juni 1936. Nach der Verordnung sollte der 30. September 1936 der „Stichtag“ für den Ausschluss jüdischer Anwälte in Saarbrücken und im Saargebiet sein.[165] Nach der „Vierten Verordnung zum Reichsbürgergesetz“ vom 25. Juli 1938 erloschen die „Bestallungen (Approbationen) jüdischer Ärzte“ in Saarbrücken am 30. September 1938.[166] Dies bedeutete das „endgültige Berufsverbot“ für jüdische Ärzte, die bereits in den Jahren zuvor durch gezielte Maßnahmen und rechtliche Bestimmungen aus dem Erwerbsleben verdrängt worden waren.[167] Die „Bestallungen (Approbationen, Diplome) jüdischer Zahnärzte, Tierärzte und Apotheker“ erloschen am 31. Januar 1939.[168]

---

161 § 3 Absatz 1, Gesetz zur Wiederherstellung des Berufsbeamtentums, 7. 4. 1933, Reichsgesetzblatt 1933 I, S. 175; *Ludyga*, Das Oberlandesgericht München zwischen 1933 und 1945, S. 46.

162 Erste Verordnung zur Durchführung des Gesetzes zur Wiederherstellung des Berufsbeamtentums, 11. 4. 1933, Reichsgesetzblatt 1933 I, S. 195; *Ludyga*, Das Oberlandesgericht München zwischen 1933 und 1945, S. 46-47.

163 *Marx*, Die Geschichte der Juden im Saarland, S. 199.

164 *Wettmann-Jungblut*, Vom Rechtswahrer zum Rechtsanwalt, S. 219; *Wettmann-Jungblut*, Rechtsanwälte an der Saar 1800-1960, S. 248.

165 Verordnung zur Ergänzung der Vorschriften über die Zulassung als Rechtsanwalt im Saarland, 15. 6. 1936; Reichsgesetzblatt 1936 I, S. 518; *Wettmann-Jungblut*, Vom Rechtswahrer zum Rechtsanwalt, S. 218.

166 § 1, Vierte Verordnung zum Reichsbürgergesetz vom 25. 7. 1938, Reichsgesetzblatt 1938 I, S. 969; *Gisela Tascher*, Das Schicksal jüdischer Ärzte im Saarland 1933-1945, in: Saarländisches Ärzteblatt 10/2009, S. 2-16, hier S. 3.

167 *Herrmann*, „Mitten im Leben und ihrer Zeit voraus“, S. 160-161; *Tascher*, Das Schicksal jüdischer Ärzte im Saarland 1933-1945, S. 4.

168 § 1, Achte Verordnung zum Reichsbürgergesetz vom 17. 1. 1939, Reichsgesetzblatt 1939 I, S. 47; *Tascher*, Das Schicksal jüdischer Ärzte im Saarland 1933-1945, S. 3.

In der Nacht vom 9. auf den 10. November 1938 führten Brandstiftungen im Rahmen der deutschlandweiten Pogrome gegen Juden zur Zerstörung der Synagoge in Saarbrücken und Plünderungen sowie Brandanschläge zu Schäden an Privatwohnungen und Geschäften von Juden.[169] Saarbrücker Juden wurden in der Nacht vom 9. auf den 10. November 1938 „aus den Betten gerissen", durch die Stadt getrieben,[170] misshandelt, gefoltert, bedroht und gedemütigt. Vor der in Brand gesteckten Synagoge mussten sich Juden auf die Knie legen. Ein städtischer Sprengwagen bespritzte unterkühlte Juden mit Wasser. Zahlreiche Juden internierte die Gestapo in der Folge im Gefängnis im Saarbrücker Schloss sowie in der Strafanstalt auf der Lerchesflur auf engsten Raum. Von dort aus deportierten die Nationalsozialisten zahlreiche Juden in die Konzentrationslager Dachau und Buchenwald.[171] Nach dem Pogrom erging am 12. November 1938 die „Verordnung zur Ausschaltung der Juden aus dem deutschen Wirtschaftsleben".[172] Die Verordnung beruhte auf einer Anordnung Hitlers vom 10. November 1938 zur „Ausschaltung der Juden aus der Wirtschaft".[173] § 1 der „Verordnung zur Ausschaltung der Juden aus dem deutschen Wirtschaftsleben" untersagte Juden vom 1. Januar 1939 an den „Betrieb von Einzelhandelsverkaufsstellen, Versandgeschäften oder Bestellkontoren" sowie den „selbständigen Betrieb eines Handwerks".[174] Darüber hinausgehend war es Juden „vom gleichen Tage" an „verboten", „auf Märkten aller Art, Messen oder Ausstellungen, Waren oder gewerbliche Leistungen anzubieten, dafür zu werben oder Bestellungen darauf anzunehmen."[175] Die Verordnung untersagte Juden jede „selbständige

---

169 *Behringer / Clemens*, Geschichte des Saarlandes, S. 104; *Bünte*, Kleine Saarbrücker Stadtgeschichte, S. 109; *Herrmann*, Saarbrücken unter der NS-Herrschaft, S. 290; *Marx*, Die Geschichte der Juden im Saarland, S. 209.

170 *Marx*, Die Geschichte der Juden im Saarland, S. 209.

171 *Behringer / Clemens*, Geschichte des Saarlandes, S. 104; *Bünte*, Kleine Saarbrücker Stadtgeschichte, S. 109; *Herrmann*, Saarbrücken unter der NS-Herrschaft, S. 290; *Herrmann*, Aspekte zum jüdischen Leben an der Saar, S. 96; *Marx*, Die Geschichte der Juden im Saarland, S. 209-210.

172 Verordnung zur Ausschaltung der Juden aus dem deutschen Wirtschaftsleben, 12. 11. 1938, Reichsgesetzblatt 1938 I, S. 1580; zu der Verordnung: *Hannes Ludyga*, Nach dem Pogrom: Die „Verordnung zur Ausschaltung der Juden aus dem deutschen Wirtschaftsleben, in: Journal der Juristischen Zeitgeschichte 1 (2007), S. 133-136.

173 *Ludyga*, Nach dem Pogrom: Die „Verordnung zur Ausschaltung der Juden aus dem deutschen Wirtschaftsleben, S. 134.

174 § 1, Verordnung zur Ausschaltung der Juden aus dem deutschen Wirtschaftsleben, 12. 11. 1938, Reichsgesetzblatt 1938 I, S. 1580; *Ludyga*, Nach dem Pogrom: Die „Verordnung zur Ausschaltung der Juden aus dem deutschen Wirtschaftsleben, S. 134,

175 § 1, Verordnung zur Ausschaltung der Juden aus dem deutschen Wirtschaftsleben, 12. 11. 1938, Reichsgesetzblatt 1938 I, S. 1580; *Ludyga*, Nach dem Pogrom: Die „Verordnung zur Ausschaltung der Juden aus dem deutschen Wirtschaftsleben, S. 134.

wirtschaftliche Tätigkeit" wie „den Betrieb von Hotels, Gaststätten, Geschäften, Handwerken, Handel und Dienstleistungen".[176] Aufgrund der Verordnung erfolgte die Auflösung letzter Geschäfte, die Juden betrieben.[177] Die Verordnung sollte die Gewalttaten gegen Juden in den „Hintergrund drängen", den Gewalttaten gegen Juden eine „legalistische Prägung" geben und die Gewalt gegen Juden im November 1938 „rechtfertigen".[178] Sie führte zur „endgültigen und vollständigen Verdrängung" von Juden aus der Wirtschaft und Gesellschaft in Saarbrücken.[179] Die Verordnung verdeutlichte, dass die Entrechtung, Verfolgung und Ermordung von Juden eine „stark vermögensrechtliche Seite" aufwies.[180] Die in Saarbrücken verbliebenen Juden lebten in der Folge von Ersparnissen oder der „Fürsorge", sofern sie eine solche überhaupt erhielten, bis sie von ihrem letzten Geld die „Kosten für die Deportation in die Vernichtungslager bezahlen mussten".[181]

Die nach den Pogromen errichtete „Saarpfälzische Vermögensverwertungs GmbH" diente als eine „Auffanggesellschaft" für das Vermögen von Juden in Saarbrücken.[182] Nach den Pogromen im Gefängnis inhaftierte Juden mussten am 14. November 1938 vor einem Notar unter Zwang ihr Eigentum an die „Saarpfälzische Vermögensverwertungs GmbH" übertragen.[183] In der Bevölkerung gab es teilweise einen „Wettlauf" um eine „Bereicherung am Vermögen" von Juden. Für Juden bestand ein Verkaufszwang für ihre Geschäfte, was zur

---

176 *Ludyga*, Nach dem Pogrom: Die „Verordnung zur Ausschaltung der Juden aus dem deutschen Wirtschaftsleben, S. 134.

177 *Ludyga*, Nach dem Pogrom: Die „Verordnung zur Ausschaltung der Juden aus dem deutschen Wirtschaftsleben, S. 134.

178 *Ludyga*, Nach dem Pogrom: Die „Verordnung zur Ausschaltung der Juden aus dem deutschen Wirtschaftsleben, S. 134-135.

179 Siehe allgemein: *Ludyga*, Nach dem Pogrom: Die „Verordnung zur Ausschaltung der Juden aus dem deutschen Wirtschaftsleben, S. 136.

180 *Ludyga*, Nach dem Pogrom: Die „Verordnung zur Ausschaltung der Juden aus dem deutschen Wirtschaftsleben, S. 136; *Marieke Thomé*, Vom Unrecht des NS-Staates profitieren – „Arisierungen" im Saarland, in: Hans-Christian Herrmann / Ruth Bauer (Hrsg.), Widerstand, Repression und Verfolgung. Beiträge zur Geschichte des Nationalsozialismus an der Saar (Geschichte, Politik und Gesellschaft. Schriftenreihe der Stiftung Demokratie Saarland, Bd. 14), St. Ingbert 2014, S. 103-123, hier S. 105.

181 *Ludyga*, Nach dem Pogrom: Die „Verordnung zur Ausschaltung der Juden aus dem deutschen Wirtschaftsleben, S. 136.

182 *Herrmann*, Saarbrücken unter der NS-Herrschaft, S. 297.

183 *Eichmüller*, „Es ist ganz unmöglich, diese Milde zu vertreten", S. 60.

Veräußerung der Geschäfte unter Wert führte.[184] Rechtlichen Schutz für Juden gab es nicht.[185]

Im Jahre 1939 lebten 177 Juden in der Stadt.[186] Der Lebensweg zahlreicher in der Stadt verbliebener Juden „verliert" sich nach der Evakuierung Saarbrückens. Fest steht, dass die „evakuierten" Juden im Sommer 1940 nicht nach Saarbrücken zurückkehren durften.[187] Die „evakuierten" Juden wurden in Konzentrationslagern ermordet[188] und die wenigen in der Stadt lebenden Juden nach ihren Verhaftungen am 22. Oktober 1940 vom „Sammelplatz" Saarbrücker Schlossplatz aus in Lager in den Pyrenäen verschleppt. Den Transport in die Pyrenäen von Forbach aus übernahmen Viehwaggons. Vor dem Abtransport mussten Juden letzte Wertgegenstände wie Schmuck, Sparbücher, Wertpapiere und Bargeld beim „Transportführer" abgeben. Die Verschleppung mit der Bahn dauerte etwa 70 Stunden. Auf der Fahrt kamen erste Menschen zu Tode. In den Pyrenäen wurden die Deportierten mit Lastwagen in die Lager Gurs, Vernet, Noé und Riversaltes verschleppt und dort ermordet oder nach Auschwitz deportiert und ermordet.[189]

---

184 *Ludyga*, Nach dem Pogrom: Die „Verordnung zur Ausschaltung der Juden aus dem deutschen Wirtschaftsleben, S. 135; Thomé, Vom Unrecht des NS-Staates profitieren, S. 106.

185 *Ludyga*, Nach dem Pogrom: Die „Verordnung zur Ausschaltung der Juden aus dem deutschen Wirtschaftsleben, S. 135.

186 *Herrmann*, Saarbrücken unter der NS-Herrschaft, S. 290.

187 *Behringer / Clemens*, Geschichte des Saarlandes, S. 104; *Herrmann*, Saarbrücken unter der NS-Herrschaft, S. 290; *Herrmann*, Aspekte zum jüdischen Leben an der Saar, S. 99; *Marx*, Die Geschichte der Juden im Saarland, S. 216-217, 219-222.

188 *Herrmann*, Saarbrücken unter der NS-Herrschaft, S. 290; *Marx*, Die Geschichte der Juden im Saarland, S. 214-215; *Dieter Wolfanger*, Das Schicksal der saarländischen Juden unter der NS-Herrschaft (Beiträge zur Regionalgeschichte (Heft 13/1992), St. Ingbert 1992, S. 27-29.

189 *Behringer / Clemens*, Geschichte des Saarlandes, S. 104; *Herrmann*, Saarbrücken unter der NS-Herrschaft, S. 290; Hans-Walter *Herrmann*, Die Deportation nach Gurs, in: Erhard R. Wiehn (Hrsg.), Oktoberdeportation 1940. Die sogenannte „Abschiebung" der badischen und saarpfälzischen Juden in das französische Internierungslager Gurs und andere Vorstationen von Auschwitz. 50 Jahre danach zum Gedenken, Konstanz 1990, S. 493-510, hier S. 493-496, 502; *Herrmann*, Aspekte zum jüdischen Leben an der Saar, S. 98-100; *Marx*, Die Geschichte der Juden im Saarland, S. 216-217, 219-222; *Heinrich Rudnick*, Nachforschungen über das weitere Schicksal der am 22. Oktober 1940 aus dem Saarland nach Gurs verschickten Juden und der Träger des Judensterns im Saarland, in: Jahrbuch für westdeutsche Landesgeschichte 1 (1975), S. 337-372.

VII. Emigration

Einen Tag nach der Bekanntgabe des Abstimmungsergebnisses vom 13. Januar 1935 flohen mehr als 40 Menschen von Saarbrücken nach Frankreich. Bis zum 22. Januar 1935 waren beinahe 2.000 Saarländer und zahlreiche weitere deutsche Emigranten nach Frankreich geflüchtet. In der folgenden Zeit stieg die Anzahl der Emigranten aus Saarbrücken und dem Saarland kontinuierlich an. Bis zum Sommer 1936 waren etwa 4.352 Menschen aus dem Saarland nach Frankreich geflohen. Aus Saarbrücken gab es zu diesem Zeitpunkt etwa 2.383 Emigranten. Neben Frankreich flüchteten die Emigranten aus dem Saarland und Saarbrücken nach Luxemburg, Palästina, Polen, Holland, Großbritannien und Österreich sowie in die Sowjetunion und die USA.[190] Die Einreisebestimmungen zahlreicher Länder erschwerten die Emigration.[191]

Der Vorsitzende der saarländischen SPD Max Braun (1892-1945)[192] verließ Mitte Januar 1935 das Saarland in Richtung Frankreich.[193] Vor dem Haus der „Arbeiterwohlfahrt" in Saarbrücken versammelten sich im Januar 1935 SS- und SA-Leute, Mitglieder der Hitler-Jugend und des „Bundes Deutscher Mädel". Die Versammlung begleitete ein Lastwagen. Auf dem Lastwagen war ein Galgen angebracht. Neben dem Galgen marschierten Angehörige der SS, die eine Puppe mit einen „Schild um den Hals" mit der Beschriftung „Max Braun" trugen.[194] Fritz Dobisch (1890-1941), der zwischen 1932 und 1935 für die SPD Mitglied im Stadtrat von Saarbrücken und von 1928 bis 1935 „Vorsitzender des Allgemeinen Deutschen Gewerkschaftsbundes (ADGB) an der Saar" war, emigrierte am 17. Februar 1935 nach Luxemburg, wo ihn die Gestapo im Mai 1940 verhaftete und nach Trier „überstellte". Nach seiner Deportation in das Konzentrationslager Buchenwald wurde er dort am 7. Juli 1941 ermordet.[195]

---

190 *Hans-Walter Herrmann*, Beiträge zur Geschichte der saarländischen Emigration 1935-1939, in Jahrbuch für westdeutsche Landesgeschichte 4 (1978), 357-412, hier S. 372-373, 380; *Herrmann*, Saarbrücken unter der NS-Herrschaft, S. 247; *Herrmann*, Aspekte zum jüdischen Leben an der Saar, S. 91; *Mallmann / Paul*, Herrschaft und Alltag, S. 27; *Marx*, Die Geschichte der Juden im Saarland, S. 194-195; *von zur Mühlen*, „Schlagt den Hitler an der Saar!", S. 245; *Muskalla*. NS-Politik an der Saar unter Josef Bürckel, S. 415, 427; *Paul / Mallmann*, Milieus und Widerstand, S. 78-79.

191 *Marx*, Die Geschichte der Juden im Saarland, S. 208.

192 *Gerhard Paul*, Max Braun. Eine politische Biographie, St. Ingbert 1987, passim; *Dieter Gräbner*, „Ich sterbe ruhig und mutig." Josef Wagner. Bergmann, Kommunist, Widerstandskämpfer, Saarbrücken 2010, S. 137.

193 *von zur Mühlen*, „Schlagt den Hitler an der Saar!", S. 235; Paul, Max Braun, S. 96.

194 *Mallmann / Paul*, Herrschaft und Alltag, S. 25.

195 http://www.saarland-biografien.de/frontend/php/ergebnis_detail.php?id=325 [aufgerufen am 28. 3. 2022]; *Wilfried Busemann*, Arbeitskammer des Saarlandes, in: Rainer

Der Journalist Johannes Hoffmann (1890-1967)[196] von der Zentrumspartei, der zwischen Oktober 1929 und Februar 1934 Chefredakteur der „Saarbrücker Landeszeitung" war,[197] floh am 13./14. Januar 1935 in die Schweiz.[198] Von dort aus ging er nach Forbach,[199] seit Mai 1935 lebte er in Luxemburg.[200] Zu Beginn des Jahres 1940 floh er nach Paris.[201] Nach seiner Internierung durch französische Behörden im Mai 1940 und seiner Freilassung floh er nach Südfrankreich.[202] „Boden des unbesetzten Frankreichs" erreichte er am 15. Juli 1940.[203] Von dort aus floh er über Spanien im April 1941 nach Portugal.[204] Am 28. April 1941 bestieg er ein Schiff in Richtung Brasilien, wo er am 11. Mai 1941 ankam und bis zum 26. August 1945 lebte.[205] Er gehörte zu den wenigen Katholiken, die aus dem Saargebiet bzw. Saarbrücken emigrierten.[206] Der Saarbrücker Rabbiner Schlomo Rülf emigrierte im Januar 1935 nach Palästina.[207]

Hudemann unter Mitarbeit von Marcus Hahn, Gerhild Krebs und Johannes Großmann (Hg.), Stätten grenzüberschreitender Erinnerung – Spuren der Vernetzung des Saar-Lor-Lux-Raumes im 19. und 20. Jahrhundert. Lieux de la mémoire transfrontalière – Traces et réseaux dans l'espace Sarre-Lor-Lux aux 19e et 20e siècles, Saarbrücken 2002, 3., technisch überarbeitete Auflage 2009. Publiziert als CD-ROM sowie im Internet unter www.memotransfront.uni-saarland.de [http://www.memotransfront.uni-saarland.de/pdf/arbeitskammer.pdf].

196 *Klaus Altmeyer*, Johannes Hoffmann, in: Neue Deutsche Biographie 9 (1972), S. 428-429 [Online-Version]; URL: https://www.deutsche-biographie.de/pnd118944959.html#ndbcontent.

197 *Altmeyer*, Johannes Hoffmann, S: 328-429; *Merl*, Tagespresse im Saargebiet 1918-1945, S. 52-53. Hoffmann wurde von seinem Posten als Chefredakteur auf Druck „reichsdeutscher Stellen in Berlin … enthoben. Seit Mai 1934 gab er die „Neue Saar Post" heraus, die sich an einen „christlichen Leserkreis richtete". „Siehe auch: *Behringer / Clemens*, Geschichte des Saarlandes, S. 102; *Bünte*, Kleine Saarbrücker Stadtgeschichte, S. 109.

198 *Küppers*, Johannes Hoffmann (1890-1967), S. 189.

199 *Küppers*, Johannes Hoffmann (1890-1967), S. 190-191.

200 *Altmeyer*, Johannes Hoffmann, S: 328-429; *Behringer / Clemens*, Geschichte des Saarlandes, S. 102; *Bünte*, Kleine Saarbrücker Stadtgeschichte, S. 109; *Küppers*, Johannes Hoffmann (1890-1967), S. 192-194; *Paul / Mallmann*, Milieus und Widerstand, S. 81.

201 *Küppers*, Johannes Hoffmann (1890-1967), S. 197, 207, 210.

202 *Küppers*, Johannes Hoffmann (1890-1967), S. 214-218.

203 *Küppers*, Johannes Hoffmann (1890-1967), S. 223.

204 *Küppers*, Johannes Hoffmann (1890-1967), S. 242-247.

205 *Behringer / Clemens*, Geschichte des Saarlandes, S. 110; *Küppers*, Johannes Hoffmann (1890-1967), S. 250-251.

206 *Küppers*, Johannes Hoffmann (1890-1967), S. 187-188.

207 *Jochum*, Leben und Wirken von Rabbiner Dr. Friedrich Schlomo Rülf, S. 326-327; http://www.saarland-biografien.de/frontend/php/ergebnis detail.php?id=926.

Philipp Daub (1896-1976) – zwischen 1924 und 1931 Mitglied des Saarbrücker Stadtrats für die KP – floh im Januar 1935 nach Frankreich. Im August 1941 gelang ihm die Flucht in die USA. Aus den USA kehrte er über Odessa und Moskau nach Deutschland zurück. Von 1950 bis 1961 war er Oberbürgermeister von Magdeburg und von Dezember 1961 bis Januar 1964 Gründungspräsident der „Liga für Völkerfreundschaft" in der DDR.[208]

Die emigrierten Juristen standen vor beruflichen Schwierigkeiten. Im Emigrationsland sahen sie sich meist mit einer „fremden" Rechtsordnung konfrontiert, was die Ausübung des ursprünglich erlernten Berufs häufig unmöglich machte. Die „berufliche Existenz" war zerstört. Es blieben oft nur fachfremde Tätigkeiten. Der aus Saarbrücken emigrierte Rechtsanwalt Herbert Heinemann (1903-1981) betrieb seit 1941 in den USA eine Hühnerfarm.[209]

Die Emigration stellte für Juden, die die Mehrzahl der Emigranten aus Saarbrücken ausmachten,[210] eine „Vorgeschichte" und einen „Bestandteil des Holocaust" dar. Die Flucht erschwerte nachhaltig die „Reichsfluchtsteuer" vom 8. Dezember 1931.[211] Eine Verordnung vom 8. Dezember 1931 normierte die Entrichtung der „Reichsfluchtsteuer" für deutsche Staatsangehörige, die „ihren inländischen Wohnsitz oder ihren gewöhnlichen Aufenthalt im Inland aufgegeben haben oder aufgeben".[212] „Als Reichsfluchtsteuer" war nach dieser Verordnung

---

208 *Hans-Christian Herrmann*, Burbach in der braunen Zeit (1935-1945), in: Hans-Christian *Herrmann* / Ruth Bauer (Hrsg.), Burbacher Gold – Kohle, Stahl und Eisenbahn. Ein Stück Saarbrücker Stadtgeschichte (Veröffentlichungen des Stadtarchivs Saarbrücken, Bd. 4), Marpingen 2019, S. S. 152-195, hier S. 171; *Ders.*, Burbacher Perspektiven – die Nachkriegszeit verstehen, in: Hans-Christian *Herrmann* / Ruth Bauer (Hrsg.), Burbacher Gold – Kohle, Stahl und Eisenbahn. Ein Stück Saarbrücker Stadtgeschichte (Veröffentlichungen des Stadtarchivs Saarbrücken, Bd. 4), Marpingen 2019, S. 220-251, hier S. 227; http://www.saarland-biografien.de/frontend/php/ergebnis_detail.php?id=2552; https:// www.bundesstiftung-aufarbeitung.de/de/recherche/kataloge-datenbanken/biographische -datenbanken/philipp-daub.

209 *Reinhard Weber*, Das Schicksal der jüdischen Rechtsanwälte in Bayern nach 1933, München 2006, S. 174; *Wettmann-Jungblut*, Vom Rechtswahrer zum Rechtsanwalt, S. 219. Herbert Heinemanns Bruder wurde 1945 im Konzentrationslager Dachau ermordet.

210 *Küppers*, Johannes Hoffmann (1890-1967), S. 187.

211 Vierte Verordnung des Reichspräsidenten zur Sicherung von Wirtschaft und Finanzen und zum Schutze des inneren Friedens, 8. 12. 1931, Reichsgesetzblatt 1931 I, S. 731; *Herrmann*, Saarbrücken unter der NS-Herrschaft, S. 289; *Hannes Ludyga*, Von der „Reichsfluchtsteuer" aus dem Jahre 1931 bis zum Verbot der Emigration für Juden 1941, in: Journal der Juristischen Zeitgeschichte 2 (2008), S. 41-46, hier S. 41.

212 § 1, Vierte Verordnung des Reichspräsidenten zur Sicherung von Wirtschaft und Finanzen und zum Schutze des inneren Friedens, 8. 12. 1931, Reichsgesetzblatt 1931 I, S. 731; *Ludyga*, Von der „Reichsfluchtsteuer" aus dem Jahre 1931 bis zum Verbot der Emigration für Juden 1941, S. 42.

„ein Betrag in Höhe eines Viertels des gesamten steuerpflichtigen Vermögens ... zu entrichten".[213] Diese Steuer sollte als eine „Reaktion auf den Bankenzusammenbruch" von 1931[214] „ursprünglich eine Vermögensabgabe als Ausgleich dafür ... schaffen, dass Deutschland die wirtschaftliche und steuerliche Leistungsfähigkeit eines Auswandernden verloren ging" und „eine Kapitalflucht" verhindern.[215] Nach der Machtübernahme der Nationalsozialisten beruhte die Erhebung der „Reichsfluchtsteuer" nahezu ausschließlich auf antisemitischen Motiven. Die Nationalsozialisten setzten die „Reichsfluchtsteuer" als ein „Mittel" zum Einzug des Vermögens von Juden durch die Herabsenkung der Höhe des Vermögens bei der die Erhebung der „Reichsfluchtsteuer" ein.[216] Die „Reichsfluchtsteuer" führte dazu, dass Juden Deutschland häufig „mittellos" verließen.[217] Ein Erlass Himmlers vom 23. Oktober 1941 verbot Juden die Emigration. An die „Stelle der Emigration" trat „endgültig" die Deportation in die Konzentrations- und Vernichtungslager.[218]

VIII. Zwangsarbeit

Der Einsatz von Zwangsarbeitern an der Saar war „extensiv und von menschenverachtender Brutalität".[219] Deportationen, Zwangsarbeit und Holocaust stellten

---

213 § 3, Vierte Verordnung des Reichspräsidenten zur Sicherung von Wirtschaft und Finanzen und zum Schutze des inneren Friedens, 8. 12. 1931, Reichsgesetzblatt 1931 I, S. 731; *Ludyga*, Von der „Reichsfluchtsteuer" aus dem Jahre 1931 bis zum Verbot der Emigration für Juden 1941, S. 42.

214 *Kurt Schilde*, Bürokratie des Todes. Lebensgeschichten jüdischer Opfer des NS-Regimes im Spiegel von Finanzakten (Reihe Dokumente, Texte, Materialien. Zentrum für Antisemitismusforschung, Bd. 45), Berlin 2002, S. 41; *Reimer Voß*, Steuern im Dritten Reich. Vom Recht zum Unrecht unter der Herrschaft des Nationalsozialismus, München 1995, S. 147. Zum Bankenzusammenbruch bzw. zur Bankenkrise: *Henning*, Handbuch der Wirtschafts- und Sozialgeschichte Deutschlands, Bd. 3, Teil I, S. 468-485; *Ludyga*, Von der „Reichsfluchtsteuer" aus dem Jahre 1931 bis zum Verbot der Emigration für Juden 1941, S. 41-46.

215 *Heinz Cohn*, Auswanderungsvorschriften für Juden in Deutschland, Berlin 1938, S. 61; *Ludyga*, Von der „Reichsfluchtsteuer" aus dem Jahre 1931 bis zum Verbot der Emigration für Juden 1941, S. 42.

216 *Ludyga*, Von der „Reichsfluchtsteuer" aus dem Jahre 1931 bis zum Verbot der Emigration für Juden 1941, S. 43.

217 *Ludyga*, Von der „Reichsfluchtsteuer" aus dem Jahre 1931 bis zum Verbot der Emigration für Juden 1941, S. 44.

218 *Ludyga*, Von der „Reichsfluchtsteuer" aus dem Jahre 1931 bis zum Verbot der Emigration für Juden 1941, S. 46.

219 *Mallmann / Steffens*, Lohn der Mühen, S. 241.

„zentrale Elemente" des NS-Unrechts dar.[220] Die Zwangsarbeiter bildeten stets das „Ziel von Übergriffen, Schikanen und Misshandlungen".[221] Mit einer Anzahl von 10.000 Menschen gab es im Juni 1944 einen Höchststand in quantitativer Hinsicht von Zwangsarbeitern in Saarbrücken.[222] Während des Zweiten Weltkriegs verrichteten mehr als 20.000 Menschen in der Stadt Zwangsarbeit.[223] Untergebracht waren sie auf engstem Raum in städtischen Baracken, Schulen der Stadt und Turnhallen.[224] Die Bedingungen der Unterbringung boten „ideale Voraussetzungen" für die Verbreitung von Krankheiten.[225] In Saarbrücken bestanden 55 Lager für Zwangsarbeiter, die unterschiedlich groß waren. Die Zwangsarbeiter stammten aus Frankreich, Italien, Polen und der Sowjetunion. In der Burbacher Hütte leisteten Ende Juli 1943 über 3.300 Menschen Zwangsarbeit.[226] Insgesamt verpflichtete die Burbacher Hütte während des Zweiten Weltkriegs etwa 5.000 Menschen zur Zwangsarbeit.[227] Zahlreiche Menschen waren im „Burbacher Reichsbahnausbesserungswerk" zwangsbeschäftigt.[228] Zwangsarbeit gegen ihren Willen erbrachten Menschen im Saarland in der Rüstungsindustrie.[229]

Die Stadt Saarbrücken setzte Menschen ebenfalls unter Zwang zur Arbeit ein. Sie „beschäftigte" Zwangsarbeiter beim Fuhramt, Kanalbauamt, Hochbauamt, Instandsetzungsamt, Ernährungs- und Wirtschaftsamt, Gartenamt, bei den Stadtwerken, der Stadtsparkasse, den Förstereien, im städtischen „Bürgerhospital" und im Maschinenamt. Dienst leisteten die Zwangsarbeiter in der Rathausküche, im Luftschutzamt, in der Kläranlage und bei Aufräumarbeiten im Rahmen des Luftkriegs.[230] 500 Kriegsgefangene beutete die Stadt als

220 *Herrmann*, Burbach in der braunen Zeit, S. 181.

221 *Mallmann / Paul*, Herrschaft und Alltag, S. 73.

222 *Lemmes*, Zwangsarbeit in Saarbrücken, S. 178-179, 182.

223 *Herrmann*, Burbach in der braunen Zeit, S. 195.

224 *Behringer / Clemens*, Geschichte des Saarlandes, S. 106; *Hans-Henning Krämer*, Der Feind als Kollege – Kriegsgefangene und ausländische ZwangsarbeiterInnen (Beiträge zur Regionalsgeschichte, Heft 15/1993), St. Ingbert 1993, S. 18; *Lemmes*, Zwangsarbeit in Saarbrücken, S. 164-171.

225 *Mallmann / Steffens*, Lohn der Mühen, S. 241.

226 *Behringer / Clemens*, Geschichte des Saarlandes, S. 106; *Herrmann*, Saarbrücken unter der NS-Herrschaft, S. 293; *Herrmann*, Burbach in der braunen Zeit, S. 181.

227 *Herrmann*, Burbach in der braunen Zeit, S. 184.

228 *Behringer / Clemens*, Geschichte des Saarlandes, S. 106; *Herrmann*, Burbach in der braunen Zeit, S. 181.

229 *Behringer / Clemens*, Geschichte des Saarlandes, S. 106; Krämer, Der Feind als Kollege – Kriegsgefangene und ausländische ZwangsarbeiterInnen, S. 29.

230 *Lemmes*, Zwangsarbeit in Saarbrücken, S. 141-142, 145.

Zwangsarbeiter bei der „Wiederbesiedlung“ Saarbrückens nach der Evakuierung 1940 aus.[231] Insbesondere französische Kriegsgefangene waren im Winter 1941/42 für das Räumen von Schnee in der Stadt zuständig.[232] Beschäftigt waren Zwangsarbeiter in Unternehmen, an der die Stadt Beteiligungen hielt.[233] Dies galt unter anderem für die „Gesellschaft für Straßenbahnen im Saarland AG-Saarbrücken“.[234]

Die Ernährungslage der Zwangsarbeiter war desolat. Eine strenge Überwachung und harte Strafen standen auf der Tagesordnung.[235] Die Gewalt gegen Zwangsarbeiter verschärfte sich zu Beginn des Jahres 1945 nochmals. So wurden vier russische Zwangsarbeiterinnen, die angeblich in Saarbrücken geplündert hatten, im Lager Pascalschacht in Dudweiler erschossen.[236]

Die Zwangsarbeiter gingen ihren Tätigkeiten in Saarbrücken unter größten Gefahren für Leib und Leben nach. Einen Arbeitsschutz gab es nicht. Zahlreiche Zwangsarbeiter erlitten Arbeitsunfälle. Viele starben an Tuberkulose oder Herzversagen. Die SS erschoss willkürlich Zwangsarbeiter und verscharrte sie in Massengräbern.[237]

IX. Zwangssterilisationen

In Saarbrücken galt nach der „Rückgliederung“ des Saarlandes das „Gesetz zur Verhütung erbkranken Nachwuchses“ vom 14. Juli 1933.[238] Es handelte sich um eines der ersten Gesetze im „Erbgesundheitsrecht“. Hitler bezeichnete das Gesetz als eine „wahrhaft revolutionäre Maßnahme“.[239] § 1 Absatz 1 des Gesetzes enthielt eine Ermächtigungsgrundlage für Zwangssterilisationen[240] und normierte: „Wer erbkrank ist, kann durch chirurgischen Eingriff unfruchtbar (sterilisiert) werden, wenn nach den Erfahrungen der ärztlichen Wissenschaft mit

231 *Lemmes*, Zwangsarbeit in Saarbrücken, S. 143.

232 *Lemmes*, Zwangsarbeit in Saarbrücken, S. 144.

233 *Lemmes*, Zwangsarbeit in Saarbrücken, S: 147-151.

234 *Herrmann / Ruth*, Die Straßenbahn, S. 38.

235 *Behringer / Clemens*, Geschichte des Saarlandes, S. 106; *Krämer*, Der Feind als Kollege – Kriegsgefangene und ausländische ZwangsarbeiterInnen, S. 19; *Mallmann / Paul*, Herrschaft und Alltag, S. 73.

236 *Heckmann*, Leben unter amerikanischer Besatzung, S. 29.

237 *Herrmann*, Burbach in der braunen Zeit, S. 185-187.

238 Gesetz zur Verhütung erbkranken Nachwuchses, 14. 7. 1933, Reichsgesetzblatt 1933 I, S. 529-531.

239 *Ludyga*, Das Oberlandesgericht München zwischen 1933 und 1945, S. 212.

240 *Ludyga*, Das Oberlandesgericht München zwischen 1933 und 1945, S. 213.

großer Wahrscheinlichkeit zu erwarten ist, daß seine Nachkommen an schweren körperlichen oder geistigen Erbschäden leiden werden".[241] Das Gesetz legte acht „Erbkrankheiten" fest, bei denen Zwangssterilisationen vorgenommen werden sollten. Erbkrank waren nach dem Gesetz angeblich Menschen, die unter „1. angeborenem Schwachsinn, 2 Schizophrenie, 3. zirkulärem (manisch=depressivem) Irresein, 4. erblicher Fallsucht, 5. erblichem Veitstanz (Huntingtonsche Chorea), 6. erblicher Blindheit, 7. erblicher Taubheit, 8. schwerer erblicher körperlicher Mißbildung" litten.[242] Einen Nachweis für die genannten vermeintlichen Erbkrankheiten existierte in der zeitgenössischen Wissenschaft nicht.[243] Möglich war nach dem Gesetz die Zwangssterilisation bei „schwerem Alkoholismus".[244]

Das Gesetz zur „Verhütung erbkranken Nachwuchses" führte zur Errichtung von Erbgesundheitsgerichten und Erbgesundheitsobergerichten. Die Verhandlungen vor diesen Gerichten fanden unter dem Ausschluss der Öffentlichkeit statt. In der Gesellschaft stellte die Durchführung von Zwangssterilisationen ein „offenes Geheimnis" dar. Ein „Reichs-Erbgesundheitsobergerichtshof" existierte nicht.[245] In Saarbrücken existierte ein dem Amtsgericht Saarbrücken angegliedertes Erbgesundheitsgericht nach einer Verfügung des Reichsjustizministers vom 18. Oktober 1935. An der Spitze des Erbgesundheitsgerichts stand der Amtsgerichtsrat Adolf Philipp Fürst bis zur Einstellung der Tätigkeit des Gerichts im Herbst 1944.[246] Die Verhandlungen des Gerichts fanden im Gerichtsgebäude in der Roonstraße 2 sowie in Räumen der Heil- und Pflegeanstalt Merzig, des Landeskrankenhauses Homburg und im Kreishaus von Ottweiler statt.[247] Neben dem Vorsitzenden war das Erbgesundheitsgericht Saarbrücken mit zwei ärztlichen Beisitzern besetzt.[248] Die Urteile des Gerichts fielen in der

241 § 1, Gesetz zur Verhütung erbkranken Nachwuchses, 14. Juli 1933, Reichsgesetblatt 1933 I, S. 529; *Ludyga*, Das Oberlandesgericht München zwischen 1933 und 1945, S. 213.

242 § 1, Gesetz zur Verhütung erbkranken Nachwuchses, 14. 7. 1933, Reichsgesetzblatt 1933 I, S. 529; *Ludyga*, Das Oberlandesgericht München zwischen 1933 und 1945, S. 214.

243 *Ludyga*, Das Oberlandesgericht München zwischen 1933 und 1945, S. 214 mwN.

244 *Ludyga*, Das Oberlandesgericht München zwischen 1933 und 1945, S. 214 mwN.

245 *Ludyga*, Das Oberlandesgericht München zwischen 1933 und 1945, S. 216-217.

246 *Braß*, Zwangssterilisation und „Euthanasie" im Saarland 1933-1945, S. 127; *Mallmann / Paul*, Herrschaft und Alltag, S. 308; *Muskalla*. NS-Politik an der Saar unter Josef Bürckel, S. 197.

247 *Braß*, Zwangssterilisation und „Euthanasie" im Saarland 1933-1945, S. 128.

248 *Braß*, Zwangssterilisation und „Euthanasie" im Saarland 1933-1945, S. 129.

überwiegenden Anzahl nach einem Sitzungstermin.[249] Gegen die Urteile des Erbgesundheitsgerichts war eine Beschwerde vor dem Erbgesundheitsobergericht möglich, das einem Oberlandesgericht angegliedert war. Zuständig für Beschwerden war zunächst das Erbgesundheitsobergericht Köln und ab Herbst 1938 das Erbgesundheitsobergericht Zweibrücken.[250]

In den Jahren 1935, 1936 und 1938 beschloss das Erbgesundheitsgericht nach 1.426 Anträgen in 1.134 Fällen die Sterilisation von Menschen. Dies bedeutete eine Verurteilungsquote hinsichtlich einer Zwangssterilisation von 79, 5 Prozent. Im gesamten Zeitraum der Tätigkeit des Gerichts gab es 2.986 Anträge für eine Sterilisation.[251] Das „Gesetz zur Verhütung erbkranken Nachwuchses" bot die Grundlage für die Zwangssterilisierung von etwa 2.350 Saarländern.[252] Im Landeskrankenhaus Homburg, in der Heil- und Pflegeanstalt Merzig sowie im „Bürgerhospital" in Saarbrücken wurden die Zwangssterilisationen durchgeführt.[253] Zu den Opfern von Zwangssterilisation und Zwangsabtreibung gehörten Emma Bauernfeind (1915-1941) und Franziska Guldner, die Töchter des kommunistischen Widerstandskämpfers Josef Klemmer (1879-1961). Emma Bauernfeind, die im sechsten Monat schwanger war, starb nach einer im Saarbrücker „Bürgerhospital" mit Zwang durchgeführten Abtreibung.[254]

X. „Aktion T 4"

Mindestens 418 Menschen aus dem Saarland kamen im Rahmen der „Aktion T 4" in der Anstalt Hadamar in Hessen in Gaskammern durch Morde ums Leben.[255] Diese Menschen führten bis zu ihrer Ermordung ein nach Auffassung der Nationalsozialisten so bezeichnetes „unwertes Leben".[256] Nach der vorläufigen

---

249 *Braß*, Zwangssterilisation und „Euthanasie" im Saarland 1933-1945, S. 133.

250 *Braß*, Zwangssterilisation und „Euthanasie" im Saarland 1933-1945, S. 137-138.

251 *Braß*, Zwangssterilisation und „Euthanasie" im Saarland 1933-1945, S. 136-137.

252 *Behringer / Clemens*, Geschichte des Saarlandes, S. 104; *Braß*, Zwangssterilisation und „Euthanasie" im Saarland 1933-1945, S. 137; *Herrmann*, Saarbrücken unter der NS-Herrschaft, S. 292.

253 *Braß*, Zwangssterilisation und „Euthanasie" im Saarland 1933-1945, S. 142, 144, 146-147.

254 https://stolpersteine-guide.de/map/biografie/4031/klemmer-und-bauernfeind; *Herrmann*, Burbach in der braunen Zeit, S. 161.

255 *Braß*, Zwangssterilisation und „Euthanasie" im Saarland 1933-1945, S. 284-285. 327. 335-336.

256 Siehe allgemein: *Ludyga*, Das Oberlandesgericht München zwischen 1933 und 1945, S. 241-242.

Liste „Saarländischer Euthanasieopfer" des Landesarchivs Saarland stammten mindestes 63 Menschen aus Saarbrücken.[257]

Bei der „Aktion T 4" handelte es sich um „Euthanasiemaßnahmen" zur Ermordung kranker und behinderter Menschen.[258] Die Bezeichnung als „Aktion T 4" hing damit zusammen, dass der „Reichsausschuss zur wissenschaftlichen Erfassung von erb- und anlagebedingten schweren Leiden", der die Morde plante, seinen Sitz in der Tiergartenstraße 4 in Berlin hatte.[259] Bei der „Aktion T 4" kooperierten „Reichsausschuss" und Justiz eng. Alle Oberlandesgerichtspräsidenten erhielten am 23./24. April 1941 bei einer gemeinsamen Tagung mit den Generalstaatsanwälten und Beamten des Reichsjustizministerium in Berlin Informationen über die Morde. „Widerspruchslos und billigend" nahmen die Oberlandesgerichtspräsidenten, darunter der Präsident des Oberlandesgerichts Zweibrücken Karl Siegel (1884-1969)[260] die Morde zur „Kenntnis". Die Oberlandesgerichtspräsidenten informierten die Landgerichtspräsidenten ihrer Bezirke über das „Euthanasie-Programm".[261] Der Präsident des Landgerichts Saarbrücken war zu diesem Zeitpunkt Georg Beutner (1886-vermutlich 1945). Bei seiner Amtseinführung im Jahre 1937 trug er eine SA-Uniform.[262]

XI. Widerstand

Widerstand gegen den Nationalsozialismus leisteten Zwangsarbeiter[263] oder Einwohner Saarbrückens durch ihren Kampf im Spanischen Bürgerkrieg zwischen 1936 und 1939.[264] Im Spanischen Bürgerkrieg kämpften 500 Saarländer. Zu ihnen gehörte der in St. Johann geborene Bernhard Nikodemus (1901-1975),

---

257 https://www.saarland.de/SharedDocs/Downloads/DE/landesarchiv/LinksDownload/vorlaeufige_liste_saarlaendische_euthanasieopfer.pdf?__blob=publicationFile&v=7.

258 *Wildt*, Geschichte des Nationalsozialismus, S. 132-133.

259 *Ludyga*, Das Oberlandesgericht München zwischen 1933 und 1945, S. 242-243; *Wildt*, Geschichte des Nationalsozialismus, S. 132.

260 *Joachim Henning*, Das Pfälzische Oberlandesgericht in der NS-Zeit (1933-1945), in: Charlotte Glück / Martin Baus (Hrsg.), Recht. Gesetz. Freiheit. 200 Jahre Pfälzisches Oberlandesgericht Zweibrücken (Veröffentlichungen der Landesarchivverwaltung Rheinland-Pfalz, Bd. 121), Koblenz 2015, S. 227-236.

261 *Ludyga*, Das Oberlandesgericht München zwischen 1933 und 1945, S. 243-244.

262 *Lafontaine*, Streifzug durch die Geschichte des Landgerichts Saarbrücken – Teil 1, S. 19; *Lillig*, Die chronologische Reihenfolge der Präsidenten des Landgerichts Saarbrücken, S. 378. Zu Beutner: http://www.saarland-biografien.de/frontend/php/ergebnis_detail.php?id=3327.

263 *Mallmann / Steffens*, Lohn der Mühen, S. 243.

264 *Herrmann*, Aspekte zum jüdischen Leben an der Saar, S. 95; *Mallmann / Steffens*, Lohn der Mühen, S. 238; *Paul / Mallmann*, Milieus und Widerstand, S. 295.

der 1927 der SPD beitrat. Die Regierungskommission stellte im Mai 1933 Nikodemus, der zuvor Hilfsarbeiter auf der Burbacher Hütte war, als Verwaltungsassistenten an. 1937 emigrierte Nikodemus nach Frankreich. Von Frankreich aus zog er in den Spanischen Bürgerkrieg.[265]

Den nachhaltigsten Widerstand in Saarbrücken leisteten die Kommunisten, die seit 1933 Widerstandszellen in Saarbrücken unterhielten.[266] Im November 1933 richtete die KP-Saar in Saarbrücken im Haus der „Arbeiterwohlwahrt" eine „Parteischule" zur Vorbereitung für „Agenten auf ihre Tätigkeit im Reich" ein. Die Errichtung der „Parteischule" führte zu einer „Intensivierung und Professionalisierung" des Widerstands von Kommunisten.[267] Eine Tagung des „erweiterten Zentralkomitees der KPD" fand am 3./4. Februar 1934 in Saarbrücken statt.[268] Zu den Widerstandsaktionen von Kommunisten gehörten die Verbreitung von Schriften sowie der Schmuggel von Waffen oder Sprengstoff von Saarbrücken und dem Saarland aus in das „Reich".[269] Im August und September 1935 nahmen die Nationalsozialisten im Saarland 68 Menschen fest, die sie zum kommunistischen Widerstand zählten. Darunter befanden sich aus Saarbrücken der kaufmännische Angestellte Otto Johänntgen (1910-1990), der Schuhmacher Josef Odermatt, der Hüttenmaurer Walter Brückner und Maria Röder (Müller) (1903-1985). Der Volksgerichtshof verurteilte Johänntgen im Jahre 1936 zu einer Zuchthausstrafe von neun Jahren[270] und Röder zu einer Zuchthausstrafe von fünf Jahren.[271] Die Festnahme der von der Gestapo so bezeichneten „Johänntgen-Gruppe"[272] bedeutete keine Zerschlagung des kommunistischen

265 *Herrmann*, Burbach in der braunen Zeit, S. 163.

266 *Herrmann*, Burbach in der braunen Zeit, S. 161; *von zur Mühlen*, „Schlagt den Hitler an der Saar!", S. 182-183.

267 *von zur Mühlen*, „Schlagt den Hitler an der Saar!", S. 184-185.

268 *Zenner*, Parteien und Politik im Saargebiet unter dem Völkerbundsregime 1920-1935, S. 280.

269 *Herrmann*, Burbach in der braunen Zeit, S. 154; *von zur Mühlen*, „Schlagt den Hitler an der Saar!", S. 189-191; *Paul / Mallmann*, Milieus und Widerstand, S. 357; *Heinz*, Sozialdemokratie und Kommunisten 1933 bis 1945 im Saarland, S. 200.

270 *Behringer / Clemens*, Geschichte des Saarlandes, S. 106; *Luitwin Bies*, Wegweise durch das andere Völklingen und den Warndt (Schriften zur Völklinger Geschichte), o. O. o. J, S. 15; *Heinz*, Sozialdemokratie und Kommunisten 1933 bis 1945 im Saarland, S. 202; *Herrmann*, Saarbrücken unter der NS-Herrschaft, S. 278; https://www.rheinische-geschichte.lvr.de/Projekte/Widerstandskarte/otto-johaenntgen-beteiligte-sich-an-der-reorganisation-der-kommunistischen-partei-/DE-2086/lido/dc00019757; zu Maria Röder: *Luitwin Bies / Horst Bernard* (Hrsg.), Saarländerinnen gegen die Nazis. Verfolgt – Vertrieben – Ermordet, Saarbrücken 2004, S. 93-99.

271 *Bies / Bernar*, Saarländerinnen gegen die Nazis, S. 95, 100-101.

272 *Paul / Mallmann*, Milieus und Widerstand, S. 381.

Widerstands in Saarbrücken. Weitere Verhaftungen kommunistischer Widerstandskämpfer erfolgten im Februar und September 1936 und im Februar 1937 in Malstatt-Burbach, wo ein Zentrum des kommunistischen Widerstands lag. Die Verhafteten - darunter der ehemalige Bergarbeiter auf der Burbacher Hütte und das frühere Stadtratsmitglied der KP von Saarbrücken Peter Roth (1900-1943) sowie der frühere Arbeiter auf der Burbacher Hütte Wendel Schorr (1903-1944) - verschleppten die Nationalsozialisten in das Konzentrationslager Lichtenburg.[273] In Saarbrücken im August 1938 festgenommene Kommunisten deportierten die Nationalsozialisten in das Konzentrationslager Buchenwald.[274]

Eine der prominentesten kommunistischen Saarbrücker Widerstandskämpferinnen war die Ärztin im „Bürgerhospital" Maria Lobe (1912-2001),[275] die seit 1941 am „Bürgerhospital" tätig war. 1935 war sie vom Volksgerichtshof wegen der Verbreitung von Schriften der KP zu einer Gefängnisstrafe von neun Monaten verurteilt worden.[276] Sie pflegte von Saarbrücken aus Verbindungen zum kommunistischen Widerstand in Berlin und gehörte nach 1945 als Abgeordnete für die SED dem sächsischen Landtag an.[277] Lobbe gab verfolgten Juden aus Berlin im Jahre 1943 in ihrer Wohnung in Saarbrücken ein Versteck.[278]

Der saarländische Kommunist Jacob Welter (1907-1944) emigrierte im März 1935 nach Schweden und kehrte 1942/1943 aus seinem Exil in Schweden an die Saar zurück. Im Saarland und in Saarbrücken beabsichtigte er den Aufbau von Widerstandszellen. Nach seiner Verhaftung in Dudweiler verurteilte ihn der Volksgerichtshof zum Tode. In Stuttgart fand am 19. April 1944 die Vollstreckung des Todesurteils statt.[279]

---

273 *Herrmann*, Saarbrücken unter der NS-Herrschaft, S. 278; *Herrmann*, Burbach in der braunen Zeit, S. 161; *Heinz*, Sozialdemokratie und Kommunisten 1933 bis 1945 im Saarland, S. 202; https://www.saarbruecken.de/kultur/stadtarchiv/von_den_nazis_verfolgt_lebenslaeufe_saarbruecker_stadtverordneter/peter_roth_1900_1943_kpd.

274 *Herrmann*, Saarbrücken unter der NS-Herrschaft, S. 278.

275 *Bies / Bernard*, Saarländerinnen gegen die Nazis, S. 63-70.

276 *Bies / Bernard*, Saarländerinnen gegen die Nazis, S. 64-66.

277 *Bies / Bernar*, Saarländerinnen gegen die Nazis, S. 66; *Herrmann*, Saarbrücken unter der NS-Herrschaft, S. 278-279; *Volker Klimpel*, Ärzte als Mitglieder des sächsischen Landtags, in: Ärzteblatt Sachsen 2008, S. 257-261, hier S. 261.

278 *Bies / Bernar*, Saarländerinnen gegen die Nazis, S. 66.

279 *von zur Mühlen*, „Schlagt den Hitler an der Saar!", S. 243; *Hermann Weber / Andreas Herbst*, Deutsche Kommunisten. Biographisches Handbuch 1918 bis 1945, Berlin 2004, S. 857.

Der 1935 aus Saarbrücken emigrierte Max Braun gehörte zu den Hauptakteuren des Widerstands der Sozialdemokraten.[280] Brauns Widerstand war in erster Linie ein „Exilwiderstand".[281] In der Emigration im französischen Forbach leitete er 1935 die „Beratungsstelle für Saarflüchtlinge".[282] Von 1936 bis 1940 lebte er in Paris.[283] Dort pflegte er engen Kontakt mit emigrierten Kommunisten, katholischen Politikern und Schriftstellern. Er betätigte sich auf publizistischer Ebene gegen die Nationalsozialisten.[284] 1940 floh Braun nach England, wo er 1945 starb.[285] Seinen Leibwächter Josef Mildenberger (1905-1959) verschleppte die Gestapo 1936 in das Konzentrationslager Lichtenburg. Nach der Auflösung dieses Lagers zwangen ihn die Nationalsozialisten zur Mitwirkung an der Errichtung des Konzentrationslagers Buchenwald. Als Häftling in Buchenwald erlitt er schwerste Folter und Qualen. Nach seiner Befreiung aus dem Konzentrationslager Buchenwald am 11. April 1945 zog er im Sommer 1945 nach Saarbrücken[286] und trat eine Stelle bei der Saarbrücker Stadtverwaltung an.[287]

Aus der katholischen Jugendarbeit in Saarbrücken stammte der Widerstandskämpfer Willi Graf (1918-1943).[288] Er war Absolvent des Ludwigsgymnasiums in Saarbrücken und gehörte mit Heinrich Bollinger (1916-1990)[289] und Wilhelm

---

280 *Gräbner*, „Ich sterbe ruhig und mutig," S. 137; *Heinz*, Sozialdemokratie und Kommunisten 1933 bis 1945 im Saarland, S. 197.

281 Siehe allgemein: *Heinz*, Sozialdemokratie und Kommunisten 1933 bis 1945 im Saarland, S. 204; *Paul*, Von der Bastion im Westen zur Brücke der Verständigung, S. 39.

282 *Gräbner*, „Ich sterbe ruhig und mutig," S. 137; *Heinz*, Sozialdemokratie und Kommunisten 1933 bis 1945 im Saarland, S. 197; *von zur Mühlen*, „Schlagt den Hitler an der Saar!", S. 250; *Paul*, Max Braun, S. 107-112.

283 *Paul*, Max Braun, S. 119-194.

284 *von zur Mühlen*, „Schlagt den Hitler an der Saar!", S. 256.

285 *von zur Mühlen*, „Schlagt den Hitler an der Saar!", S. 259; *Paul*, Max Braun, S. 195-209.

286 *Herrmann*, Burbach in der braunen Zeit, S. 168-170.

287 *Herrmann*, Burbacher Perspektiven, S. 228-230.

288 *Manfred Eisenbeis*, Willi Graf – Mitglied der „Weißen Rose", in: Heinz Paulus / Ewald Wannemacher (Hrsg.), 400 Jahre Ludwigsgymnasium Saarbrücken. Kontinuität und Wandel 1604-2004, Saarbrücken 2004, S. 175-184; *Peter Goergen*, Willi Graf – Ein Weg in den Widerstand (Geschichte, Politik und Gesellschaft. Schriftenreihe der Stiftung Demokratie Saarland, Bd. 11), St. Ingbert 2009, passim; *Frederik Simon*, Willi Graf: Katholik, Widerstandskämpfer, Seliger? Seine Jugend und der Einfluss des Katholizismus auf seinen Lebensweg, in: Zeitschrift für die Geschichte der Saargegend 68 (2020), S. 23-72.

289 *Herrmann*, Burbach in der braunen Zeit, S. 172; *Pia Nordblom*, Heinrich Bollinger (1916-1990). Kopf der Weißen Rose in Freiburg, in: Angela Borstedt / Sibylle Thelen / Reinhold Weber (Hrsg.), Mut bewiesen. Widerstandsbiographien aus dem Südwesten (Schriftenreihe zur politischen Landeskunde Baden-Württembergs, Bd. 46), Stuttgart 2017, S. 425-435.

Bollinger (1919-1975)[290] sowie Werner Reinert (1922-1987)[291] dem „katholischen Bund Neudeutschland“ an.[292] Die Mitglieder des Bundes „lebten“ ein „naturnahes, kulturinteressiertes, weltzugewandtes Christentum“[293] mit einer kritischen Haltung gegenüber der Amtskirche.[294] Die Mitglieder des Bundes betrachteten sich als „antibürgerlich“.[295] Nach einem Verbot des Bundes 1936[296] waren die Gymnasiasten unter der Leitung von Fritz Leist (1913-1974)[297] Mitglieder des jugendlichen Bundes „Grauer Orden“, der seit Beginn des Jahres 1934 bestand.[298] Die Mitglieder des „Grauen Ordens“, den die Nationalsozialisten 1938 zerschlugen, beugten sich dem „totalitären Anspruch der NS-Herrschaft“ nicht.[299] In München war Graf, der an der Ludwig-Maximilians-Universität München seit April 1942 Medizin studierte,[300] Mitglied der „Weißen Rose“. Zum „Kern“ der „Weißen Rose“ gehörten neben Graf Kurt Huber (1893-

---

290 *Herrmann*, Burbach in der braunen Zeit, S. 172; *Nordblom*, Heinrich Bollinger, S. 426.

291 *Herrmann*, Burbacher Perspektiven, S. 238, 250; http://www.saarland-biografien.de/frontend/php/ergebnis_detail.php?id=2306.

292 *Eisenbeis*, Willi Graf, S. 175; *Goergen*, Willi Graf, S. 22, 25, 40; *Herrmann*, Saarbrücken unter der NS-Herrschaft, S. 280-281; *Paul / Mallmann*, Milieus und Widerstand, S. 136-137.

293 *Gerhild Krebs*, Widerstandskämpfer Willi Graf, in: Rainer Hudemann unter Mitarbeit von Marcus Hahn, Gerhild Krebs und Johannes Großmann (Hg.), Stätten grenzüberschreitender Erinnerung – Spuren der Vernetzung des Saar-Lor-Lux-Raumes im 19. und 20. Jahrhundert. Lieux de la mémoire transfrontalière – Traces et réseaux dans l'espace Sarre-Lor-Lux aux 19e et 20e siècles, Saarbrücken 2002, 3., technisch überarbeitete Auflage 2009. Publiziert als CD-ROM sowie im Internet unter www.memotransfront.uni-saarland.de [http://www.memotransfront.uni-saarland.de/pdf/willi_graf.pdf.

294 *Herrmann*, Burbach in der braunen Zeit, S. 172.

295 *Herrmann*, Burbach in der braunen Zeit, S. 172.

296 *Goergen*, Willi Graf, S. 45. Siehe: Polizeiverordnung gegen die konfessionellen Jugendverbände, Amtsblatt des Reichskommissars für das Saarland 1936, 17. 11. 1936, S. 376-377.

297 *Franz Josef Schäfer*, Willi Graf und der Graue Orden. Jugendliche zwischen Kreuz und Hakenkreuz (Röhrig Lebensbilder, Bd. 3), St. Ingbert 2017, S. 11-23; http://www.saarland-biografien.de/frontend/php/ergebnis_detail.php?id=1117.

298 *Eisenbeis*, Willi Graf, S. 181; *Goergen*, Willi Graf, S. 45-47; *Herrmann*, Burbach in der braunen Zeit, S. 172; *Herrmann*, Saarbrücken unter der NS-Herrschaft, S. 280-281.

299 *Herrmann*, Burbach in der braunen Zeit, S. 172-173.

300 *Paul / Mallmann*, Milieus und Widerstand, S. 136.

1943),[301] Alexander Schmorell (1917-1943),[302] Sophie Scholl (1921-1943)[303] und Hans Scholl (1918-1943)[304] sowie Christoph Probst (1919-1943)[305].[306] Als Angehörigen der Weißen Rose verurteilte der Volksgerichtshof Graf am 19. April 1943 zum Tode. Grafs Hinrichtung erfolgte am 12. Oktober 1943.[307] Der Leichnam Grafs wurde 1946 nach Saarbrücken überführt.[308]

Zum Widerstand in Saarbrücken auf katholischer Seite gehörte Koßmann,[309] der seit 1935 in der privaten Versicherungswirtschaft tätig war.[310] Koßmann beklagte 1933 die Verfolgung von Juden.[311] Hitler bezeichnete er als einen „Psychopathen".[312] Die „Kirchenfeindlichkeit" der Nationalsozilisten und die Verfolgung von Juden waren für ihn ein Motiv zur Ablehnung der NS-Ideologie.[313] Die Nationalsozialisten bezeichneten ihn als „politisch unzuverlässig".[314] Koßmann gehörte nach eigenen Angaben zum „Widerstandskreis um Carl

---

301 *Thrasybulos G. Georgiades*, Kurt Huber, in Neue Deutsche Biographie, Bd. 9, Berlin 1972, S. 697-698.

302 *Sönke Zankel*, Alexander Schmorell, in: Neue Deutsche Biographie 23 (2007), S. 262-263 [Online-Version]; URL: https://www.deutsche-biographie.de/pnd119207982.html#ndbcontent.

303 *Michael Kißener*, Sophie Scholl, in: Neue Deutsche Biographie 23 (2007), S. 445-446 [Online-Version]; URL: https://www.deutsche-biographie.de/pnd118610317.html#ndbcontent.

304 *Michael Kißener*, Hans Scholl, in: Neue Deutsche Biographie 23 (2007), S. 445-446 [Online-Version]; URL: https://www.deutsche-biographie.de/pnd118610309.html#ndbcontent; *Michael Kißener*, Sophie Scholl, in: Neue Deutsche Biographie 23 (2007), S. 445-446 [Online-Version]; URL: https://www.deutsche-biographie.de/pnd118610317.html#ndbcontent.

305 *Michael Probst*, Probst, Christoph, in: Neue Deutsche Biographie 20 (2001), S. 733-734 [Online-Version]; URL: https://www.deutsche-biographie.de/pnd11917958X.html#ndbcontent.

306 *Wolfgang Benz*, Der Deutsche Widerstand gegen Hitler, München 2014, S. 48.

307 *Behringer / Clemens*, Geschichte des Saarlandes, S. 105; *Benz*, Der Deutsche Widerstand gegen Hitler, S. 49; *Eisenbeis*, Willi Graf, S. 181; *Goergen*, Willi Graf; S. 186-193, 199-201.

308 *Gaby Riedschy*, „Manchmal glaube ich es sicher; manchmal zweifle ich daran." in: Stadtverband Saarbrücken (Hrsg.), Zehn statt tausend Jahre. Die Zeit des Nationalsozialismus an der Saar 1935-1945, *Merzig* 1988, S. 159-169, hier S. 159.

309 *Herrmann*, Saarbrücken unter der NS-Herrschaft, S. 281-282.

310 *Bost*, Bartholomäus Koßmann, S. 269.

311 *Bost*, Bartholomäus Koßmann, S. 208; *Mallmann / Paul,* Das zersplitterte Nein, S. 140.

312 *Bost*, Bartholomäus Koßmann, S. 208.

313 *Bost*, Bartholomäus Koßmann, S. 263, 270.

314 *Bost*, Bartholomäus Koßmann, S. 270.

Goerdeler“ (1884-1945)[315].[316] Goerdeler war aus Protest gegen die Nationalsozialisten am 1. April 1937 als Oberbürgermeister Leipzigs zurückgetreten. Ziel des „Goerdeler-Kreises“ war ein Staatsstreich des Militärs, um Hitler zu stürzen. Die Grundlage der Gesellschaftsordnung in Deutschland nach einem Sturz der Nationalsozialisten sollten „Rechtsstaatlichkeit, Moral, bürgerlicher Anstand und christliche Weltanschauung“ sein.[317] Die Mitglieder des „Goerdeler-Kreises“ entwarfen im Sommer 1944 ein Regierungsprogramm für die Zeit nach dem Sturz der Nationalsozialisten und stellten Listen mit potentiellen künftigen Ministern zusammen.[318] Nach seiner Verhaftung am 12. August 1944 verurteilte der Volksgerichtshof Goerdeler am 8. September 1944 zum Tode. Die Hinrichtung Goerdelers erfolgte am 2. Februar 1945.[319] Koßmann wurde am 24. Juli 1944 und damit zwei Tage nach dem gescheiterten Attentat auf Hitler inhaftiert. Der Name Koßmanns stand auf einer Liste von zukünftigen Mitgliedern einer Regierung aus Kreisen des militärischen und zivilen Widerstands.[320] Die Staatsanwaltschaft erhob gegen Koßmann am 24. November 1944 Anklage wegen „Vorbereitung zum Hochverrat“ vor dem Volksgerichtshof.[321] Der Volksgerichtshof sprach Koßmann frei und führte aus: „Wir können nicht feststellen, dass Bartholomäus Koßmann gewusst hätte, dass Goerdeler Verrat trieb. Wir sprechen ihn deshalb von dem Vorwurf einer „Vorbereitung zum Hochverrat“ frei.“[322]

Prominenter Vertreter des Widerstands von protestantischer Seit aus war der Pfarrer in Malstatt und der Superintendant der Synode Saarbrücken Philipp Bleek (1878-1948). Vermeintlich „staatsfeindliche Äußerungen“ führten zu seiner Überwachung durch die Nationalsozialisten. Am 27. Juni 1937 verhaftete die Gestapo Bleek gemeinsam mit seiner Ehefrau. Bleek blieb acht Monate in

315 *Benz*, Der Deutsche Widerstand gegen Hitler, S. 77-82; *Paul Kluke*, Carl Goerdeler, Carl, in: Neue Deutsche Biographie 6 (1964), S. 521-524 [Online-Version]; URL: https://www.deutsche-biographie.de/pnd118695797.html#ndbcontent.

316 *Bost*, Bartholomäus Koßmann, S. 275; *Mallmann / Paul*, Das zersplitterte Nein, S. 142.

317 *Benz*, Der Deutsche Widerstand gegen Hitler, S. 78-79.

318 *Benz*, Der Deutsche Widerstand gegen Hitler, S. 81.

319 *Benz*, Der Deutsche Widerstand gegen Hitler, S. 81-82; *Kluke*, Carl Goerdeler, URL: https://www.deutsche-biographie.de/pnd118695797.html#ndbcontent.

320 *Bünte*, Kleine Saarbrücker Stadtgeschichte, S. 116; *Bost*, Bartholomäus Koßmann, S.276; *Mallmann / Paul*, Das zersplitterte Nein, S. 142.

321 *Bost*, Bartholomäus Koßmann, S. 282.

322 *Bost*, Bartholomäus Koßmann, S. 288; *Mallmann / Paul*, Das zersplitterte Nein, S. 143-144.

Untersuchungshaft. Nach seiner Ausweisung aus dem Saarland emigrierte er im Mai 1939 nach Argentinien.[323]

XII. „Lager Neue Bremm"

Am Stadtrand Saarbrückens an der „Goldenen Bremm" befand sich von Sommer 1943 bis Ende November 1944[324] unter der Leitung der Gestapo das „Lager Neue Bremm".[325] An der Errichtung des Lagers beteiligte sich die Stadt Saarbrücken im Rahmen der baulichen Planungen unmittelbar.[326]

Das „Lager Neue Bremm" stand unter der Leitung des Polizeiinspektors und SS-Untersturmführers Fritz Schmoll (1913-1946)[327], der ein „verlängerter Arm des Stapostellen-Leiters war"[328].[329] Schmoll, der „Herr und Meister" im Lager,[330] trug die Verantwortung für den „Auf- und Ausbau des neuen Lagers", die „gesamte Organisation", die „Aufsicht über Personal und Verwaltung", die „Lebensmittelverteilung" und das „Rechnungswesen". Grausame Verhöre mit Tritten und Schlägen, Misshandlungen und Folter der Gefangenen sowie Befehle von Tötungen und das eigenhändige Hinrichten von Gefangen prägten seinen

323 *Herrmann*, Saarbrücken unter der NS-Herrschaft, S. 282; *Jörg Rauber*, Christus, Volk und Führer. Die evangelischen Kirchen an der Saar und ihr Verhältnis zum Nationalsozialismus, in: Hans-Christian Herrmann / Ruth Bauer (Hrsg.), Widerstand, Repression und Verfolgung. Beiträge zur Geschichte des Nationalsozialismus an der Saar (Geschichte, Politik und Gesellschaft. Schriftenreihe der Stiftung Demokratie Saarland, Bd. 14), St. Ingbert 2014, S. 237-278, hier S. 252, 273; http://www.saarland-biografien.de/frontend/php/ergebnis_detail.php?id=14.

324 *Thalhofer*, Repression und Verfolgung und das Lager Neue Bremm, S. 349, 352; *Thalhofer*, Neue Bremm, S. 64, 73-77. In den Jahren zwischen 1940 und 1942 nutzte die Wehrmacht die Räume als Lager für Kriegsgefangene.

325 *Thalhofer*, Repression und Verfolgung und das Lager Neue Bremm, S. 349.

326 *Thalhofer*, Neue Bremm, S. 68.

327 *Thalhofer*, Neue Bremm, S. 113.

328 *Thalhofer*, Repression und Verfolgung und das Lager Neue Bremm, S. 349.

329 *Behringer / Clemens*, Geschichte des Saarlandes, S. 107; *Raja Bernard / Dietmar Renger*, Neue Bremm. Ein KZ in Saarbrücken. Vorwort von Oskar Lafontaine, Frankfurt am Main 1984, S. 17, 23, 30, 49, 52-64, 116; *Bünte*, Kleine Saarbrücker Stadtgeschichte, S. 116; *Herrmann*, Saarbrücken unter der NS-Herrschaft, S. 283-285; *Mallmann / Paul*, Herrschaft und Alltag, S. 312-313.

330 *Thalhofer*, Neue Bremm, S. 91.

beruflichen Alltag.[331] Das Lager stellte einen rechtsfreien Raum dar.[332] Den Alltag der Gefangenen bestimmten „Rechtlosigkeit und Ohnmacht".[333] Das Lager war in ein Männer- und ein Frauenlager unterteilt, in denen 400 bis 500 Männer und 150 bis 400 Frauen gleichzeitig inhaftiert werden konnten. Auf dem Gelände des Lagers befanden sich Vernehmungsräume und ein Leichenhaus.[334] Die Unterkünfte der Gefangenen waren mit elektrischem Stacheldraht umzäunt.[335] Das Lagerpersonal tötete mindestens 82 Menschen, deren Namen bekannt waren.[336] Insgesamt kamen deutlich mehr Menschen im Lager ums Leben,[337] vermutlich etwa 500 Menschen.[338]

Im Mittelpunkt des Lagergeländes befand sich ein Löschteich. Der Teich war 15 Meter lang und breit sowie etwa 1, 5 Meter tief. Die Wände des Wasserbeckens waren in Richtung Mitte des Beckens „abgeschrägt". Der Löschteich war ein Ort von Mord, wenn Menschen im Teich ertranken, und Folter. Die Häftlinge mussten um den Teich herum „zermürbende Folterübungen" durchführen.[339] Der Häftling Mercedes Bernal erinnerte sich: „Sie mussten um ein Becken kreisen und dabei wie Frösche hüpfen: Aufrecht – gebückt – aufrecht – gebückt! Die Armen konnten sich nicht mehr rühren, und bei jeder Bewegung hagelte es Stockschläge." Über den Mord an einem Mithäftling, der um den Teich laufen musste, berichtete ein Gefangener: „Der Mann ist gehbehindert, er strauchelt, stürzt nieder, steht wieder auf und stürzt erneut nieder. Fußtritte zwingen ihn, wieder aufzustehen. Ein Stockschlag trifft ihn am Hinterkopf. Von nun an läuft er nur noch hin- und her taumelnd, wie ein Betrunkener. „Er ist betrunken" jubelt der SS-Mann. … Es hagelt Fußtritte in den Bauch und auf die Brust des fast leichenartigen Körpers. Es dauert nur wenige Minuten. Man legt

---

331 *Elisabeth Thalhofer*, Dachau in Rastatt. Der Prozess gegen das Personal des Gestapo-Lagers Neue Bremm vor dem Tribunal Général de la Zone Française in Rastatt, in: Ludwig Eiber / Robert Sigel (Hrsg.), Dachauer Prozesse. NS-Verbrechen vor amerikanischen Militärgerichten in Dachau 1945-48. Verfahren, Ergebnisse, Nachwirkungen (Dachauer Symposien zur Zeitgeschichte, Bd. 7), Göttingen 2007, S. 192-209, hier S. 197; *Thalhofer*, Repression und Verfolgung und das Lager Neue Bremm, S. 349.

332 *Thalhofer*, Repression und Verfolgung und das Lager Neue Bremm, S. 352.

333 *Thalhofer*, Neue Bremm, S. 93.

334 *Thalhofer*, Repression und Verfolgung und das Lager Neue Bremm, S. 352; *Thalhofer*, Neue Bremm, S. 64 *Thalhofer*, Neue Bremm, S. 82-83.

335 *Thalhofer*, Repression und Verfolgung und das Lager Neue Bremm, S. 354.

336 *Thalhofer*, Repression und Verfolgung und das Lager Neue Bremm, S. 359; *Thalhofer*, Neue Bremm, S. 105.

337 *Thalhofer*, Repression und Verfolgung und das Lager Neue Bremm, S. 360.

338 *Thalhofer*, Dachau in Rastatt, S. 194.

339 *Thalhofer*, Neue Bremm, S. 72, 100.

Schmidt auf eine Zeltplane. Er wird auf den Müll jenseits der Stacheldrahtzäune geworfen. Wir sind wahrscheinlich auf einem anderen Planeten."[340]

Zahlreiche Leichen aus dem Lager brachte das Bestattungsunternehmen Hubert Laubach aus Saarbrücken zum Saarbrücker Hauptfriedhof. Hubert Laubach berichtete über die Toten: „Manche waren gezeichnet von schweren Hämatomen, die bewiesen, dass sie vor ihrem Tod geschlagen worden waren. Im Allgemeinen waren das Skelette, die wir beerdigt haben."[341]

Das Lager war ein Durchgangs- und Straflager. Es hielt Mitglieder des französischen Widerstands, sonstige Kriegsgefangene, Zwangsarbeiter, Wehrmachtsdeserteure, Wehrdienstverweigerer und französische Juden gefangen. Für zahlreiche französische Juden bildete das Lager eine „Zwischenstation" auf dem Weg in die Konzentrations- und Vernichtungslager.[342] Für Frauen stellte das „Lager Neue Bremm" ein „Transitlager" bei der Verschleppung in das Konzentrationslager Ravensbrück dar.[343] Lise Lesèvre, weiblicher Häftling im Lager, berichtete über ihre Deportation nach Saarbrücken im Juni 1944: „Am Ende des Tages sind wir in Saarbrücken. Alle aussteigen! Wir werden erwartet. Wütende Hunde zerren an ihren Leinen. Komisch erscheinende und zugleich Schreck einflößende Soldaten halten sie. Begleitet von Peitschenhieben und Stiefeltritten steigen wir aus. Eine ganze Reihe von Fahrzeugen erwartet uns: Lastwagen, Grüne Minna und andere. Norante und ich werden in die Grüne Minna geschoben, in kleine Zellen aus feinem Gitterdraht und zusammengedrängt. Wir ersticken. Ich empfehle allen, weder zu sprechen, noch zu schreien, noch zu weinen. Wir müssen Luft sparen. Die Reise könnte länger dauern. Wo werden wir ankommen? Am anderen Ende der Welt? Der Landstrick ist unbewohnt. Es riecht nach Tod! Nach Fäulnis! Wir sind im Lager Neue Bremm angekommen."[344]

Im Lager übten etwa 50 Angestellte als Wärter und Aufseher eine Tätigkeit aus, von denen das städtische Arbeitsamt zahlreiche an das Lager vermittelte. Zu den Angestellten gehörten zahlreiche pensionierte Bergleute, Hausfrauen, Kriegsbeschädigte und frühere Beschäftigte im Dienstleistungssektor. In ihrem

---

340 *Bernard*, Neue Bremm, S. 24.

341 Zitiert nach: *Thalhofer*, Repression und Verfolgung und das Lager Neue Bremm, S. 359.

342 *Behringer / Clemens*, Geschichte des Saarlandes, S. 107; *Bernard / Renger*, Neue Bremm, S. 17, 23, 30, 49, 52-64, 116; *Bünte*, Kleine Saarbrücker Stadtgeschichte, S. 116; *Herrmann*, Saarbrücken unter der NS-Herrschaft, S. 283-285; *Mallmann / Paul*, Herrschaft und Alltag, S. 312-313; *Thalhofer*, Neue Bremm, S. 93; *Thalhofer*, Dachau in Rastatt, S. 193-194.

343 *Horst Bernard*, Neue Bremm – Das Lager. Ehemalige Häftlinge des Gestapolagers Neue Bremm erinnern sich, Saarbrücken 2014, S. 11.

344 *Bernard*, Neue Bremm, S. 13.

„vorherigen Leben“ waren sie „unauffällig“ und im „besten Sinne durchschnittlich“. Viele hatten eigene Familien.[345] Gegenüber von dem Lager befand sich ein kleines Wohnviertel. Das Lagergelände selbst grenzte unmittelbar an eine Gärtnerei. Die Gärtnerei bediente sich der Gefangenen des Lagers als billige Arbeitskräfte. Die Lageraufseher verkehrten regelmäßig in einer nahegelegenen Gaststätte, wo sie Bier und Zigaretten erhielten.[346]

Seit dem 15. Mai 1946 standen die Verantwortlichen aus dem „Lager Neue Bremm“ in Rastatt vor einem französischen Gericht. Es handelte es sich um den ersten Kriegsverbrecherprozess in der französischen Besatzungszone. Verhandlungsort war das Rastatter Schloss. 37 Personen, darunter 32 Männer und fünf Frauen, waren angeklagt. Der Prozess dauerte 17 Verhandlungstage und endete am 5. Juni 1946. Das Gericht verurteilte bis auf einen sämtliche Angeklagten. Es ergingen 14 Todesurteile sowie 21 Verurteilungen zu einer Freiheitsstrafe. Ein Angeklagter starb im Laufe des Prozesses.[347] Gegen Schmoll fällte das Gericht ein Todesurteil.[348] Die Vollstreckung der Todesurteile erfolgte am 30. Juli 1946.[349] Im Sommer 1947 ergingen in einem weiteren Prozess in Rastatt Urteile gegen Verantwortliche des „Lagers Neue Bremm“. Gegen den ehemaligen „Führer der Wachmannschaft“ verhängte das Gericht ein Todesurteil.[350]

XIII. Der „Reichssender Saarbrücken“

Ein erstes „professionelles Rundfunkprogramm“ gab es in den USA seit November 1920 und in England ab Januar 1922.[351] Die erste deutsche Radiosendung begann am 29. Oktober 1923 mit der Ausstrahlung. Im Saarland bestand in den 1920er Jahren und zu Beginn der 1930er Jahre kein eigener Radiosender. Die Regierungskommission verweigerte die Erteilung der Genehmigung zum Betrieb eines Radiosenders im Saargebiet und in Saarbrücken. Sie befürchtete die Beeinträchtigung „französischer Interessen“ durch ein deutschsprachiges

345 *Thalhofer*, Repression und Verfolgung und das Lager Neue Bremm, S. 362; *Thalhofer*, Dachau in Rastatt, S. 194; *Thalhofer*, Neue Bremm, S. 108-111.

346 *Thalhofer*, Repression und Verfolgung und das Lager Neue Bremm, S. 364-365; *Thalhofer*, Neue Bremm, S. 63-64.

347 *Thalhofer*, Repression und Verfolgung und das Lager Neue Bremm, S. 367-369; *Thalhofer*, Dachau in Rastatt, S. *192-193*.

348 *Bernard / Dietmar Renger*, Neue Bremm, S. 133; *Mallmann / Paul*, Herrschaft und Alltag, S. 313.

349 *Thalhofer*, Repression und Verfolgung und das Lager Neue Bremm, S. 369.

350 *Thalhofer*, Repression und Verfolgung und das Lager Neue Bremm, S. 369-370.

351 *Bünte*, Geschichte und Geschichten des Senders an der Saar, S. 19.

Radioprogramm.[352] Sie gestattete das Radiohören in Saarbrücken gegen eine Jahresgebühr von 100 Franken.[353] Der „Programmsender Deutsche Stunde in Bayern" mit Sitz in Kaiserslautern versorgte Teile des Saargebietes mit Radiosendungen. Das ganze Saargebiet erreichte der Sender wegen seiner schwachen Sendeleistung nicht. Eine starke Sendeleistung brachte ein 1930 von Frankreich in Straßburg eingerichteter Sender auf, der das gesamte Saargebiet mit Rundfunksendungen abdeckte.[354]

Der Rundfunk verbreitete vor der Abstimmung am 13. Januar 1935 die nationalsozialistische Propaganda über die bestehenden Reichssender.[355] Goebbels initiierte zu Beginn des Jahres 1934 die Gründung des „Westdeutschen Gemeinschaftsdienstes", der zentral Propaganda der Reichssender in Richtung Saargebiet verbreitete.[356] Der „Reichssender Saarbrücken", „Vorläufer des Saarländischen Rundfunks",[357] nahm als zehnter Sender des Reichs am 25. Juli 1935 mit „Versuchssendungen" mit „Programmen der großen Brüder" seinen Betrieb auf. Ein eigenes Programm verbreitete der Sender ab dem 27. September 1935.[358] Das Amt des ersten Intendanten übernahm Adolf Raskin (1900-1940). Auf ihn folgte 1938 Karl Mages (1905-?), der als „Vertrauensmann" von Bürckel galt und der NSDAP seit 1930 sowie der SA angehörte. In den 1960er Jahren trug er als Redakteur der rechtsextremen Zeitung „Deutsche Nationalzeitung und

---

352 *Bünte*, Geschichte und Geschichten des Senders an der Saar, S. 20; *Ders.*, Die abenteuerliche Geschichte einer Zeitung, S. 134; *Ders.*, Kleine Saarbrücker Stadtgeschichte, S. 112; *Gerhild Krebs*, Saarländischer Rundfunk, in: Rainer Hudemann unter Mitarbeit von Marcus Hahn, Gerhild Krebs und Johannes Großmann (Hrsg.), Stätten grenzüberschreitender Erinnerung – Spuren der Vernetzung des Saar-Lor-Lux-Raumes im 19. und 20. Jahrhundert. Lieux de la mémoire transfrontalière – Traces et réseaux dans l'espace Sarre-Lor-Lux aux 19e et 20e siècles, Saarbrücken 2002, 3., technisch überarbeitete Auflage 2009. Publiziert als CD-ROM sowie im Internet unter www.memotransfront.uni-saarland.de [http://www.memotransfront.uni-saarland.de/pdf/saarlaendischer_rundfunk .pdf].

353 *Bünte*, Geschichte und Geschichten des Senders an der Saar, S. 21.

354 *Bünte*, Geschichte und Geschichten des Senders an der Saar, S. 24-25.

355 *Krebs*, Saarländischer Rundfunk [http://www.memotransfront.uni-saarland.de/pdf/saarlaendischer_rundfunk.pdf; *Herrmann*, Saarbrücken unter der NS-Herrschaft, S. 315-317; *Muskalla*. NS-Politik an der Saar unter Josef Bürckel, S. 586-587, 590.

356 *Bünte*, Geschichte und Geschichten des Senders an der Saar, S. 27.

357 *Brosig*, Die Verfassung des Saarlandes, S. 99; Muskalla. NS-Politik an der Saar unter Josef Bürckel, S. 583.

358 *Bünte*, Geschichte und Geschichten des Senders an der Saar, S. 29; *Krebs*, Saarländischer Rundfunk [http://www.memotransfront.uni-saarland.de/pdf/saarlaendischer_rundfunk. pdf]; Hans *Bünte*, Rundfunk-Sinfonieorchester Saarbrücken 1937-1987, Saarbrücken 1987, S. 9; *Herrmann*, Saarbrücken unter der NS-Herrschaft, S. 315-317; *Muskalla*. NS-Politik an der Saar unter Josef Bürckel, S. 586-587, 590.

Soldatenzeitung", die Gerhard Frey herausgab, zur Verbreitung nationalsozialistischen Gedankenguts bei.[359]

Seit Juli 1937 besaß der „Reichssender Saarbrücken" ein eigenes Orchester. Im September 1937 spielte das Orchester ein „erstes Konzert" für die Öffentlichkeit.[360]

Die Sendeanlage des „Reichssenders Saarbrücken" lag bei Heusweiler. Nachrichten, Kommentare und Unterhaltungssendungen verbreiteten die nationalsozialistische Propaganda. Mit dem Sendebetrieb einher ging die Anschaffung von Volksempfängern in der Saarbrücker Bevölkerung.[361] Im Saarland besaßen 1939 120.000 Menschen ein Radio.[362] Nach einer Zerstörung der Sendeanlage des „Reichssenders Saarbrücken" durch die Alliierten am 10. März 1945 stellte der Sender seinen Betrieb ein.[363]

---

359 *Bünte*, Geschichte und Geschichten des Senders an der Saar, S. 30; http://www.rothenburg-unterm-hakenkreuz.de/entnazifizierung-29-karl-mages-intendant-des-reichssenders-saarbruecken-nsdap-mitglied-seit-1930-mit-goldenem-parteiabzeichen-wurde-in-rothenburg-nur-als-mitlaeufer-eingestuft/.

360 *Bünte*, Rundfunk-Sinfonieorchester Saarbrücken 1937-1987, S. 16-17; *Ders*., Geschichte und Geschichten des Senders an der Saar, S. 35-36.

361 *Herrmann*, Saarbrücken unter der NS-Herrschaft, S. 315-317; *Muskalla*. NS-Politik an der Saar unter Josef Bürckel, S. 586-587, 590.

362 *Mallmann / Paul*, Herrschaft und Alltag, S. 127.

363 *Paul Burgard*, Die Saarlandmacher. Der Aufbau des Saarländischen Rundfunks und die Autonomie des Landes 1946-1955, in: Rainer Hudemann (Hrsg.), Bd. 1, Medienlandschaft Saar von 1945 bis in die Gegenwart, Bd. 1, Medien zwischen Demokratisierung und Kontrolle (1945-1955), München 2010, S. 130-192, hier S. 135; *Krebs*, Saarländischer Rundfunk [http://www.memotransfront.uni-saarland.de/pdf/saarlaendischer_rundfunk.pdf]; *Muskalla*. NS-Politik an der Saar unter Josef Bürckel, S. 595.

12. Kapitel. Befreiung Saarbrückens 1945 und erste Nachkriegsjahre

I. US-Militärregierung

1. Befreiung

US-Truppen befreiten am 21. März 1945 Saarbrücken und bauten in der Stadt eine Militärverwaltung auf.[1] Etwa 70 Prozent der Stadt waren zu diesem Zeitpunkt zerstört[2] und Saarbrücken gehörte damit nach dem Zweiten Weltkrieg zu den Städten mit den meisten Zerstörungen in Deutschland.[3] Die Trümmerbeseitigung stellte vor diesem Hintergrund eine bedeutende Aufgabe in den kommenden Jahren dar.[4] Die Wasser- sowie Energieversorgung war zusammengebrochen.[5] Zu den ersten Maßnahmen der US-Militärverwaltung in Saarbrücken gehörten Bemühungen zur Beleuchtung der Hauptverkehrsstraßen.[6]

Ende März 1945 lebten etwa 6.000 Menschen in der Stadt.[7] Es galt ein Verbot einer Versammlung von Menschen und eine Sperrstunde ab 17 Uhr sowie später ab 19 Uhr.[8] Eine nach der Befreiung angeordnete „Verkehrssperre" zwischen der Stadt Saarbrücken und dem Landkreis Saarbrücken hob die US-Militärregierung am 6. April 1945 auf.[9] Schusswaffen, Ferngläser und Fotoapparate in

1 *Altmeyer*, Drei Jahre Militärregierung im Saarland, S. 242; *Bünte*, Kleine Saarbrücker Stadtgeschichte, S. 117; *Herrmann*, Saarbrücken unter der NS-Herrschaft, S. 264.

2 *Hans-Christian Herrmann*, Vom Wiederaufbau zur Landeshauptstadt, Europastadt und Grenzmetropole (1945-74), in: Rolf Wittenbrock (Hrsg.), Geschichte der Stadt Saarbrücken, Bd. 2, Von der Zeit des stürmischen Wachstums bis zur Gegenwart, Saarbrücken 1999, S. 339-452, hier S. 340.

3 *Frank Betker*, Ökologische Stadterneuerung – Ein neues Leitbild der Stadtentwicklung? mit einer Fallstudie zur kommunalen Planung in Saarbrücken, Aachen 1992, S. 115.

4 *Krajewski*, Die bauliche Entwicklung, S. 173.

5 *Heckmann*, Leben unter amerikanischer Besatzung, S. 31; *Herrmann*, Vom Wiederaufbau zur Landeshauptstadt, Europastadt und Grenzmetropole, S. 403-404.

6 *Herrmann*, Vom Wiederaufbau zur Landeshauptstadt, Europastadt und Grenzmetropole, S. 404.

7 *Doris Seck*, Nachkriegsjahre an der Saar. Aufbruch in eine neue Zeit - Das Saarland von 1945 bis 1950, Saarbrücken 1982, S. 26, 29.

8 *Seck*, Nachkriegsjahre an der Saar, S. 26.

9 *Heckmann*, Leben unter amerikanischer Besatzung, S. 31.

https://doi.org/10.1515/9783111002996-012

deutschen Händen mussten abgegeben werden.[10] Über dem Eingang des Saarbrücker Rathauses hing die Flagge der Vereinigten Staaten von Amerika.[11] In den Gebäuden der „Below-Kaserne" richtete die US-Militärregierung ein Lager für „Displaced Persons" ein.[12]

2. *Stadtverwaltung und spezifisch städtische Handlungsfelder*

Zum ersten Oberbürgermeister Saarbrückens nach der Befreiung ernannte die US-Militärverwaltung am 24. März 1945 den Fabrikanten Heinrich Wahlster (1892-1968), der in der Stadtverwaltung als Leiter des „Dezernats I" für die „allgemeine Verwaltung, Rechtsverwaltung und Kämmereiverwaltung" die Zuständigkeit besaß. Wahlster gehörte bis 1938 Mitglied der NSDAP an. Aus Perspektive der US-Militärregierung galt er als „unbelastete Person".[13] Bürgermeister Heinrich Detjen (1899-1968)[14] von der KP stand dem „Dezernat II" voran. Sein Aufgabenkreis umfasste die „Bauverwaltung, wirtschaftlichen Unternehmen, Stadtwerke und Liegenschaften".[15] Detjen war zwischen 1932 und 1935 Mitglied des Landesrates. Im Februar 1935 floh er nach Frankreich. Am 14. November 1940 verhaftete die Gestapo ihn in Paris. Das Oberlandesgericht Stuttgart verurteilte ihn am 11. November 1941 zu einer Gefängnisstrafe von eineinhalb Jahren wegen „Hochverrats".[16]

Im Saarbrücker Rathaus befand sich seit Ende März 1945 ein städtisches Polizeiamt. Am Anfang waren in dem Amt zehn Polizeibeamte tätig. Sie trugen Zivilkleidung und eine Armbinde mit dem Schriftzug „Police".[17] Die Bewaffnung

---

10 *Heckmann*, Leben unter amerikanischer Besatzung, S. 31; *Doris Seck / Paul Peters*, Die Stunde Null. Das Kriegsende an der Saar, Saarbrücken 1986, S. 47.

11 *Seck / Paul Peters*, Die Stunde Null, S. 50.

12 *Heckmann*, Leben unter amerikanischer Besatzung, S. 30.

13 *Altmeyer*, Drei Jahre Militärregierung im Saarland, S. 246; *Bünte*, Kleine Saarbrücker Stadtgeschichte, S. 117; *Heckmann*, Leben unter amerikanischer Besatzung, S. 30; *Herrmann*, Vom Wiederaufbau zur Landeshauptstadt, Europastadt und Grenzmetropole, S. 340, 346; *Klein*, Kurzbiographien der Bürgermeister (Alt-) Saarbrücken, St. Johanns, Malstatt-Burbachs und der Großstadt Saarbrücken, S. 530; *Kloevekorn*, Saarbrücken, S. 234-237; http://www.saarland-biografien.de/frontend/php/ergebnis_detail.php?id=1077.

14 http://www.saarland-biografien.de/frontend/php/ergebnis_detail.php?id=2549.

15 *Herrmann*, Vom Wiederaufbau zur Landeshauptstadt, Europastadt und Grenzmetropole, S. 346.

16 http://www.saarland-biografien.de/frontend/php/ergebnis_detail.php?id=2549; https://www.bundesstiftung-aufarbeitung.de/de/recherche/kataloge-datenbanken/biographische-datenbanken/heinrich-detjen.

17 *Ines Heisig*, „Man wollte Befehlsempfänger, keine Verhandlungspartner". Die Gründungsgeschichte der GdP an der Saar als Phänomen der Nachkriegszeit, in: Gewerkschaft der Polizei Landesverband Saarland (Hrsg.), 70 Jahre GdP Saarland – Glück auf, Worms

der Polizei bestand anfangs aus Stöcken. Am 10. April 1945 erhielten die Stadtpolizisten zehn Karabiner mit Munition. Der Personalbestand der Polizei erhöhte sich kontinuierlich. 117 Bedienstete übten Ende Juni 1945 bei der Saarbrücker Polizei ihren Dienst aus.[18]

Zuständig für das Schulwesen war der Stadtschulrat Friedrich Margardt. Zu seinen ersten Aufgaben gehörten Bestandsaufnahmen hinsichtlich der Schulgebäude und die Sichtung von Personalunterlagen geeigneter Lehrer.[19]

Die Versorgung mit Lebensmitteln in der Stadt war unzureichend.[20] Zur Linderung dieser Notsituation verteilte die Stadt seit dem 30. April 1945 Lebensmittelkarten. Für die Zeitspanne zwischen dem 30. April 1945 und dem 27. Mai 1945 gab es pro Kopf folgende Zuteilungen: „6.000 Gramm Brot, 200 Gramm Fleisch, 200 Gramm Fett, 400 Gramm Zucker, 500 Gramm Nährmittel, 100 Gramm Käse".[21]

3. Regierungspräsidium Saarbrücken/Regierungspräsidium Saar

Der US-Militärbefehlshaber Oberst Louis G. Kelly ernannte am 4. Mai 1945 den Juristen Hans Neureuter (1901-1953)[22] zum Präsidenten des Regierungspräsidiums Saarbrücken, seit August 1945 des Regierungspräsidiums Saar. Der Sitz des Regierungspräsidiums befand sich in Saarbrücken.[23] Die Aufgaben und Zuständigkeiten des Regierungspräsidiums bezogen sich auf den „Gesamtbereich

---

2021, S. 3-12, hier S. 5; *Ulrike Kunz*, Geschichte der saarländischen Polizei 1945-1959 (Malstatter Beiträge aus Gesellschaft, Wissenschaft, Politik und Kultur), Merzig 2010, S. 120.

18 *Kunz*, Geschichte der saarländischen Polizei 1945-1959, S. 120, 122, 126; *Seck / Paul Peters*, Die Stunde Null, S. 56.

19 *Seck / Paul Peters*, Die Stunde Null, S. 59.

20 *Heckmann*, Leben unter amerikanischer Besatzung, S. 31.

21 *Seck / Paul Peters*, Die Stunde Null, S. 63.

22 http://www.saarland-biografien.de/frontend/php/ergebnis_detail.php?id=821.

23 *Brosig*, Die Verfassung des Saarlandes, S. 101-102; *Rudolph Brosig*, Verfassung und Verfassungsgerichtsbarkeit im Saarland. Ein Abriss, in: Rudolf Wendt / Roland Rixecker (Hrsg.), Verfassung des Saarlandes. Kommentar, Saarbrücken 2009, S. 1-39, hier S: 16; *Christoph Gröpl*, § 1 Verfassungsrecht, in: Ders. / Annette Guckelberger / Jürgen Wohlfarth, Landesrecht Saarland. Studienbuch, Baden-Baden ³2017, S. 23-97, hier S. 25; *Hans-Walter Herrmann*, Das Saarland in der frühen Nachkriegszeit, in: Doris Seck, Nachkriegsjahre an der Saar. Aufbruch in eine neue Zeit – Das Saarland von 1945 bis 1950, Saarbrücken 1982, S. 6-18, hier S. 11; *Dieter Marc Schneider*, Gilbert Grandval. Frankreichs Prokonsul an der Saar 1945-1955, in: Stefan Martens (Hrsg.), Vom „Erbfeind" zum „Erneuerer". Aspekte und Motive der französischen Deutschlandpolitik nach dem Zweiten Weltkrieg (Beihefte der Francia, 27), Sigmaringen 1993, S. 201-243, hier S. 201.

der staatlichen Verwaltung".[24] „De facto" handelte es sich bei dem Regierungspräsidium um eine Landesregierung.[25] Zu den Hauptaufgaben des Regierungspräsidiums gehörten die „Bekämpfung der Wohnungs- und Hungersnot" sowie ein „Wiederaufbau" und „Neuaufbau einer zivilen Verwaltung".[26] Frühere Nationalsozialisten übten im Regierungspräsidium eine Tätigkeit aus. Dies galt exemplarisch für den Arzt Max Obé (1889-1969), der zwischen Juni 1945 und Januar/Februar 1946 im Regierungspräsidium Leiter der „Abteilung Soziale Angelegenheiten und Gesundheitswesen" war. Obé war „hoher Medizinalbeamter" im Nationalsozialismus und Mitglied der NSDAP, des Nationalsozialistischen Deutschen Ärztebundes, der NS-Volkswohlfahrt, des Reichsbunds Deutscher Beamter sowie des Nationalsozialistischen Rechtswahrerbundes.[27] 1950 wählte die Ärztekammer des Saarlandes Obé zu ihrem Vorsitzenden.[28]

II. Französische Militärregierung

1. Gilbert Grandval

Die amerikanische Militärverwaltung übergab die Regierungsgewalt an der Saar am 10. Juli 1945 an Frankreich. Frankreich richtete unter General Morlière eine Militärregierung an der Saar ein. Militärgouverneur Gilbert Grandval (1904-1981) folgte nach seiner Ernennung am 30. August 1945 Morlière an der Spitze der *„Délégation Supérieur de la Sarre"*. Grandval stammte ursprünglich aus dem Elsass. Seine Kindheit und Jugend verbrachte er in Paris. Ein Medizinstudium brach er aufgrund seines Militärdienstes ab und setzte es nicht mehr fort, sondern trat die Stelle eines kaufmännischen Direktors in einem

---

24 Erlass über die Aufgaben und Zuständigkeiten des Regierungspräsidiums Saar, 31. 7. 1945, Amtsblatt des Regierungspräsidiums Saar 1945, S. 5.

25 *Schneider*, Gilbert Grandval, S. 202.

26 *Brosig*, Die Verfassung des Saarlandes, S. 104.

27 *Gisela Tascher*, „Alt bewährte" Strukturen, Funktionsträger und gesetzliche Bestimmungen. Gesundheitswesen und Politik im Saarland 1945-1957, in: Ludwig Linsmayer / Peter Wettmann-Jungblut (Hrsg.), Last aus tausend Jahren. NS-Vergangenheit und demokratischer Aufbruch im Saarstaat (Echolot. Historische Beiträge des Landesarchivs Saarbrücken, Bd. 12), Saarbrücken 2013, S. 253-298, hier S. 255.

28 *Gisela Tascher*, Staat, Macht und ärztliche Berufsausübung 1920-1956 – Gesundheitswesen und Politik. Das Beispiel Saarland, in: Zeitschrift für die Geschichte der Saargegend 58 (2010), S. 117-128, hier S. 124.

Chemieunternehmen an. Grandval war Mitglied der französischen Résistance[29] und innerhalb des Widerstands ein „treuer Parteigänger des Generals de Gaulle".[30]

Der von Grandval geleiteten französischen Militärregierung in Saarbrücken gehörten etwa 500 Personen an.[31] Aufgrund des Einsatzes von Grandval erhielt das Saarland im Vergleich zu den Gebieten der sonstigen französischen Besatzungszonen Privilegien bei der Zuteilung von Lebensmitteln.[32] Am 3. Oktober 1945 empfing Grandval Charles de Gaulle (1890-1970) in Saarbrücken.[33]

2. Parteien

Ende 1945 erlaubte die französische Militärverwaltung in Saarbrücken die Gründung politischer Parteien.[34] Das Regierungspräsidium ließ im Februar 1946 die CVP (Christliche Volkspartei des Saargebietes), die SPS (Sozialdemokratische Partei Saar; ursprünglich: Sozialdemokratische Partei, Bezirk Saar) und die KP (Kommunistische Partei, Bezirk Saar-Nahe) zu. Eine Zulassung der DPS (Demokratische Partei des Saarlandes) erfolgte in der zweiten Jahreshälfte 1946. Im Februar 1947 benannte sich die DPS in DVS (Demokratische Vereinigung des Saarlandes) um.[35] Der am 10. Januar 1946 gegründeten CVP gehörten zahlreiche frühere Mitglieder der Zentrumspartei an. Die CVP mit ihrem ersten Parteivorsitzenden Johannes Hoffmann an der Spitze, der aus dem Exil nach Saarbrücken zurückkehrte, war „katholisch geprägt".[36] Zu bedeutenden „CVP-Persönlichkeiten" in der Zeit nach der Befreiung zählten neben Hoffmann Edgar

---

29 *Altmeyer*, Drei Jahre Militärregierung im Saarland, S. 251-254; *Brosig*, Die Verfassung des Saarlandes, S. 102-104; *Bünte*, Kleine Saarbrücker Stadtgeschichte, S. 118; *Herrmann*, Vom Wiederaufbau zur Landeshauptstadt, Europastadt und Grenzmetropole, S. 340; *Gröpl*, § 1 Verfassungsrecht, S. 25; *Schäfer*, Das autonome Saarland, S. 29-30; *Schneider*, Gilbert Grandval, S. 201-205; *Kloevekorn*, Saarbrücken, S. 238.

30 *Schneider*, Gilbert Grandval, S. 203.

31 *Schneider*, Gilbert Grandval, S. 206.

32 *Schneider*, Gilbert Grandval, S. 214.

33 *Seck*, Nachkriegsjahre an der Saar, S. 40; *Kloevekorn*, Saarbrücken, S. 243.

34 *Brosig*, Die Verfassung des Saarlandes, S. 105; *Herrmann*, Das Saarland in der frühen Nachkriegszeit, S. 15.

35 *Behringer / Clemens*, Geschichte des Saarlandes, S. 110; *Brosig*, Die Verfassung des Saarlandes, S. 105; *Herrmann*, Das Saarland in der frühen Nachkriegszeit, S. 15; *Herrmann*, Vom Wiederaufbau zur Landeshauptstadt, Europastadt und Grenzmetropole, S. 340; Schäfer, Das autonome Saarland, S. 36.

36 *Herrmann*, Das Saarland in der frühen Nachkriegszeit, S. 15; *Schäfer*, Das autonome Saarland, S. 37-38.

Hector (1911-1989)[37] und Emil Strauß (1899-1985).[38] Strauß emigrierte 1935 nach Frankreich und kehrte im September 1945 in das Saarland zurück. Zwischen Dezember 1947 und April 1951 war er saarländischer Minister für Kultus, Unterricht und Volksbildung. Von 1952 bis 1955 war er saarländischer Gesandter in Paris.[39] Zu den prominentesten Vertretern der SPS nach 1945 gehörte der spätere Vorsitzende der Partei und stellvertretende Ministerpräsident Richard Kirn (1902-1988). Den Vorsitz der Partei bekleidete er von Juni 1946 bis Oktober 1955.[40] Er war die „Hauptfigur der saarländischen Sozialpolitik" nach 1945.[41] Fritz Nickolay (1909-1953) war der erste Vorsitzende der am 10. Januar 1946 erneut gegründeten KP im Saarland. Den Vorsitz der Partei führte er bis zu seiner Übersiedlung in die DDR 1951. Er gehörte seit 1928 der KP an. Nach seiner Verhaftung im Juni 1933 in Speyer verschleppten ihn die Nationalsozialisten in ein Gefängnis und später in das Konzentrationslager Dachau. Nach seiner Freilassung war er bis zur Emigration nach Frankreich 1935 Funktionär der KP im Saargebiet. In Frankreich schloss er sich der Résistance an. Zwischen 1943 und 1945 gehörte er der KPD in Lyon an.[42]

Die erste Wahl zum Stadtrat nach der Befreiung Saarbrückens fand am 15. September 1946 statt. Die CVP erhielt 13, die SPS 12, die „Freie Liste der Berufsständischen" sieben und die KP vier Sitze.[43] Die ordnungsgemäßen

37 http://www.saarland-biografien.de/frontend/php/ergebnis_detail.php?id=1097 [aufgerufen am 23. 2. 2022].

38 *Schäfer*, Das autonome Saarland, S. 39.

39 http://www.saarland-biografien.de/frontend/php/ergebnis_detail.php?id=1401.

40 *Wilfried Busemann*, Den eigenen Weg gehen. Die Selbstfindung der Sozialdemokratie an der Saar 1945 bis 1968 (Geschichte, Politik und Gesellschaft. Schriftenreihe der Stiftung Demokratie Saarland, Bd. 13), St. Ingbert 2013, S. 428; *Schäfer*, Das autonome Saarland, S. 42; http://www.saarland-biografien.de/frontend/php/ergebnis_detail.php?id=687.

41 *Küppers*, Johannes Hoffmann (1890-1967), S. 436.

42 *Gottfried Hamacher*, Gegen Hitler. Deutsche in der Résistance, in den Streitkräften der Antihitlerkoalition und der Bewegung „Freies Deutschland". Kurzbiografien (Rosa-Luxemburg-Stiftung, Manuskripte, 53) Berlin ^{2}2005, S. 152-153; *Schäfer*, Das autonome Saarland, S. 45-46; https://www.bundesstiftung-aufarbeitung.de/de/recherche/kataloge-datenbanken/biographische-datenbanken/friedrich-fritz-nickolay.

43 *Brosig*, Die Verfassung des Saarlandes, S. 108; *Herrmann*, Vom Wiederaufbau zur Landeshauptstadt, Europastadt und Grenzmetropole, S. 347; *Kloevekorn*, Saarbrücken, S: 242; *Schäfer*, Das autonome Saarland, S. 50.

Durchführung der Wahlen sicherte der am 5. September 1946 errichtete „Verwaltungsgerichtshof des Saargebietes in Wahlangelegenheiten" in Saarbrücken.[44]

3. Presse und Rundfunk

Der Alliierte Kontrollrat untersagte nach dem Ende des Zweiten Weltkriegs das „Drucken und Vertreiben von Zeitschriften, Magazinen und Plakaten".[45] Die erste Zeitung, die nach dem Zweiten Weltkrieg ihren Betrieb aufnahm, war am 27. August 1945 die „Neue Saarbrücker Zeitung" als Nachfolgeorgan der „Saarbrücker Zeitung". Die „Startauflage" der Zeitung umfasste 40.000 Ausgaben. Seit September 1946 erschien die Zeitung unter ihrem ursprünglichen Namen „Saarbrücker Zeitung".[46] Über Treuhänder lag die Mehrheitsbeteiligung an der „Saarbrücker Zeitung" bei Frankreich.[47] 1956/1957 trat an die Stelle der Mehrheitsbeteiligung Frankreichs eine solche des Saarlandes, das die Zeitung über die Saarländische Kreditbank, die Landesbank und Girozentrale sowie die Bank für Gemeinwirtschaft treuhänderisch verwaltete.[48] Bis zu ihrer Privatisierung 1970 befand sich die Zeitung faktisch in „Staatsbesitz". Nach dem „Redaktionsstatut" förderte die Zeitung die deutsch-französische Zusammenarbeit.[49]

Explizite Parteizeitungen erschienen in Saarbrücken seit Juni 1946. Die „Saarländische Volkszeitung" von der CVP hatte als größte Parteizeitung eine

44 Verordnung über die Errichtung eines Verwaltungsgerichtshofs des Saargebietes in Wahlangelegenheiten, 5. 9. 1946, Amtsblatt des Regierungspräsidiums Saar 1946, S. 169; Schäfer, Das autonome Saarland, S. 50.

45 *Natalie Pohl*, Demokratisierung im inneren Widerspruch. Französische und saarländische Printmedienpolitik, in: Rainer Hudemann (Hrsg.), Bd. 1, Medienlandschaft Saar von 1945 bis in die Gegenwart, Bd. 1, Medien zwischen Demokratisierung und Kontrolle (1945-1955), München 2010, S. 61-100, hier S. 63.

46 *Bünte*, Die abenteuerliche Geschichte einer Zeitung, S. 149, 154; *Herrmann*, Vom Wiederaufbau zur Landeshauptstadt, Europastadt und Grenzmetropole, S. 436-437; Pohl, Demokratisierung im inneren Widerspruch, S. 65; *Natalie Pohl*, Die Saarbrücker Zeitung in der saarländischen Zeitungslandschaft 1945-1955, in: Rainer Hudemann (Hrsg.), Bd. 1, Medienlandschaft Saar von 1945 bis in die Gegenwart, Bd. 1, Medien zwischen Demokratisierung und Kontrolle (1945-1955), München 2010, S. 311-343, hier S. 311, 315-316; *Seck*, Nachkriegsjahre an der Saar, S. 36.

47 *Bünte*, Die abenteuerliche Geschichte einer Zeitung, S. 157; *Pohl*, Demokratisierung im inneren Widerspruch, S. 75.

48 *Pohl*, Demokratisierung im inneren Widerspruch, S. 89.

49 *Clemens Zimmermann*, Die Medienlandschaft Saar 1945-2000. Charakteristika, Zäsuren und Transregionale Bezüge, in: Gabriele Clemens (Hrsg.), Schlüsseljahre. Zäsuren und Kontinuitäten an der Saar 1815 – 1935 – 1955 (Veröffentlichungen der Kommission für Saarländische Landesgeschichte, Bd. 49), Saarbrücken 2017, S. 161-173, hier S. 161.

Auflage von zunächst 90.000, seit September 1946 von 130.000 Exemplaren.[50] Französische Stellen unterwarfen die Zeitungen einer „strengen Zensur“, die seit 1947/1948 durch saarländische Stellen anhielt.[51]

Das Regierungspräsidium Saar baute seit September 1945 einen „Rundfunksender Saarbrücken“ auf[52] und richtete eine Dienststelle „Rundfunksender Saarbrücken“ ein.[53] Der „Rundfunksender Saarbrücken“ bzw. das „Radio Saarbrücken“ begann am 17. März 1946 als erster Radiosender nach der Befreiung in Saarbrücken mit der Ausstrahlung eines Programms. Auf Mittelwelle 222,5 m war zunächst die Marseillaise zu hören. Es folgte in deutscher Ansprache die Ansage: „Radio Saarbrücken – hier spricht die Saar“. Am Eröffnungstag spielten das Sinfonieorchester Metz und das „Radio-Orchester Saarbrücken“.[54]

4. *Verwaltungskommission des Saarlandes und Justiz*

Anstatt einer saarländischen Landesregierung berief die französische Militärregierung am 8. Oktober 1946 eine „Einstweilige Verwaltungskommission“ für die Saar ein. Unter der Benennung „Verwaltungskommission des Saarlandes“ begann sie am 9. Oktober 1946 mit ihrer Arbeit. Sie besaß Befugnisse der Exekutive und Legislative.[55] Es handelte sich bei der „Verwaltungskommission“ um eine „Übergangsregierung“, der sieben Vertreter angehörten, die sich aus sechs Parteimitgliedern und einem parteilosen Mitglied zusammensetzten. Die Präsidentschaft in der Kommission übernahm der Jurist Erwin Müller (1906-1968) von der CVP. Er blieb Präsident der Kommission bis zum Amtsantritt der ersten saarländischen Landesregierung.[56] Die Errichtung der Verwaltungskommission

---

50 *Pohl*, Demokratisierung im inneren Widerspruch, S. 66-68.

51 *Pohl*, Demokratisierung im inneren Widerspruch, S. 72-73, 78, 82-83.

52 *Krebs*, Saarländischer Rundfunk [http://www.memotransfront.uni-saarland.de/pdf/saarlaendischer_rundfunk.pdf]

53 *Bünte*, Rundfunk-Sinfonieorchester Saarbrücken 1937-1987, S. 23.

54 *Behringer / Clemens*, Geschichte des Saarlandes, S. 112; *Bünte*, Geschichte und Geschichten des Senders an der Saar, S. 44; *Ders.*, Rundfunk-Sinfonieorchester Saarbrücken 1937-1987, S. 23; *Burgard*, Die Saarlandmacher, S. 140; *Herrmann*, Vom Wiederaufbau zur Landeshauptstadt, Europastadt und Grenzmetropole, S. 437; *Krebs*, Saarländischer Rundfunk [http://www.memotransfront.uni-saarland.de/pdf/saarlaendischer_rundfunk.pdf]; Seck, Nachkriegsjahre an der Saar, S. 46.

55 Verordnung Nr. 68, des Commandant en Chef Francais en Allemagne über die Errichtung einer einsweiligen Verwaltungskommission für die Saar, 8. 10. 1946, Amtsblatt der Verwaltungskommission des Saarlandes 1946, S. 205-206; *Brosig*, Verfassung und Verfassungsgerichtsbarkeit im Saarland, S. 18; *Schäfer*, Das autonome Saarland, S: 52.

56 *Brosig*, Die Verfassung des Saarlandes, S. 109-110; *Hans-Walter Herrmann*, Erwin Müller, in: Neue Deutsche Biographie 18 (1997), S. 366 [Online-Version]; URL: https://www.deutsche-biographie.de/pnd137765584.html#ndbcontent; Michael Sander,

bedeutete die „schrittweise Herauslösung" des Saargebietes aus dem „deutschen Staatenverband und der französischen Besatzungszone".[57]

Neben dem seit Herbst 1945 endgültig erneut eröffneten Amtsgericht Saarbrücken und Landgericht Saarbrücken[58] bestand nach einer „Rechtsanordnung" vom 9. August 1946 ein Oberlandesgericht für das Saargebiet mit Sitz in Saarbrücken. Erstmals gab es ein ausschließlich für das Saargebiet zuständiges Oberlandesgericht.[59] Die Eröffnung des Oberlandesgerichts fand am 24. Oktober 1946 statt. Bis zu seinem Tod 1953 bekleidete Neureuter das Amt des Präsidenten des Oberlandesgerichts.[60] Aufgrund eines Abkommens zwischen Frankreich und dem Saarland vom 3. Januar 1948 wurde ein französisch-saarländischer Senat am Oberlandesgericht errichtet. Diesem Senat gehörten drei französische und zwei saarländische Richter an.[61] Das Amt des Generalstaatsanwalts beim Oberlandesgericht übernahm Heinz Braun (1888-1962), der Bruder von Max Braun.[62] Die 1945 wiedererrichtete Staatsanwaltschaft Saarbrücken leitete zwischen 1945 und 1955 262 Strafverfahren gegen 1.053 Beschuldigte wegen nationalsozialistischer Verbrechen im Saarland ein. In quantitativer Hinsicht lag der Spitzenwert der Ermittlungen der Staatsanwaltschaft im Jahre 1948. In etwa 70 Prozent der Fälle zwischen 1945 und 1955 gab es nach den Ermittlungen keine Anklage.[63]

Die Entstehung der Verfassung des Saarlandes, in: Albrecht Herold (Hrsg.), 40 Jahre Landtag des Saarlandes, Saarbrücken 1987, S. 9-40, hier S. 13; *Schäfer*, Das autonome Saarland, S: 52-53.

57 *Brosig*, Die Verfassung des Saarlandes, S. 109.

58 *Brosig*, Die Verfassung des Saarlandes, S. 107; *Eichmüller*, „Es ist ganz unmöglich, diese Milde zu vertreten", S. 30; *Markus Gehrlein*, Franz Schäfer. Ein Juristenleben vom Kaiserreich bis zum Bonner Grundgesetz (Schriftenreihe des Rechtshistorischen Museums Karlsruhe, Heft 20), Karlsruhe 2010, S. 44; *Wettmann-Jungblut*, Vom Rechtswahrer zum Rechtsanwalt, S. 222; *Wettmann-Jungblut*, Rechtsanwälte an der Saar 1800-1960, S. 329.

59 Rechtsanordnung über die Errichtung eines Oberlandesgerichts, 9. 8. 1946, Amtsblatt des Regierungspräsidiums Saar 1946, S. 146; *Gehrlein*, Franz Schäfer, S. 46.

60 Bekanntmachung über die Eröffnung des Oberlandesgerichts in Saarbrücken, 24. 10. 1946, Amtsblatt der Verwaltungskommission des Saarlandes, 1946, S. 221; Brosig, Die Verfassung des Saarlandes, 107; *Wettmann-Jungblut*, Vom Rechtswahrer zum Rechtsanwalt, S. 222; *Wettmann-Jungblut*, Rechtsanwälte an der Saar 1800-1960, S. 253.

61 Artikel 3, Abkommen über die Organisation des Justizwesens im Saarland, 3. 1. 1948, Amtsblatt des Saarlandes, 1948 380; *Gergen*, Saarlouis, S. 184.

62 *Eichmüller*, „Es ist ganz unmöglich, diese Milde zu vertreten", S. 31; *Schneider*, Gilbert Grandval, S. 233 Anm. 146; http://www.saarland-biografien.de/frontend/php/ergebnis_detail.php?id=997.

63 *Eichmüller*, „Es ist ganz unmöglich, diese Milde zu vertreten", S. 72-74. Es erfolgten 319 Anklagen, 134 Verurteilungen und 151 Freisprüche. Gegen acht Angeklagte unterblieb die Eröffnung der Hauptverhandlung, da sie ihren Wohnsitz nicht im Saarland

Das Arbeitsgericht Saarbrücken und das Landesarbeitsgericht in Saarbrücken nahmen am 1. Januar 1948 ihren Betrieb auf.[64] Die Ausgestaltung der Verfahren vor dem Arbeitsgericht und Landesarbeitsgericht regelte das Arbeitsgerichtsgesetz von 1926.[65] Die ersten Anwälte besaßen seit Herbst 1945 in Saarbrücken neuerlich eine Zulassung.[66]

5. *Stadtverwaltung*

Wahlsters Nachfolger im Amt des Oberbürgermeisters war vom 15. August 1945 bis zum 30. September 1946 der Jurist Emil Heim (1887-1967),[67] den am 5. November 1946 der promovierte „Handels- und Zeitungswissenschaftler" Franz Maria Singer (1898-1953) ablöste. Singer war seit 1935 bei Versicherungen tätig. Er war bis zum 5. April 1949 Bürgermeister Saarbrückens.[68] Aufgrund einer Veränderung rechtlicher Bestimmungen führte er nicht mehr wie seine Vorgänger die Bezeichnung als Oberbürgermeister, sondern die als ehrenamtlicher Bürgermeister. Die Verwaltungsgeschäfte in der Stadt führte ein Generalsekretär gemeinsam mit Stadtdirektoren. Generalsekretär und Stadtdirektoren

---

hatten. Ein Angeklagter starb vor der Eröffnung der Hauptverhandlung. In fünf Fällen stellte das Landgericht das Verfahren ohne Hauptverhandlung ein. Gegenüber 13 Angeklagten eröffnete das Landgericht keine Hauptverhandlung, da das Gericht keine ausreichenden Beweise vorliegen sah. 110 Verurteilungen ergingen wegen der Gewalttaten gegen Juden im November 1938.

64 Rechtsanordnung über die Errichtung von Arbeitsgerichten und das Verfahren in Arbeitsstreitigkeiten, 1. 4. 1947, Amtsblatt der Verwaltungskommission des Saarlandes 1947, S. 174; Ausführungsbestimmung zur Rechtsanordnung über die Errichtung von Arbeitsgerichten und das Verfahren in Arbeitsstreitigkeiten vom 1. April 1947, 9. 12. 1947, Amtsblatt der Verwaltungskommission des Saarlandes 1947, S. 1113; Brosig, Die Verfassung des Saarlandes, S. 107-108; *Kurt Pfeifer*, 50 Jahre saarländische Arbeitsgerichtsbarkeit, in: 50 Jahre saarländische Arbeitsgerichtsbarkeit 1947-1997. Festschrift, hrsg. vom Präsidenten des Landesarbeitsgerichts im Saarland, Ottweiler 1997, S. 3-28, hier S. 5-6.

65 *Gergen*, Politische Entscheidungsjahre 1815, 1935 und 1955, S. 79.

66 *Wettmann-Jungblut*, Vom Rechtswahrer zum Rechtsanwalt, S. 225-226.

67 *Bünte*, Kleine Saarbrücker Stadtgeschichte, S. 117; *Herrmann*, Vom Wiederaufbau zur Landeshauptstadt, Europastadt und Grenzmetropole, S. 346; *Klein*, Kurzbiographien der Bürgermeister (Alt-) Saarbrücken, St. Johanns, Malstatt-Burbachs und der Großstadt Saarbrücken, S. 530-531; *Wettmann-Jungblut*, Vom Rechtswahrer zum Rechtsanwalt, S 220.

68 *Bünte*, Kleine Saarbrücker Stadtgeschichte, S. 117; *Herrmann*, Vom Wiederaufbau zur Landeshauptstadt, Europastadt und Grenzmetropole, S. 347; *Klein*, Kurzbiographien der Bürgermeister (Alt-) Saarbrücken, St. Johanns, Malstatt-Burbachs und der Großstadt Saarbrücken, S. 531-532; http://www.saarland-biografien.de/frontend/php/ergebnis_detail.php?id=682.

waren „Beamte auf Lebenszeit".[69] Seit 1947 war Singer Abgeordneter im Landtag des Saarlandes. Er war zwischen Dezember 1947 und April 1951 saarländischer Minister für Wirtschaft, Verkehr, Ernährung und Landwirtschaft sowie von Dezember 1952 bis zu seinem Tod 1953 Kultusminister im Saarland. Er war Gründungsmitglied und stellvertretender Vorsitzender der CVP.[70]

Am Aufbau der Stadtverwaltung nach der Befreiung Saarbrückens beteiligten sich zahlreiche frühere NSDAP-Mitglieder. Im Jahre 1943 waren 80 Prozent der in der Stadtverwaltung Saarbrückens tätigen Angestellten und Beamten Mitglieder der NSDAP. Auf diese Personen fand beim „Neuaufbau" der Verwaltung in weiten Teilen ein Rückgriff statt.[71]

Die französische Militärregierung berief einen „Bürgerrat" ein, der am 20. Februar 1946 zusammentrat. Mitglieder dieses Rats waren Vertreter der politischen Parteien, der christlichen Konfessionen, der Gewerkschaften und Arbeitgeber sowie Angehörige der Israelitischen Kultusgemeinde und der „Vereinigung der Opfer des Nationalsozialismus".[72]

Die Saarbrücker Polizei unterhielt seit dem 1. August 1945 ein Passbüro zur Ausstellung von Brückenpässen, Grenzzonenpässen, Kennkarten, Passierscheinen und Führungszeugnissen. 226 Bedienstete waren im April 1946 bei der Saarbrücker Polizei tätig.[73] Nach einer Verordnung vom 15. November 1946 erfolgte die Verstaatlichung der kommunalen Saarbrücker Polizei „mit Wirkung vom 1. Dezember 1946" an.[74]

Die Stadt richtete ein Wiederaufbauamt ein. Nach den Vorstellungen Grandvals sollten „Kultur- und Wiederaufbaupolitik" zur Entnazifizierung beitragen,

---

69 *Herrmann*, Vom Wiederaufbau zur Landeshauptstadt, Europastadt und Grenzmetropole, S. 347-348.

70 *Bünte*, Kleine Saarbrücker Stadtgeschichte, S. 117; *Herrmann*, Vom Wiederaufbau zur Landeshauptstadt, Europastadt und Grenzmetropole, S. 347-348; *Klein*, Kurzbiographien der Bürgermeister (Alt-) Saarbrücken, St. Johanns, Malstatt-Burbachs und der Großstadt Saarbrücken, S. 531-532.

71 *Herrmann*, Vom Wiederaufbau zur Landeshauptstadt, Europastadt und Grenzmetropole, S. 400.

72 *Herrmann*, Vom Wiederaufbau zur Landeshauptstadt, Europastadt und Grenzmetropole, S. 346-347; *Kloevekorn*, Saarbrücken, S. 241.

73 *Kunz*, Geschichte der saarländischen Polizei 1945-1959, S. 129, 131.

74 Verordnung über die Verstaatlichung der kommunalen Vollzugspolizei, 15. 11. 1946, Amtsblatt der Verwaltungskommission des Saarlandes, S. 240; Heisig, „Man wollte Befehlsempfänger, keine Verhandlungspartner", S. 5.

„alles Preußische" beseitigen und zu einer Bindung der Einwohner Saarbrückens an Frankreich führen.[75]

Das „Bürgerhospital" nahm Ende August 1945 wieder Patienten auf.[76] Das Rastpfuhl-Krankenhaus stand seit 1947 unter der Trägerschaft der Landesversicherungsanstalt für das Saarland.[77] Den Klinikalltag bestimmte in der unmittelbaren Nachkriegszeit ein „Mangel an Ärzten und Arzneimitteln".[78]

6. Schulwesen

Eine Anordnung der französischen Militärregierung führte zur Wiederaufnahme des Schulunterrichts in Saarbrücken am 1. Oktober 1945. Oft blieb es bei einem sporadischen Unterricht.[79] Die Schulraumnot als ein „drängendes politisches und gesellschaftliches Problem" prägte den Schulunterricht „bis in die 1970er Jahre". Nach dem Zweiten Weltkrieg war für diese Not die Zerstörung zahlreicher Schulräume verantwortlich, später waren es die geburtenstarken Jahrgänge.[80] Wegen Kriegsschäden nach der Befreiung waren etwa 25 Prozent der Volksschulgebäude in Saarbrücken für den Unterricht nicht zu gebrauchen.[81] Bezogen auf alle Schularten waren 60 Prozent der am 1. September 1939 bestehenden Schulräume in Saarbrücken vollständig zerstört.[82] Dies betraf auch das Ludwigsgymnasium, das 1945/46 etwa 600 Schüler besuchten.[83] Der Wiederaufbau und Neubau von Schulen bedeutete nach der Befreiung und in den

---

75 *Ruth Bauer*, Städtebauliche Entwicklung ab 1945. Vom Aufbruch in eine neue Ära – Burbachs Weg von der Nachkriegszeit in die Moderne, in: Hans-Christian Herrmann / Ruth Bauer (Hrsg.), Burbacher Gold – Kohle, Stahl und Eisenbahn. Ein Stück Saarbrücker Stadtgeschichte (Veröffentlichungen des Stadtarchivs Saarbrücken, Bd. 4), Marpingen 2019, S. 196-219, hier S. 198.

76 *Bodtländer*, Das Gesundheitswesen, S. 321.

77 *Bodtländer*, Das Gesundheitswesen, S. 324-325.

78 *Tascher*, Staat, Macht und ärztliche Berufsausübung 1920-1956, S. 227.

79 *Bohn / Eisenbeis*, Das Ludwigsgymnasium, S. 199; *Herrmann*, Vom Wiederaufbau zur Landeshauptstadt, Europastadt und Grenzmetropole, S. 439-440; *Küppers*, Bildungspolitik im Saarland 1945-1955, S. 82.

80 *Herrmann*, Vom Wiederaufbau zur Landeshauptstadt, Europastadt und Grenzmetropole, S. 439-440.

81 *Küppers*, Bildungspolitik im Saarland 1945-1955, S. 81.

82 *Rolf Wittenbrock*, „...Du heiliges Land am Saaresstrand". Konfessionsschule und Identitätssuche, in: Stadtverband Saarbrücken (Hrsg.), Von der „Stunde 0" zum „Tag X". Das Saarland 1945-1959, Merzig 1990, S. 257-272, hier S. 257; *Zenner*, Das Schulwesen der Stadt Saarbrücken, S. 255.

83 *Bohn / Eisenbeis*, Das Ludwigsgymnasium, S. 199; *Küppers*, Bildungspolitik im Saarland 1945-1955, S. 81.

1950er Jahren eine enorme finanzielle Belastung für die Stadt.[84] Die Ausstattung mit Papier, Schulmöbeln, Schulheften, Schulbüchern und Unterrichtsmaterialien war teilweise unzureichend.[85] Die desolaten Verkehrsverhältnisse belasteten den schulischen Alltag und „Schulbetrieb", da Schüler aus entfernteren Stadtteilen lange Schulwege zu Fuß gehen mussten.[86] Bei dem Wiederaufbau der Schulgebäude wirkten nach einer Initiative des Stadtschulamtes Lehrer mit.[87] Es herrschte bis mindestens in das Jahr 1949 hinein ein „Lehrermangel".[88] Stadtschulamt und Kulturamt bestanden seit 1945 in einem Dezernat zusammen.[89]

Einer Förderung unterlag nach dem Zweiten Weltkrieg der französische Sprachunterricht,[90] der seit dem Schuljahr 1946/47 ab der zweiten Klasse der Volksschule als obligatorisches Unterrichtsfach galt. An den „höheren Lehranstalten" galt seit 1946/47 die französische Sprache neun Jahre als „Hauptfach". Zu diesem Zweck unterrichteten an den Schulen Lehrer aus Frankreich, Luxemburg, Belgien und der Schweiz.[91]

7. *Wohnungswesen*

Die Wohnungsnot in Saarbrücken nach der Befreiung der Stadt war „drückend".[92] Die aus der Evakuierung zurückkehrenden Einwohner Saarbrückens konnten ihre ursprünglichen Wohnungen wegen Zerstörungen häufig nicht mehr bewohnen. Diese Menschen erhielten eine Unterbringung in „Notunterkünften". Das städtische Wohnungsamt verteilte die Menschen im Rahmen der „Wohnungszwangsbewirtschaftung" in Wohnungen und Häusern, die bewohnbar

---

84 *Zenner*, Das Schulwesen der Stadt Saarbrücken, S. 256.

85 *Bohn / Eisenbeis*, Das Ludwigsgymnasium, S. 199; *Eisenbeis*, Die Geschichte der Schule im 20. Jahrhundert, 59; *Zenner*, Das Schulwesen der Stadt Saarbrücken, S. 255; *Küppers*, Bildungspolitik im Saarland 1945-1955, S. 84.

86 *Bohn / Eisenbeis*, Das Ludwigsgymnasium, S. 199; *Eisenbeis*, Die Geschichte der Schule im 20. Jahrhundert, S. 59.

87 *Zenner*, Das Schulwesen der Stadt Saarbrücken, S. 255.

88 *Küppers*, Bildungspolitik im Saarland 1945-1955, S. 84.

89 *Zenner*, Das Schulwesen der Stadt Saarbrücken, S. 260.

90 *Herrmann*, Vom Wiederaufbau zur Landeshauptstadt, Europastadt und Grenzmetropole, S. 439-440.

91 *Küppers*, Bildungspolitik im Saarland 1945-1955, S. 108-110.

92 *Bünte*, Kleine Saarbrücker Stadtgeschichte, S. 117; *Herrmann*, Die Geschichte einer aktiven Wohnungsbaupolitik, S. 35.

waren,[93] und griff damit in das Privateigentum ein.[94] „Bevorzugt zu berücksichtigen" bei der Zuteilung von Wohnraum durch das Wohnungsamt waren „solche Personen, die dem nationalsozialistischen Regime Widerstand geleistet haben, oder durch seine Maßnahmen benachteiligt worden sind". „Unter gleichberechtigten Personen" waren zu „bevorzugen: I. kinderreiche Familien, II. bejahrte Personen, III. Invaliden und Körperbehinderte".[95]

Im August 1945 gab es keinen freien Wohnraum mehr in Saarbrücken und die Zuwanderung nach Saarbrücken unterlag Beschränkungen, die die „Verordnung zur Wohnraumlenkung" vom 27. Februar 1943 bestimmte. Nach dieser Verordnung durfte der „Zuzug auswärtiger Familien nur mit vorheriger Zustimmung der Gemeinde erfolgen".[96] Eine Genehmigung für einen Zuzug erhielten die Zuziehenden, wenn sie einen bestehenden Wohnraum für sich nachweisen konnten. Als Zugezogene galten die Menschen, die im Rahmen der Evakuierung Saarbrückens weggezogen waren.[97] Die Beschränkung des Zuzugs entfaltete nur eine begrenzte Wirkung. Trotz der Verordnung und des Mangels an Wohnraum zogen zwischen dem 1. August 1945 und dem 31. März 1946 34.000 Menschen nach Saarbrücken zu.[98] Nahezu erfolglos waren die Bemühungen zur Schaffung von Wohnraum in der Stadt durch „Zwangsverlegungen" der Menschen in die ländliche Umgebung.[99]

Weitreichende Kompetenzen gab dem städtischen Wohnungsamt bei der Beschaffung von Wohnraum das „Wohnungsgesetz" des Alliierten Kontrollrats

---

93 *Rita Gehlen*, „Von einer menschenunwürdigen Unterbringung kann hier keine Rede sein." Zur sozialen Problematik der Wohnsituation im Saarbrücken der Nachkriegszeit, in: Stadtverband Saarbrücken (Hrsg.), Von der „Stunde 0" zum „Tag X". Das Saarland 1945-1959, Merzig 1990, S. 65-74, hier S. 65.

94 *Herrmann*, Die Geschichte einer aktiven Wohnungsbaupolitik, S. 36.

95 Artikel VIII, Kontrollrat in Deutschland, Gesetz Nr. 18, Wohnungsgesetz, 8. 3. 1946, Amtsblatt des Regierungspräsidiums Saar, 1946, S. 31-32; *Gehlen*, „Von einer menschenunwürdigen Unterbringung kann hier keine Rede sein.", S. 67.

96 § 11, Verordnung zur Wohnraumlenkung, 27. 2. 1943, Reichsgesetzblatt 1943 I, S. 129; *Gehlen*, „Von einer menschenunwürdigen Unterbringung kann hier keine Rede sein.", S. 65.

97 Bekanntmachung betreffend Verbot des Zuzugs in das Saargebiet, 17. 8. 1945, Amtsblatt des Regierungspräsidiums Saar 1945, S. 10; *Gehlen*, „Von einer menschenunwürdigen Unterbringung kann hier keine Rede sein.", S. 65.

98 *Gehlen*, „Von einer menschenunwürdigen Unterbringung kann hier keine Rede sein.", S. 66.

99 *Gehlen*, „Von einer menschenunwürdigen Unterbringung kann hier keine Rede sein.", S. 67-68.

vom 8. März 1946.[100] Das Wohnungsamt konnte nach dem Gesetz „zweckentfremdete Wohnräume ihrem ursprünglichen Zweck wieder zuführen", „einen Wohnungstausch anordnen", „vorhandenen Wohnraum um- oder ausbauen" und an „Häusern dringende Reparaturen … vornehmen".[101] Das Wohnungsamt besaß die Befugnis, den „erforderlichen Wohnraum" zu „erfassen".[102]

8. Ehegesetz 1946

In Saarbrücken galt das vom Alliierten Kontrollrat im Februar 1946 verkündete Ehegesetz.[103] Das Gesetz hob die Scheidungsgründe der „Unfruchtbarkeit" und „Fortpflanzungsverweigerung" auf, die seit 1938 im Ehegesetz im Sinne der NS-Ideologie bestanden.[104] Als Scheidungsgründe galten nach dem Ehegesetz von 1946 der „Ehebruch" und „andere Eheverfehlungen". Zu diesen „anderen Eheverfehlungen" gehörten „auf geistiger Störung beruhendes Verhalten", „Geisteskrankheit" und „ansteckende oder ekelerregende Krankheiten". Der im Ehegesetz von 1938 eingeführte Zerrüttungstatbestand für die Scheidung fand im Ehegesetz von 1946 weiterhin Anwendung. Der Alliierte Kontrollrat fügte in das Ehegesetz eine „Kinderschutzklausel" ein, wonach dem „Scheidungsbegehren nicht stattzugeben war", „wenn das wohlverstandene Interesse eines oder mehrerer minderjähriger Kinder, die aus der Ehe hervorgegangen sind, die Aufrechterhaltung der Ehe fordert".[105]

---

100 Kontrollrat in Deutschland, Gesetz Nr. 18, Wohnungsgesetz, 8. 3. 1946, Amtsblatt des Regierungspräsidiums Saar, 1946, S. 30-33.

101 Artikel VI, Kontrollrat in Deutschland, Gesetz Nr. 18, Wohnungsgesetz, 8. 3. 1946, Amtsblatt des Regierungspräsidiums Saar, 1946, S. 31.

102 Artikel VII, Kontrollrat in Deutschland, Gesetz Nr. 18, Wohnungsgesetz, 8. 3. 1946, Amtsblatt des Regierungspräsidiums Saar, 1946, S. 31.

103 *Gergen*, Die Zwischenkriegszeit in der saarländischen Rechtsgeschichte, S. 52; *Ders.*, Politische Entscheidungsjahre 1815, 1935 und 1955, S. 71; *Hannes Ludyga*, §§ 1564-1568b BGB – Ehescheidungsgründe, in: Mathias Schmoeckel / Joachim Rückert / Reinhard Zimmermann (Hrsg.), Historisch-kritischer Kommentar zum BGB, Bd. 4, Familienrecht, Tübingen 2018, S. 841-892, hier S. 887.

104 *Ludyga*, §§ 1564-1568b BGB – Ehescheidungsgründe, S.886-887.

105 *Ludyga*, §§ 1564-1568b BGB – Ehescheidungsgründe, S. 885, 887-888.

13. Kapitel. Saarbrücken im „Saarstaat"

I. Gründung eines „Saarstaates"

Frankreich lotete von August bis Dezember 1945 bei der US-Regierung und der englischen Regierung aus, ob die beiden Westalliierten mit einer Angliederung des Saarlandes an Frankreich einverstanden wären. „Annexionsneigungen" Frankreichs und Diskussionen über eine Annexion des Saarlandes lehnten die Alliierten entschieden ab, was Frankreich akzeptierte.[1] Am 22. Dezember 1946 trennte Frankreich allerdings das Saarland „de facto" von den deutschen Besatzungszonen ab, indem es die Grenze zwischen dem Saarland und der sonstigen französischen Besatzungszone für den „Personen-, Waren- und Geldverkehr" abriegelte.[2] Seit dem 22. Dezember 1946 endete die Zollgrenze Frankreichs an der östlichen Grenze des Saarlandes.[3] Im Frühjahr 1947 beschloss die französische Regierung die „Gründung eines Saarstaates".[4]

Die Hauptstadt des „Saarstaates" Saarbrücken wies zu diesem Zeitpunkt eine Einwohnerzahl von mehr als 100.000 Menschen auf.[5] An die Stelle der Gemeindeordnung vom 30. Januar 1935 trat die Gemeindeordnung vom 21. Februar 1947,[6] die wie die nachfolgende Gemeindeordnung vom 10. Juli 1951 die „Grundlagen der Gemeindeverfassung" normierte.[7] Das Gemeindevermögen

---

1 *Brosig*, Die Verfassung des Saarlandes, S. 112-114; *Herrmann*, Das Saarland in der frühen Nachkriegszeit, S. 12-13; *Hans-Walter Herrmann* / Georg Wilhelm Sante, Geschichte des Saarlandes (Schriftenreihe zur politischen Bildung, Heft 3), Würzburg 1972, S. 44; *Rainer Hudemann*, Die Saar zwischen Frankreich und Deutschland 1945-1947, in: Ders. / Raymond Poidevin (Hrsg.), Die Saar 1945-1955. Ein Problem der europäischen Geschichte, München ²1995, S. 13-34; *Paul*, Von der Bastion im Westen zur Brücke der Verständigung, S. 42.

2 *Behringer / Clemens*, Geschichte des Saarlandes, S. 109; *Brosig*, Die Verfassung des Saarlandes, S. 115, 200; *Herrmann*, Das Saarland in der frühen Nachkriegszeit, S. 17; *Herrmann*, Vom Wiederaufbau zur Landeshauptstadt, Europastadt und Grenzmetropole, S. 340.

3 *Schneider*, Gilbert Grandval, S. 222.

4 *Behringer / Clemens*, Geschichte des Saarlandes, S. 110.

5 *Bünte*, Kleine Saarbrücker Stadtgeschichte, S. 119.

6 Gemeindeordnung vom 21. 2. 1947, Amtsblatt des Saarlandes 1947, S. 91.

7 Gemeindeordnung, 10. 6. 1951, Amtsblatt des Saarlandes 1951, S. 995-996; § 1, Gemeindeordnung vom 21. 2. 1947, Amtsblatt des Saarlandes 1947, S. 91.

https://doi.org/10.1515/9783111002996-013

war gemäß den Gemeindeordnungen „pfleglich und wirtschaftlich zu verwalten".[8] Die Gemeindeordnungen stellten Saarbrücken unter „Staatsaufsicht".[9]

Am 28. Februar 1947 beendete die „Reichsbankstelle Saarbrücken" ihre Geschäftstätigkeit. Eine Verordnung vom 28. Februar 1947 regelte die Errichtung einer „Landeszentralbank Saar" als Anstalt des öffentlichen Rechts in Saarbrücken.[10] Seit dem 16. Juni 1947 zahlten die Einwohner Saarbrückens mit der „Saarmark" und seit dem 20. November 1947 mit dem Franc als „offiziellem Zahlungsmittel". Die Stadtsparkasse richtete entsprechende Wechselstuben ein. Unmittelbar nach der Einführung des Franc verbesserte sich die die Versorgung mit Lebensmitteln und Konsumgütern in Saarbrücken.[11] Im „Saarstaat" und in Saarbrücken galt fortan ein „wachstumsorientierter berufsgruppenübergreifender Mindestlohn".[12] An die Stelle der „Landeszentralbank Saar" trat im „Saarstaat" im November 1947 die „Saarländische Rediskontbank", deren Geschäftspolitik die Banque de France bestimmte.[13]

Im „Saarstaat" setzte eine „Massenmotorisierung" mit Autos ein. Bei den neu zugelassenen Autos überwogen die Fahrzeuge französischer Hersteller.[14] Die Stadt Saarbrücken überholte das Straßennetz für den Autoverkehr zwischen 1950 und 1954 umfassend.[15] Zwischen 1951 und 1961 erhöhte sich die Anzahl der zugelassenen Autos in Saarbrücken um 196 Prozent. Jedem siebten Einwohner Saarbrückens gehörte 1957 ein Auto. 1955 appellierte die Saarbrücker

---

8 § 82, Gemeindeordnung, 10. 6. 1951, Amtsblatt des Saarlandes 1951, S. 1005; § 65, Gemeindeordnung vom 21. 2. 1947, Amtsblatt des Saarlandes 1947, S. 95.

9 § 128, Gemeindeordnung, 10. 6. 1951, Amtsblatt des Saarlandes 1951, S. 1012; § 111, Gemeindeordnung vom 21. 2. 1947, Amtsblatt des Saarlandes 1947, S. 98.

10 Verordnung über die Errichtung eines Landeszentralbank Saar, 28. 2. 1947, Amtsblatt der Verwaltungskommission des Saarlandes, 1947, S. 62-63; *Herrmann*, Das Saarland in der frühen Nachkriegszeit, S. 17; Landeszentralbank in Rheinland-Pfalz und Saarbrücken (Hrsg.), 50 Jahre Landeszentralbank, Mainz, 1997, S. 18.

11 Gesetz betr. Einführung des Franc im Saarland, 15. 11. 1947, Amtsblatt 1947, S. 585-586; *Brosig*, Die Verfassung des Saarlandes, S. 115; *Gröpl*, § 1 Verfassungsrecht, S. 26; *Bünte*, Kleine Saarbrücker Stadtgeschichte, S. 121; *Herrmann*, Das Saarland in der frühen Nachkriegszeit, S. 17; *Schäfer*, Das autonome Saarland, S. 58; *Schneider*, Gilbert Grandval, S. 223: *Seck*, Nachkriegsjahre an der Saar, S. 71; *Thomes*, Da, wo Sie zu Hause sind, S. 272.

12 *Gergen*, Die Zwischenkriegszeit in der saarländischen Rechtsgeschichte, S. 57; *Ders.*, Politische Entscheidungsjahre 1815, 1935 und 1955, S. 77.

13 Landeszentralbank in Rheinland-Pfalz und Saarbrücken, 50 Jahre Landeszentralbank, S. 19-20.

14 *Herrmann*, Vom Wiederaufbau zur Landeshauptstadt, Europastadt und Grenzmetropole, S. 390.

15 *Krajewski*, Die bauliche Entwicklung, S. 189

Verkehrspolizei an die Einwohner der Stadt zur stärkeren Nutzung des öffentlichen Nahverkehrs und forderte sie auf „mehr zu Fuß zu gehen".[16]

Sportler des „Saarstaats" nahmen 1952 an den Olympischen Spielen, die in Helsinki stattfanden, teil. Bei den Qualifikationsspielen für die Fußball-Weltmeisterschaft 1954 trat der „Saarstaat" gegen Deutschland an.[17] Präsident des 1946 gegründeten saarländischen Fußballbundes war seit 1950 Hermann Neuberger (1919-1992), der in der Bundesrepublik Deutschland ein „mächtiger und politisch einflussreicher Multifunktionär" wurde.[18] 1975 erfolgte seine Wahl zum DFB-Präsidenten. Neuberger setzte sich nachhaltig dafür ein, dass die Fußball Weltmeisterschaft 1978 in Argentinien stattfand, wo eine Militärjunta herrschte. Bei der Organisation der Weltmeisterschaft arbeitete er mit der Militärjunta zusammen.[19]

II. Verfassung des Saarlandes

Eine Kommission mit 20 Mitgliedern entwarf nach einer Anordnung der „Verwaltungskommission des Saarlandes" vom 23. Mai 1947[20] in Anlehnung an die Verfassungen der Länder Rheinland-Pfalz, Bayern, Hessen, Südbaden, Südwürttemberg und Württemberg-Baden sowie die „Weimarer Reichsverfassung"[21] die Verfassung des Saarlandes. Zu den „Köpfen der Verfassungskommission", die ihren Sitz in Saarbrücken hatte, gehörten der Jurist und Senatspräsident am Oberlandesgericht Saarbrücken Alfred Levy (1888-1962)[22], Hoffmann, Koßmann, Müller, Kirn, der Jurist und saarländische Justizminister

---

16 *Hans-Christian Herrmann*, Aufbruch in eine neue Zeit – Busse und Straßenbahnen nach 1945, in: Saarbahn GmbG (Hrsg.), Die Geschichte des Öffentlichen Personennahverkehrs in Saarbrücken. Immer in Bewegung, St. Ingbert 2017, S. 41-96, hier S. 69-71.

17 *Thomes*, Da, wo Sie zu Hause sind, S. 265.

18 *Erich Später*, Der Kamerad Neuberger, in Saarbrücker Hefte 123 (2021), S. 46-51, hier S. 48; *Josef Anker*, Hermann Neuberger, in: Neue Deutsche Biographie 19 (1999), S. 103-104 [Online-Version]; URL: https://www.deutsche-biographie.de/pnd119128411.html#ndbcontent.

19 *Später*, Der Kamerad Neuberger, S. 48.-51

20 Rechtsanordnung über die Einsetzung einer Verfassungskommission des Saarlandes, 23. 5. 1947, Amtsblatt der Verwaltungskommission des Saarlandes 1947, S. 167; *Brosig*, Verfassung und Verfassungsgerichtsbarkeit im Saarland, S. 20.

21 *Brosig*, Verfassung und Verfassungsgerichtsbarkeit im Saarland, S. 21; *Schäfer*, Das autonome Saarland, S. 65.

22 *Brosig*, Die Verfassung des Saarlandes, S. 120; *Sander*, Die Entstehung der Verfassung des Saarlandes, S. 15-16; *Schäfer*, Das autonome Saarland, S. 61; *Schneider*, Gilbert Grandval, S. 212; *Joseph Walk*, Kurzbiographien zur Geschichte der Juden 1918-1945, hrsg. vom Leo Baeck Institute. München, New York, London, Paris 1988, S. 226-227.

zwischen 1949 und 1951 Heinz Braun[23] und der spätere Bürgermeister Saarbrückens Peter Zimmer (1887-1970)[24]. Präsident der Kommission war Hoffmann, sein Stellvertreter Kirn.[25] Als „Vertrauensmann“ der französischen Militärregierung galt Levy.[26] Die „Verfassungskommission des Saarlandes“ nahm am 27. Mai 1947 ihre Arbeit im Festsaal des Saarbrücker Rathauses auf[27] und legte am 20. September 1947 einen Verfassungsentwurf vor.[28]

Die „Gesetzgebende Versammlung des Saarlandes“ beschloss auf der Basis des Verfassungsentwurfs der Kommission in Sitzungen am 8. November und am 15. Dezember 1947 die „Verfassung des Saarlandes.“[29] Bei der „Gesetzgebenden Versammlung“ handelte es sich um einen „verfassungsgebenden Landtag“.[30] Die Versammlung war am 14. Oktober 1947 nach allgemeinen Wahlen im Saarland erstmals zusammengetreten. Die Anzahl der Abgeordneten der „Gesetzgebenden Versammlung“ betrug 50.[31] Die Bevölkerung im Saarland stimmte über die Verfassung nicht ab.[32] Mit Änderungen gilt die Verfassung bis in die Gegenwart.[33]

An der Spitze der Verfassung stand in der Präambel eine Proklamation der Unabhängigkeit des Saarlandes vom sonstigen Deutschland. Die Präambel bestimmte: „Das Volk an der Saar, berufen nach dem Zusammenbruch des Deutschen Reiches sein Gemeinschaftsleben kulturell, politisch, wirtschaftlich und sozial neu zu gestalten, durchdrungen von der Erkenntnis, daß sein Bestand und seine Entwicklung durch die organische Einordnung des Saarlandes in den Wirtschaftsbereich der französischen Republik gesichert werden können, vertrauend

---

23 *Schneider*, Gilbert Grandval, S. 233 Anm. 146; http://www.saarland-biografien.de/frontend/php/ergebnis_detail.php?id=997.

24 http://www.saarland-biografien.de/frontend/php/ergebnis_detail.php?id=671.

25 *Brosig*, Die Verfassung des Saarlandes, S. 119; *Brosig*, Verfassung und Verfassungsgerichtsbarkeit im Saarland, S. 20.

26 *Wettmann-Jungblut*, Vom Rechtswahrer zum Rechtsanwalt, S. 242.

27 *Sander*, Die Entstehung der Verfassung des Saarlandes, S. 16.

28 *Brosig*, Verfassung und Verfassungsgerichtsbarkeit im Saarland, S. 125.

29 Verfassung des Saarlandes, 15. 12. 1947, Amtsblatt des Saarlandes 1947, S. 1077.

30 *Brosig*, Verfassung und Verfassungsgerichtsbarkeit im Saarland, S. 20.

31 §§ 1, 4, Verordnung über die Wahl der Mitglieder der Gesetzgebenden Versammlung des Saarlandes, 29. 8. 1947, Amtsblatt der Verwaltungskommission des Saarlandes, 1947, S. 351-352; *Brosig*, Verfassung und Verfassungsgerichtsbarkeit im Saarland, S. 20.

32 *Gröpl*, § 1 Verfassungsrecht, S. 27; *Rudolf Wendt*, § 256 Landesgrundrechte im Saarland, in: Detlef Merten / Hans-Jürgen Papier (Hrsg.), Handbuch der Grundrechte in Deutschland und Europa, Bd. 8, Landesgrundrechte in Deutschland, Heidelberg 2017, Rn. 1.

33 *Brosig*, Verfassung und Verfassungsgerichtsbarkeit im Saarland, S. 38-39.

auf ein internationales Statut, das die Grundlage für sein Eigenleben und seinen Wiederaufstieg festlegen wird, gründet seine Zukunft auf den wirtschaftlichen Anschluß des Saarlandes an die französische Republik und die Währungs- und Zolleinheit mit ihr", die die „politische Unabhängigkeit des Saarlandes vom Deutschen Reich" „einschließt". [34] Diese Erklärung in der Verfassung führte zu einer „verfassungsrechtlich verpflichtenden Bindung an Frankreich".[35] Nach Artikel 60 der Verfassung war das Saarland ein „autonom, demokratisch und geordnetes Land und wirtschaftlich an Frankreich angeschlossen".[36] Das Bundesverfassungsgericht entschied im Saarurteil von 1955, dass das Saarland ein „Teil Deutschlands" war.[37]

Im ersten Hauptteil der Verfassung standen und stehen die Grundrechte.[38] Die Verfassung des Saarlandes von 1947 garantierte als bedeutende Grundrechte die Menschenwürde,[39] die „Freiheit der Person",[40] die Gewissens- und Glaubensfreiheit,[41] die Meinungsfreiheit,[42] die Vereinigungsfreiheit,[43] die Gleichheit aller Menschen[44] und das Eigentum.[45]

---

34 Präambel, Verfassung des Saarlandes, 15. 12. 1947, Amtsblatt des Saarlandes 1947, S. 1077; *Wendt*, Landesgrundrechte im Saarland, Rn. 2.

35 *Wendt*, Landesgrundrechte im Saarland, Rn. 2.

36 Artikel 60, Verfassung des Saarlandes, 15. 12. 1947, Amtsblatt des Saarlandes 1947, S. 1084.

37 Bundesverfassungsgericht, Urteil vom 4. 5. 1955 - 1 BvF 1/55, VerwRspr 1956, S. 133-144; *Brosig*, Die Verfassung des Saarlandes, S. 200; *Gergen*, Politische Entscheidungsjahre 1815, 1935 und 1955, S. 73.

38 *Wendt*, Landesgrundrechte im Saarland, Rn. 2.

39 Artikel 1, Verfassung des Saarlandes, 15. 12 1947, Amtsblatt des Saarlandes 1947, S. 1078; *Gröpl*, § 1 Verfassungsrecht, S. 88; *Schäfer*, Das autonome Saarland, S. 71.

40 Artikel 3, Verfassung des Saarlandes, 15. 12. 1947, Amtsblatt des Saarlandes 1947, S. 1078.

41 Artikel 4, Verfassung des Saarlandes, 15. 12. 1947, Amtsblatt des Saarlandes 1947, S. 1078.

42 Artikel 5, Verfassung des Saarlandes, 15. 12. 1947, Amtsblatt des Saarlandes 1947, S 1078.

43 Artikel 6, Verfassung des Saarlandes, 15. 12. 1947, Amtsblatt des Saarlandes 1947, S. 1078.

44 Artikel 12, Verfassung des Saarlandes, 15. 12. 1947, Amtsblatt des Saarlandes 1947, S. 1079.

45 Artikel 14, Verfassung des Saarlandes, 15. 12. 1947, Amtsblatt des Saarlandes 1947, S. 1079.

Der Landtag als „vom Volk gewählte Volksvertretung" nahm seinen Sitz in Saarbrücken.[46] Die Landesregierung bestand als „Kollegialorgan"[47] aus „dem Ministerpräsidenten und den Ministern".[48] Die „Mehrheit der gesetzlichen Mitgliederzahl vom Landtag" wählte zum Ministerpräsidenten[49] nach dem Inkrafttreten der Verfassung Hoffmann von der CVP,[50] der einer Koalitionsregierung von CVP und SPS voranstand. Zu einer solchen Koalition kam es, obwohl die CVP bei der Landtagswahl am 5. Oktober 1947 die absolute Mehrheit erreichte.[51] Der Staatssicherheitsdienst der DDR unternahm 1955 einen Attentatsversuch mit einer Briefbombe auf Hoffmann.[52]

„Nur dem Gesetz" unterworfene Richter übten nach der Verfassung die Rechtsprechung aus.[53] Die Verfassung führte zu der Errichtung eines Verfassungsgerichtshofs mit Sitz in Saarbrücken.[54] Der Verfassungsgerichtshof stand in symbolischer Hinsicht für die saarländische „Eigenständigkeit".[55] Landtag, Landesregierung und Verfassungsgerichtshof bildeten die „obersten Verfassungsorgane" im Saarland.[56]

---

46 Artikel 67, 70, Verfassung des Saarlandes, 15. 12. 1947, Amtsblatt des Saarlandes 1947, S. 1085. Siehe: Gröpl, § 1 Verfassungsrecht, S. 43.

47 *Gröpl*, § 1 Verfassungsrecht, S. 54.

48 Artikel 88, Verfassung des Saarlandes, 15. 12. 1947, Amtsblatt des Saarlandes 1947, S. 1087.

49 Artikel 89, Verfassung des Saarlandes, 15. 12. 1947, Amtsblatt des Saarlandes 1947, S. 1087.

50 *Behringer / Clemens*, Geschichte des Saarlandes, S. 111; *Herrmann*, Vom Wiederaufbau zur Landeshauptstadt, Europastadt und Grenzmetropole, S. 341.

51 *Behringer / Clemens*, Geschichte des Saarlandes, S. 111; *Küppers*, Johannes Hoffmann (1890-1967), S. 432.

52 *Hans-Christian Herrmann*, Das Attentat auf Johannes Hoffmann: Der Mord als Mittel der Politik – der kommunistische Kampf gegen den Schumann-Plan, in: Zeitschrift für die Geschichte der Saargegend 65/66 (2017/2018), S. 147-173, hier S. 166-167; *Herrmann*, Burbacher Perspektiven, S. 231; Der Spiegel 16/1996, 14. 4. 1996 [https://www.spiegel.de/politik/spaete-klarheit-a-b0856352-0002-0001-0000-000008909454.

53 Artikel 112, 113, Verfassung des Saarlandes, 15. 12. 1947, Amtsblatt des Saarlandes 1947, S. 1090.

54 Artikel 98, Verfassung des Saarlandes, 15. 12. 1947, Amtsblatt des Saarlandes 1947, S. 1088.

55 Siehe allgemein: *Brosig*, Verfassung und Verfassungsgerichtsbarkeit im Saarland, S. 31-32; *Gröpl*, § 1 Verfassungsrecht, S. 59.

56 *Wendt*, Landesgrundrechte im Saarland, Rn. 5; *Schäfer*, Das autonome Saarland, S. 78-79.

Ein „Hoher Kommissar“ löste nach einem Dekret vom 31. Dezember 1947 die französische Militärverwaltung ab,[57] was das „Ende der direkten Besatzungsherrschaft“ durch Frankreich bedeutete.[58] Grandval, seit dem 10. Januar 1948 „Hoher Kommissar“, besaß umfassende Kontrollbefugnisse gegenüber der saarländischen Regierung und Verwaltung. Er bestimmte bei der Ernennung von hohen Beamten mit und konnte für das Saarland „Dekrete“ erlassen.[59] Seit dem 25. Januar 1952 war Grandval, der das Saarland als „kulturelle, politische, ökonomische Brücke zwischen Frankreich und Deutschland“ betrachtete,[60] französischer Botschafter in Saarbrücken.[61]

III. Stadtverwaltung

Johann Heinrich Barth (1895-1949) von den Sozialdemokraten löste am 6. April 1949 Singer als Bürgermeister ab. Barth war wie Singer ehrenamtlicher Bürgermeister. Er war seit 1919 Mitglied der SPD und „gelernter Hüttenarbeiter“. Zwischen 1929 und 1935 gehörte er für die SPD dem Stadtrat von Saarbrücken an. Barth floh 1935 nach Frankreich, Deutschland bürgerte ihn aus. 1937 erhielt er die französische Staatsangehörigkeit. Er leistete in den Jahren 1939 und 1940 Militärdienst für Frankreich und wurde nach der Besetzung Frankreichs durch Deutschland am 29. April 1941 verhaftet. Das Oberlandesgericht Stuttgart verurteilte ihn am 20. März 1942 wegen „Vorbereitung zum Hochverrat“ zu einer einjährigen Freiheitsstrafe. Die Gestapo deportierte ihn am 19. Oktober 1942 in das Konzentrationslager Dachau und am 2. November 1942 in das Konzentrationslager Neuengamme. Er überlebte einen „Todesmarsch“ und befand sich seit dem 4. Mai 1945 in Freiheit. Das Amt des Bürgermeisters von Saarbrücken übte er nur wenige Wochen aus, da er am 18. Juni 1949 starb.[62] Zu seinen

57 *Herrmann*, Vom Wiederaufbau zur Landeshauptstadt, Europastadt und Grenzmetropole, S. 341; *Schneider*, Gilbert Grandval, S. 223-224.

58 *Sander*, Die Entstehung der Verfassung des Saarlandes, 40.

59 *Eichmüller*, „Es ist ganz unmöglich, diese Milde zu vertreten“, S. 33; *Herrmann*, Vom Wiederaufbau zur Landeshauptstadt, Europastadt und Grenzmetropole, S. 341; *Sander*, Die Entstehung der Verfassung des Saarlandes, 40; *Schneider*, Gilbert Grandval, S. 223-224.

60 *Rainer Hudemann*, Das Saarland und die Neubegründung der deutsch-französischen Zusammenarbeit nach dem Zweiten Weltkrieg, in: Gabriele Clemens (Hrsg.), Schlüsseljahre. Zäsuren und Kontinuitäten an der Saar 1815 – 1935 – 1955 (Veröffentlichungen der Kommission für Saarländische Landesgeschichte, Bd. 49), Saarbrücken 2017, S. 145-159, hier S. 145

61 *Schneider*, Gilbert Grandval, S. 230.

62 *Wilfried Busemann*, „Den Opfern des Faschismus“? Unvollständige Beobachtungen zur saarländischen „Wiedergutmachung“, in: Ludwig Linsmayer / Peter Wettmann-Jungblut

Todesumständen bemerkte der behandelnde Arzt: „Es unterliegt keinem Zweifel, dass das schwere Herzleiden des Herrn Barth, das schließlich den Tod herbeigeführt hat, in ursächlichem Zusammenhang mit den schweren seelischen Belastungen, Entbehrungen und grausamen Misshandlungen, die Herr Barth in den Konzentrationslagern Dachau und Neuengamme erdulden musste, stehen."[63]

Auf Barth folgte Peter Zimmer von der SPS als Bürgermeister. Der gelernte Bergmann und seit 1916 der SPD angehörende Zimmer war zwischen dem 19. Juli 1949 und 19. Juni 1956 ehrenamtlicher Bürgermeister Saarbrückens.[64] Er engagierte sich in der Gewerkschaft. In Frankfurt am Main besuchte er in der Weimarer Zeit die „Akademie für Arbeit". Nach seiner Verhaftung in Essen 1933 gelang ihm die Flucht aus dem Gefängnis in das Saarland. Nach der „Rückgliederung" des Saarlandes an das „Reich" emigrierte er nicht. Er stand in Kontakt mit der „Widerstandsgruppe" um Georg Werner (1877-1968)[65] in Berlin-Zehlendorf. Diese „Widerstandsgruppe" pflegte Beziehungen zum „Kreisauer Kreis". Die Gestapo überwachte Zimmer ständig und verhaftete ihn nach dem 20. Juli 1944. Vom 17. August 1944 bis zum 2. September 1944 war Zimmer in dem „Lager Neue Bremm" interniert. Seit September 1945 war Zimmer Vorstand der Saarknappschaft und seit 1947 Präsident des Saarländischen Landtags.[66] In der Anfangszeit nach der Befreiung war er „Verlagsdirektor" und „Hauptschriftleiter" der „Neuen Saarbrücker Zeitung".[67]

(Hrsg.), Last aus tausend Jahren. NS-Vergangenheit und demokratischer Aufbruch im Saarstaat (Echolot. Historische Beiträge des Landesarchivs Saarbrücken, Bd. 12), Saarbrücken 2013, S. 81-111, hier S. 85; *Herrmann*, Burbacher Perspektiven, S. 228; *Herrmann*, Burbach in der braunen Zeit, S. 167-168; *Herrmann*, Vom Wiederaufbau zur Landeshauptstadt, Europastadt und Grenzmetropole, S. 348, 353-354; http://www.saarland-biografien.de/frontend/php/ergebnis_detail.php?id=3284 [14. 1. 2022].

63 Zitiert nach: *Herrmann*, Burbacher Perspektiven, S. 228.

64 *Herrmann*, Vom Wiederaufbau zur Landeshauptstadt, Europastadt und Grenzmetropole, S. 348, 353-354; *Rudolf Strumm*, Auferstanden…! Der Neuanfang der Sozialdemokratischen Partei an der Saar 1945/1946. Zum ersten ordentlichen Parteitag der Sozialdemokratischen Partei nach 1935 im Saarland am 30. Juni 1946 im Stadttheater in Saarbrücken (Dialog, Bd. 24), Saarbrücken 2016, S. 177; http://www.saarland-biografien.de/frontend/php/ergebnis_detail.php?id=671.

65 https://www.lexikon-westfaelischer-autorinnen-und-autoren.de/autoren/werner-georg/. Siehe: *Georg Werner*, Meine Rechnung geht in Ordnung, Berlin 1958, passim.

66 *Herrmann*, Vom Wiederaufbau zur Landeshauptstadt, Europastadt und Grenzmetropole, S. 352-353; *Paul / Mallmann*, Milieus und Widerstand, S. 245-246; *Strumm*, Auferstanden, S. 176-177.

67 *Bünte*, Die abenteuerliche Geschichte einer Zeitung, S. 151.

Im Jahre 1950 eröffnete auf dem Messegelände in Saarbrücken die erste „Saarmesse".[68] Die Messe erwies sich als die „bedeutendste Veranstaltung verkehrs- und wirtschaftsfördernder Art" in Saarbrücken. Die „Saarländische Gestaltungskreis GmbH" veranstaltete die Messe nach einem Vertrag mit der Stadt Saarbrücken.[69] Die Stadt stellte der GmbH notwendige Grundstücke zur Verfügung, ohne einen Mietzins oder eine Pacht zu verlangen.[70] Die Bewerbung Saarbrückens als „Hauptstadt der europäischen Montanunion" blieb 1951 ohne Erfolg.[71]

Seit 1956 stand Saarbrücken ein hauptamtlicher Oberbürgermeister voran. Zudem übten in der Stadt „hauptamtliche Beigeordnete" ihre Tätigkeit aus.[72] Das Amt des Generalsekretärs existierte seit 1956 nicht mehr.[73] Die Stadtdirektoren blieben für eine Übergangszeit neben den „hauptamtlichen Beigeordneten" im Amt.[74] Bei den Wahlen zum Stadtrat von Saarbrücken am 13. Mai 1956 fielen auf die CDU 27, 1 Prozent, die DPS 24, 4 Prozent, die CVP 23, 3 Prozent, die SPD 18, 6 Prozent und die KP 6 Prozent der abgegebenen Stimmen.[75] Der Jurist Fritz Schuster (1916-1988) bekleidete nach seiner Wahl durch den Stadtrat zwischen dem 11. Dezember 1956 und dem 31. März 1976 das Amt des Oberbürgermeisters von Saarbrücken. Nach dem Wehrdienst im Zweiten Weltkrieg studierte Schuster zwischen 1946 und 1949 Rechtswissenschaften an der Universität Mainz. Die 1. Juristische Staatsprüfung legte er 1949 und die 2. Juristische Staatsprüfung 1952 ab. Seit Januar 1954 war er zur Rechtsanwaltschaft zugelassen. Von Dezember 1955 bis Januar 1961 saß er als Abgeordneter im Saarländischen Landtag. Zwischen Januar und Dezember 1956 war er saarländischer Innenminister. Er gehörte ursprünglich der DPS an und trat 1970 zur CDU über.[76] Als Oberbürgermeister vertrat Schuster die Gemeinde, leitete die

---

68 *Bünte*, Kleine Saarbrücker Stadtgeschichte, S. 126; *Herrmann*, Gedanken zum Aufstieg Saarbrückens, S. 25; *Thomes*, Da, wo Sie zu Hause sind, S. 270.

69 *Heinz Monz*, Die kommunale Neugliederung städtischer Ballungsräume. Lösungsmöglichkeiten – dargestellt am Beispiel des Raumes Saarbrücken, Saarbrücken 1962, S. 93.

70 *Monz*, Die kommunale Neugliederung städtischer Ballungsräume, S. 100-101.

71 *Behringer / Clemens*, Geschichte des Saarlandes, S. 114; *Herrmann*, Gedanken zum Aufstieg Saarbrückens, S. 27.

72 *Herrmann*, Vom Wiederaufbau zur Landeshauptstadt, Europastadt und Grenzmetropole, S. 348.

73 *Herrmann*, Vom Wiederaufbau zur Landeshauptstadt, Europastadt und Grenzmetropole, S. 348.

74 *Herrmann*, Vom Wiederaufbau zur Landeshauptstadt, Europastadt und Grenzmetropole, S. 348-349.

75 *Kloevekorn*, Saarbrücken, S. 256.

76 *Herrmann*, Vom Wiederaufbau zur Landeshauptstadt, Europastadt und Grenzmetropole, S. 353; *Klein*, Kurzbiographien der Bürgermeister (Alt-) Saarbrücken, St. Johanns, Malstatt-Burbachs und der Großstadt Saarbrücken, S. 533; http://www.saarland-

Stadtverwaltung und führte den Vorsitz im Stadtrat.[77] Während der Amtszeit von Schuster stellten die Bergwerke Velsen und Jägersfreunde in den 1960er Jahren ihren Betrieb ein.[78]

IV. Spezifisch städtische Handlungsfelder

1. Wohnungswesen

Die Errichtung von Wohnraum für die Menschen blieb Ende der 1940er Jahre und in den 1950er Jahren eine bedeutende Aufgabe für die Stadt.[79] Der Mangel einer ausreichenden Anzahl von Wohnungen führte zu einem „sozialen Problem allererster Ordnung“.[80] Der Gesellschaftsvertrag der „Saarbrücker gemeinnützigen Siedlungsgesellschaft“ hielt nach einer Neuformulierung vom 2. Dezember 1949 ausdrücklich fest: „Gegenstand und Zweck des Unternehmens ist der Bau und die Betreuung von Kleinwohnungen im eigenen Namen.“[81] Bis 1949 baute die Gesellschaft 72 Wohnungen in neun Häusern wieder auf.[82] In den 1950er Jahren entfaltete die Gesellschaft umfangreiche Tätigkeiten beim Wiederaufbau zerstörter Wohnungen sowie bei der Errichtung neuer Wohnungen. Fehlendes Bauland erschwerte die Errichtung neuer Wohnungen.[83]

---

biografien.de/frontend/php/ergebnis_detail.php?id=705. Zur Wahl: § 47, Gemeindeordnung, 10. 6. 1951, Amtsblatt des Saarlandes 1951, S. 1001; § 52, 2, Gesetz Nr. 788 über die Selbstverwaltung der Gemeinden, Ämter und Landkreise (Kommunalverwaltungsgesetz – KSVG), 15. 1. 1964, Amtsblatt des Saarlandes, S. 130.

77 §§ 58, 59, Gemeindeordnung, 10. 6. 1951, Amtsblatt des Saarlandes 1951, S. 1003; §§ 40, 54, Gesetz Nr. 788 über die Selbstverwaltung der Gemeinden, Ämter und Landkreise (Kommunalverwaltungsgesetz – KSVG), 15. 1. 1964, Amtsblatt des Saarlandes, S. 129, 131.

78 *Hans-Christian Herrmann*, Strukturwandel an der Saar. Trotz Erfolgen am Ende ein Land im dauerhaften Finanznotstand, in: ders. (Hrsg.), Die Strukturkrise an der Saar und ihr langer Schatten. Bilanz und Perspektiven von Montanregionen im europäischen Vergleich, St. Ingbert 2020, S. 81-125, hier S. 84.

79 *Krajewski*, Die bauliche Entwicklung, S. 173.

80 *Krajewski*, Die bauliche Entwicklung, S. 175.

81 Zitiert nach: *Saarbrücker Gemeinnützige Siedlungsgesellschaft*, 50 Jahre Saarbrücker Gemeinnützige Siedlungsgesellschaft, S. 5.

82 *Saarbrücker Gemeinnützige Siedlungsgesellschaft*, 50 Jahre Saarbrücker Gemeinnützige Siedlungsgesellschaft, S. 11.

83 *Saarbrücker Gemeinnützige Siedlungsgesellschaft*, 50 Jahre Saarbrücker Gemeinnützige Siedlungsgesellschaft, S. 12-14.

2. Straßenbahnen und Busse

Unmittelbar nach dem Zweiten Weltkrieg standen drei Straßenbahnzüge und zwei Busse im öffentlichen Nahverkehr zur Verfügung.[84] Weite Teile der Gleisanlagen waren zerstört und das für einen ordentlichen Betriebsablauf notwendige Wagenmaterial fehlte.[85] Die Stadt reparierte das Straßenbahnnetz und setzte Straßenbahnen sowie Omnibusse wieder instand.[86] Ab 1947/1948 investierte die Stadt in den Ankauf von Straßenbahnen und Bussen.[87] Seit dem 12. November 1948 verkehrten elektrisch betriebene Oberleitungsbusse in der Stadt.[88] Ende 1954 standen 17 Oberleitungsbusse und 51 Omnibusse für den öffentlichen Personennahverkehr zur Verfügung.[89]

3. Energieversorgung und Wasserversorgung

Die Sicherstellung der Energie- und Wasserversorgung durch die Stadt nach dem Zweiten Weltkrieg bereitete große Probleme. Eine Ursache für diese Schwierigkeiten bildete die „Kontingentierung aller Materialien und Betriebsstoffe". Um den „Betrieb in Gang zu bringen", musste „überall improvisiert werden".[90] Erst seit der Währungsumstellung auf den Franc bestand in größerem Umfang die Möglichkeit, die notwendigen Materialien zur Beseitigung und Reparatur der Versorgung herbeizuschaffen. Ab 1948 zeigte sich eine deutliche Verbesserung der Energieversorgung in der Stadt Saarbrücken.[91]

Die Versorgung mit Elektrizität in der Stadt stellten die „Vereinigte Saar-Elektrizitäts AG" - eine Nachfolgeorganisation der 1912 gegründeten „Electricitäts- und Gasvertriebsgesellschaft Saarbrücken" - und die „Kraftwerk-Wehrden-GmbH" sicher.[92] Für die Versorgung mit Gas war die „Saar-Ferngas AG"

84 *Herrmann*, Aufbruch in eine neue Zeit, S. 43.

85 75 Jahre Gesellschaft für Straßenbahnen im Saartal AG-Saarbrücken, S. 98-99; *Schleiden*, Hundert bewegte Jahre 1892-1992, S. 43.

86 75 Jahre Gesellschaft für Straßenbahnen im Saartal AG-Saarbrücken, S. 104; *Schleiden*, Hundert bewegte Jahre 1892-1992, S. 44-45; *Herrmann*, Aufbruch in eine neue Zeit, S. 43.

87 *Herrmann*, Aufbruch in eine neue Zeit, S.

88 75 Jahre Gesellschaft für Straßenbahnen im Saartal AG-Saarbrücken, S. 104; *Schleiden*, Hundert bewegte Jahre 1892-1992, S. 45-47; *Herrmann*, Aufbruch in eine neue Zeit, S. 50.

89 75 Jahre Gesellschaft für Straßenbahnen im Saartal AG-Saarbrücken, S. 105; *Schleiden*, Hundert bewegte Jahre 1892-1992, S. 50.

90 *Schneider*, Die wirtschaftlichen Unternehmungen der Stadt Saarbrücken, S. 87.

91 *Schneider*, Die wirtschaftlichen Unternehmungen der Stadt Saarbrücken, S. 87.

92 *Schneider*, Die wirtschaftlichen Unternehmungen der Stadt Saarbrücken, S. 89.

zuständig, deren Gründung auf einer Fusion der Ferngesellschaft Saar und der Pfälzischen Gas-AG im November 1937 beruhte.[93]

Die Wasserversorgung bereitete in den 1950er Jahren enorme Probleme, da die vorhandenen Wasservorkommen in der Stadt nicht ausreichten.[94] Seit 1952 gehörte Saarbrücken dem „Abwasserverband Saar" an.[95]

4. Jugendamt

Ende der 1950er Jahre standen 1630 Kinder unter der Vormundschaft des städtischen Jugendamtes. 172 Kinder befanden sich in „Fürsorgeerziehung". Das Jugendamt machte Unterhaltsansprüche von Kindern gegen die Unterhaltspflichtigen geltend. Dem Amt oblag ein „Schutz der Pflegekinder", die „Mitwirkung im Vormundschaftswesen" und die „Mitwirkung bei der Schutzaufsicht und der Fürsorgeerziehung".[96] Ein städtisches Jugendwohnheim gewährte 30 Jugendlichen zwischen 14 und 20 Jahren eine Unterkunft.[97]

Zu den Aufgaben des Jugendamtes gehörte die „Stadtjugendpflege". Im Rahmen der „Stadtjugendpflege" führte das Jugendamt „gemeinsame Veranstaltungen kultureller, belehrender und unterhaltender Art" für Jugendliche durch.[98]

5. Waisenhaus

Die Stadt Saarbrücken beschloss 1947 einen Um- und Neubau des städtischen Waisenhauses, das bereits zur Zeit der Entstehung Saarbrückens zur „Großstadt" bestand. Zwischen 1953 und 1955 sowie von 1955 bis 1961 erfolgte in zwei Bauabschnitten der Neubau des Waisenhauses. Die Frontseite des Hauses zierte ein Pelikan als Symbol für die Nächstenliebe. Im Neubau existierten für die Kinder Vierbettzimmer und keine größeren Schlafsäle mehr. Wirkliche Rückzugsmöglichkeiten für die Kinder gab es nicht. Die Kinder besaßen einen gemeinsamen Wandschrank. Der „einzige private Platz" für ein Kind bot ein Wandregal. 1955 fuhren die Kinder erstmals gemeinsam in die Ferien. Das Ziel der Reise bildete Österreich. Als das neue Waisenhaus 1961 eingeweiht wurde, führte es nicht mehr die Bezeichnung städtisches Waisenhaus, sondern städtisches Kinderheim. Im Kinderheim mangelte es an „Fachkräften" und es

93 *Schneider*, Die wirtschaftlichen Unternehmungen der Stadt Saarbrücken, S. 92.

94 *Schneider*, Die wirtschaftlichen Unternehmungen der Stadt Saarbrücken, S. 93-94.

95 *Krajewski*, Die bauliche Entwicklung, S. 195.

96 *Hassdenteufel*, Das Wohlfahrtswesen, S 336-337.

97 *Hassdenteufel*, Das Wohlfahrtswesen, S. 338.

98 *Hassdenteufel*, Das Wohlfahrtswesen, S 337.

herrschte ein „strenger Erziehungsstil". Eigentliche „pädagogische Konzepte" fehlten.[99]

6. Stadtsparkasse Saarbrücken

Der Bestand an Einlagen der Sparkasse nahm zwischen 1948 und 1956 stark zu. Der Einlagenbestand betrug 1948 932 Millionen Francs, 1953 1, 8 Milliarden Francs und am Ende des Jahres 1956 8, 5 Millionen Francs.[100]

Die Stadtsparkasse vergab Konsumentenkredite. Eine besondere Form des Konsumentenkredits bildete seit 1949/1950 die „Möbel-Sparhilfe-Aktion". Im Rahmen dieser Aktion musste der Darlehensnehmer 25 Prozent des Kaufpreises für Möbel oder sonstige Haushaltsgegenstände selbst angespart haben. Für die restlichen 75 Prozent des Kaufpreises erhielten Kunden der Sparkasse ein Darlehen.[101] Kurze Zeit später führte die Stadtsparkasse das „Autosparen" ein, das auf dem Modell der „Möbel-Sparhilfe-Aktion" beruhte.[102] In den 1950er Jahren nahmen in erster Linie der „Normalverbraucher" und der gewerbliche Mittelstand Darlehen auf.[103]

Der Personalbestand der Stadtsparkasse nahm in den 1950er Jahren kontinuierlich zu. Am Ende des Zweiten Weltkriegs beschäftigte die Sparkasse 142 Personen, 1954 233 Personen und 1958 307 Personen.[104] An die Stelle von handschriftlichen Buchungen traten in den 1950er Jahren Maschinenbuchungen.[105] Die Stadtsparkasse unterhielt 1957 16 Filialen. Darunter befand sich eine „Autokasse". In dieser Filiale blieben die Kunden im Auto sitzen und konnten vom Auto aus ihre Geschäfte tätigen.[106]

---

99 *Sabine Wetzel*, Vom Deutschhaus zum Jugendhilfezentrum. Die Geschichte des Ordensgutes in Saarbrücken, Saarbrücken [3]2006, S. 36-37, 40-41, 43, 45, 50.

100 *Thomes*, Da, wo Sie zu Hause sind, S. 293.

101 *Thomes*, Da, wo Sie zu Hause sind, S. 300-301, 303.

102 *Thomes*, Da, wo Sie zu Hause sind, S. 301.

103 *Thomes*, Da, wo Sie zu Hause sind, S. 304.

104 *Thomes*, Da, wo Sie zu Hause sind, S. 310.

105 *Thomes*, Da, wo Sie zu Hause sind, S. 313.

106 *Thomes*, Da, wo Sie zu Hause sind, S. 313.

V. Entnazifizierung

Die französische Militärverwaltung führte im Saarland und in Saarbrücken seit 1945 Maßnahmen auf dem Gebiet der Entnazifizierung durch.[107] In eine erste Phase fiel eine „große Säuberung“ durch die Militärbehörde[108] mit einer Inhaftierung von etwa 1.300 Menschen bis Ende 1945 wegen ihrer nationalsozialistischen Vergangenheit.[109]

Ein besonderes Augenmerk legte die Militärverwaltung von Beginn an auf das Bildungs- und Erziehungswesen. In diesen Bereichen mussten nach einer Aufforderung der Militärregierung vom Oktober 1945 „alle Lehrpersonen, die Mitglied der NSDAP oder einer NS-Gliederung gewesen waren, ... entlassen werden“. Allerdings bestand für die Entlassenen die Möglichkeit, einen „Wiedereinstellungsantrag“ zu stellen. Die Wiedereinstellungsmöglichkeit galt allerdings nicht für „Leitungsposten“.[110] Die Umsetzung einer schnellen Entnazifizierung im Bildungs- und Erziehungswesen scheiterte daran, dass zur „Wiedereröffnung der Schulen“ am 1. Oktober 1945 „geeignete und politisch unbelastete“ Kandidaten fehlten.[111] Lehrer aus Saarbrücken und dem Saarland besuchten seit September 1945 Schulungskurse und Lehrgänge zur Entnazifizierung.[112] Emil Strauß bemaß den Kursen für Gymnasiallehrer große Bedeutung zu. Für ihn war die „eigentliche Neuformung eines geistigen Lebens an der Saar und das Wiedererstehen einer demokratisch-liberalen Weltanschauung in erster Linie eine Aufgabe der Gymnasien, da die abgehenden Abiturienten in gewissem Sinne in die führenden Stellen des Landes einrücken werden“.[113]

In den Jahren 1945 und 1946 fehlte es an umfassenderen Rechtsgrundlagen für eine Entnazifizierung in Saarbrücken. Die entscheidende Rechtsgrundlage für die Entnazifizierung im Saarland und in Saarbrücken bildete die „Rechtsordnung zur Befreiung vom Nationalsozialismus und Militarismus“ der

107 *Möhler*, Entnazifizierung in Rheinland-Pfalz und im Saarland unter französischer Besatzung von 1945 bis 1952, S. 114-120.

108 *Küppers*, Bildungspolitik im Saarland 1945-1955, S. 85.

109 *Eichmüller*, „Es ist ganz unmöglich, diese Milde zu vertreten“, S. 33.

110 *Küppers*, Bildungspolitik im Saarland 1945-1955, S. 85; *Möhler*, Entnazifizierung in Rheinland-Pfalz und im Saarland unter französischer Besatzung von 1945 bis 1952, S. 130, 134.

111 *Möhler*, Entnazifizierung in Rheinland-Pfalz und im Saarland unter französischer Besatzung von 1945 bis 1952, S. 132.

112 *Küppers*, Bildungspolitik im Saarland 1945-1955, S. 97.

113 *Küppers*, Bildungspolitik im Saarland 1945-1955, S. 98.

Verwaltungskommission des Saarlandes vom 15. April 1947.[114] Die Rechtsanordnung zielte darauf ab, „a) die Nationalsozialisten, Militaristen und Industriellen, die das nationalsozialistische Regime gefördert und unterstützt haben, zu bestrafen, b) die nationalsozialistischen und militärischen Organisationen dadurch völlig und dauernd zu vernichten, daß die maßgebenden Mitglieder der nationalsozialistischen Partei und die Anhänger ihrer Lehre in ihrer persönlichen Freiheit oder Handlungsfreiheit beschränkt werden".[115] Zur „gerechten Beurteilung der Verantwortlichkeit und zur Heranziehung der Sühnemaßnahmen" teilte die Rechtsanordnung die Bevölkerung in folgende Kategorien ein: „1. Hauptschuldige, 2. Schuldige (Aktivisten, Militaristen und Nutznießer), 3. Minderbelastete, 4. Mitläufer, 5. Entlastete".[116] Zu den „Sühnemaßnahmen gegen Hauptschuldige" gehörten „Gefängnisstrafen oder sonstige Internierungen".[117] Ein Internierungslager befand sich in Saarbrücken.[118] Die Hauptschuldigen durften kein „öffentliches Amt einschließlich des Notariats und der Anwaltschaft" mehr bekleiden. Ansprüche auf eine Pension aus öffentlichen Mitteln verloren sie genauso wie das Wahlrecht, die Wählbarkeit und das Recht, „sich irgendwie politisch zu betätigen und einer politischen Partei als Mitglied anzugehören". Sie durften weder Mitglieder einer Gewerkschaft noch einer „wirtschaftlichen oder beruflichen Vereinigung" sein. Zudem konnte das Vermögen von Hauptschuldigen eingezogen werden.[119]

Vier Organe waren für die Entnazifizierung zuständig.[120] Es handelte sich um den „Staatskommissar für die politische Säuberung", einen „politischen Beirat",

---

114 Rechtsanordnung zur Befreiung vom Nationalsozialismus und Militarismus, 15. 4. 1947, Amtsblatt der Verwaltungskommission des Saarlandes 1947, S. 113-120.

115 Artikel 1, Rechtsanordnung zur Befreiung vom Nationalsozialismus und Militarismus, 15. 4. 1947, Amtsblatt der Verwaltungskommission des Saarlandes 1947, S. 113.

116 Artikel 2, Rechtsanordnung zur Befreiung vom Nationalsozialismus und Militarismus, 15. 4. 1947, Amtsblatt der Verwaltungskommission des Saarlandes 1947, S. 113.

117 Artikel 16, Rechtsanordnung zur Befreiung vom Nationalsozialismus und Militarismus, 15. 4. 1947, Amtsblatt der Verwaltungskommission des Saarlandes 1947, S. 116.

118 *Möhler*, Entnazifizierung in Rheinland-Pfalz und im Saarland unter französischer Besatzung von 1945 bis 1952, S. 371-372.

119 Artikel 16, Rechtsanordnung zur Befreiung vom Nationalsozialismus und Militarismus, 15. 4. 1947, Amtsblatt der Verwaltungskommission des Saarlandes 1947, S. 116. Hauptschuldigen wurde auf die Dauer von 10 Jahren nach ihrer Freilassung untersagt: 1. selbständig in einem freien Beruf, Unternehmen oder gewerblichen Betrieb jeglicher Art tätig zu sein, sich daran zu beteiligen oder die Aufsicht oder Kontrolle hierüber auszuüben, 2. einen leitenden Posten in einem unselbständigen Beruf innezuhaben, 3. als Lehrer, Erzieher, Prediger, Verleger, Redakteur, Schriftsteller oder Rundfunkkommentator tätig zu sein".

120 *Möhler*, Entnazifizierung in Rheinland-Pfalz und im Saarland unter französischer Besatzung von 1945 bis 1952, S. 264.

die „Spruchkammern" und die „Untersuchungsausschüsse".[121] Die französische Militärregierung ernannte Peter Manderscheid (1901-1962), der bis Februar 1935 Direktor des Amtsgerichts Saarbrücken und zwischen 1952 und 1962 Präsident des Landgerichts Saarbrücken war,[122] zum „Staatskommissar für die politische Säuberung".[123] Im Oktober/November 1947 fanden die ersten Verhandlungen vor den Spruchkammern statt.[124]

Eine „Jugendamnestie" im Rahmen der Entnazifizierung gab die französische Militärregierung im Juni 1947 für das Saarland und Saarbrücken bekannt.[125] Die Amnestie für „Mitläufer" galt seit Oktober 1947.[126] Am 31. Juli 1948 beschloss der Landtag des Saarlandes das „Gesetz zur Vereinfachung des politischen Säuberungsverfahrens".[127] Das Gesetz erweiterte den von einer Amnestie betroffenen Personenkreis.[128] Zu einer Beendigung der Entnazifizierung führten die „Saarlandamnestie",[129] das „Zweite Gesetz zur Vereinfachung des politischen Säuberungsverfahren" vom 31. Januar 1950,[130] das „Gesetz über den Abschluss des politischen Säuberungsverfahrens" vom 10. Juli 1951[131] und schließlich das

121 Artikel 21-26, Rechtsanordnung zur Befreiung vom Nationalsozialismus und Militarismus, 15. 4. 1947, Amtsblatt der Verwaltungskommission des Saarlandes 1947, S. 117-118.

122 *Lillig*, Die chronologische Reihenfolge der Präsidenten des Landgerichts Saarbrücken, S. 378-379.

123 *Küppers*, Bildungspolitik im Saarland 1945-1955, S. 93-94; *Wettmann-Jungblut*, Vom Rechtswahrer zum Rechtsanwalt, S. 210.

124 *Möhler*, Entnazifizierung in Rheinland-Pfalz und im Saarland unter französischer Besatzung von 1945 bis 1952, S. 302.

125 *Möhler*, Entnazifizierung in Rheinland-Pfalz und im Saarland unter französischer Besatzung von 1945 bis 1952, S. 306.

126 *Möhler*, Entnazifizierung in Rheinland-Pfalz und im Saarland unter französischer Besatzung von 1945 bis 1952, S. 307.

127 Gesetz zur Vereinfachung des politischen Säuberungsverfahrens, 31. 7. 1948, Amtsblatt des Saarlandes 1948, S. 1327-1330.

128 § 1, Gesetz zur Vereinfachung des politischen Säuberungsverfahrens, 31. 7. 1948, Amtsblatt des Saarlandes 1948, S. 1330; *Möhler*, Entnazifizierung in Rheinland-Pfalz und im Saarland unter französischer Besatzung von 1945 bis 1952, S. 310.

129 *Möhler*, Entnazifizierung in Rheinland-Pfalz und im Saarland unter französischer Besatzung von 1945 bis 1952, S. 313.

130 Zweites Gesetz zur Vereinfachung des politischen Säuberungsverfahrens, 31. 1. 1950, Amtsblatt des Saarlandes 1950, S. 257-258.

131 Gesetz über den Abschluss des politischen Säuberungsverfahrens, 10. 7. 1951, Amtsblatt des Saarlandes 1951, S. 985-986.

„Gesetz zum Abschluss der Maßnahmen zur Befreiung vom Nationalsozialismus und Militarismus“ vom 22. November 1957[132].[133]

VI. „Wiedergutmachung“

Die Anfänge der „Wiedergutmachung“ in Saarbrücken gegenüber den Opfern des Nationalsozialismus prägten „Soforthilfemaßnahmen“.[134] Zu diesen Maßnahmen gehörte der verbesserte Bezug von Kleidung und Lebensmitteln[135] sowie die „Einweisung in Wohnraum“ und die „Beschaffung von Arbeitsplätzen“.[136] Zahlreiche Opfer des Nationalsozialismus besaßen nach „Kriegsende keine Wohnung“ und lebten in „engsten Räumlichkeiten“.[137] Fürsorge charakterisierte die „Wiedergutmachung“ in der unmittelbaren Zeit nach der Befreiung.[138] Die Zuständigkeit für die Wiedergutmachung in der Stadtverwaltung besaß eine Abteilung im Wohlfahrtsamt.[139] Bei der Verwaltungskommission leitete Ludwig Steines (1881-?)[140] das Referat für „Wiedergutmachung“.[141]

Zu den Anfängen der „Wiedergutmachung“ gehörten in rechtlicher Hinsicht die „Verordnung über die Gewährung einer Versorgung an die Personen, die aus

---

132 Gesetz Nr. 601 zum Abschluss der Maßnahmen zur Befreiung vom Nationalsozialismus und Militarismus, 22. 11. 1957, Amtsblatt des Saarlandes 1958, S. 787-788.

133 *Möhler*, Entnazifizierung in Rheinland-Pfalz und im Saarland unter französischer Besatzung von 1945 bis 1952, S. 313-315.

134 *Busemann*, Wiedergutmachung als Pflichtübung? S. 402; *Ders*., „Den Opfern des Faschismus“?, S. 86-87; *Rainer Hudemann*, Anfänge der Wiedergutmachung. Französische Besatzungszone 1945-1950, in: Geschichte und Gesellschaft 13 (1987), S. 181-216, hier S. 184.

135 *Busemann*, Wiedergutmachung als Pflichtübung? S. 406; *Ders*., „Den Opfern des Faschismus“?, S. 88.

136 *Yvonne Kempf*, Die Wiedergutmachung im Saarland, in: Jahrbuch für westdeutsche Landesgeschichte 17 (1991), S. 241-262, hier S. 241; *Hannes Ludyga*, Die juristische „Wiedergutmachung“ nationalsozialistischen Unrechts, in: Rechtstheorie 39 (2008), S. 573-586, hier 575-576.

137 *Hannes Ludyga*, „Als Kamerad für Kameraden“ Philipp Auerbach (1906-1952), in: Sabine Hering (Hrsg.), Jüdische Wohlfahrt im Spiegel von Biographien, Frankfurt am Main ²2007, S. 46-55, hier S. 53.

138 *Ludyga*, Die juristische „Wiedergutmachung“ nationalsozialistischen Unrechts, S. 575-576; *Busemann*, „Den Opfern des Faschismus“?, S. 86-87; *Hans-Christian Herrmann*, Sozialer Besitzstand und gescheiterte Sozialpartnerschaft. Sozialpolitik und Gewerkschaften im Saarland 1945 bis 1955 (Veröffentlichungen der Kommission für Saarländische Landesgeschichte und Volksforschung, Bd. 28), Saarbrücken 1996, S. 245.

139 *Busemann*, „Den Opfern des Faschismus“?, S. 87.

140 http://www.saarland-biografien.de/frontend/php/ergebnis_detail.php?id=4377.

141 *Busemann*, „Den Opfern des Faschismus“?, S. 96.

religiösen, politischen, rassischen oder weltanschaulichen Gründen einen Schaden an Leib und Leben erlitten haben" der Verwaltungskommission vom 18. Dezember 1946[142] und eine „Rechtsanordnung über die vorläufige Versorgung der Opfer des Nationalsozialismus" vom 25. April 1947[143]. Das „Gesetz über die Wiedergutmachung der den Opfern des Nationalsozialismus zugefügten Schäden" vom 31. Juli 1948 erkannte als „Opfer des Nationalsozialismus" an, „wer im Saarland seinen Wohnsitz hat ... und in der Zeit vom 30. Januar 1933 bis zum 8. Mai 1945 wegen seiner politischen Betätigung oder aus religiösen, weltanschaulichen oder rassischen Gründen durch den nationalsozialistischen Staat oder durch die Nationalsozialistische Deutsche Arbeiterpartei oder ihre Gliederungen oder angeschlossenen Verbände der Verfolgung ausgesetzt war und dadurch Schaden erlitten hat".[144] Zu den Leistungen nach dem Gesetz gehörten Renten und einmalige Entschädigungsleistungen wie eine „Haftentschädigung".[145] Die „Anerkennung als Opfer des Nationalsozialismus" geschah nach einem entsprechenden Antrag.[146] Am 10. Juli 1951 fasste der Gesetzgeber das „Gesetz über die Wiedergutmachung der den Opfern des Nationalsozialismus zugefügten Schäden" vom 31. Juli 1948 neu.[147]

Keinen Antrag auf „Wiedergutmachung" stellten diejenigen Menschen, die trotz einer Verfolgung durch die Nationalsozialisten auf eine „Wiedergutmachung" „verzichteten", da ihnen „so unverstellbares Leid" widerfahren war, dass „kein irdisches Mittel als Wiedergutmachung" bestand.[148] Der Begriff der

142 Verordnung über die Gewährung einer Versorgung an die Personen, die aus religiösen, politischen, rassischen oder weltanschaulichen Gründen einen Schaden an Leib und Leben erlitten haben, 18. 12. 1946, Amtsblatt der Verwaltungskommission des Saarlandes 1947, S. 88-89; *Herrmann*, Sozialer Besitzstand und gescheiterte Sozialpartnerschaft, S. 248.

143 Rechtsanordnung über die vorläufige Versorgung der Opfer des Nationalsozialismus, 25. 1947, Amtsblatt der Verwaltungskommission des Saarlandes 1947, S. 180-182; *Herrmann*, Sozialer Besitzstand und gescheiterte Sozialpartnerschaft, S. 248.

144 § 1, Gesetz über die Wiedergutmachung der den Opfern des Nationalsozialismus zugefügten Schäden, 31. 7. 1948, Amtsblatt des Saarlandes 1948, S. 1122. Siehe: *Busemann*, „Wiedergutmachung", Restauration und Wertewandel im Saarland nach 1945, S. 371-394.

145 §§ 12-15, Gesetz über die Wiedergutmachung der den Opfern des Nationalsozialismus zugefügten Schäden, 31. 7. 1948, Amtsblatt des Saarlandes 1948, S. 1125-1126; *Herrmann*, Sozialer Besitzstand und gescheiterte Sozialpartnerschaft, S. 260-262.

146 § 4, Gesetz über die Wiedergutmachung der den Opfern des Nationalsozialismus zugefügten Schäden, 31. 7. 1948, Amtsblatt des Saarlandes 1948, S. 1123.

147 Gesetz zur Neufassung des Gesetzes über die Wiedergutmachung der den Opfern des Nationalsozialismus zugefügten Schäden vom 31. 7. 1948, 10. Juli 1950, Amtsblatt des Saarlandes 1951, S. 1036-1043.

148 *Busemann*, Wiedergutmachung als Pflichtübung? S. 402.

„Wiedergutmachung“ darf nicht darüber hinwegtäuschen, dass die „Ermordung, Versklavung und sonstige Verfolgung von Menschen“ durch die Nationalsozialisten nicht „wieder gut gemacht“ werden kann.[149] Einher gingen erste Leistungen im Rahmen der „Wiedergutmachung“ mit der Schändung jüdischer Friedhöfe.[150] Schändungen jüdischer Friedhöfe waren nach der Befreiung Deutschlands allgegenwärtig.[151] Zahlreiche Menschen rechneten die NS-Verfolgungsmaßnahmen und Morde in den Konzentrationslagern mit den „Erfahrungen aus Bombennächten und Fronterlebnissen“ auf.[152]

VII. Kriegsopfer und Kriegsopferfürsorge

Die finanziellen Mittel zur Versorgung der Kriegsopfer in Saarbrücken stammten aus dem „Staatshaushalt“. Zuständig für die Versorgung der „Kriegsbeschädigten und Kriegshinterbliebenen“ war nach dem Zweiten Weltkrieg die Landesversicherungsanstalt mit Sitz in Saarbrücken. Zu den ersten Unterstützungsleistungen für die Kriegsopfer in Saarbrücken gehörten nach einem Erlass des Regierungspräsidenten Neureuter vom 20. Oktober 1945 „Erwerbsunfähigkeitsrenten“, das „Versehrtengeld“, die „Versehrtengeldzulage“, die „Arbeitsverwendungsunfähigkeitsrente“, die „Pflegezulage“, die „Blindenzulage und Führhundzulage“ sowie die „Witwen-, Waisen- und Elternrente“. [153]

Eine entscheidende Rechtgrundlage für die Versorgung der Kriegsopfer stellten Gesetze vom 23. Juni 1948 und 13. Dezember 1948 dar. Die Gesetze führte zu einer Erhöhung der Renten und Pflegezulagen.[154] Das Gesetz verankerte einen

---

149 *Ludyga*, Die juristische „Wiedergutmachung“ nationalsozialistischen Unrechts, S. 574.

150 *Busemann*, Wiedergutmachung als Pflichtübung? S. 405; *Ders*., „Wiedergutmachung“, Restauration und Wertewandel im Saarland nach 1945, S. 383.

151 *Hannes Ludyga*, Philipp Auerbach (1906-1952). „Staatskommissar für rassisch, religiös und politisch Verfolgte“ (Juristische Zeitgeschichte, Abteilung 8: Judaica – Jüdisches Recht, Judenrecht, Recht und Antisemitismus, Bd. 1), Berlin 2005, S. 82-83.

152 *Busemann*, „Den Opfern des Faschismus“?, S. 82; *Herrmann*, Sozialer Besitzstand und gescheiterte Sozialpartnerschaft, S. 252-253.

153 I, II, Erlass über die vorläufige Regelung der Rentenzahlungen an die Kriegsbeschädigten und Kriegshinterbliebenen im Saargebiet, 20. 10. 1945, Amtsblatt des Regierungspräsidiums Saar 1945, S. 39; *Herrmann*, Sozialer Besitzstand und gescheiterte Sozialpartnerschaft, S. 216; *Rainer Hudemann*, Sozialpolitik im deutschen Südwesten zwischen Tradition und Neuordnung 1945-1953. Sozialversicherung und Kriegsopferversorgung im Rahmen französischer Besatzungspolitik (Veröffentlichungen der Kommission es Landtages für die Geschichte des Landes Rheinland-Pfalz, Bd. 10), Mainz 1988, S. 480.

154 Gesetz über die einheitliche Regelung und Neufestsetzung der Versorgungsgebührnisse der Kriegsbeschädigten, der Kriegshinterbliebenen und der ihnen gleichgestellten Personen, sowie über die Versorgung einer bestimmten Gruppe ehemaliger Angehöriger der

„Rechtsanspruch auf Kriegsopferversorgung".[155] Zu weiteren Verbesserungen in der Kriegsopferfürsorge führten Gesetze vom 31. Januar 1950[156] und 7. November 1952.[157] Die Leistungen aus der Kriegsopferfürsorge im Saarland befanden sich über dem „bundesdeutschen Niveau".[158]

VIII. Staatsangehörigkeit

Das „Gesetz betreffend die saarländische Staatangehörigkeit" vom 15. Juli 1948 normierte für die Einwohner Saarbrückens eine saarländische Staatsangehörigkeit.[159] Das Gesetz „ignorierte" die deutsche Staatsangehörigkeit der Einwohner Saarbrückens.[160]

Die Einwohner Saarbrückens erhielten „rote Personalausweise", die eine saarländische Staatsangehörigkeit auswiesen. Eine internationale Anerkennung fand die saarländische Staatsangehörigkeit nicht. Nur Frankreich und seine Gebiete

---

Wehrmacht und ihrer Hinterbliebenen, 23. 6. 1948, Amtsblatt des Saarlandes 1948, S. 1004-1007; Gesetz zur Aenderung des Gesetzes über die einheitliche Regelung und Neufestsetzung der Versorgungsgebührnisse der Kriegsbeschädigten, der Kriegshinterbliebenen und der ihnen gleichgestellten Personen, sowie über die Versorgung einer bestimmten Gruppe ehemaliger Angehöriger der Wehrmacht und ihrer Hinterbliebenen vom 23. Juni 1948, 13. 12. 1948, Amtsblatt des Saarlandes 1949, S. 77- 80; *Herrmann*, Sozialer Besitzstand und gescheiterte Sozialpartnerschaft, S. 219-222.

155 *Herrmann*, Sozialer Besitzstand und gescheiterte Sozialpartnerschaft, S. 220.

156 Gesetz über weitere Verbesserungen in der Kriegsopferfürsorge, 31. 1. 1951, Amtsblatt des Saarlandes 1951, S. 607-610; *Herrmann*, Sozialer Besitzstand und gescheiterte Sozialpartnerschaft, S. 224.

157 Gesetz zur Regelung der Rechtsverhältnisse von früheren Beamten, Angestellten und Arbeitern des öffentlichen Dienstes, von berufsmäßigen Angehörigen der früheren Wehrmacht sowie deren Hinterbliebenen, 7. 11. 1952, Amtsblatt des Saarlandes 1952, S. 1039-1045; *Herrmann*, Sozialer Besitzstand und gescheiterte Sozialpartnerschaft, S. 229.

158 *Herrmann*, Sozialer Besitzstand und gescheiterte Sozialpartnerschaft, S. 236.

159 Gesetz betreffend die saarländische Staatsangehörigkeit, 15. 7. 1948, Amtsblatt des Saarlandes 1948, S. 947-952. Die saarländische Staatsangehörigkeit besaß, „wer im Saarland geboren ist; wer, wenn er außerhalb des Saarlandes geboren ist, von einem Vater oder (bei unehelicher Geburt) einer Mutter abstammt, die im Saarland geboren sind; wer vor dem 30. Januar 1933 im Saarland wohnhaft war und hier seinen dauerhaften Aufenthalt 10 Jahre beibehalten hat; wer mit einem Manne verheiratet oder Witwe eines solchen ist, der nach lit. a) oder b) die saarländische Staatsangehörigkeit besitzt; wer als Kind eines Vaters oder (bei unehelicher Geburt) einer Mutter geboren ist, hinsichtlich deren die Voraussetzungen nach lit. b) oder c) vorliegen". Ein Erwerb der saarländischen Staatsangehörigkeit war durch „Einbürgerung" und „Wiedereinbürgerung" möglich. Siehe: Martinek, Die saarländische Staatsangehörigkeit, S. 15.

160 *Walter Henn*, Die verfassungsrechtliche Lage des Saarlandes, Meisenheim am Glam 1959, S. 21.

in Übersee erkannten diese Staatsangehörigkeit an.[161] Michael Martinek stellte zu Recht fest, dass es sich um ein „folgenloses staatsangehörigkeitsrechtliches Kuriosum" handelte.[162] Nach Ansicht des Bundesverfassungsgerichts in einem Urteil von 1955 waren die Einwohner des „Saarstaats" und von Saarbrücken „Deutsche im Sinne des Art. 116 Abs. 1 GG".[163]

IX. Gründung der Universität des Saarlandes

„Studierwillige" aus Saarbrücken nahmen bis nach dem Zweiten Weltkrieg ihr Studium an „entfernteren Orten" auf.[164] Die Verfassung des Saarlandes von 1947 bestimmte in Artikel 33 Absatz 1, dass die „Gründung und der Ausbau saarländischer Hochschulen" „angestrebt" werden.[165] Die Universität des Saarlandes wurde 1948 in Saarbrücken gegründet[166] und folgte bis in die 1960er Jahre hinein einer „stark geisteswissenschaftlichen Prägung".[167]

Die Ursprünge der Universität des Saarlandes lagen nach der Befreiung in einer „Außenstelle der Universität Nancy" in Homburg mit einer am 15. Januar 1946 dort errichteten medizinischen Ausbildungsanstalt. Bereits vor 1939 führte die Homburger Landesklinik „Ausbildungskurse" für Ärzte durch.[168] Grandval verfügte am 13. November 1947 in Homburg die Errichtung eines Instituts d'Études Supérieure.[169] Neben medizinischen „Ausbildungskursen" gab es an dem Institut ab Anfang bzw. Mitte Februar 1948 Lehrveranstaltungen für Juristen, Philosophen und Naturwissenschaftler. [170] Aus dem Hochschulinstitut ging nach einer

---

161 *Martinek*, Die saarländische Staatsangehörigkeit, S. 16.

162 *Martinek*, Die saarländische Staatsangehörigkeit, S. 16.

163 BVerfG, Urteil vom 4. 5. 1955 1 BvF 1/55 -, juris.

164 *Küppers*, Bildungspolitik im Saarland 1945-1955, S. 115; *Gehrlein*, Franz Schäfer, S. 8.

165 Artikel 33, Verfassung des Saarlandes, 15. 12. 1947, Amtsblatt des Saarlandes 1947, S. 1081.

166 *Bünte*, Kleine Saarbrücker Stadtgeschichte, S. 123; *Armin Heinen*, Sachzwänge, politisches Kalkül, konkurrierende Bildungstradition. Die Geschichte der Universität des Saarlandes 1946-1946, in: Ders. / Rainer Hudemann (Hrsg.), Universität des Saarlandes 1948-1988, Saarbrücken ²1989, S. 21-62, hier S. 34-35.

167 *Herrmann*, Strukturwandel an der Saar, S. 118.

168 *Behringer / Clemens*, Geschichte des Saarlandes, S. 111-112; *Heinen*, Sachzwänge, politisches Kalkül, konkurrierende Bildungstradition, S. 25, 28; *Küppers*, Bildungspolitik im Saarland 1945-1955, S. 116-118.

169 Verfügung Nr. 31 des Gouverneur de la Sarre über die Errichtung eines Institut d'Études Supérieures im Saarland, 13. 11. 1947, Amtsblatt der Verwaltungskommission des Saarlandes 1947, S. 567-568; *Küppers*, Bildungspolitik im Saarland 1945-1955, S. 119.

170 *Gehrlein*, Franz Schäfer, S. 48-49; *Heinen*, Sachzwänge, politisches Kalkül, konkurrierende Bildungstradition, S. 32.

Einigung zwischen Grandval und Hoffmann die Universität des Saarlandes[171] mit Standort in Saarbrücken in den Gebäuden der „Below-Kaserne“ im Stadtwald hervor.[172] Saarbrücken bildete fortan eine „eigene Elite“ aus.[173] In der Innenstadt Saarbrückens brachten es Einrichtungen der Universität „nie zu nennenswerter Repräsentanz“.[174]

An der „Spitze der Universität“ stand ein Verwaltungsrat. Der Rektor leitete die Universität.[175] Seit Mitte November 1948 fanden die ersten Veranstaltungen an der Universität statt.[176] Zu den Gründungsfakultäten der Universität des Saarlandes gehörte die Juristische Fakultät.[177] In der Anfangszeit der Fakultät konnten Studierende ein französisches Lizenziat der Rechte (Licencié en Droit) erwerben. Eine Vorbereitung auf die beiden juristischen Staatsexamina bot die Juristische Fakultät zunächst nicht an.[178]

Ihre endgültige rechtliche Ausgestaltung erhielt die Universität des Saarlandes 1950. Nach einer Verordnung vom 3. April 1950 war die Universität des Saarlandes eine Körperschaft des öffentlichen Rechts.[179] Verkündet wurde am 3. April 1950 das „Statut der Universität des Saarlandes“.[180] Die Universität umfasste seit 1950 eine Rechts- und Wirtschaftswissenschaftliche Fakultät, eine Philosophische Fakultät, eine Medizinische Fakultät und eine Naturwissenschaftliche Fakultät.[181] Organe der Universität bildeten der Verwaltungsrat, der Rektor, der

---

171 *Küppers*, Bildungspolitik im Saarland 1945-1955, S. 120, 125.

172 *Heinen*, Sachzwänge, politisches Kalkül, konkurrierende Bildungstradition, S. 31-32; *Küppers*, Bildungspolitik im Saarland 1945-1955, S. 128.

173 *Herrmann*, Vom Wiederaufbau zur Landeshauptstadt, Europastadt und Grenzmetropole, S. 434; *Küppers*, Johannes Hoffmann (1890-1967), S. 434.

174 *Elisabeth Sossong*, Kultur in der Stadt, in: Rolf Wittenbrock (Hrsg.), (Hrsg.), Geschichte der Stadt Saarbrücken, Bd. 2, Von der Zeit des stürmischen Wachstums bis zur Gegenwart, Saarbrücken 1999, S. 598-623, hier S. 601.

175 *Heinen*, Sachzwänge, politisches Kalkül, konkurrierende Bildungstradition, S. 45; *Küppers*, Bildungspolitik im Saarland 1945-1955, S. 125-126.

176 *Gehrlein*, Franz Schäfer, S. 49; *Heinen*, Sachzwänge, politisches Kalkül, konkurrierende Bildungstradition, S. 37.

177 *Günther Jahr*, Die Rechts- und Wirtschaftswissenschaftliche Fakultät, in: Armin Heinen / Rainer Hudemann (Hrsg.), Universität des Saarlandes 1948-1988, Saarbrücken ²1989, S. 73-87, hier S. 73.

178 *Gehrlein*, Franz Schäfer, S. 51.

179 Verordnung betreffend die Errichtung einer Universität des Saarlandes als Körperschaft des öffentlichen Rechts, 3. 4. 1950, Amtsblatt des Saarlandes 1950, S. 460.

180 Statut der Universität des Saarlandes, Amtsblatt des Saarlandes 1950, S. 461-470.

181 Artikel 2, Statut der Universität des Saarlandes, Amtsblatt des Saarlandes 1950, S. 461.

Prorektor, der Generalsekretär und der Universitätsrat.[182] Die erste ordentliche Professorin an der Universität des Saarlandes war Elisabeth Liefmann-Keil (1908-1975) an der Rechts- und Wirtschaftswissenschaftlichen Fakultät.[183]

Durch die Errichtung der Universität des Saarlandes entwickelte sich Saarbrücken zu einem Zentrum von überregionaler Bedeutung in den Bereichen der „Bildung und Kultur“[184] Die Universität des Saarlandes verband den „deutschen und französischen Kulturraum“.[185] In den 1950er Jahren galt die Universität des Saarlandes als die „erste wirklich europäische Universität“.[186] Sie stellte und stellt einen „Ort des europäischen Gedankens und der internationalen Begegnung“ dar.[187] Für das Saarland bedeute die Unterhaltung der Universität eine „massive finanzielle Herausforderung“. In den 1960er Jahren fand die Errichtung zahlreicher Neubauten statt. Dazu gehörte das neu fertig gestellte Gebäude der Rechts- und Wirtschaftswissenschaftlichen Fakultät.[188] Für die Stadt Saarbrücken entstanden durch die Universität Kosten durch den Anschlus an den

182 Artikel 13, Statut der Universität des Saarlandes, Amtsblatt des Saarlandes 1950, S. 462.

183 *Eva D. Becker*, Alma Mater – Mutter Universität? Zur Geschichte der Frauen an der Universität des Saarlandes, in: Annette Keinhorst / Messinger (Hrsg.), Die Saarbrückerinnen. Beiträge zur Stadtgeschichte (Schriftenreihe Geschichte, Politik und Gesellschaft der Stiftung Demokratie Saarland, Bd. 2), St. Ingbert 1998, S. 277-294; *Nils Goldschmidt / Wendula Gräfin von Klinckowstroem*, Elisabeth Liefmann-Keil. Eine frühe Ordoliberale in dunkler Zeit (Freiburger Diskussionspapiere zur Ordnungsökonomik, No. 04/9), Freiburg 2004.

184 *Herrmann*, Vom Wiederaufbau zur Landeshauptstadt, Europastadt und Grenzmetropole, S. 429, 434.

185 *Herrmann*, Vom Wiederaufbau zur Landeshauptstadt, Europastadt und Grenzmetropole, S. 435.

186 *Heinen*, Sachzwänge, politisches Kalkül, konkurrierende Bildungstradition, S. 21. Siehe: *Peter Burg*, Das Projekt einer Europäischen Universität des Saarlandes (1948-1957) im Spiegel eines „saar-französischen“ Memorandums, in: Zeitschrift für die Geschichte der Saargegend LVI/LVII (2008/2009), S. 195-217.

187 *Herrmann*, Vom Wiederaufbau zur Landeshauptstadt, Europastadt und Grenzmetropole, S. 436. Siehe: *Wolfgang Müller*, Die Universität des Saarlandes in der politischen Umbruchsituation 1955/56, in: Rainer Hudemann / Burkhard Jellonnek / Bernd Rauls (Hrsg.), Grenz-Fall. Das Saarland zwischen Frankreich und Deutschland 1945-1960, St. Ingbert 1997, S. 413-425, hier S. 413. Kritisch betrachtete das Bundesministerium für Gesamtdeutsche Fragen in Bonn die Universität des Saarlandes. Nach einem Memorandum des Ministeriums handelte es sich bei der Universität um eine „primär französisch gesteuerte und orientierte Einrichtung, welche die auf politischem und wirtschaftlichem Gebiet vom Besatzer gewonnene Machtstellung auf der kulturellen Ebene vertiefen und festigen soll“.

188 *Herrmann*, Franz Josef Röder, S. 61-62.

öffentlichen Nahverkehr und die Errichtung von Wohngebieten für Studierende und Mitarbeiter der Universität.[189]

X. „Saarländische Rundfunk GmbH"

Seit dem 16. November 1947 existierte in Saarbrücken eine „Saarländische Rundfunkverwaltung", die aus dem 1946 errichteten Rundfunkamt hervorging.[190] Der Rundfunkverwaltung oblag die Verantwortung für den Betrieb des Radios.[191] Dem Verwaltungsrat der Rundfunkverwaltung gehörten zunächst neun französische Mitglieder an, ab 1948 saßen im Verwaltungsrat des Senders sechs französische und sechs saarländische Mitglieder.[192]

Nach Beschluss des Saarländischen Landtags erging am 18. Juni 1952 das „Gesetz über den Rundfunk".[193] Das Gesetz führte zur Gründung der „Saarländischen Rundfunk GmbH", die Radio Saarbrücken übernahm.[194] Politisch folgte die Gesellschaft mit Sitz in Saarbrücken dem Konzept einer „Europäisierung des Saarlandes".[195] Bei den Gesellschaftern handelte es sich mit einem Anteil von zwei Dritteln um das Saarland und mit einem Anteil von einem Drittel um die „Société Financière de Radiodiffusion".[196] Im Aufsichtsrat der GmbH saßen sieben saarländische und vier französische Mitglieder.[197]

Der Saarländische Landtag beschloss am 27. November 1956 das „Gesetz über den Saarländischen Rundfunk".[198] Nach dem Gesetz stellte der „Saarländische

---

189 *Monz*, Die kommunale Neugliederung städtischer Ballungsräume, S. 100.

190 *Bünte*, Geschichte und Geschichten des Senders an der Saar, S. 46; *Krebs*, Saarländischer Rundfunk [http://www.memotransfront.uni-saarland.de/pdf/saarlaendischer_rundfunk.pdf].

191 *Burgard*, Die Saarlandmacher, S. 145, 147.

192 *Bünte*, Geschichte und Geschichten des Senders an der Saar, S. 46-47; *Krebs*, Saarländischer Rundfunk [http://www.memotransfront.uni-saarland.de/pdf/saarlaendischer_rundfunk.pdf].

193 Gesetz über den Rundfunk, 18. 6. 1952, Amtsblatt des Saarlandes 1952, S. 647-648.

194 § 2, Gesetz über den Rundfunk, 18. 6. 1952, Amtsblatt des Saarlandes 1952, S. 647; *Bünte*, Geschichte und Geschichten des Senders an der Saar, S. 53; *Zimmermann*, Die Medienlandschaft Saar 1945-2000, S. 163.

195 *Zimmermann*, Die Medienlandschaft Saar 1945-2000, S. 163.

196 § 3, Gesetz über den Rundfunk, 18. 6. 1952, Amtsblatt des Saarlandes 1952, S. 647; Burgard, Die Saarlandmacher, S. 168-169; *Krebs*, Saarländischer Rundfunk [http://www.memotransfront.uni-saarland.de/pdf/saarlaendischer_rundfunk.pdf].

197 *Burgard*, Die Saarlandmacher, S. 170-171.

198 Gesetz über den Saarländischen Rundfunk, 27. 11. 1956, Amtsblatt des Saarlandes 1956, S. 1549-1552.

Rundfunk" eine gemeinnützige Anstalt des öffentlichen Rechts mit Sitz in Saarbrücken dar. Die Anstalt führte den Namen „Saarländischer Rundfunk Gemeinnützige Anstalt des öffentlichen Rechts".[199] Die Anstalt übernahm am 1. Januar 1947 alle „Rechte und Pflichten der Saarländischen Rundfunk GmbH"[200] und gehörte seit 1959 der ARD an.[201] Nach dem „Gesetz über den Saarländischen Rundfunk" sollte der „Saarländische Rundfunk" „die internationale Verständigung fördern, zum Frieden und zur sozialen Gerechtigkeit mahnen, die demokratischen Freiheiten verteidigen und nur der Wahrheit verpflichtet sein".[202]

---

199 § 1, Gesetz über den Saarländischen Rundfunk, 27. 11. 1956, Amtsblatt des Saarlandes 1956, S. 1549.

200 *Bünte*, Geschichte und Geschichten des Senders an der Saar, S. 67.

201 § 27, Gesetz über den Saarländischen Rundfunk, 27. 11. 1956, Amtsblatt des Saarlandes 1956, S. 1552; *Bünte*, Geschichte und Geschichten des Senders an der Saar, S. 65; *Krebs*, Saarländischer Rundfunk [http://www.memotransfront.uni-saarland.de/pdf/saarlaendischer_rundfunk.pdf]; Zimmermann, Die Medienlandschaft Saar 1945-2000, S. 168.

202 § 3, Gesetz über den Saarländischen Rundfunk, 27. 11. 1956, Amtsblatt des Saarlandes 1956, S. 1549.

14. Kapitel.
Saarstatut und „Luxemburger Verhandlungen“

Frankreich und die Bundesrepublik Deutschland vereinbarten am 23. Oktober 1954 bilateral das Pariser „Abkommen ... über das Statut der Saar“[1] („Saarstatut“).[2] Beide Staaten strebten eine „Europäisierung“ des Saarlandes an und planten „der Saar im Rahmen der Westeuropäischen Union ein europäisches Statut zu geben“.[3] Ein „europäischer Kommissar“ sollte die „Vertretung der Saarinteressen auf dem Gebiet der auswärtigen Angelegenheiten und der Verteidigung“ wahrnehmen.[4] Im März 1955 nahmen der Deutsche Bundestag und die französische Nationalversammlung das Saarstatut an.[5] Das Saarstatut bestimmte ausdrücklich, dass das Statut von der „Saarbevölkerung“ „im Wege der Volksabstimmung gebilligt“ werden musste.[6] In einer Volksabstimmung am 23. Oktober 1955 lehnte die Bevölkerung des Saarlandes das Saarstatut ab. 67, 7 Prozent der Saarländer stimmten gegen das Statut. In Saarbrücken votierten 39, 1 Prozent der Stimmberechtigten für das Statut. Dieses Ergebnis befand sich über dem Landesdurchschnitt.[7] Das Abstimmungsergebnis stand im Gegensatz zum „europafreundlichen Kurs“ der saarländischen Regierung.[8]

Nach der Volksabstimmung berieten Frankreich und die Bundesrepublik Deutschland in den „Luxemburger Verhandlungen“ über die „Eingliederung des

---

1 Abkommen zwischen der Regierung der Bundesrepublik Deutschland und der Regierung der Französischen Republik über das Statut der Saar, 23. 10. 1954, Amtsblatt des Saarlandes 1955, S. 1023; *Gröpl*, § 1 Verfassungsrecht, S. 26.

2 *Wendt*, Landesgrundrechte im Saarland, Rn. 3.

3 I, Abkommen zwischen der Regierung der Bundesrepublik Deutschland und der Regierung der Französischen Republik über das Statut der Saar, 23. 10. 1954, Amtsblatt des Saarlandes 1955, S. 1023; *Wendt*, Landesgrundrechte im Saarland, Rn. 3; *Gröpl*, § 1 Verfassungsrecht, S. 26.

4 II, Abkommen zwischen der Regierung der Bundesrepublik Deutschland und der Regierung der Französischen Republik über das Statut der Saar, 23. 10. 1954, Amtsblatt des Saarlandes 1955, S. 1023.

5 *Schneider*, Gilbert Grandval, S. 239.

6 I, VII, X, Abkommen zwischen der Regierung der Bundesrepublik Deutschland und der Regierung der Französischen Republik über das Statut der Saar, 23. 10. 1954, Amtsblatt des Saarlandes 1955, S. 1023-1024.

7 *Herrmann*, Vom Wiederaufbau zur Landeshauptstadt, Europastadt und Grenzmetropole, S. 350-351; *Wendt*, Landesgrundrechte im Saarland, Rn. 3.

8 *Gergen*, Die Zwischenkriegszeit in der saarländischen Rechtsgeschichte, S. 50.

https://doi.org/10.1515/9783111002996-014

Saarlandes in die Bundesrepublik".[9] Am Ende der Verhandlungen stand der „Vertrag zwischen der Bundesrepublik Deutschland und der Französischen Republik zur Regelung der Saarfrage" vom 27. Oktober 1956. Frankreich erklärte sich in dem Vertrag „damit einverstanden, dass sich der Anwendungsbereich des Grundgesetzes der Bundesrepublik Deutschland vom 1. Januar 1957 ab auf das Saarland erstreckt".[10]

9 *Behringer / Clemens*, Geschichte des Saarlandes, S. 114.

10 Vertrag zwischen der Bundesrepublik Deutschland und der Französischen Republik zur Regelung der Saarfrage, 27. 10. 1956, Bundesgesetzblatt 1956 II, S. 1589; Gröpl, § 1 Verfassungsrecht, S. 27.

15. Kapitel.
Saarbrücken in der Bundesrepublik Deutschland

I. Der Beitritt des Saarlandes zur Bundesrepublik Deutschland

Nach der Ablehnung des Saarstatuts erfolgte der Beitritt des Saarlandes zur Bundesrepublik Deutschland auf der Grundlage von Artikel 23 GG in der damaligen Fassung.[1] Der Saarländische Landtag beschloss am 13./14. Dezember 1956 den Beitritt des Saarlandes zur Bundesrepublik Deutschland[2] und der Deutsche Bundestag verabschiedete am 23. Dezember 1956 das „Gesetz über die Eingliederung des Saarlandes".[3]

Das Saarland trat am 1. Januar 1957 rechtlich und politisch der Bundesrepublik Deutschland bei. Fortan gehörte das Saarland zur Bundesrepublik Deutschland.[4] Am 1. Januar 1957 gab es anlässlich des Beitritts einen Staatsakt im Saarbrücker Stadttheater. Zu den Anwesenden gehörte Konrad Adenauer (1876-1967).[5] Die „wirtschaftliche Eingliederung" des Saarlandes in die Bundesrepublik Deutschland fand am 6. Juli 1959 statt. Diese Übergangszeit für die „wirtschaftliche Eingliederung" sollte einen reibungslosen Übergang vom saarländisch-französischen zum bundesrepublikanischen Zoll- und Währungssystem ermöglichen.[6] Das Zahlungsmittel in Saarbrücken war seit dem 6. Juli 1959 die Deutsche

---

1 *Brosig*, Die Verfassung des Saarlandes, S. 3, 5, 201, 227; *Gröpl*, § 1 Verfassungsrecht, S. 27; Wendt, Landesgrundrechte im Saarland, Rn. 3; *Herrmann*, Vom Wiederaufbau zur Landeshauptstadt, Europastadt und Grenzmetropole, S. 351.

2 Beitrittserklärung des Saarlandes nach dem Grundgesetz für die Bundesrepublik Deutschland, 14. 12. 1956, Amtsblatt des Saarlandes 1956, S. 1645; *Brosig*, Die Verfassung des Saarlandes, S. 227; Gröpl, § 1 Verfassungsrecht, S. 27.

3 Gesetz über die Eingliederung des Saarlandes, 23. 12. 1956, BGBl 1956 I, S. 1011-1015; *Brosig*, Die Verfassung des Saarlandes, S. 227; *Wlfried Fiedler*, Die Rückgliederungen des Saarlandes an Deutschland – Erfahrungen für das Verhältnis zwischen Bundesrepublik Deutschland und DDR? Staats- und völkerrechtliche Überlegungen, in: Juristenzeitung 45 (1990), S. 668-675, hier S. 673.

4 § 1, Gesetz über die Eingliederung des Saarlandes, 23. 12. 1956, BGBl 1956 I, S. 1011, *Brosig*, Die Verfassung des Saarlandes, S. 3, 5, 201; *Gröpl*, § 1 Verfassungsrecht, S. 31.

5 *Kloevekorn*, Saarbrücken, S. 257.

6 *Behringer / Clemens*, Geschichte des Saarlandes, S. 114; *Gröpl*, § 1 Verfassungsrecht, S. 27; *Marcus Hahn*, Das Saarland im doppelten Strukturwandel 1956-1970. Regionale Politik zwischen Eingliederung in die Bundesrepublik Deutschland und Kohlekrise (Veröffentlichungen der Kommission für Saarländische Landesgeschichte und Volksforschung, Bd. 36), Saarbrücken 2003, S. 70.

https://doi.org/10.1515/9783111002996-015

Mark.[7] Der Umtausch von Franc in Deutsche Mark erfolgte zwischen dem 6. Juli und 10. Juli 1959 sowie dem 13. Juli und 17. Juli 1959. Für 100 Franc gab es 0, 8507 DM.[8] Vom Bundesgrenzschutz bewachte Transporte brachte das für den Umtausch notwendige Geld seit dem 5. Juli 1959 nach Saarbrücken.[9] Mit der „wirtschaftlichen Eingliederung" des Saarlandes begann die Geschäftstätigkeit der „Landeszentralbank im Saarland".[10] Die Einführung der Deutschen Mark führte zu „Steigerungen der Konsumentenpreise" in der Stadt. Zu den Preissteigerungen trugen die Währungsumstellung, „aufgestaute Konsumwünsche" in der Bevölkerung, die „Unerfahrenheit der … Kunden auf dem neuen Markt" und „saisonale Gründe" bei.[11] Zum Zeitpunkt der „wirtschaftlichen Eingliederung" des Saarlandes lebten etwa 129.000 Einwohner in Saarbrücken.[12]

Zahlreiche Betriebe in Saarbrücken konkurrierten nach der „wirtschaftlichen Eingliederung" des Saarlandes mit Unternehmen in der gesamten Bundesrepublik Deutschland. Dies bezog sich auf die „Betriebsgröße, Kapitalausstattung," das „Produktionsvermögen" und die „Marketingkompetenz". Zur Zeit der „protektionistischen Saarwirtschaft" im Rahmen der Wirtschaftsunion mit Frankreich besaßen viele Unternehmen in Saarbrücken ein „Monopol und keine Konkurrenz".[13]

Die saarländische Gesetzgebung zur „Wiedergutmachung" fand keine Anwendung in Saarbrücken mehr. Nach dem vom saarländischen Landtag am 6. Februar 1959 beschlossenen und am 18. April 1959 verkündeten „Gesetz zur Einführung des Bundesentschädigungsgesetzes" galt das Bundesentschädigungsgesetz von 1953 im Saarland und in Saarbrücken.[14] Für die Betroffenen führte das

---

7 *Bünte*, Kleine Saarbrücker Stadtgeschichte, S. 129.

8 *Thomes*, Da, wo Sie zu Hause sind, S. 323.

9 Landeszentralbank in Rheinland-Pfalz und Saarbrücken, 50 Jahre Landeszentralbank, S. 40.

10 Landeszentralbank in Rheinland-Pfalz und Saarbrücken, 50 Jahre Landeszentralbank, S. 40.

11 Siehe allgemein: *Hahn*, Das Saarland im doppelten Strukturwandel 1956-1970, S. 100.

12 *Krajewski*, Die bauliche Entwicklung, S. 159.

13 *Herrmann*, Strukturwandel an der Saar, S. 81-82.

14 Gesetz Nr. 658 zur Einführung des Bundesentschädigungsgesetzes – BEG -, 6. 2. 1959, Amtsblatt des Saarlandes 1959, S. 759-760; *Busemann*, „Den Opfern des Faschismus"?, S. 101; *Herrmann*, Sozialer Besitzstand und gescheiterte Sozialpartnerschaft, S. 264-265; *Kempf*, Die Wiedergutmachung im Saarland, S. 257; *Ludyga*, Die juristische „Wiedergutmachung" nationalsozialistischen Unrechts, S. 584-585.

Gesetz zu einem „Leistungsschub“, da die Leistungen nach dem Bundesentschädigungsgesetz im Vergleich zur saarländischen Gesetzgebung höher ausfielen.[15]

Die Landeshauptstadt und der „verwaltungsmäßige Mittelpunkt“[16] des elften Bundeslandes der Bundesrepublik Deutschland bildete die kreisfreie Stadt Saarbrücken.[17] Im Zuge des Beitritts des Saarlandes zur Bundesrepublik Deutschland erfolgte sukzessiv die Einbeziehung des Saarlandes an das Netz der deutschen Autobahnen. Ein erster Schritt lag zwischen 1962 und 1963 im Ausbau der Autobahn A 6 von der „Landesgrenze zu Rheinland-Pfalz“ bis nach St. Ingbert. Die am 13. Dezember 1963 eingeweihte Stadtautobahn veränderte das Stadtbild Saarbrückens nachhaltig. Seit 1976 existierte eine durchgehende Autobahnverbindung von Saarbrücken nach Paris.[18] Die Stadtautobahn entwickelte sich zu einer „erdrückenden städtebaulichen Dominante“ Saarbrückens. Der Bau der Stadtautobahn führte zu Eingriffen in „denkmalwerte Bausubstanz“ und zu einer Entwertung von Erholungsgebieten in der Umgebung.[19]

Das Straßennetz in Saarbrücken wuchs kontinuierlich an. Im Jahre 1965 umfasste es 253 Kilometer. Im Vergleich zu 1936 bedeutete dies eine Steigerung von 94 Prozent.[20] Die Tiefbauverwaltung der Stadt trug die Verantwortung für

---

15 *Herrmann*, Sozialer Besitzstand und gescheiterte Sozialpartnerschaft, S. 264.

16 *Heinrich Schneider*, Saarbrücken, die Wirtschaftsmetropole des Saarlandes, in den letzten 50 Jahren, in: Kulturdezernat der Stadt Saarbrücken (Hrsg.), Saarbrücken 1909-1959, Saarbrücken 1959, S. 78-85, hier S. 78.

17 *Bünte*, Kleine Saarbrücker Stadtgeschichte, S. 129; *Kloevekorn*, Saarbrücken, S. 257; *Wilfried Loth*, „Ein vertracktes Gelände“. Das Bundesland Saarland 1957-1989, in: Das Saarland. Politische, wirtschaftliche und kulturelle Entwicklung, hrsg. vom Saarland – Chef der Staatskanzlei, Saarbrücken 1989, S. 111-140. Siehe: §§ 2, 4, Gesetz Nr. 788 über die Selbstverwaltung der Gemeinden, Ämter und Landkreise (Kommunalverwaltungsgesetz – KSVG), 15. 1. 1964, Amtsblatt des Saarlandes, S. 124.

18 *Marlen Dittmann*, Stadtentwicklung und Wohnen, in: Rolf Wittenbrock (Hrsg.), Geschichte der Stadt Saarbrücken, Bd. 2, Von der Zeit des stürmischen Wachstums bis zur Gegenwart, Saarbrücken 1999, S. 575-597, hier S. 577; *Herrmann*, Franz Josef Röder, S. 167; *Herrmann*, Vom Wiederaufbau zur Landeshauptstadt, Europastadt und Grenzmetropole, S. 392; *Gerhild Krebs*, Autobahn- und Straßenbahnbau in der Großregion, in: Rainer Hudemann unter Mitarbeit von Marcus Hahn, Gerhild Krebs und Johannes Großmann (Hg.), Stätten grenzüberschreitender Erinnerung – Spuren der Vernetzung des Saar-Lor-Lux-Raumes im 19. und 20. Jahrhundert. Lieux de la mémoire transfrontalière – Traces et réseaux dans l’espace Sarre-Lor-Lux aux 19e et 20e siècles, Saarbrücken 2002, 3., technisch überarbeitete Auflage 2009. Publiziert als CD-ROM sowie im Internet unter www.memotransfront.uni-saarland.de [http://www.memotransfront.uni-saarland.de/pdf/autobahnbau.pdf].

19 *Betker*, Ökologische Stadterneuerung, S. 122.

20 *Herrmann*, Vom Wiederaufbau zur Landeshauptstadt, Europastadt und Grenzmetropole, S. 396.

den Unterhalt und Ausbau der Straßen.[21] Der Ausbau der Autobahnen und des Straßennetzes in Saarbrücken führte zu einem weiteren „Motorisierungsschub“[22] und fiel in eine „technikeuphorische Zeit“.[23] Die Verkehrsplanung in Saarbrücken ging auf das „Feuchtinger-Gutachten“ von 1957 zurück. Dem Gutachten lag der Gedanke zugrunde, die Zunahme des Verkehrs mit einer „autogerechten Stadt“ bewältigen zu können. Gleichzeitig stiegen die „Staus auf den Straßen“, der „Lärm“ und die „Autoabgase“ an.[24] Saarbrücken wies im Vergleich mit anderen Städten den höchsten „Motorisierungsgrad“ in der Bundesrepublik Deutschland auf.[25] Die Belastung mit Lärm in Saarbrücken verstärkten die für die Schwerindustrie fahrenden Lastkraftwagen.[26]

Mit dem Beitritt des Saarlandes zur Bundesrepublik Deutschland wurde das Unternehmen „Eisenbahnen des Saarlandes“ in die Deutsche Bundesbahn „übergeführt“.[27] Die im Dienst dieses Unternehmens stehenden Beamten waren fortan unmittelbare Bundesbeamte.[28] In Saarbrücken befand sich der Sitz einer Eisenbahndirektion[29] sowie eines staatlichen Oberbergamtes.[30]

Ministerpräsident während des Beitritts des Saarlandes zur Bundesrepublik Deutschland war Hubert Ney (1892-1984), der dieses Amt zwischen Januar 1956 und März 1957[31] als Nachfolger des nationalsozialistisch schwer belasteten Heinrich Welsch innehatte.[32] Auf Ney folgte Egon Reinert (1908-1959) als

---

21 *Monz*, Die kommunale Neugliederung städtischer Ballungsräume, S. 104.

22 *Herrmann*, Vom Wiederaufbau zur Landeshauptstadt, Europastadt und Grenzmetropole, S. 392-393.

23 *Betker*, Ökologische Stadterneuerung, S. 121.

24 *Dittmann*, Stadtentwicklung und Wohnen, S. 577.

25 *Betker*, Ökologische Stadterneuerung, S. 121-122.

26 *Herrmann*, Kommunen und die Last des Strukturwandels am Beispiel von Saarbrücken-Burbach, S. 312.

27 § 11, Gesetz über die Eingliederung des Saarlandes, 23. 12. 1956, BGBl 1956 I, S. 1013.

28 § 13, Gesetz über die Eingliederung des Saarlandes, 23. 12. 1956, BGBl 1956 I, S. 1013.

29 *Herrmann*, Vom Wiederaufbau zur Landeshauptstadt, Europastadt und Grenzmetropole, S. 397.

30 Oberbergamt für das Saarland und das Land Rheinland-Pfalz (Red.), 50 Jahre Oberbergamt in Saarbrücken (Internationale Industrie-Bibliothek, Bd. 134), München 1991, passim ; *Schneider*, Saarbrücken, die Wirtschaftsmetropole des Saarlandes, in den letzten 50 Jahren, S. 82.

31 *Thomas Schäfer*, Die 3. Wahlperiode des Landtages des Saarlandes 1956-1961, in: 40 Jahre Landtag des Saarlandes, hrsg. vom Präsidenten des Landtages des Saarlandes, Saarbrücken 1987, S. 89-103, hier S. 92; http://www.saarland-biografien.de/frontend/php/ergebnis_detail.php?id=820.

32 *Herrmann*, Burbacher Perspektiven, S. 240; http://www.saarland-biografien.de/frontend/php/ergebnis_detail.php?id=818.

Ministerpräsident des Saarlandes von Juni 1957 bis April 1959.[33] Die Nachfolge Reinerts trat Franz Josef Röder (1909-1979) an, der von April 1959 bis Juni 1979 das Amt des Ministerpräsidenten des Saarlandes bekleidete.[34] Röder hatte seit August 1933 der NSDAP angehört. Seit Mitte der 1950er Jahre zogen vermehrt ehemalige Mitglieder der NSDAP in den saarländischen Landtag ein. Nach den Landtagswahlen von 1955 waren 30 Prozent der Parlamentarier frühere Mitglieder der NSDAP, und nach den Landtagswahlen von 1960 waren es 40 Prozent.[35]

II. Stadtverwaltung und spezifisch städtische Handlungsfelder

1. „Fehlende Professionalisierung" und Finanznot

Schuster stand bei seiner täglichen Arbeit vor enormen Problemen, was den Verwaltungsablauf betraf. So beklagte ein Gutachten der „Wirtschaftsberatung AG Düsseldorf" 1957 eine „fehlende Professionalisierung" und „zu starke Zentralisierung" der Verwaltung sowie eine „schwach ausgeprägte Stellung der Amtsleiter und ein gleichzeitiges Autarkiestreben der einzelnen Ämter".[36] In der Saarbrücker Stadtverwaltung fehlten „qualifizierte Juristen".[37] In den 1960er Jahren führte die Stadt die elektronische Datenverarbeitung in der Verwaltung ein. Die elektronische Datenverarbeitung verfolgte das Ziel einer Rationalisierung der Verwaltung. Seit 1964 arbeitete das städtische Einwohnermeldeamt mit Lochkarten. In den 1970er Jahren hielt die elektronische Datenverarbeitung Einzug im „Lohn- und Gehaltswesen", „Haushalts-, Kassen- und Rechnungswesen" sowie bei „Steuerangelegenheiten".[38]

---

33 *Marcus Hahn*, Egon Hans Reinert, in: Neue Deutsche Biographie 21 (2003), S. 351 [Online-Version]; URL: https://www.deutsche-biographie.de/pnd126809852.html#ndbcontent [angerufen a, 20. 1. 2022]; *Herrmann / Sante*, Geschichte des Saarlandes, 55-56; *Schäfer*, Die 3. Wahlperiode des Landtages des Saarlandes 1956-1961, S. 101-102.

34 *Heinrich Küppers*, Franz Josef Röder (1909-1979). Baumeister des Bundeslandes Saarland (Malstatter Beiträge aus Gesellschaft, Wissenschaft, Politik und Kultur), St. Ingbert 2015, passim; *Herrmann / Sante*, Geschichte des Saarlandes, 55-56.

35 *Herrmann*, Franz Josef Röder, S. 30; *Erich Später*, Der Landesvater. Die NS-Vergangenheit Franz-Josefs Röder, in: Saarbrücker Hefte 110/111 (2014), S. 7-14, hier S. 7.

36 *Herrmann*, Vom Wiederaufbau zur Landeshauptstadt, Europastadt und Grenzmetropole, S. 400.

37 *Herrmann*, Vom Wiederaufbau zur Landeshauptstadt, Europastadt und Grenzmetropole, S. 400.

38 *Bünte*, Kleine Saarbrücker Stadtgeschichte, S. 134; *Herrmann*, Vom Wiederaufbau zur Landeshauptstadt, Europastadt und Grenzmetropole, S. 403.

Im Jahre 1965 ging Schuster von einer „finanzpolitischen Notsituation" der Stadt aus.[39] Zu enormen finanziellen Schwierigkeiten führten Bauprojekte.[40] Trotz einer schwierigen Finanzlage investierte die Stadt seit den 1950er Jahren in den Ausbau der Volksschulen[41] und in die Errichtung eines städtischen Heizkraftwerks 1967.[42] 1966 nahm die Stadt eine „Einstellungssperre" vor.[43] Zu den Finanzproblemen trug die Abwanderung von Industrie und Gewerbefirmen ins Umland bei, wodurch der Stadt Steuereinnahmen entgingen.[44]

Wegen Finanznot verabschiedete sich die Stadt sukzessiv von der Finanzierung des am 9. Mai 1946 wieder eröffneten Theaters. Seit 1968 übernahm das Saarland die Hälfte der Kosten des Theaters. 1971 wurde der Zweckverband „Saarländisches Staatstheater Saarbrücken" errichtet. 1988 stellte die Stadt sämtliche Zuschüsse für das Theater ein..[45]

2. *„Neue Aufgaben"*

„Neue Aufgaben" stellten die Stadtverwaltung vor Herausforderungen. Dies galt exemplarisch für die „Kontrolle des ruhenden Verkehrs" und die Errichtung eines Katastrophenschutzes. Die städtische Feuerwehr setzte sich mit Problemen der radioaktiven Verseuchung auseinander.[46]

Zu einer „neuen Aufgabe" der Stadt entwickelte sich seit den 1970er Jahren der Umweltschutz. Bürgerinitiativen beklagten die Umweltverschmutzung in der Stadt. Die Belastung der Einwohner Saarbrückens mit Schadstoffen in den

---

39 *Herrmann*, Vom Wiederaufbau zur Landeshauptstadt, Europastadt und Grenzmetropole, S. 402.

40 Siehe allgemein: *Hahn*, Das Saarland im doppelten Strukturwandel 1956-1970, S. 196, 199.

41 Herrmann, Vom Wiederaufbau zur Landeshauptstadt, Europastadt und Grenzmetropole, S. 401.

42 *Herrmann*, Vom Wiederaufbau zur Landeshauptstadt, Europastadt und Grenzmetropole, S. 404.

43 *Herrmann*, Vom Wiederaufbau zur Landeshauptstadt, Europastadt und Grenzmetropole, S. 402.

44 *Herrmann*, Franz Josef Röder, S. 243-244.

45 *Kloevekorn*, Saarbrücken, S. 241; *o. V.*, Theater in Saarbrücken, in: Manfred Steimer / Ralf Harner-Hanel (Hrsg.), Saarbrücken. Geschichte, Wirtschaft und Kultur der saarländischen Landeshauptstadt, Saarbrücken 1995, S. 182-190, hier S. 184-185. Das Theater eröffnete im Mai 1946 nur „behelfsmäßig". Die eigentliche Wiedereröffnung erfolgte am 6. März 1948.

46 *Herrmann*, Vom Wiederaufbau zur Landeshauptstadt, Europastadt und Grenzmetropole, S. 400-401.

1970er Jahren war mit der Belastung der Einwohner Frankfurts vergleichbar.[47] Zur Umweltverschmutzung in der Stadt trug die Burbacher Hütte bei.[48] Das 1973 von der Stadt errichtete Amt für Umweltschutz bildete die erste Einrichtung dieser Art in der Bundesrepublik Deutschland. Belange des Umweltschutzes fanden fortan Berücksichtigung bei Fragen der Bauleit- und Verkehrsplanung sowie bei „Bauvorhaben und Gewerbeansiedlungen". Die Stadt nahm auf breiter Basis erstmals Lärm- und Klimamessungen vor. Sie erfasste in den 1970er Jahren städtische Biotope und „schützenswerte Landschaftsbestandteile". Seit den 1980er Jahren kümmerte sich das städtische Umweltamt, das seit 1981 Amt für Umwelt und Energie hieß, um die rationelle „Heizenergie-, Strom- und Wasserverwendung" in Gebäuden der Stadt. „Bedeutende Aufgaben" des Umweltschutzes bildeten „Abfallvermeidung, Wertstoffrecycling" und die „Sanierung verseuchter Böden".[49] Die von der Schwerindustrie „belastete Landschaft" musste dekontaminiert werden.[50] 1980 schloss der Landesgesetzgeber sämtliche saarländischen Gemeinden zum „Kommunalen Abfallentsorgungsverband Saar" zusammen.[51] Ein leistungsstarkes „Großklärwerk" nahm im November 1989 in Burbach seinen Betrieb auf.[52]

Der Baudezernent von Saarbrücken Hans Krajewski (1910-1987)[53] beklagte 1965 eine „Vernachlässigung der Denkmalpflege" in der Stadt.[54]Auf breiterer Ebene setzte sich bei den Verantwortlichen der Stadt in den 1970er Jahren das Bewusstsein für eine Denkmalpflege durch. Exemplarisch dafür stand die Restaurierung der Ludwigskirche seit 1973 und die Instandsetzung des St. Johanner Marktes.[55]

---

47 *Herrmann*, Vom Wiederaufbau zur Landeshauptstadt, Europastadt und Grenzmetropole, S. 408-410.

48 *Herrmann*, Kommunen und die Last des Strukturwandels am Beispiel von Saarbrücken-Burbach, S. 312-313.

49 *Rainer Hück / Dietmar Talkenberg*, Kommunalwirtschaft und Daseinsvorsorge, in: Rolf Wittenbrock (Hrsg.), Geschichte der Stadt Saarbrücken, Bd. 2, Von der Zeit des stürmischen Wachstums bis zur Gegenwart, Saarbrücken 1999, S. 550-574, hier S. 558-559.

50 *Herrmann*, Kommunen und die Last des Strukturwandels am Beispiel von Saarbrücken-Burbach, S. 327.

51 *Jürgen Wohlfarth*, Kommunalpolitik im Saarland, in: Andreas Kost / Hans-Georg Wehling (Hrsg.), Kommunalpolitik in den deutschen Ländern. Eine Einführung, Wiesbaden ^{2}2010, S. 270-281, hier S. 272.

52 *Bauer*, Städtebauliche Entwicklung ab 1945, S. 218.

53 https://www.saarbruecken.de/rathaus/presse_und_online/artikeldetail/article-5d07930e44c2f.

54 *Betker*, Ökologische Stadterneuerung, S. 126.

55 *Betker*, Ökologische Stadterneuerung, S. 126-127.

1967 eröffnete in Saarbrücken die Kongresshalle. Sie stand jeweils zur Hälfte im Miteigentum der Stadt Saarbrücken und des Saarlandes.[56]

Die Stadt Saarbrücken fing in der Mitte der 1980er Jahre mit einer „ökologischen Gestaltungsorientierung" an. Markantes Beispiel dafür war der 1989 errichtete „Bürgerpark Hafeninsel".[57]

Die Saarbrücker Jugendlichen zwischen 13 und 18 Jahren wählten seit 1975 einen „Jugendrat". Eine Wahlberechtigung zum „Jugendrat" besaßen die 13 bis 18-jährigen Einwohner Saarbrückens. Bei Angelegenheiten, die Kinder und Jugendliche betrafen, beteiligte die Stadt den Jugendrat.[58] Die Jugendarbeitslosigkeit stieg in Saarbrücken zu Beginn der 1980er Jahre an und die Stadt rief das „Programm zur Bekämpfung der Berufsnot junger Menschen" ins Leben.[59]

In der Mitte der 1980er Jahre existierten in etwa 50 Städten und Gemeinden in der Bundesrepublik Deutschland „Gleichstellungsstellen".[60] Der Saarbrücker Stadtrat fasste am 25. September 1984 den Beschluss über die Errichtung einer „Gleichstellungsstelle für Frauen", ohne dass das saarländische Kommunalselbstverwaltungsgesetz dies verlangte.[61] Im Januar 1986 trat die Germanistin und Historikerin Ilona Caroli als hauptamtliche Gleichstellungsbeauftragte ihren Dienst in Vollzeit bei der Saarbrücker Stadtverwaltung an.[62] Auf sie folgte im April 1992 Christa Piper.[63] Die Gleichstellungsbeauftragte wirkte in der Folge bei sämtlichen Personalentscheidungen in der Stadt mit. Sie besaß das „Recht auf Einsicht in alle Unterlagen" und nahm an Auswahlverfahren teil. Sie

---

56 *Harald Schneider*, Saarbrücken: Landeshauptstadt als Messe- und Kongreßstadt, in: Manfred Steimer / Ralf Harner-Hanel (Hrsg.), Saarbrücken. Geschichte, Wirtschaft und Kultur der saarländischen Landeshauptstadt, Saarbrücken 1995, S. 158-162, hier S. 158-159.

57 *Betker*, Ökologische Stadterneuerung, S. 132.

58 *Jürgen Wohlfarth*, Kommunale Selbstverwaltung mit Hinweisen auf die politische Kultur, in: Rolf Wittenbrock (Hrsg.), Geschichte der Stadt Saarbrücken, Bd. 2, Von der Zeit des stürmischen Wachstums bis zur Gegenwart, Saarbrücken 1999, S. 482-504, hier S. 495.

59 *Herrmann*, Kommunen und die Last des Strukturwandels am Beispiel von Saarbrücken-Burbach, S. 317.

60 *Petra Messinger*, Frischer Wind im Rathaus. Institutionalisierte Frauenpolitik am Beispiel des Saarbrücker Frauenbüros. in: Annette Keinhorst / Petra Messinger (Hrsg.), Die Saarbrückerinnen. Beiträge zur Stadtgeschichte (Schriftenreihe Geschichte, Politik und Gesellschaft der Stiftung Demokratie Saarland, Bd. 2), St. Ingbert 1998, S. 129-160, hier 129; *Wohlfarth*, Kommunale Selbstverwaltung mit Hinweisen auf die politische Kultur, S. 494.

61 *Messinger*, Frischer Wind im Rathaus, S. 131.

62 *Messinger*, Frischer Wind im Rathaus, S. 129, 132.

63 *Messinger*, Frischer Wind im Rathaus, S. 141.

entwickelte Maßnahmen zur Verbesserung der gesellschaftlichen Situation von Frauen in der Stadt.[64]

Die Stadt Saarbrücken gründete 1984 auf einem von dem Unternehmen Heckel in Burbach erworbenen Grundstück die „Gesellschaft für Innovations- und Unternehmensförderung". Auf dem Gelände der Gesellschaft entstanden „neue Unternehmen".[65]

3. Straßenbahn und Busse

Seit den 1950er Jahren verkehrten vermehrt Busse im öffentlichen Personennahverkehr in Saarbrücken.[66] Mitte der 1960er Jahre umfasste der Omnibus-Fuhrpark für den öffentlichen Personennahverkehr in Saarbrücken 226 Fahrzeuge.[67]

Die letzte Straßenbahn fuhr in Saarbrücken am 22. Mai 1965. Im Straßenbahn-Triebwagen saßen Röder und Schuster. Die Straßenbahnen, die die Stadt entsorgte, galten aus Perspektive der Zeitgenossen als ein „Hindernis für den stetig wachsenden Individualverkehr". Busse ersetzen fortan die Straßenbahnen. Der Bestand an Bussen erreichte 1969 einen „Höchststand".[68] Im Einsatz befanden sich ab Herbst 1973 Gelenkbusse.[69] Da an Bushaltestellen immer wieder private Autos parkten, richtete die Stadt an Bushaltestellen 1972 Parkverbotszonen ein.[70]

Die Auslastung des öffentlichen Personennahverkehrs nach dem Zweiten Weltkrieg nahm in Saarbrücken stetig zu. Die „Spitzenzeiten" hinsichtlich der

---

64 *Messinger*, Frischer Wind im Rathaus, S. 132.D

65 *Herrmann*, Kommunen und die Last des Strukturwandels am Beispiel von Saarbrücken-Burbach, S. 321.

66 75 Jahre Gesellschaft für Straßenbahnen im Saartal AG-Saarbrücken, S. 109; *Schleiden*, Hundert bewegte Jahre 1892-1992, S. 52-53; *Herrmann*, Aufbruch in eine neue Zeit, S. 54.

67 75 Jahre Gesellschaft für Straßenbahnen im Saartal AG-Saarbrücken, S. 114; *Herrmann*, Aufbruch in eine neue Zeit, S. 57; *Schleiden*, Hundert bewegte Jahre 1892-1992, S. 53.

68 75 Jahre Gesellschaft für Straßenbahnen im Saartal AG-Saarbrücken, S. 114; *Bünte*, Kleine Saarbrücker Stadtgeschichte, S. 134; *Dittmann*, Stadtentwicklung und Wohnen, S. 575; *Herrmann*, Vom Wiederaufbau zur Landeshauptstadt, Europastadt und Grenzmetropole, S. 406; *Herrmann*, Aufbruch in eine neue Zeit, S. 60-61.

69 *Herrmann*, Vom Wiederaufbau zur Landeshauptstadt, Europastadt und Grenzmetropole, S. 406; *Herrmann*, Aufbruch in eine neue Zeit, S. 81; *Schleiden*, Hundert bewegte Jahre 1892-1992, S. 77.

70 *Herrmann*, Vom Wiederaufbau zur Landeshauptstadt, Europastadt und Grenzmetropole, S. 406.

Auslastung lagen nach einer Erhebung von 1956 zwischen 7 und 8 Uhr sowie zwischen 17 und 19.30 Uhr. Zwischen 7 und 8 Uhr waren die öffentlichen Verkehrsmittel überfüllt.[71] Im Jahre 1958 beförderten Straßenbahnen und Busse in Saarbrücken 63 Millionen Menschen.[72] Seit 1959 ging die Anzahl der beförderten Personen zurück.[73]

Die Sicherstellung eines öffentlichen Personennahverkehrs bildete ein Element der „Wirtschafts- und Sozialpolitik“ der Stadt. Es stellte einen Teil der städtischen Daseinsvorsorge und Sozialpolitik dar, den Menschen in der Stadt eine Teilnahme am öffentlichen Personennahverkehr zu „erschwinglichen Fahrpreisen“ zu ermöglichen. Bemühungen der Stadt zur Erhöhung der Fahrpreise 1958 und 1969 scheiterten am Widerstand der Landesregierung.[74] Im Juni und Juli 1969 führten die geplanten Fahrpreiserhöhungen zu „heftigsten Demonstrationen“. Die Demonstranten blockierten Busse und bewarfen die Fahrzeuge teilweise mit Flaschen. Bürger riefen die „Aktion Roter Punkt“ ins Leben. Im Rahmen dieser Aktion brachten Autofahrer auf ihrem Fahrzeug einen roten Punkt an. Der „Rote Punkte“ signalisierte Kunden des öffentlichen Nahverkehrs eine Mitnahmemöglichkeit im Auto.[75]

Den Hauptknotenpunkt für Straßenbahnen und Busse bildete der Saarbrücker Hauptbahnhof. Tausende Menschen kamen jeden Tag mit dem Zug zum Hauptbahnhof, um ihrer Arbeit in Saarbrücken nachzugehen. Mit Verbindungen nach Paris handelte sich um den „größten deutschen Grenzbahnhof“, dessen neues Gebäude zu Beginn der 1970er Jahre fertiggestellt war.[76]

Die Anzahl der mit den Bussen beförderten Personen ging in den Jahren zwischen 1974 und 1985 hinsichtlich der beförderten Personen wegen der Zunahme des „Individualverkehrs“ mit dem Auto zurück.[77] Seit April 1974 bestanden auf

71 75 Jahre Gesellschaft für Straßenbahnen im Saartal AG-Saarbrücken, S. 109; *Schleiden*, Hundert bewegte Jahre 1892-1992, S. 51.

72 *Herrmann*, Aufbruch in eine neue Zeit, S. 63.

73 *Herrmann*, Aufbruch in eine neue Zeit, S. 74.

74 *Herrmann*, Vom Wiederaufbau zur Landeshauptstadt, Europastadt und Grenzmetropole, S. 404-405.

75 *Herrmann*, Aufbruch in eine neue Zeit, S. 67.

76 *Herrmann*, Franz Josef Röder, S. 168; *Herrmann*, Vom Wiederaufbau zur Landeshauptstadt, Europastadt und Grenzmetropole, S. 397; *Herrmann*, Aufbruch in eine neue Zeit, S. 64.

77 *Schleiden*, Hundert bewegte Jahre 1892-1992, S. 74.

einer Länge von 3, 8 Kilometern eigene Fahrbahnspuren für Busse, um diese vom Stau unabhängiger zu machen.[78]

4. Gesundheitswesen

Eine bedeutende Aufgabe der Stadt blieb das Gesundheitswesen. Krankenhäuser gehörten zu einem „Standortfaktor" für eine Stadt.[79] Eine ordentliche Krankhausversorgung stand in den 1960er und 1970er Jahren im Zentrum des Interesses der Öffentlichkeit.[80] Das „Bürgerhospital" in Saarbrücken versorgte bis in die 1960er Jahre hinein als „Großkrankenhaus" das Saarland.[81] Ende der 1950er Jahre besaß es 601 Betten.[82] Etwa 60 Prozent der aufgenommenen Patienten stammten nicht aus Saarbrücken, sondern aus sonstigen Landesteilen.[83]

Am 27. Mai 1968 eröffneten die „Städtischen Krankenanstalten Winterberg" ihren Betrieb. An diesem Tag wurden 360 Patienten aus dem „Bürgerhospital" in die „Städtischen Krankenanstalten Winterberg" verlegt. Die „Städtischen Krankenanstalten Winterberg" traten an die Stelle des „Bürgerhospitals". Zurück ging die Errichtung des Krankenhauses auf einen Stadtratsbeschluss vom Mai 1958. Ursprünglich sollten das Krankenhaus 1965 eröffnet werden, Schwierigkeiten auf dem Bau verzögerten jedoch die Eröffnung.[84] Von Beginn an herrschte im Krankenhaus eine Personalnot bei Ärzten sowie Krankenschwestern und Pflegern. Im Jahre 1969 stellte das Krankenhaus Schwestern von den Philippinen an.[85] Die medizinische Versorgung durch das Krankenhaus diente dem gesamten Saarland.[86] Am Anfang umfasste das Krankenhaus „neun Hauptabteilungen, ein Pathologisches Institut und zwei Belegabteilungen".[87]

---

78 *Herrmann*, Aufbruch in eine neue Zeit, S. 77-78.

79 *Herrmann*, Vom Wiederaufbau zur Landeshauptstadt, Europastadt und Grenzmetropole, S. 407.

80 *Herrmann*, Franz Josef Röder, S. 354.

81 *Herrmann*, Franz Josef Röder, S. 357.

82 *Bodtländer*, Das Gesundheitswesen, S. 321.

83 *Herrmann*, Franz Josef Röder, S. 358.

84 50 Jahre Klinikum Saarbrücken 1968-2018. Ein Team, ein Ziel: Ihre Gesundheit, Saarbrücken 2018, S. 2, 5; *Baulig*, Architekturführer Saarbrücken, S. 137; *Herrmann*, Franz Josef Röder, S. 358-359.

85 *Herrmann*, Franz Josef Röder, S. 353.

86 *Herrmann*, Franz Josef Röder, S. 243.

87 50 Jahre Klinikum Saarbrücken 1968-2018, S. 5.

5. Wohnungswesen

Die Bekämpfung von Wohnungsnot und die Wohnungsfürsorge blieben zentrale Themen für die Stadt. Die „Saarbrücker Gemeinnützige Siedlungsgesellschaft" führte in den 1960er Jahren auf dem Eschberg, der „Folsterhöhe" und im Gebiet „Rodenhof" „Großbaumaßnahmen" zur Errichtung neuer Wohnungen durch.[88] Im Jahre 1959 wies die Siedlungsgesellschaft einen Bestand von 6.000 Wohnungen auf.[89] Die Siedlung auf dem Eschberg stellte eine „typische, durchgrünte und gestaffelte Trabantenstadt" dar.[90] Die Siedlung „Folsterhöhe" sollte sich zu einem „sozialen Brennpunkt" entwickeln.[91] Zwischen 1957 und 1969 erhöhte die „Saarbrücker Gemeinnützige Siedlungsgesellschaft" den Bestand an Wohnungen um 30 Prozent, was zu einer deutlichen Verbesserung der Versorgung mit Wohnraum in Saarbrücken beitrug.[92] Im September 1969 wohnten 15.000 Menschen in der Stadt in Mietwohnungen der „Saarbrücker Gemeinnützigen Siedlungsgesellschaft". Hinzukamen 7.500 Menschen, die in Häusern wohnten, die die Siedlungsgesellschaft verwaltete.[93] Das „Gesetz über Wohnbeihilfen" vom 29. Juli 1963 gewährte „Wohngeld".[94]

Die „Wohnansprüche" stiegen in den 1970er Jahren. Familien mit Kindern zogen vermehrt an den Stadtrand „ins Grüne" in „Eigenheimsiedlungen" und „Großsiedlungen". In weiten Teilen der Bevölkerung herrschte die Idealvorstellung vom „Haus im Grünen".[95]

6. Schulwesen

Im Jahre 1959 besuchten 10.945 Schüler in Saarbrücken eine Volksschule und 1.711 Schüler eine Mittelschule. Über 3.800 Schüler gingen 1959 auf eine

88 *Saarbrücker Gemeinnützige Siedlungsgesellschaft*, 50 Jahre Saarbrücker Gemeinnützige Siedlungsgesellschaft, S. 13.

89 *Herrmann*, Die Geschichte einer aktiven Wohnungsbaupolitik, S. 46.

90 *Betker*, Ökologische Stadterneuerung, S. 119.

91 *Betker*, Ökologische Stadterneuerung, S. 119.

92 *Herrmann*, Die Geschichte einer aktiven Wohnungsbaupolitik, S. 51-52.

93 *Saarbrücker Gemeinnützige Siedlungsgesellschaft*, 50 Jahre Saarbrücker Gemeinnützige Siedlungsgesellschaft, S. 14.

94 Gesetz über Wohnbeihilfen, 29. 7. 1963, BGBl 1956 I, S. 508-523; *Stolleis*, Geschichte des Sozialrechts, S. 258.

95 *Dittmann*, Stadtentwicklung und Wohnen, S. 581.

höhere Schule.[96] Ein städtisches Schullandheim existierte seit 1959 im saarländischen Weiskirchen. Es bot Platz für 120 Schüler.[97]

Am 25. September 1961 eröffnete das Deutsch-Französische Gymnasiums in Saarbrücken. Es handelte sich um ein „binationales Gymnasium" und ein „Symbol der … deutsch-französischen Verständigung".[98] Die Errichtung des Gymnasiums beruhte auf einer Zusammenarbeit einer deutschen und einer französischen Schule.[99] Das „Abkommen zwischen der Regierung der Bundesrepublik Deutschland und der Regierung der Französischen Republik über die Errichtung deutsch-französischer Gymnasien und die Schaffung des deutsch-französischen Abiturs sowie die Bedingungen für die Zuerkennung des Abiturzeugnisses" vom 10. Februar 1972 normierte die Organisation des Gymnasiums und die Ausgestaltung des Unterrichts sowie der Prüfungen.[100] Im Jahre 1972 legten die ersten Schüler das Abitur am Deutsch-Französischen Gymnasium in Saarbrücken ab. Nach dem Vorbild des Saarbrücker Gymnasiums entstanden in den 1970er Jahren Deutsch-Französische Gymnasien in Freiburg im Breisgau und in Buc bei Versailles.[101] Die Gymnasiasten legen ein Zentralabitur der Deutsch-Französischen Gymnasien ab.[102] Träger des Deutsch-Französischen Gymnasiums in Saarbrücken war seit 1977 das Saarland und ab 1992 der Stadtverband Saarbrücken.[103]

Am 4. September 1978 nahm die „Gesamtschule Saarbrücken-Rastbachtal" ihren Betrieb auf. Neun Lehrer gingen im ersten Schuljahr an der Schule einer Beschäftigung nach. Die Schüler konnten an der Gesamtschule den Hauptschul-

---

96 *Zenner*, Das Schulwesen der Stadt Saarbrücken, S. 263.

97 *Zenner*, Das Schulwesen der Stadt Saarbrücken, S. 261.

98 *Heinz Knauth*, Das Deutsch-Französische Gymnasium, in: Eduard Schäfer / Horst Günter Klitzing (Hrsg.), Das Gymnasium im Saarland. 50 Jahre Saarländischer Philologenverband, Ottweiler 2000, S. 383-392, hier S. 383.

99 *Knauth*, Das Deutsch-Französische Gymnasium, S. 383-384.

100 Abkommen zwischen der Regierung der Bundesrepublik Deutschland und der Regierung der Französischen Republik über die Errichtung deutsch-französischer Gymnasien und die Schaffung des deutsch-französischen Abiturs sowie die Bedingungen für die Zuerkennung des Abiturzeugnisses, 10. 2. 1972, BGBl 1972 II, S. 569-576.

101 *Knauth*, Das Deutsch-Französische Gymnasium, S. 384.

102 *Knauth*, Das Deutsch-Französische Gymnasium, S. 386.

103 *Knauth*, Das Deutsch-Französische Gymnasium, S. 384.

oder Realschulabschluss oder das Abitur ablegen.[104] Die Trägerschaft der Schule übernahm die Stadt Saarbrücken.[105]

Seit 1965/1966 begann das Schuljahr in Saarbrücken statt wie bisher an Ostern ab dem Herbst. Es folgten zu Beginn der Umstellung kurze Schuljahre. Das erste kurze Schuljahr fing im April 1966 an und ging im November 1966 zu Ende. Start des zweiten kurzen Schuljahrs war im Dezember 1966, das Ende im Sommer 1967.[106]

7. Flughafen Ensheim

Ein Ausbau des Flughafens St. Arnual blieb nach dem Zweiten Weltkrieg aus, obwohl es auf dem Flughafen seit 1950 Linienflüge von Saarbrücken nach Paris gab. Der Standort eines neuen Flughafens lag in Ensheim. Die Entscheidung eines Umzugs des Flughafens von St. Arnual nach Ensheim fiel 1954. Bereits in den Jahren zwischen 1935 und 1939 war es dort zur Errichtung einer betonierten Start- und Landesbahn sowie von Flughafengebäuden gekommen.[107] Die Stadt Saarbrücken setzte sich nach dem Zweiten Weltkrieg für einen Anschluss der Stadt an den Flugverkehr und Ausbau des Flughafens in Ensheim ein. Die Stadt war in der 1951 errichteten Flughafengesellschaft (GmbH) im Aufsichtsrat vertreten.[108] Spätestens seit den 1960er Jahren galt der Flughafen für die Stadt als „wichtiger Standortfaktor".[109] Seit Beginn der 1960er Jahre setzte sich die Saarländische Landesregierung für einen Ausbau des Flughafens ein.[110]

Auf dem Flughafen eröffnete im Jahre 1964 eine neue Start- und Landebahn.[111] Seit August 1964 bestand mit einer zweimotorigen Propellermaschine eine

---

104 *Klaus Funck*, Die Gesamtschule Saarbrücken-Rastbachtal. Vom Schulversuch zu einer Institution in Malstatt-Burbach, in: Eduard Schäfer / Horst Günter Klitzing (Hrsg.), Das Gymnasium im Saarland. 50 Jahre Saarländischer Philologenverband, Ottweiler 2000, S. 393-400, hier S. 393-395.

105 *Hans Werner Kilz* (Hrsg.), Gesamtschule. Modell oder Reformruine? Hamburg 1980, S. 299.

106 *Eisenbeis*, Die Geschichte der Schule im 20. Jahrhundert, S. 65.

107 *Baulig*, Architekturführer Saarbrücken, S. 85; *Becker*, Flughafen Saarbrücken, S. 17-18, 20-21.

108 *Herrmann*, Vom Wiederaufbau zur Landeshauptstadt, Europastadt und Grenzmetropole, S. 398.

109 *Herrmann*, Vom Wiederaufbau zur Landeshauptstadt, Europastadt und Grenzmetropole, S. 398-399

110 *Becker*, Flughafen Saarbrücken, S. 25; *Herrmann*, Franz Josef Röder, S. 170.

111 *Becker*, Flughafen Saarbrücken, S. 26; *Herrmann*, Franz Josef Röder, S. 170.

Flugverbindung von Saarbrücken nach Düsseldorf.[112] Der erste eigentliche Linienflug startete 1967 von Ensheim nach Düsseldorf.[113] Es folgten Verbindungen von Saarbrücken nach Frankfurt am Main, Köln, Luxemburg, München, Stuttgart und Paris. Ab März 1971 gab es eine direkte Flugverbindung von Saarbrücken nach Berlin.[114] Seit 1972 war der Flughafen Saarbrücken der „11. Internationale Verkehrsflughafen in Deutschland".[115]

III. Die Gemeindegebietsreform von 1974

Einen tiefgreifenden Wandel brachte für Saarbrücken die Gemeindegebietsreform im Saarland von 1974.[116] In politischer Hinsicht verbunden war die Reform mit dem Namen des saarländischen Innenministers Ludwig Schnur (1909-1997)[117].[118] Es handelte sich um das „kommunalverfassungsrechtlich und regionalpolitisch bedeutendste Reformvorhaben" im Saarland nach dem Zweiten Weltkrieg. Die Reform zielte auf die Schaffung „leistungsfähigerer Verwaltungseinheiten" als bisher ab.[119] Das „Gesetz zur Neugliederung der Gemeinden und Landkreise des Saarlandes" vom 19. Dezember 1973, das am 1. Januar 1974 in Kraft trat, regelte die Gemeindegebietsreform.[120] Vor der Reform existierten 345 Gemeinden im Saarland und nach der Reform 50.[121]

Die Gemeindegebietsreform brachte eine neue Einteilung der Landkreise und führte zahlreiche Eingemeindungen durch.[122] Sie führte zur Bildung des

---

112 *Herrmann*, Franz Josef Röder, S. 170.

113 *Becker*, Flughafen Saarbrücken, S. 27.

114 *Becker*, Flughafen Saarbrücken, S. 27; *Herrmann*, Vom Wiederaufbau zur Landeshauptstadt, Europastadt und Grenzmetropole, S. 398-39; *Herrmann*, Franz Josef Röder, S. 170.

115 *Becker*, Flughafen Saarbrücken, S. 28.

116 *Herrmann*, Vom Wiederaufbau zur Landeshauptstadt, Europastadt und Grenzmetropole, S. 354.

117 http://www.saarland-biografien.de/frontend/php/ergebnis_detail.php?id=679.

118 *Herrmann*, Vom Wiederaufbau zur Landeshauptstadt, Europastadt und Grenzmetropole, S. 355.

119 *Herrmann*, Franz Josef Röder, S. 241; *Wohlfarth*, Kommunale Selbstverwaltung mit Hinweisen auf die politische Kultur, S. 48.

120 Gesetz Nr. 986 zur Neugliederung der Gemeinden und Landkreise des Saarlandes (Neugliederungsgesetz – NGG), 19. 12. 1973, Amtsblatt des Saarlandes 1973, S. 852-860; *Wohlfarth*, Kommunale Selbstverwaltung mit Hinweisen auf die politische Kultur, S. 483.

121 *Herrmann*, Franz Josef Röder, S. 257.

122 §§ 1-50, Gesetz Nr. 986 zur Neugliederung der Gemeinden und Landkreise des Saarlandes (Neugliederungsgesetz – NGG), 19. 12. 1973, Amtsblatt des Saarlandes 1973,

Stadtverbandes Saarbrücken als „neuer Verwaltungseinheit".[123] Zum Stadtverband Saarbrücken gehörten fortan: Saarbrücken, Völklingen, Sulzbach, Püttlingen, Friedrichsthal, Kleinbittersdorf, Heusweiler, Quierschied, Riegelsberg und Großrosseln.[124] Durch die Eingliederung Saarbrückens in den Stadtverband sollte die Stellung der Stadt geschwächt werden. Schnur hegte Vorbehalte gegen ein „starkes Saarbrücken".[125] Der Stadtverband Saarbrücken nahm als Gebietskörperschaft[126] und „kreisähnliches Konstrukt eigener Art"[127] Selbstverwaltungsangelegenheiten sowie vom Bund oder Saarland übertragene Verwaltungsaufgaben wahr.[128] Zu den übertragenen Verwaltungsaufgaben gehörten exemplarisch die Aufgaben der unteren Bauaufsichtsbehörde, der unteren Naturschutzbehörde und der unteren Wasserbehörde.[129] Die Selbstverwaltungsangelegenheiten umfassten „freiwillige Aufgaben" und „pflichtige Aufgaben". Zu den „freiwilligen Aufgaben" zählten beispielweise die Trägerschaft der Saarbrücker Volkshochschule, Kulturveranstaltungen, die Förderung von Wirtschaft und Tourismus sowie die Einrichtung von Jugendzentren bzw. „Jugendtreffs". Als „pflichtige Aufgaben" übernahm der Stadtverband unter anderem die Sozial- und Jugendhilfe, die „sachliche Schulträgerschaft für die weiterführenden und berufsbildenden Schulen" sowie die „Flächennutzungsplanung durch den

---

S. 852-857; *Herrmann*, Vom Wiederaufbau zur Landeshauptstadt, Europastadt und Grenzmetropole, S. 355.

123 *Herrmann*, Vom Wiederaufbau zur Landeshauptstadt, Europastadt und Grenzmetropole, S. 355; *Rainer Wahl*, Die Organisation und Entwicklung der Verwaltung in den Ländern und in Berlin, in: Deutsche Verwaltungsgeschichte, Bd. 5, hrsg. von Kurt G. A. Jeserich, Hans Pohl, Georg-Christoph Unruh, Stuttgart 1987 S. 208-311, hier S. 276.

124 § 51, Gesetz Nr. 986 zur Neugliederung der Gemeinden und Landkreise des Saarlandes (Neugliederungsgesetz – NGG), 19. 12. 1973, Amtsblatt des Saarlandes 1973, S. 857; *Herrmann*, Franz Josef Röder, S. 257, 261; *Wohlfarth*, Kommunale Selbstverwaltung mit Hinweisen auf die politische Kultur, S. 486.

125 *Herrmann*, Franz Josef Röder, S. 258.

126 *Markus Groß*, Die Reform des Stadtverbandes Saarbrücken. Eine exemplarische Darstellung der verfassungsrechtlichen Grenzen für die Gestaltung von Stadt-Umland-Verwaltungen (Saarbrücker Schriften zu Recht und Praxis, Bd. 9), Saarbrücken 2008, S. 127.

127 *Wohlfarth*, Kommunalpolitik im Saarland, S. 270.

128 *Jürgen Wohlfarth*, Kommunalrecht. Auf der Grundlage des saarländischen KSVG (Saarländisches Landesrecht), Baden-Baden [2]1998, S. 332-333; *Wohlfarth*, Kommunalpolitik im Saarland, S. 271.

129 *Groß*, Die Reform des Stadtverbandes Saarbrücken, S. 129-130

Planungsrat".[130] Organe des Stadtverbandes waren der Stadtverbandstag, der Stadtverbandsausschuss und der Stadtverbandspräsident.[131]

Im März 1974 gliederte eine städtische Satzung das Stadtgebiet Saarbrückens teilweise in neue „Stadtteile".[132] Die Gemeindegebietsreform führte zur Eingliederung von Altenkessel, Brebach, Bübingen, Dudweiler, Ensheim, Eschringen, Fechingen, Gersweiler, Klarenthal, Schafbrücke und Scheidt in die Stadt Saarbrücken.[133] Bis auf Altenkessel protestierten alle Kommunen gegen die Eingemeindungen. Erfolglos bemühten sie sich um einen Zusammenschluss zu größeren Gemeinden, um einer Eingemeindung zu entgehen. Besonders nachhaltig protestierten die Einwohner Dudweilers gegen die Eingemeindung ihrer Stadt nach Saarbrücken.[134]

Nach der Gemeindegebietsreform wies Saarbrücken eine Einwohnerzahl von ungefähr 206.000 Menschen auf. In der Folge nahm die Anzahl der Einwohner allerdings ab.[135]

IV. Ausblick: Saarbrücken seit der Wiedervereinigung

Seit der Wiedervereinigung Deutschlands am 3. Oktober 1990[136] bildet das Saarland mit der Landeshauptstadt Saarbrücken eines von 16 Bundesländern der Bundesrepublik Deutschland.[137] Oberbürgermeister Saarbrückens zum

---

130 *Groß*, Die Reform des Stadtverbandes Saarbrücken, S. 130-133. Siehe: *Erich Später*, Die Bombe in der Saarbrücker Volkshochschule, in Saarbrücker Hefte 119 (2019), S. 8-14. Im März 1999 verübten rechte Terroristen einen Bombenanschlag auf die Saarbrücker Volkshochschule. Zu diesem Zeitpunkt wurde in den Räumen der Volkshochschule die Ausstellung „Vernichtungskrieg – Verbrechen der Wehrmacht" gezeigt.

131 *Groß*, Die Reform des Stadtverbandes Saarbrücken, S. 133-136.

132 *Wohlfarth*, Kommunale Selbstverwaltung mit Hinweisen auf die politische Kultur, S. 484.

133 *Bünte*, Kleine Saarbrücker Stadtgeschichte, S. 134.

134 *Herrmann*, Franz Josef Röder, S. 260-261.

135 *Hück /Talkenberg*, Kommunalwirtschaft und Daseinsvorsorge, S. 550.

136 Vertrag zwischen der Bundesrepublik Deutschland und der Deutschen Demokratischen Republik über die Herstellung der Einheit Deutschlands – Einigungsvertrag, 31. 8. 1990, BGBl 1990 II, S. 889-904; *Frotscher / Pieroth*, Verfassungsgeschichte, S. 505; Schlinker, Rechtsgeschichte, S. 351-352; *Willoweit / Schlinker*, Deutsche Verfassungsgeschichte, S. 429.

137 Siehe allgemein: *Konrad Stollreither*, Das vereinigte Deutschland. Grundlagen und Veränderungen, hrsg. von der Bayerischen Landeszentrale für politische Bildungsarbeit, München ²1991; *Wohlfarth*, Kommunalrecht, S. 46.

Zeitpunkt der Wiedervereinigung war Hans-Jürgen Koebnick[138], der Oskar Lafontaine im Amt folgte.[139] Der Bürgermeister Saarbrückens wurde 1994 erstmals direkt gewählt. Seit 1995 besitzen Unionsbürger die Wahlberechtigung auf kommunaler Ebene.[140] Bürgerbegehren und Bürgerentscheid gibt es in Saarbrücken seit 1997.[141]

Aus dem Stadtverband Saarbrücken ging 2007 der „Regionalverband Saarbrücken", der ein „Gemeindeverband" und eine „Gebietskörperschaft" ist, hervor. Angehörige des Regionalverbandes sind die Landeshauptstadt Saarbrücken, die Städte Friedrichsthal, Püttlingen, Sulzbach und Völklingen sowie die Gemeinden Großrosseln, Heusweiler, Kleinblittersdorf, Quierschied und Riegelsberg.[142]

Der Stadtrat Saarbrückens fasste am 4. Februar 1992 den Beschluss über den Bau einer Stadtbahn. Über viele Jahre hinweg bestand in Saarbrücken wegen der entsprechenden Arbeiten eine „Großbaustelle".[143] Im Oktober 1997 nahm die Stadtbahn ihren Betrieb in Saarbrücken auf.[144] Sie unterhält seit Oktober 1997 eine Verbindung zwischen dem Hauptbahnhof Saarbrücken und der Stadt Sarreguemines in Frankreich.[145]

Die Arbeitslosenquote in Saarbrücken lag 1989 bei zwölf Prozent.[146] Nach der Wiedervereinigung setzte sich ein Anstieg der Arbeitslosigkeit in der Stadt kontinuierlich fort. Ein von der Stadt in der Mitte der 1980er Jahre gegründetes

---

138 Kurze Nachricht: https://www.saarbruecker-zeitung.de/saarland/ex-oberbuergermeister-koebnick-wird-heute-75-jahre-alt_aid-598257; https://www.saarbruecken.de/rathaus/presse_und_online/artikeldetail/article-5d0793da054d6.

139 *Bünte*, Kleine Saarbrücker Stadtgeschichte, S. 135; https://www.saarbruecken.de/media/download-59b6a282aa7ba.

140 *Jürgen Wohlfarth*, § 3 Kommunalrecht, in: Christoph Gröpl / Annette Guckelberger / Jürgen Wohlfarth, Landesrecht Saarland. Studienbuch, Baden-Baden [3]2017, S. 168-284, hier S. 170; *Wohlfarth*, Kommunale Selbstverwaltung mit Hinweisen auf die politische Kultur, S. S. 494. Siehe: §§ 13, 72-84, Kommunalwahlgesetz (Saarland), in der Fassung der Bekanntmachung vom 22. Januar 2019.

141 *Brosig*, Die Verfassung des Saarlandes, S. 283. Siehe: §§ 85-91, Kommunalwahlgesetz (Saarland), in der Fassung der Bekanntmachung vom 22. 1. 2019; § 21a, Bekanntmachung der Neufassung des Kommunalselbstverwaltungsgesetzes – KSVG – 27. 6. 1997, Amtsblatt des Saarlandes 1997, S. 688-689.

142 *Wohlfarth*, § 3 Kommunalrecht, S. 281.

143 *Dittmann*, Stadtentwicklung und Wohnen, S. 578-579.

144 *Bünte*, Kleine Saarbrücker Stadtgeschichte, S. 136.

145 *Wohlfarth*, Kommunale Selbstverwaltung mit Hinweisen auf die politische Kultur, S. 496.

146 *Betker*, Ökologische Stadterneuerung, S. 123.

„Amt für kommunale Arbeitsmarktpolitik" versuchte diese Problematik „abzufedern".[147]

Saarbrücken trieb seit den 1990er Jahren die „Entwicklung und Erschließung" neuer Gewerbeflächen in der Stadt voran. Dies galt exemplarisch für das Gewerbegebiet Brebach, das Gewerbegebiet Rotfeld und das Gewerbegebiet Ostspange.[148] Auf dem früheren Gelände der Burbacher Hütte entstanden seit 1995 die „Saarterrassen", die unter anderem einen Gewerbestandort für „Dienstleistungen, neue Medien und Telekommunikation" boten.[149] Handwerke und Gewerbe ließen sich auf dem 1997 aufgelösten Ausbesserungswerk der Bahn in Burbach nieder.[150]

Nachdem die Stadtparkasse Saarbrücken und die Kreissparkasse Saarbrücken Juni 1984 eine Fusion eingegangen waren, zog der Genossenschaftssektor 1991 nach. In diesem Jahr schlossen sich die Volksbanken Saarbrücken und St. Ingbert zur „Vereinigten Volksbank Saarbrücken – St. Ingbert" zusammen.[151]

An die Stelle der Hauptschule trat 1996/1997 in Saarbrücken die „Erweiterte Realschule". An der „Erweiterten Realschule" legten die Schüler den Hauptschulabschluss und den Realschulabschluss ab.[152]

Wie zahlreiche andere Städte in Deutschland glich Saarbrücken in den 1990er Jahren den eigenen Finanzhaushalt auf Dauer nicht aus.[153] Zu den Bemühungen zum Ausgleich des Haushalts gehörte in den 1990er Jahren ein jährlicher Stellenabbau in der Stadt.[154] Zur Verbesserung der finanziellen Situation der Stadt sollte die Errichtung von Eigenbetrieben und Eigengesellschaften beitragen.[155]

---

147 *Jürgen Lenhof / Lothar Warscheid*, Die städtische Wirtschaft im Umbruch, in: Rolf Wittenbrock (Hrsg.), (Hrsg.), Geschichte der Stadt Saarbrücken, Bd. 2, Von der Zeit des stürmischen Wachstums bis zur Gegenwart, Saarbrücken 1999, S. 530-549, hier S. 531.

148 *Lenhof / Warscheid*, Die städtische Wirtschaft im Umbruch, S. 541.

149 *Bauer*, Städtebauliche Entwicklung ab 1945, S. 215.

150 *Bauer*, Städtebauliche Entwicklung ab 1945, S. 216.

151 *Lenhof / Warscheid*, Die städtische Wirtschaft im Umbruch, S. 546-547; *Thomes*, Da, wo Sie zu Hause sind, S. 325.

152 *Hück / Talkenberg*, Kommunalwirtschaft und Daseinsvorsorge, S. 564.

153 *Hück / Talkenberg*, Kommunalwirtschaft und Daseinsvorsorge, S. 552.

154 *Hück / Talkenberg*, Kommunalwirtschaft und Daseinsvorsorge, S. 554.

155 *Hück / Talkenberg*, Kommunalwirtschaft und Daseinsvorsorge, S. 556. In den 1990er Jahren errichtete Eigenbetriebe bildeten der Entwässerungseigenbetrieb, die Abfall- und Straßenreinigungsbetriebe, der Friedhofs- und Bestattungsbetrieb, die Informations- und Kommunikationstechnik, der Zoologische Garten, das Beteiligungsmanagement, das Jugendhilfezentrum und das Gebäudemanagement. Städtische Gesellschaften übernahmen den öffentlichen Personennahverkehr, die „Bewirtschaftung" von Parkflächen und

Das städtische Krankenhaus auf dem Winterberg wurde 1992 in eine gemeinnützige Gesellschaft mit beschränkter Haftung in „weiterer Trägerschaft“ der Stadt Saarbrücken umgewandelt.[156] Das Krankenhaus heißt seit 1999 „Klinikum Saarbrücken“.[157] Die „Stadtgalerie“ übernahm 1994 die „Stiftung Saarländischer Kulturbesitz“.[158]

Parkhäusern, die Wasser- und Energieversorgung, die Entsorgung, Teile der Verkehrsförderung, den Wohnungsbau und die Stadtsanierung sowie in Teilen das Gesundheitswesen.

156 *Wohlfarth*, Kommunale Selbstverwaltung mit Hinweisen auf die politische Kultur, S. 490.

157 50 Jahre Klinikum Saarbrücken 1968-2018, S. 5.

158 *Wohlfarth*, Kommunale Selbstverwaltung mit Hinweisen auf die politische Kultur, S. 490.

16. Kapitel.
Zusammenfassung

Eine Schenkungsurkunde von Kaiser Otto III. aus dem Jahre 999 erwähnte Saarbrücken erstmals. Von einer am heutigen Schlossplatz gelegenen Burg aus entwickelte sich Saarbrücken zur Stadt. Graf Johann I. verlieh Saarbrücken 1322 in einem Freiheitsbrief das Stadtrecht. Die Grafen von Saarbrücken bildeten die Stadtherren. Eine „freie Reichsstadt" war Saarbrücken zu keinem Zeitpunkt.

Saarbrücken gehörte zu dem 1816 errichteten preußischen Regierungsbezirk Trier, der von 1822 bis 1919 Teil der Rheinprovinz mit der Hauptstadt Koblenz war, wo sich der Sitz des Oberpräsidenten der Rheinprovinz befand. In dem Provinziallandtag der Rheinprovinzen entsandten die Einwohner Saarbrückens Abgeordnete. Bis zur Einführung der preußischen Gemeindeordnung für die Rheinprovinz vom 23. Juli 1845 galt in Saarbrücken in weiten Teilen das „französische Gemeindeverfassungsrecht". Zur „Bürgermeisterei" Saarbrücken gehörten nach der preußischen Gemeindeordnung von 1845 Saarbrücken, St. Johann, Malstatt mit Rußhütte, Burbach und das Brebach-Halberger Werk. Bei der Wahl zur Gemeindeversammlung von Saarbrücken galt nach der Gemeindeordnung von 1845 ein „Drei-Klassen-Wahlrecht". Seit 1859 bildeten Saarbrücken und St. Johann eigene Städte. Malstatt-Burbach wurde 1866 von Saarbrücken abgetrennt und 1875 zur Stadt erhoben.

Der Rechtsanwalt und Stadtverordnete Dietzsch aus Saarbrücken zog 1848 für den „Deutschen Hof" in die Frankfurter Nationalversammlung ein. Zu größeren revolutionären Unruhen kam es in Saarbrücken 1848/49 nicht. Die „Verfassung des Deutschen Reiches" vom 16. April 1871 gab den Einwohnern Saarbrückens neue Möglichkeiten zur Teilnahme am politischen Leben. Die männlichen Einwohner von Saarbrücken über 25 Jahren nahmen an den Wahlen zum Reichstag teil.

Die „Großstadt" Saarbrücken entstand 1909 durch einen Zusammenschluss der Städte (Alt-) Saarbrücken, St. Johann und Malstatt-Burbach. Die Vereinigung der Städte beruhte auf einem Vertrag vom 5. Dezember 1908. Über 100.000 Menschen lebten in der „Großstadt" Saarbrücken 1910. Der Hauptbahnhof war das zentrale Drehkreuz für den Verkehr in der Stadt. Die Stadtverwaltung der „Großstadt" Saarbrücken nahm ihren Sitz im Rathaus von St. Johann. Erste Wahlen zur Stadtverordnetenversammlung fanden im April 1909 statt. Die Stadtverordneten wählten Mangold zum Bürgermeister. Nach einem

https://doi.org/10.1515/9783111002996-016

entsprechenden Erlass des preußischen Königs war Mangold seit 1910 Oberbürgermeister der „Großstadt" Saarbrücken.

Zu spezifisch städtischen Handlungsfeldern Saarbrückens gehörten seit 1909 exemplarisch die Armenfürsorge, das Schulwesen, das Straßenbahnwesen, die Energie- und Wasserversorgung, die Kanalisation, das Gesundheitswesen und das Sparkassenwesen. Die Armenfürsorge der „Großstadt" Saarbrücken beruhte auf dem „Elberfelder System". Das bedeutendste Krankenhaus in Saarbrücken war das „Bürgerhospital". Die Anfänge des „Bürgerhospitals" lagen im 15. Jahrhundert. Während des Ersten Weltkriegs war Saarbrücken eine Garnisonsstadt. Seit Ende 1916 bestand in der Stadt eine „Kriegsamtsstelle". Ein „Kriegssonderrecht" bestimmte das Alltagsleben der Menschen in Saarbrücken. Städtische Lebensmittelämter verteilten Lebensmittel an die Einwohner. Am 9. November 1918 trat in Saarbrücken ein Arbeiter- und Soldatenrat zusammen. Das Ziel des Arbeiter- und Soldatenrats war die Errichtung einer „sozialistischen Republik". Die französische Militärregierung in Saarbrücken beendete dieses Vorhaben des Arbeiter- und Soldatenrates.

Das Saarstatut führte zur Schaffung des Saargebietes als Gebietskörperschaft im Jahre 1920. Die Hauptstadt des Saargebietes befand sich in Saarbrücken. Zwischen 1920 und 1935 übernahm eine dem Völkerbund unterstellte Regierungskommission mit Sitz in Saarbrücken die Regierungsgeschäfte im Saargebiet. Die Regierungskommission übte Aufgaben der Legislative und der Exekutive aus. Sie schränkte die Pressefreiheit in Saarbrücken ein. Prägend in sozialrechtsgeschichtlicher Hinsicht für die Stadt war der 100 Tage dauernde Streik der Bergarbeiter 1923. Die für alle Einwohner Saarbrückens verbindliche Währung stellte seit Juni 1923 der Franc dar. Oberbürgermeister der Stadt war zwischen 1921 und 1935 Neikes, der Impulse zum Ausbau des Theaterlebens in der Stadt gab. In die Amtszeit von Neikes fiel der Ausbau des Flughafens in St. Arnual, aus dem der heutige Flughafen Saarbrücken in Ensheim hervorging. Die Stadt errichtete 1919/1920 mit weiteren Geldgebern die „Saarbrücker gemeinnützige Siedlungsgesellschaft m.b.H", die Wohnungen für bedürftige Menschen baute. Ein städtisches Gesundheitsamt bestand seit 1919. Das „Bürgerhospital" erweiterte die Stadt kontinuierlich zur Verbesserung der medizinischen Versorgung. Ein städtisches Jugendamt als „neue Behörde" existierte in Saarbrücken seit 1921.

Eine Zäsur für Saarbrücken bildete die „Rückgliederung" des Saargebietes an das „Deutsche Reich" am 1. März 1935 nach der Saarabstimmung vom 13. Januar 1935. 87, 4 Prozent der Einwohner Saarbrückens stimmten für diese „Rückgliederung" und damit gegen die Demokratie. Den Abstimmungsberechtigten mangelte es an einem ausreichenden Bewusstsein für eine „demokratische

Kultur“. Zahlreiche Saarbrücker hissten nach dem Abstimmungsergebnis Hakenkreuzfahnen in der Stadt oder hingen sichtbar in der Öffentlichkeit Bilder Hitlers auf. Fortan herrschte die „Einheit von Partei und Staat“. Seit dem 18. Februar 1935 galt die Reichsmark als Zahlungsmittel in Saarbrücken. Die Deutsche Gemeindeordnung vom 30. Januar 1935, die dem „Führerprinzip“ folgte, fand in Saarbrücken ab dem 31. Juli 1935 Anwendung. Sie führte zur Beseitigung der kommunalen Selbstverwaltung in der Stadt. Neikes beurlaubten die Nationalsozialsten im April 1935. Auf ihn folgte zwischen Mai 1935 und September 1937 der „alte Kämpfer“ der Nationalsozialisten Dürrfeld. Ihn löste Schwitzgebel ab, der zwischen September 1937 und März 1945 Oberbürgermeister Saarbrückens war. Die Gestapo nahm ihren Sitz mit Haftzellen im Saarbrücker Schloss.

Der Schulunterricht in Saarbrücken baute während der Zeit des Nationalsozialismus auf der NS-Ideologie auf. Jüdische Schüler grenzten die Schulen in der Stadt aus. Jüdische Volksschüler wurden in einer 1934 in Saarbrücken errichteten jüdischen Volksschule unterrichtet. Die antisemitischen Gesetze des „Reichs“ galten in Saarbrücken seit dem 1. März 1936. Am 22. Oktober 1940 wurden die noch in der Stadt wohnenden Juden vom Saarbrücker Schlossplatz aus in Konzentrations- und Vernichtungslager deportiert.

Während des Zweiten Weltkriegs leisteten mehr als 20.000 Menschen in der Stadt Zwangsarbeit. Am Rande der Stadt lag das „Lager Neue Bremm“. Es handelte sich um ein Durchgangs- und Straflager. Auf der Grundlage des „Gesetzes zur Verhütung erbkranken Nachwuchses“ von 1933 wurden Einwohner Saarbrückens zwangssterilisiert. Die „Aktion T 4“ führte zur Ermordung zahlreicher Menschen aus der Stadt im Rahmen von „Euthanasiemaßnahmen“.

Den größten Widerstand gegen die Nationalsozialisten leisteten in der Stadt die Kommunisten. Seit 1933 gab es kommunistische Widerstandszellen in Saarbrücken. Die Kommunisten schmuggelten ab 1933 Waffen von Saarbrücken aus in das „Reich“. Zahlreiche verhaftete kommunistische Widerstandskämpfer verschleppten die Nationalsozialisten in Konzentrationslager. Der Widerstand von Sozialdemokraten war primär ein „Exilwiderstand“. Zu den prominentesten Akteuren dieses Widerstands gehörte Max Braun. Aus Saarbrücken stammte der Widerstandskämpfer von der „Weißen Rose“ Willi Graf.

Nach der Befreiung Saarbrückens am 21. März 1945 durch Truppen der US-Armee setzten die Amerikaner Wahlster zum Oberbürgermeister ein. Erste politische Parteien wurden im Februar 1946 wieder zugelassen. Zu den Hauptaufgaben der Stadt gehörten in der unmittelbaren Nachkriegszeit die Sicherstellung der Lebensmittelversorgung und der Wiederaufbau des öffentlichen

Nahverkehrs sowie der Energie- und Wasserversorgung. Die Schulen in Saarbrücken begannen im Oktober 1945 wieder mit dem Unterricht. Ein Ausfall des Unterrichts prägte nach der Eröffnung der Schulen den Alltag der Schüler. Der Wohnungsnot nach 1945 trat die Stadtverwaltung durch eine Wohnungszwangsbewirtschaftung entgegen. Bemühungen der Stadt zur Begrenzung des Zugangs nach Saarbrücken blieben ohne Erfolg. 1947 wies Saarbrücken eine Einwohneranzahl von etwa 100.000 Menschen auf. Ab 1947 war Saarbrücken Hauptstadt des „Saarstaates". Seit Juni 1947 galt in Saarbrücken die „Saarmark" und ab November 1947 der Franc als Zahlungsmittel. Nach der Verfassung des Saarlandes von 1947 befinden sich in Saarbrücken der Landtag des Saarlandes, die Regierung des Saarlandes und der Verfassungsgerichtshof des Saarlandes als oberste Verfassungsorgane. Das „Gesetz über die saarländische Staatsangehörigkeit" von 1948 regelte für die Einwohner Saarbrückens eine saarländische Staatsangehörigkeit. 1948 erfolgte in der Stadt die Gründung der Universität des Saarlandes mit einer Juristischen Fakultät. 1950 fand in Saarbrücken die erste „Saarmesse" statt. Erfolglos bewarb sich Saarbrücken 1951 als „Hauptstadt der europäischen Montanunion".

Das Saarland mit der Landeshauptstadt Saarbrücken trat am 1. Januar 1957 der Bundesrepublik Deutschland bei. Die „wirtschaftliche Eingliederung" des Saarlandes in die Bundesrepublik Deutschland erfolgte am 6. Juli 1959. Von diesem Zeitpunkt an bildete die Deutsche Mark das Zahlungsmittel in Saarbrücken. 1959 wies Saarbrücken eine Einwohneranzahl von etwa 129.000 Menschen auf. Eine „fehlende Professionalisierung" und eine Finanznot belasteten die Tätigkeit der Stadtverwaltung. Aus bildungspolitischer Perspektive von Bedeutung war die Eröffnung des Deutsch-Französischen Gymnasiums in Saarbrücken im September 1961. Der im Mai 1965 eingestellte Verkehr mit Straßenbahnen in der Stadt wurde im Oktober 1997 wieder aufgenommen. Die Eröffnung der „Städtischen Krankenanstalten Winterberg", die aus dem „Bürgerhospital" hervorgingen, fand im Mai 1968 statt. Die Gemeindegebietsreform von 1974 bedeutete einen Einschnitt für die Stadt durch die Schaffung des Stadtverbandes Saarbrücken. Zu einer „neuen Aufgabe" der Stadt gehörte seit den 1970er Jahren der Umweltschutz. Ab Mitte der 1980er Jahre beschäftigte Saarbrücken eine Gleichstellungsbeauftragte.

Quellen- und Literaturverzeichnis

I. Gedruckte Quellen

Amtsblatt des Regierungspräsidiums Saar 1945, 1946.

Amtsblatt des Reichskommissars für das Saarland 1936.

Amtsblatt der Verwaltungskommission des Saarlandes 1946, 1947.

Amtsblatt des Saarlandes 1935, 1947, 1948, 1949, 1950, 1951, 1952, 1954, 1955, 1956, 1958, 1959, 1964, 1973, 1997.

Amtsblatt der Regierungskommission des Saargebietes 1920, 1921, 1922, 1923, 1924, 1925, 1926, 1927, 1929, 1928, 1930.

Annalen der Gesetzgebung Napoleons, Bd. 1, hrsg. von *Franz Georg Joseph von Lassaulx*, Koblenz 1808.

Georg Baersch, Beschreibung des Regierungs-Bezirks Trier nach amtlichen Quellen bearbeitet und im Auftrage der Königl. Preuß. Regierung, Trier 1849.

Bundesgesetzblatt des Norddeutschen Bundes, 1869, 1870

Bundesgesetz=Blatt des Deutschen Bundes, Berlin 1871.

Bundesgesetzblatt 1956, 1963, 1972, 1990.

Code civil des français. Ed. originale et seule officielle, Paris 1804.

Deutscher Parlaments-Almanach, Ausg. 9, 9. Mai 1871, Leipzig 1871.

Christian Engeli / Wolfgang Haus (Bearb.), Quellen zum modernen Gemeindeverfassungsrecht in Deutschland (Schriften des deutschen Instituts für Urbanistik, Bb. 45), Berlin – Köln – Mainz 1975.

Gesetz=Sammlung für die Königlichen Preußischen Staaten 1812, 1816, 1845, 1847, 1848, 1850, 1856, 1905.

A. Guttstadt (Hrsg.), Krankenhaus-Lexikon für das Deutsche Reich. Die Anstaltsfürsorge für Kranke und Gebrechliche und die hygienischen Einrichtungen der Städte im Deutschen Reich am Anfang des zwanzigsten Jahrhunderts. Nach amtlichen Quellen, Berlin 1900.

Handbuch der verfassungsgebenden deutschen Nationalversammlung Weimar 1919. Biographische Notizen und Bilder, hrsg. vom Bureau des Reichstags, Berlin 1919.

https://doi.org/10.1515/9783111002996-017

Julius Höxter, Quellenbuch zur jüdischen Geschichte und Literatur, V. Teil, Neueste Zeit: 1789 bis zur Gegenwart, Frankfurt am Main 1930.

Karte der Verteilung der Abgeordnetensitze zur Deutschen Nationalversammlung: nach den einzelnen Wahlkreisen, - mit dem Reichstagswahlgesetz vom 30. 11. 1918 und seiner Anlage der Wahlkreise, Leipzig 1919.

Monumenta Germaniae Historica. Diplomatum Regum Et Imperatorum Germaniae, Tomus II, Ottonis II. Et III. Diplomata, Hannoverae MDCCCLXXXXIII.

Preußische Gesetzsammlung 1909, 1918.

Reichsgesetzblatt 1874, 1883, 1900, 1907, 1908, 1914, 1916, 1917, 1918, 1919, 1920, 1924, 1927, 1931, 1933, 1934, 1935, 1936, 1937, 1938, 1939, 1940, 1943.

Strafprozeßordnung und Gerichtsverfassungsgesetz nebst ergänzenden Gesetzen. Mit Erläuterungen von Friedrich Doerr, München – Berlin 16. Auflage 1936.

Verfassung des Deutschen Reichs sammt dem Reichsgesetz über die Wahlen der Abgeordneten zum Volkshause. Nach der amtlichen Ausgabe der Reichsverfassung, Nördlingen 1849.

Verordnungen, Erlasse, Verfügungen und Bekanntmachungen der Regierungskommission des Saargebietes verbunden mit dem öffentlichen Anzeiger 1931, 1932, 1933, 1934.

Joseph Walk (Hrsg.), Das Sonderrecht für die Juden im NS-Staat. Eine Sammlung der gesetzlichen Maßnahmen und Richtlinien – Inhalt und Bedeutung (Motive – Texte – Materialien, Bd. 14), Heidelberg, Karlsruhe 1996.

Hinnerk Wißmann, Europäische Verfassungen 1789-1990. Textsammlung, Tübingen 2015.

II. Literaturverzeichnis

50 Jahre Klinikum Saarbrücken 1968-2018. Ein Team, ein Ziel: Ihre Gesundheit, Saarbrücken 2018.

75 Jahre Gesellschaft für Straßenbahnen im Saartal AG-Saarbrücken, hrsg. von der Gesellschaft für Straßenbahnen im Saartal AG, Saarbrücken o. J.

Salomon Adler-Rudel, Jüdische Selbsthilfe unter dem Naziregime 1933-1939. Im Spiegel der Berichte der Reichsvertretung der Juden in Deutschland (Schriftenreihe wissenschaftlicher Abhandlungen des Leo Baeck Instituts, Bd. 29), Tübingen 1972.

MARIANNE ALLES / PETER BACKES, Werkswohnungen des Preußischen Bergfiskus und der Mines Domaniales Françaises, Saarbrücken 1985.

KLAUS ALTMEYER, Drei Jahre Militärregierung im Saarland (1945-1947). Der Weg zum wirtschaftlichen Anschluss, in: Zeitschrift für die Geschichte der Saargegend 50/51 (2002/2003), S. 235-290.

DIRK AMSEL, Im Saarland nicht weiter beachtet. Die zweite Karriere des Saarbrücker Oberbürgermeisters Hans Neikes bei Albert Speer, in: Saarbrücker Hefte 119 (2019), S. 19-27.

RALF BANKEN, Fusion zum südwestdeutschen Wirtschaftszentrum. Zur Entstehung der Großstadt Saarbrücken 1850-1909, in: Zeitschrift für die Geschichte der Saargegend 58 (2010), S. 43-62.

FRIEDRICH BATTENBERG, Das europäische Zeitalter der Juden, Bd. 2, von 1650-1945, Darmstadt [2]2000.

BAUER, Die Stadt Saarbrücken in der Lebensmittel=Versorgung, in: Heinrich Krueckemeyer (Hrsg.), 25 Jahre Stadt Saarbrücken, Saarbrücken 1934, S. 121-134.

KURT BAUER, Nationalsozialismus, Ursprünge, Anfänge, Aufstieg und Fall, Wien – Köln – Weimar 2008.

RUTH BAUER, Burbachs Städtebauliche Entwicklung bis 1945, in: Hans-Christian Herrmann – Ruth Bauer (Hrsg.), Burbacher Gold – Kohle, Stahl und Eisenbahn. Ein Stück Saarbrücker Stadtgeschichte (Veröffentlichungen des Stadtarchivs Saarbrücken, Bd. 4), Marpingen 2019, S. 90-131.

RUTH BAUER, Städtebauliche Entwicklung ab 1945. Vom Aufbruch in eine neue Ära – Burbachs Weg von der Nachkriegszeit in die Moderne, in: Hans-Christian Herrmann – Ruth Bauer (Hrsg.), Burbacher Gold – Kohle, Stahl und Eisenbahn. Ein Stück Saarbrücker Stadtgeschichte (Veröffentlichungen des Stadtarchivs Saarbrücken, Bd. 4), Marpingen 2019, S. 196-219.

JOSEF BAULIG, Architekturführer Saarbrücken, Saarbrücken 1998.

EVA D. BECKER, Alma Mater – Mutter Universität? Zur Geschichte der Frauen an der Universität des Saarlandes, in: Annette Keinhorst / Petra Messinger (Hrsg.), Die Saarbrückerinnen. Beiträge zur Stadtgeschichte (Schriftenreihe Geschichte, Politik und Gesellschaft der Stiftung Demokratie Saarland, Bd. 2), St. Ingbert 1998, S. 277-294.

MATTHIAS BECKER, Flughafen Saarbrücken. Geschichte und Fotochronik, Zweibrücken 2013.

WOLFGANG BEHRINGER / GABRIELE CLEMENS, Geschichte des Saarlandes, München 2009.

JOSEF BELLOT, Hundert Jahre politisches Leben an der Saar unter preußischer Herrschaft (1815-1918) (Rheinisches Archiv. Veröffentlichungen des Instituts für geschichtliche Landeskunde der Rheinlande an der Universität Bonn, Bd. 45), Bonn 1954.

WOLFGANG BENZ, Der Deutsche Widerstand gegen Hitler, München 2014.

HELMUT BERDING, Moderner Antisemitismus in Deutschland, Frankfurt am Main 1988.

WERNER BERGMANN, Geschichte des Antisemitismus, München 5. Auflage 2016.

HORST BERNARD, Neue Bremm – Das Lager. Ehemalige Häftlinge des Gestapolagers Neue Bremm erinnern sich, Saarbrücken 2014.

RAJA BERNARD / DIETMAR RENGER, Neue Bremm. Ein KZ in Saarbrücken. Vorwort von Oskar Lafontaine, Frankfurt am Main 1984.

HEINRICH BEST / WILHELM WEEGE, Biographisches Handbuch der Abgeordneten der Frankfurter Nationalversammlung 1848/49, Düsseldorf 1998.

FRANK BETKER, Ökologische Stadterneuerung – Ein neues Leitbild der Stadtentwicklung? mit einer Fallstudie zur kommunalen Planung in Saarbrücken, Aachen 1992.

LUITWIN BIES, Wegweise durch das andere Völklingen und den Warndt (Schriften zur Völklinger Geschichte), o. O., o. J.

LUITWIN BIES / HORST BERNARD (Hrsg.), Saarländerinnen gegen die Nazis. Verfolgt – Vertrieben – Ermordet, Saarbrücken 2004.

O. BODTLÄNDER, Das Gesundheitswesen, in: Kulturdezernat der Stadt Saarbrücken (Hrsg.), Saarbrücken 1909-1959, Saarbrücken 1959, S. 312-330.

RAINER BÖLLING, Kleine Geschichte des Abiturs, Paderborn 2010.

MANFRED BOHN / MANFRED EISENBEIS, Das Ludwigsgymnasium, in: Eduard Schäfer – Horst Günter Klitzing (Hrsg.), Das Gymnasium im Saarland. 50 Jahre Saarländischer Philologenverband, Ottweiler 2000, S. 195-204.

REINHOLD BOST, Bartholomäus Koßmann, Christ – Gewerkschaftler – Politiker (1883-1952) (Malstatter Beiträge aus Gesellschaft, Wirtschaft, Politik und Kultur), Blieskastel 2002.

Manfred Botzenhart, Deutscher Parlamentarismus in der Revolutionszeit 1848-1850, Düsseldorf 1977.

Christoph Braß, Zwangssterilisation und „Euthanasie“ im Saarland 1933-1945 (Sammlung Schöningh zur Geschichte und Gegenwart). Paderborn, München, Wien, Zürich 2004.

M. Scholastica Briel, Ursulinenschule Saarbrücken, in: Heinrich Krueckemeyer (Hrsg.), 25 Jahre Stadt Saarbrücken, Saarbrücken 1934.

Rudolph Brosig, Verfassung und Verfassungsgerichtsbarkeit im Saarland. Ein Abriss, in: Rudolf Wendt – Roland Rixecker (Hrsg.), Verfassung des Saarlandes. Kommentar, Saarbrücken 2009, S. 1-39.

Rudolph Brosig, Die Verfassung des Saarlandes. Entstehung und Entwicklung (Annales Universitatis Saraviensis, Bd. 131). Köln, Berlin, Bonn, München 2001.

Peter Bucher, Das SS-Sonderlager Hinzert bei Trier, in: Jahrbuch für westdeutsche Landesgeschichte 4 (1978), S. 413-439.

Hanspeter Buchleitner, Die Saarbrücker Landräte seit 1816, in: Regionalverband Saarbrücken (Hrsg.), 200 Jahre Landkreis Saarbrücken, Saarbrücken 2016, S. 203-205

Hans Bünte, Die abenteuerliche Geschichte einer Zeitung. 250 Jahre Saarbrücker Zeitung 1761-2011, Merzig 2012.

Hans Bünte, Kleine Saarbrücker Stadtgeschichte, Regensburg 2009.

Hans Bünte, Geschichte und Geschichten des Senders an der Saar – Chronik, in: Fritz Raff / Axel Buchholz (Hrsg.), Geschichte und Geschichten des Senders an der Saar – 50 Jahr Saarländischer Rundfunk, Freiburg, Basel, Wien 2007, S. 10-412.

Hans Bünte, Rundfunk-Sinfonieorchester Saarbrücken 1937-1987, Saarbrücken 1987.

Peter Burg, Vom Arrondissement zum Landkreis Saarbrücken. Von Preußens Rand zum Regionalverband, in: Regionalverband Saarbrücken (Hrsg.), 200 Jahre Landkreis Saarbrücken, Saarbrücken 2016, S. 18-27.

Peter Burg, Das Projekt einer Europäischen Universität des Saarlandes (1948-1957) im Spiegel eines „saar-französischen“ Memorandums, in: Zeitschrift für die Geschichte der Saargegend LVI/LVII (2008/2009), S. 195-217.

Peter Burg, Saarbrücken 1789-1860. Von der Residenzstadt zum Industriezentrum (saarlandBibliothek, Bd. 14), Blieskastel 2000.

Peter Burg, Saarbrücken im Aufstieg zum Zentrum einer preußischen Industrieregion (1815-60), in: Rolf Wittenbrock (Hrsg.), Geschichte der Stadt Saarbrücken, Bd. 1, Von den Anfängen zum industriellen Aufbruch, Saarbrücken 1999, S. 519-616.

Paul Burgard, Die Saarlandmacher. Der Aufbau des Saarländischen Rundfunks und die Autonomie des Landes 1946-1955, in: Rainer Hudemann (Hrsg.), Bd. 1, Medienlandschaft Saar von 1945 bis in die Gegenwart, Bd. 1, Medien zwischen Demokratisierung und Kontrolle (1945-1955), München 2010, S. 130-192.

Paul Burgard / Ludwig Linsmayer, Von der Vereinigung der Saarstädte zum Abstimmungskampf (1909-35), in: Rolf Wittenbrock Geschichte der Stadt Saarbrücken, Bd. 2, Von der Zeit des stürmischen Wachstums bis zur Gegenwart, Saarbrücken 1999, S. 131-242.

Wilfried Busemann, „Wiedergutmachung", Restauration und Wertewandel im Saarland nach 1945, in: Hans-Christian Herrmann / Ruth Bauer (Hrsg.), Widerstand, Repression und Verfolgung. Beiträge zur Geschichte des Nationalsozialismus an der Saar (Geschichte, Politik und Gesellschaft. Schriftenreihe der Stiftung Demokratie Saarland, Bd. 14), St. Ingbert 2014, S. 371-394.

Wilfried Busemann, Den eigenen Weg gehen. Die Selbstfindung der Sozialdemokratie an der Saar 1945 bis 1968 (Geschichte, Politik und Gesellschaft. Schriftenreihe der Stiftung Demokratie Saarland, Bd. 13), St. Ingbert 2013.

Wilfried Busemann, „Den Opfern des Faschismus"? Unvollständige Beobachtungen zur saarländischen „Wiedergutmachung", in: Ludwig Linsmayer / Peter Wettmann-Jungblut (Hrsg.), Last aus tausend Jahren. NS-Vergangenheit und demokratischer Aufbruch im Saarstaat (Echolot. Historische Beiträge des Landesarchivs Saarbrücken, Bd. 12), Saarbrücken 2013, S. 81-111.

Wilfried Busemann, Wiedergutmachung als Pflichtübung? Zur Wahrnehmung der Opfer des Nationalsozialismus an der Saar seit 1946, in: Rainer Hudemann / Burkhard Jellonnek / Bernd Rauls (Hrsg.), Grenz-Fall. Das Saarland zwischen Frankreich und Deutschland 1945-1960, St. Ingbert 1997, S. 401-412.

Edgar Christoffel, Krieg am Westwall 1944/45. Das Grenzland im Westen zwischen Aachen und Saarbrücken in den letzten Kriegsmonaten, Trier 1989.

Gabriele Clemens, Schicksalsjahre der saarländischen Geschichte, in: dies. (Hrsg), Schlüsseljahre. Zäsuren und Kontinuitäten an der Saar 1815 – 1935 – 1955 (Veröffentlichungen der Kommission für Saarländische Landesgeschichte, Bd. 49), Saarbrücken 2017, S. 7-18.

Heinz Cohn / Erich Gottfeld, Auswanderungsvorschriften für Juden in Deutschland, Berlin 1938.

Marlen Dittmann, Stadtentwicklung und Wohnen, in: Rolf Wittenbrock (Hrsg.), (Hrsg.), Geschichte der Stadt Saarbrücken, Bd. 2, Von der Zeit des stürmischen Wachstums bis zur Gegenwart, Saarbrücken 1999, S. 575-597.

Simon Dörrenbächer, Der Einfluss des Nationalsozialismus auf die Rechtsprechung der saarländischen Strafjustiz am Beispiel der Todesurteile des Sondergerichts Saarbrücken (Dissertation zur Erlangung des Grades eines Doktors der Rechtswissenschaft der Rechtswissenschaftlichen Fakultät der Universität des Saarlandes), Saarbrücken 2021.

Rainer Dorscheid, Das Gymnasium am Schloss, in: Eduard Schäfer / Horst Günter Klitzing (Hrsg.), Das Gymnasium im Saarland. 50 Jahre Saarländischer Philologenverband, Ottweiler 2000, S. 213-224.

Franz-Rudolf Ecker, Die Entwicklung des Bergrechts im Saarbrücker Steinkohlerevier bis zum Ende des 18. Jahrhunderts. Ein Vergleich mit dem älteren deutschen Bergrecht (Rechtshistorische Reihe, Bd. 162). Frankfurt am Main, Berlin, Bern, New York, Paris, Wien 1997.

Björn Egner / Nikolaos Georgakis / Hubert Heinelt / Reinhart C. Bartholomäi, Wohnungspolitik in Deutschland. Positionen. Akteure. Instrumente, Darmstadt 2004.

Andreas Eichmüller, „Es ist ganz unmöglich, diese Milde zu vertreten". Die strafrechtliche Verfolgung von NS-Verbrechen im Saarland 1945-1955, in: Ludwig Linsmayer / Peter Wettmann-Jungblut (Hrsg.), Last aus tausend Jahren. NS-Vergangenheit und demokratischer Aufbruch im Saarstaat (Echolot. Historische Beiträge des Landesarchivs Saarbrücken, Bd. 12), Saarbrücken 2013, S. 25-80.

Manfred Eisenbeis, Die Geschichte der Schule im 20. Jahrhundert, in: Heinz Paulus / Ewald Wannemacher (Hrsg.), 400 Jahre Ludwigsgymnasium Saarbrücken. Kontinuität und Wandel 1604-2004, Saarbrücken 2004, S. 53-77.

Manfred Eisenbeis, Willi Graf – Mitglied der „Weißen Rose", in: Heinz Paulus / Ewald Wannemacher (Hrsg.), 400 Jahre Ludwigsgymnasium Saarbrücken. Kontinuität und Wandel 1604-2004, Saarbrücken 2004, S. 175-184.

Wilfried Fiedler, Die Rückgliederungen des Saarlandes an Deutschland – Erfahrungen für das Verhältnis zwischen Bundesrepublik Deutschland und DDR? Staats- und völkerrechtliche Überlegungen, in: Juristenzeitung 45 (1990), S. 668-675.

Nils Franke, Der Westwall in der Landschaft. Aktivitäten des Naturschutzes in der Zeit des Nationalsozialismus und seine Akteure, hrsg. vom Ministerium für Umwelt, Landwirtschaft, Ernährung, Weinbau und Forsten Rheinland-Pfalz, Main 2015.

Werner Frotscher / Bodo Pieroth, Verfassungsgeschichte. Von der Nordamerikanischen Revolution bis zur Wiedervereinigung Deutschlands, München 19. Auflage 2021.

Klaus Funck, Die Gesamtschule Saarbrücken-Rastbachtal. Vom Schulversuch zu einer Institution in Malstatt-Burbach, in: Eduard Schäfer – Horst Günter Klitzing (Hrsg.), Das Gymnasium im Saarland. 50 Jahre Saarländischer Philologenverband, Ottweiler 2000, S. 393-400.

Rita Gehlen, „Von einer menschenunwürdigen Unterbringung kann hier keine Rede sein." Zur sozialen Problematik der Wohnsituation im Saarbrücken der Nachkriegszeit, in: Stadtverband Saarbrücken (Hrsg.), Von der „Stunde 0" zum „Tag X". Das Saarland 1945-1959, Merzig 1990, S. 65-74.

Markus Gehrlein, Franz Schäfer. Ein Juristenleben vom Kaiserreich bis zum Bonner Grundgesetz (Schriftenreihe des Rechtshistorischen Museums Karlsruhe, Heft 20), Karlsruhe 2010.

Thomas Gergen, Die Zwischenkriegszeit in der saarländischen Rechtsgeschichte – mit Beispielen aus Arbeits- und Sozialrecht im Saarhundert (1920-2020), in: AK-Beiträge 3 (2020), S. 30-67.

Thomas Gergen, Recht im Saargebiet, in: Simon Matzerath / Jessica Siebenreich (Hrsg.), Die 20er Jahre. Leben zwischen Tradition und Moderne im internationalen Saargebiet (1920-1935), Petersberg 2020, S. 26-33.

Thomas Gergen, Saarlouis – Siège présidial und Oberster Gerichtshof. Ein Blick auf die saarländische Rechtsgeschichte, in: Ulrich Falk / Markus Gehrlein / Gerhart Kreft / Marcus Obert (Hrsg.), Rechtshistorische und andere Rundgänge. Festschrift für Detlev Fischer, Karlsruhe 2018, S. 165-185.

Thomas Gergen, Politische Entscheidungsjahre 1815, 1935 und 1955. Zäsuren und Übergänge aus Sicht der Rechtsgeschichte, in: Gabriele Clemens (Hrsg.), Schlüsseljahre. Zäsuren und Kontinuitäten an der Saar 1815 – 1935 – 1955 (Veröffentlichungen der Kommission für Saarländische Landesgeschichte, Bd. 49), Saarbrücken 2017, S. 51-88.

Daniel Gerson, Französische Revolution, in: Wolfgang Benz (Hrsg.), Handbuch des Antisemitismus, Bd. 4, Berlin 2011, S. 134-136.

Ronald D. Gerste, Wie Krankheiten Geschichte machen. Von der Antike bis heute, Stuttgart ³2019.

Christian Geulen, Geschichte des Rassismus, München ³2017.

Martin H. Geyer, Verkehrte Welt. Revolution, Inflation und Moderne: München 1914 – 1924 (Kritische Studien zur Geschichtswissenschaft, Bd. 128), Göttingen 1998.

Stefan Geyer, Den code civil „richtiger" auslegen. Der zweite Zivilsenat des Reichsgerichts und das französische Zivilrecht (Rechtsprechung, Materialien und Studien, Bd. 29), Frankfurt am Main 2009.

Harald Glaser, „Ein Werkzeug des sozialen Friedens". Die Arbeitskammer im Saargebiet 1925-1935, in: Saarbrücker Hefte 109 (2013), S. 83-101.

Peter Goergen, Willi Graf – Ein Weg in den Widerstand (Geschichte, Politik und Gesellschaft. Schriftenreihe der Stiftung Demokratie Saarland, Bd. 11), St. Ingbert 2009.

Nils Goldschmidt / Wendula Gräfin von Klinckowstroem, Elisabeth Liefmann-Keil. Eine frühe Ordoliberale in dunkler Zeit (Freiburger Diskussionspapiere zur Ordnungsökonomik, No. 04/9), Freiburg 2004.

Bernhard Gotto, Nationalsozialistische Kommunalpolitik. Administrative Normalität und Systemstabilisierung durch die Augsburger Stadtverwaltung (Studien zur Zeitgeschichte, Bd. 71), München 2006.

Dieter Gräbner, „Ich sterbe ruhig und mutig." Josef Wagner. Bergmann, Kommunist, Widerstandskämpfer, Saarbrücken 2010.

Christoph Gröpl, § 1 Verfassungsrecht, in: ders. – Annette Guckelberger – Jürgen Wohlfarth, Landesrecht Saarland. Studienbuch, Baden-Baden ³2017, S. 23-97.

Markus Groß, Die Reform des Stadtverbandes Saarbrücken. Eine exemplarische Darstellung der verfassungsrechtlichen Grenzen für die Gestaltung von Stadt-Umland-Verwaltungen (Saarbrücker Schriften zu Recht und Praxis, Bd. 9), Saarbrücken 2008.

Horst Gründer, Kommunale Armenfürsorge im 19. Jahrhundert am Beispiel der Stadt Münster, in: Heinrich Blotevogel (Hrsg.), Kommunale Leistungsverwaltung und Stadtentwicklung vom Vormärz bis zur Weimarer Republik. Köln, Wien 1990, S. 59-70.

Marcus Hahn, Das Saarland im doppelten Strukturwandel 1956-1970. Regionale Politik zwischen Eingliederung in die Bundesrepublik Deutschland und

Kohlekrise (Veröffentlichungen der Kommission für Saarländische Landesgeschichte und Volksforschung, Bd. 36), Saarbrücken 2003.

Gottfried Hamacher, Gegen Hitler. Deutsche in der Résistance, in den Streitkräften der Antihitlerkoalition und der Bewegung „Freies Deutschland". Kurzbiografien (Rosa-Luxemburg-Stiftung, Manuskripte, 53) Berlin ²2005.

E. Hassdenteufel, Das Wohlfahrtswesen, in: Kulturdezernat der Stadt Saarbrücken (Hrsg.), Saarbrücken 1909-1959, Saarbrücken 1959, S. 335-338.

Sebastian Haumann, Stadt. I. Stadtgeschichte, in: Staatslexikon, Bd. 5, hrsg. von der Görres-Gesellschaft und dem Verlag Herder. 8. Auflage. Freiburg, Basel, Wien 2021, Sp. 688-694.

Gerhard Heckmann, Leben unter amerikanischer Besatzung, in: Stadtverband Saarbrücken (Hrsg.), Von der „Stunde 0" zum „Tag X". Das Saarland 1945-1959, Merzig 1990, S. 23-34.

Susanne Heidemann, Das Geschenk des Führers, in: Stadtverband Saarbrücken (Hrsg.), Zehn statt tausend Jahre. Die Zeit des Nationalsozialismus an der Saar 1935-1945, Merzig 1988, S. 89-97.

Armin Heinen, Sachzwänge, politisches Kalkül, konkurrierende Bildungstradition. Die Geschichte der Universität des Saarlandes 1946-1946, in: Armin Heinen / Rainer Hudemann (Hrsg.), Universität des Saarlandes 1948-1988, Saarbrücken ²1989, S. 21-62

Joachim Heinz, Sozialdemokratie und Kommunisten 1933 bis 1945 im Saarland. Ein Überblick, in: Hans-Christian Herrmann – Ruth Bauer (Hrsg.), Widerstand, Repression und Verfolgung. Beiträge zur Geschichte des Nationalsozialismus an der Saar (Geschichte, Politik und Gesellschaft. Schriftenreihe der Stiftung Demokratie Saarland, Bd. 14), St. Ingbert 2014, S. 185-211.

Joachim Heinz, Zum Abstimmungskampf an der Saar 1933-1935, in: Zeitschrift für die Geschichte der Saargegend 38/39 (1990/1991), S. 118-147.

Joachim Heinz / Hans Joachim Kühn, 150 Jahre Sozialdemokratie an der Saar (Stiftung Demokratie Saarland Dialog 21), Saarbrücken 2013.

Ines Heisig, „Man wollte Befehlsempfänger, keine Verhandlungspartner". Die Gründungsgeschichte der GdP an der Saar als Phänomen der Nachkriegszeit, in: Gewerkschaft der Polizei Landesverband Saarland (Hrsg.), 70 Jahre GdP Saarland – Glück auf, Worms 2021, S. 3-12.

Walter Henn, Die verfassungsrechtliche Lage des Saarlandes, Meisenheim am Glam 1959.

Friedrich-Wilhelm Henning, Handbuch der Wirtschafts- und Sozialgeschichte Deutschlands, Bd. 3, Teil I: 1914 bis 1932, Paderborn, München, Wien, Zürich 2003.

Joachim Henning, Das Pfälzische Oberlandesgericht in der NS-Zeit (1933-1945), in: Charlotte Glück / Martin Baus (Hrsg.), Recht. Gesetz. Freiheit. 200 Jahre Pfälzisches Oberlandesgericht Zweibrücken (Veröffentlichungen der Landesarchivverwaltung Rheinland-Pfalz, Bd. 121), Koblenz 2015, S. 227-236.

Ulrich Herbert, Geschichte Deutschlands im 20. Jahrhundert, München 2021.

Hans-Christian Herrmann, „Mitten im Leben und ihrer Zeit voraus" – Juden in Saarbrücken, in: Zeitschrift für die Geschichte der Saargegend 69 (2021), S. 149-206.

Hans-Christian Herrmann, Die Geschichte einer aktiven Wohnungsbaupolitik, in: Hildegard Wald / Heinz-Peter Klein (Hrsg.), 100 Jahre Saarbrücker Gemeinnützige Siedlungsgesellschaft, Saarbrücken 2020, S. 6-75.

Hans-Christian Herrmann, Epidemien und Pandemien. Blinder Fleck der Saarbrücker Stadt- und saarländischen Landesgeschichte? – Ein Essay, in: Zeitschrift für die Geschichte der Saargegend 68 (2020), S. 155-172.

Hans-Christian Herrmann, Medizin in der Krise? Die widersprüchlichen zwanziger Jahre, in: Simon Matzerath / Jessica Siebenreich (Hrsg.), Die 20er Jahre. Leben zwischen Tradition und Moderne im internationalen Saargebiet (1920-1935), Petersberg 2020, S. 92-99.

Hans-Christian Herrmann, Kommunen und die Last des Strukturwandels am Beispiel von Saarbrücken-Burbach, in: ders. (Hrsg.), Die Strukturkrise an der Saar und ihr langer Schatten. Bilanz und Perspektiven von Montanregionen im europäischen Vergleich, St. Ingbert 2020, S. 307-330.

Hans-Christian Herrmann, Strukturwandel an der Saar. Trotz Erfolgen am Ende ein Land im dauerhaften Finanznotstand, in: ders. (Hrsg.), Die Strukturkrise an der Saar und ihr langer Schatten. Bilanz und Perspektiven von Montanregionen im europäischen Vergleich, St. Ingbert 2020, S. 81-125.

Hans-Christian Herrmann, Burbacher Perspektiven – die Nachkriegszeit verstehen, in: Hans-Christian Herrmann / Ruth Bauer (Hrsg.), Burbacher Gold – Kohle, Stahl und Eisenbahn. Ein Stück Saarbrücker Stadtgeschichte (Veröffentlichungen des Stadtarchivs Saarbrücken, Bd. 4), Marpingen 2019, S. 220-251.

HANS-CHRISTIAN HERRMANN, Burbach in der braunen Zeit (1935-1945), in: Hans-Christian Herrmann / Ruth Bauer (Hrsg.), Burbacher Gold – Kohle, Stahl und Eisenbahn. Ein Stück Saarbrücker Stadtgeschichte (Veröffentlichungen des Stadtarchivs Saarbrücken, Bd. 4), Marpingen 2019, S. S. 152-195.

HANS-CHRISTIAN HERRMANN, Burbach in bewegter Zeit (1918-1935), in: Ders. – Ruth Bauer (Hrsg.), Burbacher Gold – Kohle, Stahl und Eisenbahn. Ein Stück Saarbrücker Stadtgeschichte (Veröffentlichungen des Stadtarchivs Saarbrücken, Bd. 4), Marpingen 2019, S. 134-151.

HANS-CHRISTIAN HERRMANN, Das Attentat auf Johannes Hoffmann: Der Mord als Mittel der Politik – der kommunistische Kampf gegen den Schumann-Plan, in: Zeitschrift für die Geschichte der Saargegend 65/66 (2017/2018), S. 147-173.

HANS-CHRISTIAN HERRMANN, Franz Josef Röder. Das Saarland und seine Geschichte, St. Ingbert 2017.

HANS-CHRISTIAN HERRMANN, Aufbruch in eine neue Zeit – Busse und Straßenbahnen nach 1945, in: Saarbahn GmbG (Hrsg.), Die Geschichte des Öffentlichen Personennahverkehrs in Saarbrücken. Immer in Bewegung, St. Ingbert 2017, S. 41-96.

HANS-CHRISTIAN HERRMANN, Aspekte zum jüdischen Leben an der Saar – die Zeit vom 19. Jahrhundert bis zum Holocaust, in: Ders. / Ruth Bauer (Hrsg.), Widerstand, Repression und Verfolgung. Beiträge zur Geschichte des Nationalsozialismus an der Saar (Geschichte, Politik und Gesellschaft. Schriftenreihe der Stiftung Demokratie Saarland, Bd. 14), St. Ingbert 2014, S. 35-102.

HANS-CHRISTIAN HERRMANN / RUTH BAUER (Hrsg.), Burbacher Gold – Kohle, Stahl und Eisenbahn. Ein Stück Saarbrücker Stadtgeschichte (Veröffentlichungen des Stadtarchivs Saarbrücken, Bd. 4), Marpingen 2019.

HANS-CHRISTIAN HERRMANN / RUTH BAUER, Die Straßenbahn – ein „Culturfortschritt“ setzt sich in Bewegung – von den Anfängen bis zum Ende des Zweiten Weltkriegs (1890-1945), in: Saarbahn GmbG (Hrsg.), Die Geschichte des Öffentlichen Personennahverkehrs in Saarbrücken. Immer in Bewegung, St. Ingbert 2017, S. 11-40.

HANS-CHRISTIAN HERRMANN, Vom Wiederaufbau zur Landeshauptstadt, Europastadt und Grenzmetropole (1945-74), in: Rolf Wittenbrock (Hrsg.), Geschichte der Stadt Saarbrücken, Bd. 2, Von der Zeit des stürmischen Wachstums bis zur Gegenwart, Saarbrücken 1999, S. 339-452.

Hans-Christian Herrmann, Sozialer Besitzstand und gescheiterte Sozialpartnerschaft. Sozialpolitik und Gewerkschaften im Saarland 1945 bis 1955 (Veröffentlichungen der Kommission für Saarländische Landesgeschichte und Volksforschung, Bd. 28), Saarbrücken 1996.

Hans-Walter Herrmann, Von der Lateinschule zum Ludwigsgymnasium. Die Entwicklung der Schule von 1604 bis zum Ersten Weltkrieg, in: Heinz Paulus / Ewald Wannemacher (Hrsg.), 400 Jahre Ludwigsgymnasium Saarbrücken. Kontinuität und Wandel 1604-2004, Saarbrücken 2004, S. 23-52.

Hans-Walter Herrmann, Saarbrücken unter der NS-Herrschaft, in: Rolf Wittenbrock (Hrsg.), Geschichte der Stadt Saarbrücken, Bd. 2, Von der Zeit des stürmischen Wachstums bis zur Gegenwart, Saarbrücken 1999, S. 243-338.

Hans-Walter Herrmann, Saarbrücken, in: Lexikon des Mittelalters, Bd. 7, hrsg. von Robert-Henri Bautier u. a. Stuttgart, Weimar 1999, Sp. 1210-1211.

Hans-Walter Herrmann, Das Saarrevier zwischen Reichsgründung und Kriegsende (1871-1918), in: ders. (Hrsg.), Das Saarrevier zwischen Reichsgründung und Kriegsende (1871-1918). Referate eines Kolloquiums in Dillingen am 29./30. September 1988 (Veröffentlichung der Kommission für saarländische Landesgeschichte und Volksforschung, Bd. 18), Saarbrücken 1990, S. 9-39.

Hans-Walter Herrmann, Die Deportation nach Gurs, in: Erhard R. Wiehn (Hrsg.), Oktoberdeportation 1940. Die sogenannte „Abschiebung“ der badischen und saarpfälzischen Juden in das französische Internierungslager Gurs und andere Vorstationen von Auschwitz. 50 Jahre danach zum Gedenken, Konstanz 1990, S. 493-510.

Hans-Walter Herrmann, Menhire – Villen – Residenzen. Vorgeschichte und Geschichte bis 1815, in: Das Saarland. Politische, wirtschaftliche und kulturelle Entwicklung, hrsg. von der Landeszentrale für politische Bildung, Saarbrücken 1989, S. 9-22.

Hans-Walter Herrmann, Wirtschaftliche und soziale Entwicklung 1918-1959, in: Das Saarland. Politische, wirtschaftliche und kulturelle Entwicklung, hrsg. vom Saarland – Chef der Staatskanzlei, Saarbrücken 1989, S. 63-82.

Hans-Walter Herrmann, Die Volksabstimmung vom 13. Januar 1935, in: Saarheimat 29 (1985), S. 21-24.

Hans-Walter Herrmann, Die Errichtung des Landgerichtes Saarbrücken und die Ausdehnung seiner Zuständigkeit auf das Saarindustrierevier, in: Festschrift 150 Jahre Landgericht Saarbrücken, hrsg. vom Präsidenten des

Landgerichts in Zusammenarbeit mit dem Fachbereich Rechtswissenschaft der Universität des Saarlandes, Berlin, Bonn, München 1985, S. 3-32.

Hans-Walter Herrmann, Das Saarland in der frühen Nachkriegszeit, in: Doris Seck, Nachkriegsjahre an der Saar. Aufbruch in eine neue Zeit - Das Saarland von 1945 bis 1950, Saarbrücken 1982, S. 6-18.

Hans-Walter Herrmann, Beiträge zur Geschichte der saarländischen Emigration 1935-1939, in Jahrbuch für westdeutsche Landesgeschichte 4 (1978), 357-412.

Hans-Walter Herrmann / Georg Wilhelm Sante, Geschichte des Saarlandes (Schriftenreihe zur politischen Bildung, Heft 3), Würzburg 1972.

Hans-Walter Herrmann, Saarbrücken, Malstatt-Burbach, Kreis Saarbrücken (bis 1909), in: Erich Keyser (Hrsg.), Städtebuch Rheinland-Pfalz und Saarland (Deutsches Städtebuch. Handbuch städtischer Geschichte Bd. IV, Südwest-Deutschland, 3. Land Rheinland-Pfalz und Saarland), Stuttgart 1964, S. 523-526.

Hans-Walter Herrmann, Saarbrücken, in: Erich Keyer (Hrsg.), Städtebuch Rheinland-Pfalz und Saarland (Deutsches Städtebuch. Handbuch städtischer Geschichte Bd. IV, Südwest-Deutschland, 3. Land Rheinland-Pfalz und Saarland), Stuttgart 1964, S. 516-523.

Hans-Walter Herrmann, (Alt-)Saarbrücken, in: Erich Keyser (Hrsg.), Städtebuch Rheinland-Pfalz und Saarland (Deutsches Städtebuch. Handbuch städtischer Geschichte Bd. IV, Südwest-Deutschland, 3. Land Rheinland-Pfalz und Saarland), Stuttgart 1964, S. 508-516.

Hans-Walter Herrmann, Gedanken zum Aufstieg Saarbrückens. Zum 50jährigen Bestehen der Großstadt, in: Saarbrücker Hefte 9 (1959), S. 7-33.

Thomas Herzig, Geschichte der Elektrizitätsversorgung des Saarlandes unter besonderer Berücksichtigung der Vereinigten Saar – Elektrizitäts-AG. Ein Beitrag zur Wirtschaftsgeschichte des Saarlandes (Veröffentlichungen der Kommission für saarländische Landesgeschichte, Bd. XVII), Saarbrücken 1987.

Franz-Josef Heyen, Saarbrücken, in: Ludwig Petry (Hrsg.), Rheinland-Pfalz und Saarland (Handbuch der Historischen Stätten, Bd. 5), Stuttgart ²1965, S. 315-322.

Hermann Hild, Burgen Schlösser an der Saar (Das Saarland in alten Ansichten, Bd. 1), Saarbrücken 1959.

Wolfgang von Hippel, Hermann Röchling 1872-1955. Ein deutscher Großindustrieller zwischen Wirtschaft und Politik. Facetten eines Lebens in bewegter Zeit, Göttingen 2018.

Helmut Hirsch, Die Saar in Versailles. Die Saarfrage auf der Friedenskonferenz von 1919, Bonn 1952.

Georg Hirth (Hrsg.), Der Norddeutsche Reichstag. Personalnachweise, Berlin 1867.

Wolfgang Hofman, Die Entwicklung der kommunalen Selbstverwaltung von 1848 bis 1918, in: Thomas Mann / Günter Püttner (Hrsg.), Handbuch der kommunalen Wissenschaft und Praxis, Bd. 1, Grundlagen und Kommunalverfassung, Berlin, Heidelberg, New York [3]2007, S. 73-91.

Kurt Hoppstädter, Die Grafschaft Saarbrücken, in: Ders. / Hans-Walter Herrmann (Hrsg.), Geschichtliche Landeskunde des Saarlandes, Bd. 2, Von der fränkischen Landnahme bis zum Ausbruch der französischen Revolution (Mitteilungen des Historischen Vereins für die Saargegend e. V., Neue Folge, Heft 4), Saarbrücken 1977, S. 279-315.

Kurt Hoppstädter, Die Entstehung der Saarländischen Eisenbahnen (Veröffentlichungen des Instituts für Landeskunde des Saarlandes, Bd. 2), Saarbrücken 1961.

Dietrich Höroldt, Rheinische Gemeinden in ihrem Verhältnis zum preußischen Staat während des 19. Jahrhunderts. Ein Versuch, in: Marget Wensky (Hrsg.), Preußen und die rheinischen Städte, Köln, Bonn 1994, S. 9-36.

Rainer Hudemann, Das Saarland und die Neubegründung der deutsch-französischen Zusammenarbeit nach dem Zweiten Weltkrieg, in: Gabriele Clemens (Hrsg.), Schlüsseljahre. Zäsuren und Kontinuitäten an der Saar 1815 – 1935 – 1955 (Veröffentlichungen der Kommission für Saarländische Landesgeschichte, Bd. 49), Saarbrücken 2017, S. 145-159.

Rainer Hudemann (Hrsg.), Bd. 1, Medienlandschaft Saar von 1945 bis in die Gegenwart, Bd. 1, Medien zwischen Demokratisierung und Kontrolle (1945-1955), München 2010.

Rainer Hudemann, Die Saar zwischen Frankreich und Deutschland 1945-1947, in: Ders. / Raymond Poidevin (Hrsg.), Die Saar 1945-1955. Ein Problem der europäischen Geschichte, München [2]1995, S. 13-34.

Rainer Hudemann, Anfänge der Wiedergutmachung. Französische Besatzungszone 1945-1950, in: Geschichte und Gesellschaft 13 (1987), S. 181-216.

Rainer Hück / Dietmar Talkenberg, Kommunalwirtschaft und Daseinsvorsorge, in: Rolf Wittenbrock (Hrsg.), Geschichte der Stadt Saarbrücken, Bd. 2, Von der Zeit des stürmischen Wachstums bis zur Gegenwart, Saarbrücken 1999, S. 550-574, hier S. 558-559.

Arnold Ilgemann, „Franzosenschulen". Die französischen Domanialschulen in der Völkerbundszeit (Beiträge zur Regionalgeschichte, Heft 4), St. Ingbert 1990.

Fritz Jacoby, Die nationalsozialistische Herrschaftsübernahme an der Saar. Die innenpolitischen Probleme der Rückgliederung des Saargebietes bis 1935 (Veröffentlichungen der Kommission für saarländische Landesgeschichte und Volksforschung, Bd. VI), Saarbrücken 1973.

Fritz Jacoby, Oberbürgermeister Hans Neikes, eine bedeutende Persönlichkeit im Saargebiet, in: Zeitschrift für die Geschichte der Saargegend 19 (1971) = Festschrift zur 650jährigen Verleihung des Freiheitsbriefes an Saarbrücken und St. Johann, S. 497-509.

Günther Jahr, Die Rechts- und Wirtschaftswissenschaftliche Fakultät, in: Armin Heinen / Rainer Hudemann (Hrsg.), Universität des Saarlandes 1948-1988, Saarbrücken [2]1989, S. 73-87.

Stefi Jersch-Wenzel, Rechtslage und Emanzipation, in: Michael A. Meyer (Hrsg.), Deutsch-Jüdische Geschichte in der Neuzeit, Bd. 2, Emanzipation und Akkulturation 1780-1871, München 2000, S. 15-56.

Herbert Jochum, Leben und Wirken von Rabbiner Dr. Friedrich Schlomo Rülf, in: Hans-Christian Herrmann / Ruth Bauer (Hrsg.), Widerstand, Repression und Verfolgung. Beiträge zur Geschichte des Nationalsozialismus an der Saar (Geschichte, Politik und Gesellschaft. Schriftenreihe der Stiftung Demokratie Saarland, Bd. 14), St. Ingbert 2014, S. 313-336.

Heike Jung, Zur Entwicklung der Gerichtsbarkeit im Saarland in Wort und Bild, in: Saarpfalz 137 (2018), S. 12-19.

Yvonne Kempf, Die Wiedergutmachung im Saarland, in: Jahrbuch für westdeutsche Landesgeschichte 17 (1991), S. 241-262.

Hubert Kesternich, Die Ermordung des US-Piloten Robert S. Harrison, in: Zeitschrift für die Geschichte der Saargegend 69 (2021), S. 361-366.

Keuth, Das Heimatmuseum der Stadt Saarbrücken, in: Heinrich Krueckemeyer (Hrsg.), 25 Jahre Stadt Saarbrücken, Saarbrücken 1934, S. 202-207.

Jürgen Kiltz, Leopold Sello – Direktor des Bergamts Saarbrücken von 1916 bis 1857, in: Saarbrücker Hefte 58 (1986), S. 43-92.

Hans Werner Kilz (Hrsg.), Gesamtschule. Modell oder Reformruine? Hamburg 1980.

Ernst Klee, Das Personenlexikon zum Dritten Reich. Wer war was vor und nach 1945, Frankfurt am Main 2003.

Wolfgang Klee, Preußische Eisenbahngeschichte, Stuttgart, Berlin, Köln, Mainz 1982.

Hanns Klein, Das stellvertretende Generalkommando des Saarbrücker XXI./XVI. Armeekorps als Organ der Militärverwaltung im Ersten Weltkrieg, in: Hans-Walter Herrmann (Hrsg.), Das Saarrevier zwischen Reichsgründung und Kriegsende (1871-1918). Referate eines Kolloquiums in Dillingen am 29./30. September 1988 (Veröffentlichung der Kommission für saarländische Landesgeschichte und Volksforschung, Bd. 18), Saarbrücken 1990, S. 148-182.

Hanns Klein, Der Freiheitsbrief für Saarbrücken und St. Johann, in: Zeitschrift für die Geschichte der Saargegend 19 (1971) = Festschrift zur 650jährigen Verleihung des Freiheitsbriefes an Saarbrücken und St. Johann, S. 132-146.

Hanns Klein, Geschichte des Landkreises Saarbrücken 1816-1965, in: Landkreis Saarbrücken (Hrsg.), Grenze als Schicksal. 150 Jahre Landkreis Saarbrücken, Saarbrücken 1966, S. 37-108.

Hanns Klein, Kurzbiographien der Bürgermeister (Alt-) Saarbrücken, St. Johanns, Malstatt-Burbachs und der Großstadt Saarbrücken, in: Zeitschrift für die Geschichte der Saargegend 19 (1971) = Festschrift zur 650jährigen Verleihung des Freiheitsbriefes an Saarbrücken und St. Johann, S. 510-538.

Reinhard Klimmt, „Wenn du nicht artig bist, kommst du auf den Schloßplatz“. Die Gestapo an der Saar 1933-1945, in: Klaus-Michael Mallmann – Gerhard Paul / Ralph Schock / Reinhard Klimmt (Hrsg.), Richtig daheim waren wir nie. Entdeckungsreisen in Saarrevier 1815-1955, Berlin 1987, S. 166-171.

Volker Klimpel, Ärzte als Mitglieder des sächsischen Landtags, in: Ärzteblatt Sachsen 2008, S. 257-261.

Fritz Kloevekorn, Saarbrücken. Werden, Vergehen, Wiederauferstehen einer deutschen Grenzstadt, Saarbrücken 1960.

Fritz Kloevekorn, Das Theater in Saarbrücken, in: Heinrich Krueckemeyer (Hrsg.), 25 Jahre Stadt Saarbrücken, Saarbrücken 1934, S. 190-201.

Heinz Knauth, Das Deutsch-Französische Gymnasium, in: Eduard Schäfer – Horst Günter Klitzing (Hrsg.), Das Gymnasium im Saarland. 50 Jahre Saarländischer Philologenverband, Ottweiler 2000, S. 383-392.

RAINER KOCH (Hrsg.), Die Frankfurter Nationalversammlung 1848/49. Ein Handlexikon der Abgeordneten der deutschen verfassungsgebenden Reichs-Versammlung, Kelkheim 1989.

WALTHER KOCH, Entwicklung des städtischen Büchereiwesens, in: Heinrich Krueckemeyer (Hrsg.), 25 Jahre Stadt Saarbrücken, Saarbrücken 1934, S. 217-222.

WOLFGANG R. KRABBE, Die deutsche Stadt im 19. und 20. Jahrhundert. Eine Einführung, Göttingen 1989.

HANS-HENNING KRÄMER, Der Feind als Kollege – Kriegsgefangene und ausländische ZwangsarbeiterInnen (Beiträge zur Regionalsgeschichte, Heft 15/1993), St. Ingbert 1993.

HANS KRAJEWSKI, Die bauliche Entwicklung, in: Kulturdezernat der Stadt Saarbrücken (Hrsg.), Saarbrücken 1909-1959, Saarbrücken 1959, S. 156-205.

KRAUSE, Die Entwicklung der Sparkasse der Stadt Saarbrücken, in: Heinrich Krueckemeyer (Hrsg.), 25 Jahre Stadt Saarbrücken, Saarbrücken 1934, S. 143-150.

RUDOLF KRETSCHMER, Flughafen Saarbrücken und Luftverkehr mit dem Saarland bis 1939, Münster 2010.

HEINRICH KRUECKEMEYER (Hrsg.), 25 Jahre Stadt Saarbrücken, Saarbrücken 1934.

HEINRICH KRUECKEMEYER, Die Bildung der Großstadt Saarbrücken, in: ders. (Hrsg.), 25 Jahre Stadt Saarbrücken, Saarbrücken 1934, S. 7-26.

HANS-JOACHIM KÜHN, Arbeiter- und Soldatenräte an der Saar im November 1918 (Stiftung Demokratie Saarland, Dialog 27), Saarbrücken 2018.

HEINRICH KÜPPERS, Franz Josef Röder (1909-1979). Baumeister des Bundeslandes Saarland (Malstatter Beiträge aus Gesellschaft, Wissenschaft, Politik und Kultur), St. Ingbert 2015.

HEINRICH KÜPPERS, Das christlich-katholische Lager an der Saar 1933 bis 1945, in: Hans-Christian Herrmann / Ruth Bauer (Hrsg.), Widerstand, Repression und Verfolgung. Beiträge zur Geschichte des Nationalsozialismus an der Saar (Geschichte, Politik und Gesellschaft. Schriftenreihe der Stiftung Demokratie Saarland, Bd. 14), St. Ingbert 2014, S. 213-236.

HEINRICH KÜPPERS, Johannes Hoffmann (1890-1967). Biographie eines Deutschen (Forschungen und Quellen zur Zeitgeschichte, Bd. 54), Düsseldorf 2008.

HEINRICH KÜPPERS, Bildungspolitik im Saarland 1945-1955 (Veröffentlichungen der Kommission für saarländische Landesgeschichte und Volksforschung, Bd. XIV), Saarbrücken 1984.

ULRIKE KUNZ, Geschichte der saarländischen Polizei 1945-1959 (Malstatter Beiträge aus Gesellschaft, Wissenschaft, Politik und Kultur), Merzig 2010.

CHRISTOPH LAFONTAINE, Streifzug durch die Geschichte des Landgerichts Saarbrücken – Teil 1, in: 1835-2010. 175 Jahre Landgericht Saarbrücken, Landgericht Saarbrücken (Gesamtverantwortung), Saarbrücken 2010, S. 13-28.

LANDESZENTRALBANK IN RHEINLAND-PFALZ UND SAARBRÜCKEN (Hrsg.), 50 Jahre Landeszentralbank, Mainz 1997.

K. LEHMANN (Hrsg.), 1910-1935. Festschrift der Hindenburg-Schule (Reform-Real-Gymnasium), Saarbrücken 1935.

STEFAN LEINER, Die Saarbrücker Städtevereinigung von 1909. Problemlösungsstrategie zwischen bürgerlichen Interessen, urbanen Sachzwängen und wilhelminischem Obrigkeitsstaat, in: Rainer Husemann / Rolf Wittenbrock (Hrsg.), Stadtentwicklung im deutsch-französisch-luxemburgischen Grenzraum (19. u. 20. Jh.) (Veröffentlichungen der Kommission für Saarländische Landesgeschichte und Volksforschung, Bd. 21), Saarbrücken 1991, S. 281-306.

FABIAN LEMMES, Zwangsarbeit in Saarbrücken. Stadtverwaltung, lokale Wirtschaft und der Einsatz ausländischer Zivilarbeiter und Kriegsgefangener 1940-1945, St. Ingbert 2004.

LENGERLE, Die Saarbrücker Straßenbahn von 1909 bis 1934, in: Heinrich Krueckemeyer (Hrsg.), 25 Jahre Stadt Saarbrücken, Saarbrücken 1934, S. 116-120.

JÜRGEN LENHOF / LOTHAR WARSCHEID, Die städtische Wirtschaft im Umbruch, in: Rolf Wittenbrock (Hrsg.), (Hrsg.), Geschichte der Stadt Saarbrücken, Bd. 2, Von der Zeit des stürmischen Wachstums bis zur Gegenwart, Saarbrücken 1999, S. 530-549.

JOACHIM LILLA (Bearb.), Statisten in Uniform – Die Mitglieder des Reichstags 1933-1945 - Ein biographisches Handbuch – Unter Einbeziehung der völkischen nationalsozialistischen Reichstagsabgeordneten ab Mai 1924, Düsseldorf 2004.

KARL LILLIG, Die chronologische Reihenfolge der Präsidenten des Landgerichts Saarbrücken, in: Festschrift 150 Jahre Landgericht Saarbrücken, hrsg. vom Präsidenten des Landgerichts in Zusammenarbeit mit dem Fachbereich Rechtswissenschaft der Universität des Saarlandes, Berlin – Bonn – München 1985, S. 375-386.

Ludwig Linsmayer, Die Macht der Erinnerung, in: ders. (Hrsg.), Der 13. Januar: Die Saar im Brennpunkt der Geschichte (Echolot. Historische Beiträge des Landesarchivs Saarbrücken, Bd. 1), Merzig 2005, S. 14-49.

Ludwig Linsmayer, Politische Kultur im Saargebiet 1920-1932. Symbolische Politik, verhinderte Demokratisierung, nationalisiertes Kulturleben einer abgetrennten Region (Saarland Bibliothek, Bd. 2), St Ingbert 1992.

Ludwig Linsmayer / Peter Wettmann-Jungblut (Hrsg.), Last aus tausend Jahren. NS-Vergangenheit und demokratischer Aufbruch im Saarstaat (Echolot. Historische Beiträge des Landesarchivs Saarbrücken, Bd. 12), Saarbrücken 2013.

Wolfgang Löwer, Rechtshistorische Aspekte der deutschen Elektrizitätsversorgung von 1880 bis 1990, in: Wolfram Fischer (Hrsg.). Die Geschichte der Stromversorgung, Frankfurt am Main 1992, S. 169-215.

Peter Longerich, Goebbels, Biographie, München 2010.

Peter Longerich, Hitlers Stellvertreter. Führung der Partei und Kontrolle des Staatsapparates durch den Stab Heß und die Partei-Kanzlei Bormann, München 1992.

Wilfried Loth, „Ein vertracktes Gelände“. Das Bundesland Saarland 1957-1989, in: Das Saarland. Politische, wirtschaftliche und kulturelle Entwicklung, hrsg. vom Saarland – Chef der Staatskanzlei, Saarbrücken 1989, S. 111-140.

Hannes Ludyga, Die Rechtstellung von Juden im 18. Jahrhundert, in: Ursula Goldenbaum / Stephan Meder / Matthias Armgardt (Hrsg.), Moses Mendelssohns Rechtsphilosophie im Kontext, Hannover 2021, S. 13-28.

Hannes Ludyga, §§ 1564-1568b BGB – Ehescheidungsgründe, in: Mathias Schmoeckel / Joachim Rückert / Reinhard Zimmermann (Hrsg.), Historisch-kritischer Kommentar zum BGB, Bd. 4, Familienrecht, Tübingen 2018, S. 841-892.

Hannes Ludyga, Otto Kahn-Freund (1900-1979). Ein Arbeitsrechtler in der Weimarer Zeit (Juristisches Zeitgeschichte, Abteilung 4, Leben und Werk, Bd. 16), Berlin 2016.

Hannes Ludyga, Das Oberlandesgericht München zwischen 1933 und 1945, hrsg. im Auftrag des Präsidenten des Oberlandesgerichts München, Berlin 2012.

Hannes Ludyga, Krisenintervention durch Mietgesetze in der Weimarer Zeit, in: Jahrbuch der Juristischen Zeitgeschichte 12 (2011), S. 71-90.

HANNES LUDYGA, Obrigkeitliche Armenfürsorge im deutschen Reich vom Beginn der Frühen Neuzeit bis zum Ende des Dreißigjährigen Krieges (1495-1648) (Schriften zur Rechtsgeschichte, Heft 147), Berlin 2010.

HANNES LUDYGA, Die juristische „Wiedergutmachung" nationalsozialistischen Unrechts, in: Rechtstheorie 39 (2008), S. 573-586.

HANNES LUDYGA, Die rechtlichen Grundlagen der Kriegsopferfürsorge in der Weimarer Republik aus den Jahren 1919/20. In: Jahrbuch der Juristischen Zeitgeschichte 9 (2007/2008), S. 115-133.

HANNES LUDYGA, Von der „Reichsfluchtsteuer" aus dem Jahre 1931 bis zum Verbot der Emigration für Juden 1941, in: Journal der Juristischen Zeitgeschichte 2 (2008), S. 41-46

HANNES LUDYGA, Nach dem Pogrom: Die „Verordnung zur Ausschaltung der Juden aus dem deutschen Wirtschaftsleben, in: Journal der Juristischen Zeitgeschichte 1 (2007), S. 133-136.

HANNES LUDYGA, „Als Kamerad für Kameraden" Philipp Auerbach (1906-1952), in: Sabine Hering (Hrsg.), Jüdische Wohlfahrt im Spiegel von Biographien, Frankfurt am Main ²2007, S. 46-55.

HANNES LUDYGA, Philipp Auerbach (1906-1952). „Staatskommissar für rassisch, religiös und politisch Verfolgte" (Juristische Zeitgeschichte, Abteilung 8: Judaica – Jüdisches Recht, Judenrecht, Recht und Antisemitismus, Bd. 1), Berlin 2005.

KLAUS MICHAEL MALLMANN / GERHARD PAUL, Herrschaft und Alltag. Ein Industrierevier im Dritten Reich. Widerstand und Verweigerung im Saarland 1935-1945, Bd. 2, hrsg. von Hans-Walter Herrmann, Bonn 1991.

KLAUS-MICHAEL MALLMANN / GERHARD PAUL, Das zersplitterte Nein. Saarländer gegen Hitler. Widerstand und Verweigerung im Saarland 1935-1945, Bd. 1, hrsg. von Hans-Walter Herrmann, Bonn 1989.

KLAUS-MICHAEL MALLMANN / HORST STEFFENS, Lohn der Mühen. Geschichte der Bergarbeiter an der Saar, München 1989.

W. MARTIN, Die Schulen der Stadt Saarbrücken, in: Heinrich Krueckemeyer (Hrsg.), 25 Jahre Stadt Saarbrücken, Saarbrücken 1934, S. 170-184.

MICHAEL MARTINEK, Die saarländische Staatsangehörigkeit – Eine regionale Rechtsreminiszenz, Saarländisches Anwaltsblatt 2020, S. 14-16.

ALBERT MARX, Die Geschichte der Juden im Saarland vom Ancien Régime bis zum Zweiten Weltkrieg, Saarbrücken 1992.

Horst Matzerath, „Kommunale Leistungsverwaltung". Zur Bedeutung und politischer Funktion eines Begriffs im 19. und 20. Jahrhundert, in: Heinrich Blotevogel (Hrsg.), Kommunale Leistungsverwaltung und Stadtentwicklung vom Vormärz bis zur Weimarer Republik, Köln – Wien 1990, S. 3-24.

Torsten Mergen, Ein Kampf für das Recht der Musen. Leben und Werk von Karl Christian Müller alias Teut Ansolt (1900-1975) (Formen der Erinnerung, Bd. 50), Göttingen 2012.

Andreas Merl, „...sich selbst auf dem Altare des Vaterlandes zu opfern" – Zum vorauseilenden Gehorsam der Saarländer 1933 bis 1935, in: Hans-Christian Herrmann / Ruth Bauer (Hrsg.), Widerstand, Repression und Verfolgung. Beiträge zur Geschichte des Nationalsozialismus an der Saar (Geschichte, Politik und Gesellschaft. Schriftenreihe der Stiftung Demokratie Saarland, Bd. 14), St. Ingbert 2014, S. 123-148.

Andreas Merl, Tagespresse im Saargebiet 1918-1945, in: Rainer Hudemann (Hrsg.), Bd. 1, Medienlandschaft Saar von 1945 bis in die Gegenwart, Bd. 1, Medien zwischen Demokratisierung und Kontrolle (1945-1955), München 2010, S. 37-59.

Richard Merz, Stadtsparkasse Augsburg 1822-1997. Ein Beitrag zur Wirtschafts- und Sozialgeschichte der Stadt Augsburg, Stuttgart 1997.

Petra Messinger, Frischer Wind im Rathaus. Institutionalisierte Frauenpolitik am Beispiel des Saarbrücker Frauenbüros. in: Annette Keinhorst / Petra Messinger (Hrsg.), Die Saarbrückerinnen. Beiträge zur Stadtgeschichte (Schriftenreihe Geschichte, Politik und Gesellschaft der Stiftung Demokratie Saarland, Bd. 2), St. Ingbert 1998, S. 129-160.

Helmut Metzmacher, Die Herrschaft des Arbeiter- und Soldatenrates in Saarbrücken 1918, in: Zeitschrift für die Geschichte der Saargegend 19 (1971) = Festschrift zur 650jährigen Verleihung des Freiheitsbriefes an Saarbrücken und St. Johann, S. 230-248.

Bärbel Meurer (Hrsg.), Marianne Weber. Beiträge zu Werk und Person, Tübingen 2004.

Ilja Mieck, Deutschlands Westgrenze, in: Alexander Demandt (Hrsg.), Deutschlands Grenzen in der Geschichte, München 1990, S. 191-233.

Rainer Möhler, Entnazifizierung in Rheinland-Pfalz und im Saarland unter französischer Besatzung von 1945 bis 1952 (Veröffentlichungen der Kommission des Landtages für die Geschichte des Landes Rheinland-Pfalz, Bd. 17), Mainz 1992.

Heinz Monz, Die kommunale Neugliederung städtischer Ballungsräume. Lösungsmöglichkeiten – dargestellt am Beispiel des Raumes Saarbrücken, Saarbrücken 1962.

Patrik von zur Mühlen, „Schlagt den Hitler an der Saar!" Abstimmungskampf, Emigration und Widerstand im Saargebiet 1933-1935 (Forschungsinstitut der Friedrich-Ebert-Stiftung Reihe: Politik- und Gesellschaftsgeschichte, Bd. 7), Bonn 1979.

Wolfgang Müller, Die Universität des Saarlandes in der politischen Umbruchsituation 1955/56, in: Rainer Hudemann, Burkhard Jellonnek, Bernd Rauls (Hrsg.), Grenz-Fall. Das Saarland zwischen Frankreich und Deutschland 1945-1960, St. Ingbert 1997, S. 413-425.

Axel Hinrich Murken, Das kommunale und konfessionelle Krankenhaus in Deutschland von der Biedermeierzeit bis zur Weimarer Republik, Heinrich Blotevogel (Hrsg.), Kommunale Leistungsverwaltung und Stadtentwicklung vom Vormärz bis zur Weimarer Republik, Köln, Wien 1990, S. 80-116.

Dieter Muskalla. NS-Politik an der Saar unter Josef Bürckel. Gleichschaltung – Neuordnung – Verwaltung (Veröffentlichungen der Kommission für Saarländische Landesgeschichte und Volksforschung, Bd. 25), Saarbrücken 1995.

Hermann Nehlsen, Juristen – geschichtslose Technokraten? In: Jahrbuch der Juristischen Gesellschaft Bremen 5 (2004), S. 53-65.

Hans Neikes, Fünfundzwanzig Jahre Gesamtstadt Saarbrücken, in: Heinrich Krueckemeyer (Hrsg.), 25 Jahre Stadt Saarbrücken, Saarbrücken 1934, S. 27-74.

Hans Neikes, Die Klage aus § 1007 des Bürgerlichen Gesetzbuches und ihre Grundlagen, unter besonderer Berücksichtigung der actio Publiciana, Bonn 1903.

Gerhard Neumeier, Fürstenfeldbruck 1945 bis 1990. Von der Kleinstadt zum Mittelzentrum, Regensburg 2021.

Manfred Niemeyer (Hrsg.), Deutsches Ortsnamenbuch, Berlin – Boston 2012.

Susanne Nimmesgern, „Vater Staat" und „Mutter Fürsorge". Weibliche Angestellte im kommunalen Verwaltungsdienst am Beispiel der Stadt Saarbrücken, 1910-1950: Arbeitsplätze, Berufsfelder, Biographien (Sofie – Saarländische Schriftenreihe zur Frauenforschung, Bd. 12), St. Ingbert 1999.

Susanne Nimmesgern, „Neue Fragen“ oder „alte Hüte“?! Emma Schneider: Verwaltungsangestellte der Stadt Saarbrücken 1915-1955, in: Annette Keinhorst / Petra Messinger (Hrsg.), Die Saarbrückerinnen. Beiträge zur Stadtgeschichte (Schriftenreihe Geschichte, Politik und Gesellschaft der Stiftung Demokratie Saarland, Bd. 2), St. Ingbert 1998.

Pia Nordblom, Heinrich Bollinger (1916-1990). Kopf der Weißen Rose in Freiburg, in: Angela Borstedt / Sibylle Thelen / Reinhold Weber (Hrsg.), Mut bewiesen. Widerstandsbiographien aus dem Südwesten (Schriftenreihe zur politischen Landeskunde Baden-Württembergs, Bd. 46), Stuttgart 2017, S. 425-435.

Thomas Nipperdey, Deutsche Geschichte 1866-1918, Bd. 1, Arbeitswelt und Bürgergeist, München [3]1993.

Oberbergamt für das Saarland und das Land Rheinland-Pfalz (Red.), 50 Jahre Oberbergamt in Saarbrücken (Internationale Industrie-Bibliothek, Bd. 134), München 1991.

Gerhard Paul, Von der Bastion im Westen zur Brücke der Verständigung. Politische Geschichte 1815-1957, in: Das Saarland. Politische, wirtschaftliche und kulturelle Entwicklung, hrsg. vom Saarland – Chef der Staatskanzlei, Saarbrücken 1989, S. 23-50.

Gerhard Paul, Max Braun. Eine politische Biographie, St. Ingbert 1987.

Gerhard Paul, Die NSDAP des Saargebietes 1920-1935. Der verspätete Aufstieg der NSDAP in der katholisch-proletarischen Provinz, Saarbrücken 1987.

Gerhard Paul, Die jüdische Volksschule in Saarbrücken, in: Klaus-Michael Mallmann / Gerhard Paul / Ralph Schock / Reinhard Klimmt (Hrsg.), Richtig daheim waren wir nie. Entdeckungsreisen in Saarrevier 1815-1955, Berlin 1987.

Gerhard Paul, Die jüdische Volksschule in Saarbrücken (1934-1939), in: Zeitschrift für die Geschichte der Saargegend 33 (1985), S. 157-183.

Gerhard Paul / Klaus-Michael Mallmann, Milieus und Widerstand. Eine Verhaltensgeschichte der Gesellschaft im Nationalsozialismus. Widerstand und Verweigerung im Saarland 1935-1945, Bd. 3, hrsg. von Hans-Walter Herrmann, Bonn 1995.

Jens Uwe Petersen, Die Vorgeschichte und die Entstehung des Mieterschutzgesetzes von 1923 nebst der Anordnung für das Verfahren vor dem Mieteinigungsamt und der Beschwerdestelle (Rechtshistorische Reihe, Bd. 68). Frankfurt am Main, Bern, New York, Berlin 1991.

Kurt Pfeifer, 50 Jahre saarländische Arbeitsgerichtsbarkeit, in: 50 Jahre saarländische Arbeitsgerichtsbarkeit 1947-1997. Festschrift, hrsg. vom Präsidenten des Landesarbeitsgerichts im Saarland, Ottweiler 1997, S. 3-28.

Markus Pöhlmann, Kriegsamt, in: Gerhard Hirschfeld / Gerd Krumeich / Irina Renz (Hrsg.), Enzyklopädie. Erster Weltkrieg. Paderborn, München, Wien, Zürich [2]2004, S. 627.

Hans Poeschel, Die Statuten der Banken, Sparkassen und Kreditgenossenschaften in Hamburg und Altona von 1710 bis 1889 (Rechtshistorische Reihe, Bd. 2), Frankfurt am Main, Bern, Las Vegas 1978.

Natalie Pohl, Demokratisierung im inneren Widerspruch. Französische und saarländische Printmedienpolitik, in: Rainer Hudemann (Hrsg.), Bd. 1, Medienlandschaft Saar von 1945 bis in die Gegenwart, Bd. 1, Medien zwischen Demokratisierung und Kontrolle (1945-1955), München 2010, S. 61-100.

Natalie Pohl, Die Saarbrücker Zeitung in der saarländischen Zeitungslandschaft 1945-1955, in: Rainer Hudemann (Hrsg.), Bd. 1, Medienlandschaft Saar von 1945 bis in die Gegenwart, Bd. 1, Medien zwischen Demokratisierung und Kontrolle (1945-1955), München 2010, S. 311-343.

Ludwig Preller, Sozialpolitik in der Weimarer Republik, Stuttgart 1949 (Nachdruck 1979).

Franz Rauber, 250 Jahre staatlicher Bergbau an der Saar, 1. Teil, Von den Anfängen bis zum Versailler Vertrag, Sotzweiler 2003.

Jörg Rauber, Christus, Volk und Führer. Die evangelischen Kirchen an der Saar und ihr Verhältnis zum Nationalsozialismus, in: Hans-Christian Herrmann / Ruth Bauer (Hrsg.), Widerstand, Repression und Verfolgung. Beiträge zur Geschichte des Nationalsozialismus an der Saar (Geschichte, Politik und Gesellschaft. Schriftenreihe der Stiftung Demokratie Saarland, Bd. 14), St. Ingbert 2014, S. 237-278.

Jürgen Reulecke, Von der Fürsorge über die Vorsorge zur totalen Erfassung. Etappen städtischer Gesundheitspolitik zwischen 1850 und 1939, in: ders. (Hrsg.), Die Stadt als Dienstleistungszentrum. Beiträge zur Geschichte der „Sozialstadt“ in Deutschland im 19. und frühen 20. Jahrhundert, St. Katharinen 1995, S. 395-416

Jürgen Reulecke, Die Armenfürsorge als Teil der kommunalen Leistungsverwaltung und Daseinsvorsorge im 19. Jahrhundert, in: Heinrich Blotevogel (Hrsg.), Kommunale Leistungsverwaltung und Stadtentwicklung vom Vormärz bis zur Weimarer Republik. Köln, Wien 1990, S. 71-80.

Hans Ried, Die Siedlungs- und Funktionsentwicklung der Stadt Saarbrücken (Arbeiten aus dem Geographischen Institut, Bd. 3), Saarbrücken 1958.

Gaby Riedschy, „Manchmal glaube ich es sicher; manchmal zweifle ich daran." in: Stadtverband Saarbrücken (Hrsg.), Zehn statt tausend Jahre. Die Zeit des Nationalsozialismus an der Saar 1935-1945, Merzig 1988, S. 159-169.

Christfried Röger, Die Cecilienschule zu Saarbrücken. Ein Schulreformversuch Franz Joseph Niemanns in den Jahren 1912-1924 (Veröffentlichungen des Instituts für Landeskunde des Saarlandes, Bd. 13), Saarbrücken 1965.

Sylvia Rogge-Gau, Die doppelte Wurzel des Daseins. Julius Bab und der Jüdische Kulturbund Berlin (Dokumente – Texte – Materialien, Bd. 30), Berlin 1999.

Markus Roth, Herrenmenschen. Die deutschen Kreishauptleute im besetzten Polen – Karrierewege, Herrschaftspraxis und Nachgeschichte (Beiträge zur Geschichte des 20. Jahrhunderts, Bd. 9), Göttingen 2009.

Lothar Rothschild, Jüdisches Schicksal an der Saar. Zur Geschichte der jüdischen Bevölkerung Saarbrückens, in: Zeitschrift für die Geschichte der Saargegend 19 (1971) = Festschrift zur 650jährigen Verleihung des Freiheitsbriefes an Saarbrücken und St. Johann, S. 249-264.

Heinrich Rudnick, Nachforschungen über das weitere Schicksal der am 22. Oktober 1940 aus dem Saarland nach Gurs verschickten Juden und der Träger des Judensterns im Saarland, in: Jahrbuch für westdeutsche Landesgeschichte 1 (1975), S. 337-372.

Schlomo Rülf, Ströme im dürren Land. Erinnerungen, Stuttgart 1964.

Albert Ruppersberg, Geschichte der ehemaligen Grafschaft Saarbrücken, III. Teil, Geschichte der Stadt Saarbrücken, Bd. 2, Geschichte der Städte Saarbrücken und St. Johann von 1815 bis 1909, der Stadt Malstatt=Burbach und der vereinigten Stadt Saarbrücken bis zum Jahre 1914, Saarbrücken 1914.

Saarbahn GmbG (Hrsg.), Die Geschichte des Öffentlichen Personennahverkehrs in Saarbrücken. Immer in Bewegung, St. Ingbert 2017.

Saarbrücker Gemeinnützige Siedlungsgesellschaft (Hrsg.), 50 Jahre Saarbrücker Gemeinnützige Siedlungsgesellschaft, Saarbrücken 1970.

Michael Sander, Die Entstehung der Verfassung des Saarlandes, in: Albrecht Herold (Hrsg.), 40 Jahre Landtag des Saarlandes, Saarbrücken 1987, S. 9-40.

Franz Josef Schäfer, Willi Graf und der Graue Orden. Jugendliche zwischen Kreuz und Hakenkreuz (Röhrig Lebensbilder, Bd. 3), St. Ingbert 2017.

Johannes Schäfer, Das autonome Saarland. Demokratie im Saarstaat 1945-1957 (Röhrig Zeitgeschichte, Bd. 1), St. Ingbert 2012.

Thomas Schäfer, Die 3. Wahlperiode des Landtages des Saarlandes 1956-1961, in: 40 Jahre Landtag des Saarlandes, hrsg. vom Präsidenten des Landtages des Saarlandes, Saarbrücken 1987, S. 89-103.

Inge Schätzer, Das Gymnasium am Rotenbühl, in: Eduard Schäfer – Horst Günter Klitzing (Hrsg.), Das Gymnasium im Saarland. 50 Jahre Saarländischer Philologenverband, Ottweiler 2000, S. 205-212.

Kurt Schilde, Bürokratie des Todes. Lebensgeschichten jüdischer Opfer des NS-Regimes im Spiegel von Finanzakten (Reihe Dokumente, Texte, Materialien. Zentrum für Antisemitismusforschung, Bd. 45), Berlin 2002.

Axel Schildt, Wohnungspolitik, in: Hans Günter Hockerts (Hrsg.), Drei Wege deutscher Sozialstaatlichkeit. NS-Diktatur, Bundesrepublik und DDR im Vergleich (Vierteljahrshefte für Zeitgeschichte, Schriftenreihe Bd. 76), München 1998, S. 151-189.

Karl August Schleiden, Hundert bewegte Jahre 1892-1992. Die Geschichte der Gesellschaft für Straßenbahnen im Saartal AG (Saartal-Linien), hrsg. von den Saartal-Linien, Gesellschaft für Straßenbahnen im Saartal AG, Saarbrücken 1992.

Steffen Schlinker, Rechtsgeschichte. Ein Studienbuch, München 2021.

Manfred G. Schmidt, Der deutsche Sozialstaat. Geschichte und Gegenwart, München 2012.

Dieter Marc Schneider, Gilbert Grandval. Frankreichs Prokonsul an der Saar 1945-1955, in: Stefan Martens (Hrsg.), Vom „Erbfeind" zum „Erneuerer". Aspekte und Motive der französischen Deutschlandpolitik nach dem Zweiten Weltkrieg (Beihefte der Francia, 27), Sigmaringen 1993, S. 201-243.

Harald Schneider, Saarbrücken: Landeshauptstadt als Messe- und Kongreßstadt, in: Manfred Steimer / Ralf Harner-Hanel (Hrsg.), Saarbrücken. Geschichte, Wirtschaft und Kultur der saarländischen Landeshauptstadt, Saarbrücken 1995, S. 158-162.

Heinrich Schneider, Saarbrücken, die Wirtschaftsmetropole des Saarlandes, in den letzten 50 Jahren, in: Kulturdezernat der Stadt Saarbrücken (Hrsg.), Saarbrücken 1909-1959, Saarbrücken 1959, S. 78-85.

Karl-Heinz Schneider, Die wirtschaftlichen Unternehmungen der Stadt Saarbrücken, in: Kulturdezernat der Stadt Saarbrücken (Hrsg.), Saarbrücken 1909-1959, Saarbrücken 1959, S. 86-108.

DIETER SCHOTT, Stadtentwicklung – Energieversorgung – Nahverkehr. Investitionen in die technische Vernetzung der Städte am Beispiel von Mannheim mit Ausblicken auf Darmstadt und Mainz, in: Karl Heinrich Kaufhold (Hrsg.), Investitionen der Städte im 19. und 20. Jahrhundert (Städteforschung. Veröffentlichungen des Instituts für vergleichende Städtegeschichte in Münster, Reihe A: Darstellungen, Bd. 42). Köln, Weimar, Wien 1997, S. 149-179.

CATHERINA SCHREIBER, Zwei Konfliktlinien bestimmten die Schuldiskussion im Saargebiet, in: AK-Beiträge 3 (2020), S. 68-93.

RÜDIGER SCHÜTZ, Von der französischen Munizipalverfassung zur Rheinischen Städteordnung von 1856. Zur Entwicklungsgeschichte kommunaler Selbstverwaltung in den Rheinlanden, in: Margret Wensky (Hrsg.), Preußen und die rheinischen Städte, Köln, Bonn 19954, S. 37-74.

MARTIN SCHUMACHER (Hrsg.), M. d. R. Die Reichstagabgeordneten der Weimarer Republik in der Zeit des Nationalsozialismus. Politische Verfolgung, Emigration und Ausbürgerung 1933-1945, Düsseldorf 1991.

SCHUMACHER, Wohlfahrtspflege in der Stadt Saarbrücken, in: Heinrich Krueckemeyer (Hrsg.), 25 Jahre Stadt Saarbrücken, Saarbrücken 1934, S. 135-142.

DORIS SECK, Nachkriegsjahre an der Saar. Aufbruch in eine neue Zeit - Das Saarland von 1945 bis 1950, Saarbrücken 1982.

DORIS SECK / PAUL PETERS, Die Stunde Null. Das Kriegsende an der Saar, Saarbrücken 1986.

ECKHARD SEITZ, 130 Jahre Eisenbahndirektion in Saarbrücken. Beginn und Entwicklung staatlicher Eisenbahnverwaltung in Südwestdeutschland, in: Pressedienst der Bundesbahndirektion Saarbrücken (Hrsg.), 130 Jahre Eisenbahn-Direktion Saarbrücken 1852-1982, Saarbrücken 1982, S. 13-35.

FREDERIK SIMON, Willi Graf: Katholik, Widerstandskämpfer, Seliger? Seine Jugend und der Einfluss des Katholizismus auf seinen Lebensweg, in: Zeitschrift für die Geschichte der Saargegend 68 (2020), S. 23-72.

CHRISTOPH SONNTAG, Hans Neikes: Politik für das Saargebiet und das Deutsche Reich. Ein Überblick über sein Wirken als Stadtoberhaupt Saarbrückens, in: Zeitschrift für die Geschichte der Saargegend 68 (2020), S. 73-91.

ELISABETH SOSSONG, Kultur in der Stadt, in: Rolf Wittenbrock (Hrsg.), (Hrsg.), Geschichte der Stadt Saarbrücken, Bd. 2, Von der Zeit des stürmischen Wachstums bis zur Gegenwart, Saarbrücken 1999, S. 598-623.

ERICH SPÄTER, Der Kamerad Neuberger, in Saarbrücker Hefte 123 (2021), S 46-51.

ERICH SPÄTER, Die Bombe in der Saarbrücker Volkshochschule, in Saarbrücker Hefte 119 (2019), S. 8-14.

ERICH SPÄTER, Der Landesvater. Die NS-Vergangenheit Franz-Josefs Röder, in: Saarbrücker Hefte 110/111 (2014), S. 7-14.

MICHAEL STOLLEIS, Geschichte des Sozialrechts in Deutschland. Ein Grundriss, Stuttgart 2003.

KONRAD STOLLREITHER, Das vereinigte Deutschland. Grundlagen und Veränderungen, hrsg. von der Bayerischen Landeszentrale für politische Bildungsarbeit, München ^{2}1991.

RUDOLF STRUMM, Auferstanden…! Der Neuanfang der Sozialdemokratischen Partei an der Saar 1945/1946. Zum ersten ordentlichen Parteitag der Sozialdemokratischen Partei nach 1935 im Saarland am 30. Juni 1946 im Stadttheater in Saarbrücken (Dialog, Bd. 24), Saarbrücken 2016.

ALEXANDER SZILAGI, 50 Jahre Kriegsopfer- und Schwerbeschädigtenfürsorge. Dokumentation über Entwicklung und Rechtsgrundlagen aus Anlass der 50jährigen Wiederkehr der Verkündung der Verordnung über die soziale Kriegsbeschädigten- und Kriegshinterbliebenenfürsorge vom 8. Februar 1919, hrsg. von der Arbeitsgemeinschaft der Deutschen Hauptfürsorgestellen im Februar 1969, o. O. 1969.

GISELA TASCHER, „Alt bewährte" Strukturen, Funktionsträger und gesetzliche Bestimmungen. Gesundheitswesen und Politik im Saarland 1945-1957, in: Ludwig Linsmayer / Peter Wettmann-Jungblut (Hrsg.), Last aus tausend Jahren. NS-Vergangenheit und demokratischer Aufbruch im Saarstaat (Echolot. Historische Beiträge des Landesarchivs Saarbrücken, Bd. 12), Saarbrücken 2013, S. 253-298.

GISELA TASCHER, Staat, Macht und ärztliche Berufsausübung 1920-1956. Gesundheitswesen und Politik: Das Beispiel Saarland (Sammlung Schöningh zur Geschichte und Gegenwart). Paderborn, München, Wien, Zürich 2010.

GISELA TASCHER, Staat, Macht und ärztliche Berufsausübung 1920-1956 - Gesundheitswesen und Politik. Das Beispiel Saarland, in: Zeitschrift für die Geschichte der Saargegend 58 (2010), S. 117-128.

GISELA TASCHER, Das Schicksal jüdischer Ärzte im Saarland 1933-1945, in: Saarländisches Ärzteblatt 10/2009, S. 2-16.

Elisabeth Thalhofer, Neue Bremm. Geschichte des Saarbrücker Gestapo-Lagers, St. Ingbert 2019.

Elisabeth Thalhofer, Repression und Verfolgung und das Lager Neue Bremm, in: Hans-Christian Herrmann / Ruth Bauer (Hrsg.), Widerstand, Repression und Verfolgung. Beiträge zur Geschichte des Nationalsozialismus an der Saar (Geschichte, Politik und Gesellschaft. Schriftenreihe der Stiftung Demokratie Saarland, Bd. 14), St. Ingbert 2014, S. 337-370.

Elisabeth Thalhofer, Dachau in Rastatt. Der Prozess gegen das Personal des Gestapo-Lagers Neue Bremm vor dem Tribunal Général de la Zone Francçaise in Rastatt, in: Ludwig Eiber / Robert Sigel (Hrsg.), Dachauer Prozesse. NS-Verbrechen vor amerikanischen Militärgerichten in Dachau 1945-48. Verfahren, Ergebnisse, Nachwirkungen (Dachauer Symposien zur Zeitgeschichte, Bd. 7), Göttingen 2007, S. 192-209.

Alexander Thiele, Der konstituierte Staat. Eine Verfassungsgeschichte der Neuzeit. Frankfurt, New York 2021.

Marieke Thomé, Vom Unrecht des NS-Staates profitieren – „Arisierungen" im Saarland, in: Hans-Christian Herrmann / Ruth Bauer (Hrsg.), Widerstand, Repression und Verfolgung. Beiträge zur Geschichte des Nationalsozialismus an der Saar (Geschichte, Politik und Gesellschaft. Schriftenreihe der Stiftung Demokratie Saarland, Bd. 14), St. Ingbert 2014, S. 103-123.

Paul Thomes, Da, wo Sie zu Hause sind. 150 Jahre Sparkasse Saarbrücken, hrsg. von der Sparkasse Saarbrücken, Saarbrücken 2008.

Paul Thomes, Die Kreissparkasse Saarbrücken (1854-1914). Ein Beitrag zur Geschichte der öffentlichen Sparkassen Preußens (Schriftenreihe des Instituts für bankhistorische Forschung e. V., Bd. 6), Frankfurt am Main 1985.

Thomas Tippach, Koblenz als preußische Garnison- und Festungsstadt. Wirtschaft, Infrastruktur und Städtebau (Veröffentlichungen des Instituts für vergleichende Städtegeschichte in Münster, Reihe A: Darstellungen, Bd. 53). Köln, Weimar, Wien 2000.

Adolf Trende, Geschichte der deutschen Sparkassen. Bis zum Anfang des 20. Jahrhunderts, Stuttgart 1957.

Georg-Christoph von Unruh, Bürgermeister und Landräte als Gestalter kommunaler Leistungsverwaltung, in: Heinrich Blotevogel (Hrsg.), Kommunale Leistungsverwaltung und Stadtentwicklung vom Vormärz bis zur Weimarer Republik. Köln, Wien 1990, S. 43-55.

O. V., Die Geschichte der Klinik von ihren Anfängen bis zur Gegenwart, in: Dirk Pickuth (Hrsg.), Gesundheit für Generationen – die Geschichte der Caritasklinik St. Theresia in Saarbrücken. Ein Beitrag zur Medizingeschichte des Saarlandes, St. Ingbert 2011, S. 33-79.

O. V., Theater in Saarbrücken, Manfred Steimer / Ralf Harner-Hanel (Hrsg.), Saarbrücken. Geschichte, Wirtschaft und Kultur der saarländischen Landeshauptstadt, Saarbrücken 1995, S. 182-190.

O. V., Einleitung. Von der „Hygienisierung" der Unterschichten zur kommunalen Gesundheitspolitik, in: Jürgen Reulecke / Adelheid Gräfin zu Castell Rüdenhausen (Hrsg.), Stadt und Gesellschaft. Zum Wandel von „Volksgesundheit" und kommunaler Gesundheitspolitik im 19. Und frühen 20. Jahrhundert, Stuttgart 1991, S. 11-19.

VOLTZ, Die wirtschaftliche und technische Entwicklung der Elektrizitäts-, Gas- und Wasserversorgung sowie der städtischen Bäder, in: Heinrich Krueckemeyer (Hrsg.), 25 Jahre Stadt Saarbrücken, Saarbrücken 1934, S. 107-115.

REIMER VOß, Steuern im Dritten Reich. Vom Recht zum Unrecht unter der Herrschaft des Nationalsozialismus, München 1995.

RAINER WAHL, Die Organisation und Entwicklung der Verwaltung in den Ländern und in Berlin, in: Deutsche Verwaltungsgeschichte, Bd. 5, hrsg. von Kurt G. A. Jeserich / Hans Pohl / Georg-Christoph Unruh, Stuttgart 1987 S. 208-311.

JOSEPH WALK, Kurzbiographien zur Geschichte der Juden 1918-1945, hrsg. vom Leo Baeck Institute. München, New York, London, Paris 1988.

HERMANN WEBER / ANDREAS HERBST, Deutsche Kommunisten. Biographisches Handbuch 1918 bis 1945, Berlin 2004.

REINHARD WEBER, Das Schicksal der jüdischen Rechtsanwälte in Bayern nach 1933, München 2006.

FRANK WEIß, Das Schicksal jüdischer Richter im Oberlandesgerichtsbezirk Bamberg während des „Dritten Reiches". In: 200 Jahre Appellationsgericht/Oberlandesgericht Bamberg. Festschrift, hrsg. von Michael Meisenberg, München 2009, S. 116-132.

HANS-ULRICH WEHLER, Deutsche Gesellschaftsgeschichte, Bd. 2, Von der Reformära bis zur industriellen und politischen „Deutschen Doppelrevolution" 1815-1845/49, München 4. Auflage 2015.

HANS-ULRICH WEHLER, Deutsche Gesellschaftsgeschichte, Bd. 4, Vom Beginn des Ersten Weltkriegs bis zur Gründung der beiden deutschen Staaten 1914-1949, München 2003.

Helmut Weihsmann, Bauen unterm Hakenkreuz. Architektur des Untergangs, Wien 1998.

Rudolf Wendt, § 256 Landesgrundrechte im Saarland, in: Detlef Merten – Hans-Jürgen Papier (Hrsg.), Handbuch der Grundrechte in Deutschland und Europa, Bd. 8, Landesgrundrechte in Deutschland, Heidelberg 2017, S. 1127-1165.

Werle, Bau= und Bodenpolitik der jungen Großstadt, in: Heinrich Krueckemeyer (Hrsg.), 25 Jahre Stadt Saarbrücken, Saarbrücken 1934, S. 75-106.

Georg Werner, Meine Rechnung geht in Ordnung, Berlin 1958.

Uwe Wesel, Recht, Unrecht und Gerechtigkeit. Von der Weimarer Republik bis heute, München 2003.

Hans Westhoff, Recht und Verwaltung im Saargebiet, Trier 1934.

Peter Wettmann-Jungblut, Vom Rechtswahrer zum Rechtsanwalt. Die saarländische Anwaltschaft in der Ära Hoffmann, in: Ludwig Linsmayer / Peter Wettmann-Jungblut (Hrsg.), Last aus tausend Jahren. NS-Vergangenheit und demokratischer Aufbruch im Saarstaat (Echolot. Historische Beiträge des Landesarchivs Saarbrücken, Bd. 12), Saarbrücken 2013, S. 209-251.

Peter Wettmann-Jungblut, Die Gesichter des Abstimmungskampfes, in: Ludwig Linsmayer (Hrsg.), Der 13. Januar: Die Saar im Brennpunkt der Geschichte (Echolot. Historische Beiträge des Landesarchivs Saarbrücken, Bd. 1), Merzig 2005, S. 221-313.

Peter Wettmann-Jungblut, Rechtsanwälte an der Saar 1800-1960. Geschichte eines bürgerlichen Berufsstandes, hrsg. vom Saarländischen Anwaltsverein, Blieskastel 2004.

Sabine Wetzel, Vom Deutschaus zum Jugendhilfezentrum. Die Geschichte des Ordensgutes in Saarbrücken, Saarbrücken ^{3}2006.

Peter Wiegand (Bearb.), Die preußische Berg-, Hütten- und Salinenverwaltung. Die Bestände in den Nordrhein-Westfälischen Staatsarchiven, Bd, 1, Staatsarchiv Münster (Veröffentlichungen der staatlichen Archive Nordrhein-Westfalen, Reihe C: Quellen und Forschungen, Bd. 47/1), Münster 2000.

Michael Wildt, Geschichte des Nationalsozialismus, Göttingen 2008.

Horst Wilhelm, Luftkrieg über der Saar 1939-1945. Die Bombenangriffe der alliierten Luftflotten auf Städte und Gemeinden des Saarlandes und die Flugzeugabstürze der beteiligten Luftstreitkräfte im Saarraum, St. Ingbert ^{3}2004.

Nicholas Williams, Von „Saarfranzosen“ und „Zigeunervolk“. Saarbrücker Evakuierte als „Opfer“? in: Hans-Christian Herrmann / Ruth Bauer (Hrsg.), Widerstand, Repression und Verfolgung. Beiträge zur Geschichte des Nationalsozialismus an der Saar (Geschichte, Politik und Gesellschaft. Schriftenreihe der Stiftung Demokratie Saarland, Bd. 14), St. Ingbert 2014, S. 279-312.

Nicholas Williams, Grenzen der „Volksgemeinschaft“. Die Evakuierung 1939/40 in Deutschland und Frankreich, in: Zeitschrift für die Geschichte der Saargegend 60 (2012), S. 113-126.

Dietmar Willoweit / Steffen Schlinker, Deutsche Verfassungsgeschichte. Vom Frankenreich bis zur Wiedervereinigung Deutschlands, 8. Auflage. München 2019.

Heinrich August Winkler, Weimar 1918-1933. Die Geschichte der ersten deutschen Demokratie, München 1998.

Rolf Wittenbrock, „…Du heiliges Land am Saaresstrand“. Konfessionsschule und Identitätssuche, in: Stadtverband Saarbrücken (Hrsg.), Von der „Stunde 0“ zum „Tag X“. Das Saarland 1945-1959, Merzig 1990, S. 257-272.

Rolf Wittenbrock, Die drei Saarstädte in der Zeit des beschleunigten Städtewachstums (1860-1908), in: Ders. (Hrsg.), Geschichte der Stadt Saarbrücken, Bd. 2, Von der Zeit des stürmischen Wachstums bis zur Gegenwart, Saarbrücken 1999, S. 11-130.

Rolf Wittenbrock (Hrsg.), Geschichte der Stadt Saarbrücken, Bd. 2, Von der Zeit des stürmischen Wachstums bis zur Gegenwart, Saarbrücken 1999.

Jürgen Wohlfarth, § 3 Kommunalrecht, in: Christoph Gröpl – Annette Guckelberger / Jürgen Wohlfarth, Landesrecht Saarland. Studienbuch, Baden-Baden ^{3}2017, S. 168-284.

Jürgen Wohlfarth, Kommunalpolitik im Saarland, in: Andreas Kost – Hans-Georg Wehling (Hrsg.), Kommunalpolitik in den deutschen Ländern. Eine Einführung, Wiesbaden ^{2}2010, S. 270-281.

Jürgen Wohlfarth, Kommunale Selbstverwaltung mit Hinweisen auf die politische Kultur, in: Rolf Wittenbrock (Hrsg.), Geschichte der Stadt Saarbrücken, Bd. 2, Von der Zeit des stürmischen Wachstums bis zur Gegenwart, Saarbrücken 1999, S. 482-504.

Jürgen Wohlfarth, Kommunalrecht. Auf der Grundlage des saarländischen KSVG (Saarländisches Landesrecht), Baden-Baden ^{2}1998.

Dieter Wolfanger, Das Schicksal der saarländischen Juden unter der NS-Herrschaft (Beiträge zur Regionalgeschichte (Heft 13/1992), St. Ingbert 1992.

Dieter Wolfanger, Anton Dunckern. Der erste Gestapochef des Saarlandes und spätere Befehlshaber der Sicherheitspolizei und des SD in Lothringen-Saarpfalz, in Jahrbuch für westdeutsche Landesgeschichte 18 (1992), S. 303-324.

Maria Zenner, Parteien und Politik im Saargebiet unter dem Völkerbundsregime 1920-1935 (Veröffentlichungen der Kommission für saarländische Landesgeschichte und Volksforschung, Bd. III), Saarbrücken 1966.

R. P. Zenner, Das Schulwesen Stadt Saarbrücken, in: Kulturdezernat der Stadt Saarbrücken (Hrsg.), Saarbrücken 1909-1959, Saarbrücken 1959, S. 239-263.

Clemens Zimmermann, Die Medienlandschaft Saar 1945-2000. Charakteristika, Zäsuren und Transregionale Bezüge, in: Gabriele Clemens (Hrsg.), Schlüsseljahre. Zäsuren und Kontinuitäten an der Saar 1815 – 1935 – 1955 (Veröffentlichungen der Kommission für Saarländische Landesgeschichte, Bd. 49), Saarbrücken 2017, S. 161-173.

Reinhold Zippelius, Kleine deutsche Verfassungsgeschichte. Vom frühen Mittelalter bis zur Gegenwart, München 5. Auflage 1999.

Zur Geschichte der Juden im Saargebiet bzw. Saarland zwischen 1920 bis 1945: Dokumentation zur Geschichte der jüdischen Bevölkerung in Rheinland-Pfalz und im Saarland von 1800 bis 1945, Bd. 6, hrsg. von der Landesarchivverwaltung Rheinland-Pfalz in Verbindung mit dem Landesarchiv Saarbrücken, Koblenz 1974.

III. Wissenschaftliche Internetseiten[1]

Klaus Altmeyer, Johannes Hoffmann, in: Neue Deutsche Biographie 9 (1972), S. 428-429 [Online-Version]; URL: https://www.deutsche-biographie.de/pnd 118944959.html#ndbcontent.

Josef Anker, Hermann Neuberger, in: Neue Deutsche Biographie 19 (1999), S. 103-104 [Online-Version]; URL: https://www.deutsche-biographie.de/pnd 119128411.html#ndbcontent.

Wilfried Busemann, Arbeitskammer des Saarlandes, in: Rainer Hudemann unter Mitarbeit von Marcus Hahn, Gerhild Krebs und Johannes Großmann (Hg.), Stätten grenzüberschreitender Erinnerung – Spuren der Vernetzung des Saar-Lor-Lux-Raumes im 19. und 20. Jahrhundert. Lieux de la mémoire transfrontalière – Traces et réseaux dans l'espace Sarre-Lor-Lux aux 19e et 20e

1 Abruf aller Internetseiten letztmalig am 17. 5. 2022.

siècles, Saarbrücken 2002, 3., technisch überarbeitete Auflage 2009. Publiziert als CD-ROM sowie im Internet unter www.memotransfront.uni-saarland.de [http://www.memotransfront.uni-saarland.de/pdf/arbeitskammer.pdf].

EUGEN EWIG, Adalbero II., in: Neue Deutsche Biographie 1 (1953), S. 41 [Online-Version]; URL: https://www.deutsche-biographie.de/pnd104213876.html #ndbcontent.

THRASYBULOS G. GEORGIADES / KURT HUBER, in Neue Deutsche Biographie, Bd. 9, Berlin 1972, S. 697-698 [URL: https://www.deutsche-biographie.de/ pnd118810081.html#ndbcontent].

KNUT GÖRICH, Otto III., in: Neue Deutsche Biographie 19 (1999), S. 662-665 [Online-Version]; URL: https://www.deutsche-biographie.de/pnd118590766. html#ndbcontent.

EDUARD HEGEL, Franz Rudolph Bornewasser, in: Neue Deutsche Biographie 2 (1955), S. 470 [Online-Version]; URL: https://www.deutsche-biographie.de/pnd122304063.html#ndbcontent.

MARCUS HAHN, Egon Hans Reinert, in: Neue Deutsche Biographie 21 (2003), S. 351 [Online-Version]; URL: https://www.deutsche-biographie.de/pnd 126809852.html#ndbcontent.

HANS-WALTER HERRMANN, Erwin Müller, in: Neue Deutsche Biographie 18 (1997), S. 366 [Online-Version]; URL: https://www.deutsche-biographie.de/pnd137765584.html#ndbcontent.

MICHAEL KIßENER, Michael, Hans Scholl, in: Neue Deutsche Biographie 23 (2007), S. 445-446 [Online-Version]; URL: https://www.deutsche-biographie.de/pnd118610309.html#ndbcontent.

MICHAEL KIßENER, Sophie Scholl, in: Neue Deutsche Biographie 23 (2007), S. 445-446 [Online-Version]; URL: https://www.deutsche-biographie.de/pnd 118610317.html#ndbcontent.

MANFRED KITTEL, Philipp Scheidemann, in: Neue Deutsche Biographie 22 (2005), S. 630-631 [Online-Version]; URL: https://www.deutsche-biographie.de/pnd118754351.html#ndbcontent.

PAUL KLUKE, Carl Goerdeler, in: Neue Deutsche Biographie 6 (1964), S. 521-524 [Online-Version]; URL: https://www.deutsche-biographie.de/pnd118695797. html#ndbcontent.

WOLFGANG KÖLLMANN, August Freiherr von der Heydt, in: Neue Deutsche Biographie 9 (1972), S. 74-76 [Online-Version]; URL: https://www.deutsche-biographie.de/pnd118774344.html#ndbcontent.

GEORG KOTOWSKI, Ebert, Friedrich, in: Neue Deutsche Biographie 4 (1959), S. 254-256 [Online-Version]; URL: https://www.deutsche-biographie.de/pnd 118528610.html#ndbcontent.

GERHILD KREBS, Autobahn- und Straßenbahnbau in der Großregion, in: Rainer Hudemann unter Mitarbeit von Marcus Hahn, Gerhild Krebs und Johannes Großmann (Hg.), Stätten grenzüberschreitender Erinnerung – Spuren der Vernetzung des Saar-Lor-Lux-Raumes im 19. und 20. Jahrhundert. Lieux de la mémoire transfrontalière – Traces et réseaux dans l'espace Sarre-Lor-Lux aux 19e et 20e siècles, Saarbrücken 2002, 3., technisch überarbeitete Auflage 2009. Publiziert als CD-ROM sowie im Internet unter www.memotransfront.uni-saarland.de [http://www.memotransfront.uni-saarland.de/pdf/autobahnbau.pdf].

GERHILD KREBS, Universität des Saarlandes, in: Rainer Hudemann unter Mitarbeit von Marcus Hahn, Gerhild Krebs und Johannes Großmann (Hg.), Stätten grenzüberschreitender Erinnerung – Spuren der Vernetzung des Saar-Lor-Lux-Raumes im 19. und 20. Jahrhundert. Lieux de la mémoire transfrontalière – Traces et réseaux dans l'espace Sarre-Lor-Lux aux 19e et 20e siècles, Saarbrücken 2002, 3., technisch überarbeitete Auflage 2009. Publiziert als CD-ROM sowie im Internet unter www.memotransfront.uni-saarland.de [http://www.memotransfront.uni-saarland.de/pdf/uni_saarland.pdf].

GERHILD KREBS, Die Befestigungsanlagen des Westwalls im Saarland, in: Rainer Hudemann unter Mitarbeit von Marcus Hahn, Gerhild Krebs und Johannes Großmann (Hrsg.), Stätten grenzüberschreitender Erinnerung – Spuren der Vernetzung des Saar-Lor-Lux-Raumes im 19. und 20. Jahrhundert. Lieux de la mémoire transfrontalière – Traces et réseaux dans l'espace Sarre-Lor-Lux aux 19e et 20e siècles, Saarbrücken 2002, 3., technisch überarbeitete Auflage 2009. Publiziert als CD-ROM sowie im Internet unter www.memotransfront.uni-saarland.de [http://www.memotransfront.uni-saarland.de/pdf/westwall.pdf].

GERHILD KREBS, „Dorf im Warndt", in: Rainer Hudemann unter Mitarbeit von Marcus Hahn, Gerhild Krebs und Johannes Großmann (Hg.), Stätten grenzüberschreitender Erinnerung – Spuren der Vernetzung des Saar-Lor-Lux-Raumes im 19. und 20. Jahrhundert. Lieux de la mémoire transfrontalière – Traces et réseaux dans l'espace Sarre-Lor-Lux aux 19e et 20e siècles, Saarbrücken 2002, 3., technisch überarbeitete Auflage 2009. Publiziert als CD-ROM sowie im Internet unter www.memotransfront.uni-saarland.de [http://www.memotransfront.uni-saarland.de/dorfimwarndt.shtml].

GERHILD KREBS, Neues Bauen – Wohnbau um Auftrag der Regierungskommission des Saargebietes (1920-1935), in: Rainer Hudemann unter Mitarbeit von Marcus Hahn, Gerhild Krebs und Johannes Großmann (Hg.), Stätten grenzüberschreitender Erinnerung – Spuren der Vernetzung des Saar-Lor-Lux-Raumes im 19. und 20. Jahrhundert. Lieux de la mémoire transfrontalière – Traces et réseaux dans l'espace Sarre-Lor-Lux aux 19e et 20e siècles, Saarbrücken 2002, 3., technisch überarbeitete Auflage 2009. Publiziert als CD-ROM sowie im Internet unter www.memotransfront.uni-saarland.de [http://www.memotransfront.uni-saarland.de/pdf/regierungskommission_wohnbau.pdf].

GERHILD KREBS, Saarländischer Rundfunk, in: Rainer Hudemann unter Mitarbeit von Marcus Hahn, Gerhild Krebs und Johannes Großmann (Hrsg.), Stätten grenzüberschreitender Erinnerung – Spuren der Vernetzung des Saar-Lor-Lux-Raumes im 19. und 20. Jahrhundert. Lieux de la mémoire transfrontalière – Traces et réseaux dans l'espace Sarre-Lor-Lux aux 19e et 20e siècles, Saarbrücken 2002, 3., technisch überarbeitete Auflage 2009. Publiziert als CD-ROM sowie im Internet unter www.memotransfront.uni-saarland.de [http://www.memotransfront.uni-saarland.de/pdf/saarlaendischer_rundfunk. Pdf].

GERHILD KREBS, Widerstandskämpfer Willi Graf, in: Rainer Hudemann unter Mitarbeit von Marcus Hahn, Gerhild Krebs und Johannes Großmann (Hg.), Stätten grenzüberschreitender Erinnerung – Spuren der Vernetzung des Saar-Lor-Lux-Raumes im 19. und 20. Jahrhundert. Lieux de la mémoire transfrontalière – Traces et réseaux dans l'espace Sarre-Lor-Lux aux 19e et 20e siècles, Saarbrücken 2002, 3., technisch überarbeitete Auflage 2009. Publiziert als CD-ROM sowie im Internet unter www.memotransfront.uni-saarland.de [http://www.memotransfront.uni-saarland.de/pdf/willi_graf.pdf].

GERHILD KREBS, Ehemalige Nationalsozialistische Volkswohnungen, St. Arnual in: Rainer Hudemann unter Mitarbeit von Marcus Hahn, Gerhild Krebs und Johannes Großmann (Hg.), Stätten grenzüberschreitender Erinnerung – Spuren der Vernetzung des Saar-Lor-Lux-Raumes im 19. und 20. Jahrhundert. Lieux de la mémoire transfrontalière – Traces et réseaux dans l'espace Sarre-Lor-Lux aux 19e et 20e siècles, Saarbrücken 2002, 3., technisch überarbeitete Auflage 2009. Publiziert als CD-ROM sowie im Internet unter www.meotrans-front.uni-saarland.de [http://www.memotransfront.uni-saarland.de/pdf/ volks-wohnungen_starnual.pdf].

WALTER MOHR, Johann I., in: Neue Deutsche Biographie 10 (1974), S. 521 f. [Online-Version]; URL: https://www.deutsche-biographie.de/pnd136293646. Html#ndbcontent.

WOLFGANG POPPELBAUM, Georg Pauly, in: Claudia Maurer Zenck – Peter Petersen (Hrsg.), Lexikon verfolgter Musiker und Musikerinnen der NS-Zeit,

Hamburg: 2007 [https://www.lexm.uni-hamburg.de/object/lexm_lexmperson_00001608.

Michael Probst, Christoph Probst, in: Neue Deutsche Biographie 20 (2001), S. 733-734 [Online-Version]; URL: https://www.deutsche-biographie.de/pnd11917958X.html#ndbcontent.

Hans Reuther, Hauberrißer, Georg Ritter von, in: Neue Deutsche Biographie 8 (1969), S. 70-71 [Online-Version]; URL: https://www.deutsche-biographie.de/pnd116521147.html#ndbcontent.

Hermann Schäfer / Oliver Werner, Georg Pauly, in: Rotary unter dem Nationalsozialismus. Digitales Gedenkbuch diskriminierter Rotarier [Onlinefassung Stand September 2021] https://memorial-rotary.de/members/1083.

Wolfgang Scheffler, Heinrich Himmler, in: Neue Deutsche Biographie 9 (1972), S. 172-175 [Online-Version]; URL: https://www.deutsche-biographie.de/pnd11855123X.html#ndbcontent.

Gerhard Schulz, Maximilian (Max) Prinz von Baden, in: Neue Deutsche Biographie 16 (1990), S. 475-477 [Online-Version]; URL: https://www.deutsche-biographie.de/pnd118732137.html#ndbcontent.

Gerhard Schulz, Wilhelm Frick, in: Neue Deutsche Biographie 5 (1961), S. 432-433 [Online-Version]; URL: https://www.deutsche-biographie.de/pnd119055201.html#ndbcontent.

Hermann Weber, Karl Liebknecht, in: Neue Deutsche Biographie 14 (1985), S. 505-506 [Online-Version]; URL: https://www.deutsche-biographie.de/pnd11857275X.html#ndbcontent.

Manfred Weitlauff, Ludwig Sebastian, in: Neue Deutsche Biographie 24 (2010), S. 109-110 [Online-Version]; URL: https://www.deutsche-biographie.de/pnd117458910.html#ndbcontent.

Hans-Gerhard Winter, Iffland, August Wilhelm, in: Neue Deutsche Biographie 10 (1974), S. 120-123 [Online-Version]; URL: https://www.deutsche-biographie.de/pnd118555324.html#ndbcontent.

Sönke Zankel, Alexander Schmorell, in: Neue Deutsche Biographie 23 (2007), S. 262-263 [Online-Version]; URL: https://www.deutsche-biographie.de/pnd119207982.html#ndbcontent.

https://www.bundesarchiv.de/gedenkbuch/de880910.

https://www.bundesstiftung-aufarbeitung.de/de/recherche/kataloge-datenbanken/biographische-datenbanken/maria-reese.

https://www.bundesstiftung-aufarbeitung.de/de/recherche/kataloge-datenbanken/biographische-datenbanken/philipp-daub.

https://www.bundesstiftung-aufarbeitung.de/de/recherche/kataloge-datenbanken/biographische-datenbanken/friedrich-fritz-nickolay.

https://www.lexikon-westfaelischer-autorinnen-und-autoren.de/autoren/werner-georg/.

https://www.rheinische-geschichte.lvr.de/Projekte/Widerstandskarte/otto-johaenntgen-beteiligte-sich-an-der-reorganisation-der-kommunistischen-partei-/DE-2086/lido/dc00019757.

http://www.rothenburg-unterm-hakenkreuz.de/entnazifizierung-29-karl-mages-intendant-des-reichssenders-saarbruecken-nsdap-mitglied-seit-1930-mit-goldenem-parteiabzeichen-wurde-in-rothenburg-nur-als-mitlaeufer-eingestuft/.

https://www.saarland.de/SharedDocs/Downloads/DE/landesarchiv/Links-Download/vorlaeufige_liste_saarlaendische_euthanasieopfer.pdf?__blob=publicationFile&v=7.

http://www.saarland-biografien.de/frontend/php/index.php.

http://zhsf.gesis.org/biorabkr_db/biorabkr_db.php.

IV. Weitere Internetseiten

https://www.spiegel.de/politik/spaete-klarheit-a-b0856352-0002-0001-0000-000008909454.

https://www.saarbruecken.de/media/download-59b6a282aa7ba.

https://www.saarbruecken.de/rathaus/presse_und_online/artikeldetail/article-5d07930e44c2f.

https://www.saarbruecker-zeitung.de/saarland/ex-oberbuergermeister-koebnick-wird-heute-75-jahre-alt_aid-598257.

https://www.saarbruecken.de/rathaus/presse_und_online/artikeldetail/article-5d0793da054d6.

https://stolpersteine-guide.de/map/biografie/4031/klemmer-und-bauernfeind

Juristische Zeitgeschichte

Herausgeber: Prof. Dr. Dr. Dr. h.c. Thomas Vormbaum, FernUniversität in Hagen

Abteilung 1: Allgemeine Reihe

1 *Thomas Vormbaum (Hrsg.):* Die Sozialdemokratie und die Entstehung des Bürgerlichen Gesetzbuchs. Quellen aus der sozialdemokratischen Partei und Presse (1997)
2 *Heiko Ahlbrecht:* Geschichte der völkerrechtlichen Strafgerichtsbarkeit im 20. Jahrhundert (1999)
3 *Dominik Westerkamp:* Pressefreiheit und Zensur im Sachsen des Vormärz (1999)
4 *Wolfgang Naucke:* Über die Zerbrechlichkeit des rechtsstaatlichen Strafrechts. Gesammelte Aufsätze zur Strafrechtsgeschichte (2000)
5 *Jörg Ernst August Waldow:* Der strafrechtliche Ehrenschutz in der NS-Zeit (2000)
6 *Bernhard Diestelkamp:* Rechtsgeschichte als Zeitgeschichte. Beiträge zur Rechtsgeschichte des 20. Jahrhunderts (2001)
7 *Michael Damnitz:* Bürgerliches Recht zwischen Staat und Kirche. Mitwirkung der Zentrumspartei am Bürgerlichen Gesetzbuch (2001)
8 *Massimo Nobili:* Die freie richterliche Überzeugungsbildung. Reformdiskussion und Gesetzgebung in Italien, Frankreich und Deutschland seit dem Ausgang des 18. Jahrhunderts (2001)
9 *Diemut Majer:* Nationalsozialismus im Lichte der Juristischen Zeitgeschichte (2002)
10 *Bianca Vieregge:* Die Gerichtsbarkeit einer „Elite“. Nationalsozialistische Rechtsprechung am Beispiel der SS- und Polizeigerichtsbarkeit (2002)
11 *Norbert Berthold Wagner:* Die deutschen Schutzgebiete (2002)
12 *Miloš Vec:* Die Spur des Täters. Methoden der Identifikation in der Kriminalistik (1879–1933), (2002)
13 *Christian Amann:* Ordentliche Jugendgerichtsbarkeit und Justizalltag im OLG-Bezirk Hamm von 1939 bis 1945 (2003)
14 *Günter Gribbohm:* Das Reichskriegsgericht (2004)
15 *Martin M. Arnold:* Pressefreiheit und Zensur im Baden des Vormärz. Im Spannungsfeld zwischen Bundestreue und Liberalismus (2003)
16 *Ettore Dezza:* Beiträge zur Geschichte des modernen italienischen Strafrechts (2004)
17 *Thomas Vormbaum (Hrsg.):* „Euthanasie“ vor Gericht. Die Anklageschrift des Generalstaatsanwalts beim OLG Frankfurt/M. gegen Werner Heyde u. a. vom 22. Mai 1962 (2005)
18 *Kai Cornelius:* Vom spurlosen Verschwindenlassen zur Benachrichtigungspflicht bei Festnahmen (2006)
19 *Kristina Brümmer-Pauly:* Desertion im Recht des Nationalsozialismus (2006)
20 *Hanns-Jürgen Wiegand:* Direktdemokratische Elemente in der deutschen Verfassungsgeschichte (2006)
21 *Hans-Peter Marutschke (Hrsg.):* Beiträge zur modernen japanischen Rechtsgeschichte (2006)
22 *Katrin Stoll:* Die Herstellung der Wahrheit (2011)

23 *Thorsten Kurtz:* Das Oberste Rückerstattungsgericht in Herford (2014)
24 *Sebastian Schermaul:* Die Umsetzung der Karlsbader Beschlüsse an der Universität Leipzig 1819–1848 (2013)
25 *Minoru Honda:* Beiträge zur Geschichte des japanischen Strafrechts (2020)
26 *Michael Seiters:* Das strafrechtliche Schuldprinzip. Im Spannungsfeld zwischen philosophischem, theologischem und juridischem Verständnis von Schuld (2020)
27 *Hannes Ludyga:* Rechtsgeschichte Saarbrückens im 20. Jahrhundert (2022)

Abteilung 2: Forum Juristische Zeitgeschichte

1 *Franz-Josef Düwell / Thomas Vormbaum (Hrsg.):* Themen juristischer Zeitgeschichte (1) – Schwerpunktthema: Recht und Nationalsozialismus (1998)
2 *Karl-Heinz Keldungs:* Das Sondergericht Duisburg 1943–1945 (1998)
3 *Franz-Josef Düwell / Thomas Vormbaum (Hrsg.):* Themen juristischer Zeitgeschichte (2) – Schwerpunktthema: Recht und Juristen in der Revolution von 1848/49 (1998)
4 *Thomas Vormbaum:* Beiträge zur juristischen Zeitgeschichte (1999)
5 *Franz-Josef Düwell / Thomas Vormbaum:* Themen juristischer Zeitgeschichte (3), (1999)
6 *Thomas Vormbaum (Hrsg.):* Themen juristischer Zeitgeschichte (4), (2000)
7 *Frank Roeser:* Das Sondergericht Essen 1942–1945 (2000)
8 *Heinz Müller-Dietz:* Recht und Nationalsozialismus – Gesammelte Beiträge (2000)
9 *Franz-Josef Düwell (Hrsg.):* Licht und Schatten. Der 9. November in der deutschen Geschichte und Rechtsgeschichte – Symposium der Arnold-Freymuth-Gesellschaft, Hamm (2000)
10 *Bernd-Rüdiger Kern / Klaus-Peter Schroeder (Hrsg.):* Eduard von Simson (1810–1899). „Chorführer der Deutschen" und erster Präsident des Reichsgerichts (2001)
11 *Norbert Haase / Bert Pampel (Hrsg.):* Die Waldheimer „Prozesse" – fünfzig Jahre danach. Dokumentation der Tagung der Stiftung Sächsische Gedenkstätten am 28. und 29. September in Waldheim (2001)
12 *Wolfgang Form (Hrsg.):* Literatur- und Urteilsverzeichnis zum politischen NS-Strafrecht (2001)
13 *Sabine Hain:* Die Individualverfassungsbeschwerde nach Bundesrecht (2002)
14 *Gerhard Pauli / Thomas Vormbaum (Hrsg.):* Justiz und Nationalsozialismus – Kontinuität und Diskontinuität. Fachtagung in der Justizakademie des Landes NRW, Recklinghausen, am 19. und 20. November 2001 (2003)
15 *Mario Da Passano (Hrsg.):* Europäische Strafkolonien im 19. Jahrhundert. Internationaler Kongreß des Dipartimento di Storia der Universität Sassari und des Parco nazionale di Asinara, Porto Torres, 25. Mai 2001 (2006)
16 *Sylvia Kesper-Biermann / Petra Overath (Hrsg.):* Die Internationalisierung von Strafrechtswissenschaft und Kriminalpolitik (1870–1930). Deutschland im Vergleich (2007)
17 *Hermann Weber (Hrsg.):* Literatur, Recht und Musik. Tagung im Nordkolleg Rendsburg vom 16. bis 18. September 2005 (2007)
18 *Hermann Weber (Hrsg.):* Literatur, Recht und (bildende) Kunst. Tagung im Nordkolleg Rendsburg vom 21. bis 23. September 2007 (2008)
19 *Francisco Muñoz Conde / Thomas Vormbaum (Hrsg.):* Transformation von Dikta-

turen in Demokratien und Aufarbeitung der Vergangenheit (2010)

20 *Kirsten Scheiwe / Johanna Krawietz* (Hrsg.): (K)Eine Arbeit wie jede andere? Die Regulierung von Arbeit im Privathaushalt (2014)

21 *Helmut Irmen:* Das Sondergericht Aachen 1941–1945 (2018)

Abteilung 3: Beiträge zur modernen deutschen Strafgesetzgebung. Materialien zu einem historischen Kommentar

1 *Thomas Vormbaum / Jürgen Welp (Hrsg.):* Das Strafgesetzbuch seit 1870. Sammlung der Änderungen und Neubekanntmachungen; fünf Textbände (1999–2017) und drei Supplementbände (2005, 2006)

2 *Christian Müller:* Das Gewohnheitsverbrechergesetz vom 24. November 1933. Kriminalpolitik als Rassenpolitik (1998)

3 *Maria Meyer-Höger:* Der Jugendarrest. Entstehung und Weiterentwicklung einer Sanktion (1998)

4 *Kirsten Gieseler:* Unterlassene Hilfeleistung – § 323c StGB. Reformdiskussion und Gesetzgebung seit 1870. (1999)

5 *Robert Weber:* Die Entwicklung des Nebenstrafrechts 1871–1914 (1999)

6 *Frank Nobis:* Die Strafprozeßgesetzgebung der späten Weimarer Republik (2000)

7 *Karsten Felske:* Kriminelle und terroristische Vereinigungen – §§ 129, 129a StGB (2002)

8 *Ralf Baumgarten:* Zweikampf – §§ 201–210 a.F. StGB (2003)

9 *Felix Prinz:* Diebstahl – §§ 242 ff. StGB (2003)

10 *Werner Schubert / Thomas Vormbaum (Hrsg.):* Entstehung des Strafgesetzbuchs. Kommissionsprotokolle und Entwürfe. Band 1: 1869 (2002); Band 2: 1870 (2004)

11 *Lars Bernhard:* Falsche Verdächtigung (§§ 164, 165 StGB) und Vortäuschen einer Straftat (§ 145d StGB), (2003)

12 *Frank Korn:* Körperverletzungsdelikte – §§ 223 ff., 340 StGB. Reformdiskussion und Gesetzgebung von 1870 bis 1933 (2003)

13 *Christian Gröning:* Körperverletzungsdelikte – §§ 223 ff., 340 StGB. Reformdiskussion und Gesetzgebung seit 1933 (2004)

14 *Sabine Putzke:* Die Strafbarkeit der Abtreibung in der Kaiserzeit und in der Weimarer Zeit. Eine Analyse der Reformdiskussion und der Straftatbestände in den Reformentwürfen (1908–1931), (2003)

15 *Eckard Voßiek:* Strafbare Veröffentlichung amtlicher Schriftstücke (§ 353d Nr. 3 StGB). Gesetzgebung und Rechtsanwendung seit 1851 (2004)

16 *Stefan Lindenberg:* Brandstiftungsdelikte – §§ 306 ff. StGB. Reformdiskussion und Gesetzgebung seit 1870 (2004)

17 *Ninette Barreneche †:* Materialien zu einer Strafrechtsgeschichte der Münchener Räterepublik 1918/1919 (2004)

18 *Carsten Thiel:* Rechtsbeugung – § 339 StGB. Reformdiskussion und Gesetzgebung seit 1870 (2005)

19 *Vera Große-Vehne:* Tötung auf Verlangen (§ 216 StGB), „Euthanasie" und Sterbehilfe. Reformdiskussion und Gesetzgebung seit 1870 (2005)

20 *Thomas Vormbaum / Kathrin Rentrop (Hrsg.):* Reform des Strafgesetzbuchs. Sammlung der Reformentwürfe. Band 1: 1909 bis 1919. Band 2: 1922 bis 1939.

Band 3: 1959 bis 1996 (2008)

21 *Dietmar Prechtel:* Urkundendelikte (§§ 267 ff. StGB). Reformdiskussion und Gesetzgebung seit 1870 (2005)

22 *Ilya Hartmann:* Prostitution, Kuppelei, Zuhälterei. Reformdiskussion und Gesetzgebung seit 1870 (2006)

23 *Ralf Seemann:* Strafbare Vereitelung von Gläubigerrechten (§§ 283 ff., 288 StGB). Reformdiskussion und Gesetzgebung seit 1870 (2006)

24 *Andrea Hartmann:* Majestätsbeleidigung (§§ 94 ff. StGB a.F.) und Verunglimpfung des Staatsoberhauptes (§ 90 StGB). Reformdiskussion und Gesetzgebung seit dem 19. Jahrhundert (2006)

25 *Christina Rampf:* Hausfriedensbruch (§ 123 StGB). Reformdiskussion und Gesetzgebung seit 1870 (2006)

26 *Christian Schäfer:* „Widernatürliche Unzucht“ (§§ 175, 175a, 175b, 182, a.F. StGB). Reformdiskussion und Gesetzgebung seit 1945 (2006)

27 *Kathrin Rentrop:* Untreue und Unterschlagung (§§ 266 und 246 StGB). Reformdiskussion und Gesetzgebung seit dem 19. Jahrhundert (2007)

28 *Martin Asholt:* Straßenverkehrsstrafrecht. Reformdiskussion und Gesetzgebung seit dem Ausgang des 19. Jahrhunderts (2007)

29 *Katharina Linka:* Mord und Totschlag (§§ 211–213 StGB). Reformdiskussion und Gesetzgebung seit 1870 (2008)

30 *Juliane Sophia Dettmar:* Legalität und Opportunität im Strafprozess. Reformdiskussion und Gesetzgebung von 1877 bis 1933 (2008)

31 *Jürgen Durynek:* Korruptionsdelikte (§§ 331 ff. StGB). Reformdiskussion und Gesetzgebung seit dem 19. Jahrhundert (2008)

32 *Judith Weber:* Das sächsische Strafrecht im 19. Jahrhundert bis zum Reichsstrafgesetzbuch (2009)

33 *Denis Matthies:* Exemplifikationen und Regelbeispiele. Eine Untersuchung zum 100-jährigen Beitrag von Adolf Wach zur „Legislativen Technik“ (2009)

34 *Benedikt Rohrßen:* Von der „Anreizung zum Klassenkampf“ zur „Volksverhetzung“ (§ 130 StGB). Reformdiskussion und Gesetzgebung seit dem 19. Jahrhundert (2009)

35 *Friederike Goltsche:* Der Entwurf eines Allgemeinen Deutschen Strafgesetzbuches von 1922 (Entwurf Radbruch) (2010)

36 *Tarig Elobied:* Die Entwicklung des Strafbefehlsverfahrens von 1846 bis in die Gegenwart (2010)

37 *Christina Müting:* Sexuelle Nötigung; Vergewaltigung (§ 177 StGB) (2010)

38 *Nadeschda Wilkitzki:* Entstehung des Gesetzes über Internationale Rechtshilfe in Strafsachen (IRG) (2010)

39 *André Brambring:* Kindestötung (§ 217 a.F. StGB). Reformdiskussion und Gesetzgebung seit 1870 (2010)

40 *Wilhelm Rettler:* Der strafrechtliche Schutz des sozialistischen Eigentums in der DDR (2010)

41 *Yvonne Hötzel:* Debatten um die Todesstrafe in der Bundesrepublik Deutschland von 1949 bis 1990 (2010)

42 *Dagmar Kolbe:* Strafbarkeit im Vorfeld und im Umfeld der Teilnahme (§§ 88a, 110, 111, 130a und 140 StGB). Reformdiskussion und Gesetzgebung seit dem 19. Jahrhundert (2011)

43 *Sami Bdeiwi:* Beischlaf zwischen Verwandten (§ 173 StGB). Reform und

Gesetzgebung seit 1870 (2014)

44 *Michaela Arnold:* Verfall, Einziehung und Unbrauchbarmachung (§§ 73 bis 76a StGB). Reformdiskussion und Gesetzgebung seit dem 19. Jahrhundert (2015)

45 *Andrea Schurig:* „Republikflucht" (§§ 213, 214 StGB/DDR). Gesetzgeberische Entwicklung, Einfluss des MfS und Gerichtspraxis am Beispiel von Sachsen (2016)

46 *Sandra Knaudt:* Das Strafrecht im Großherzogtum Hessen im 19. Jahrhundert bis zum Reichsstrafgesetzbuch (2017)

47 *Michael Rudlof:* Das Gesetz zur Strafbarkeit der geschäftsmäßigen Förderung der Selbsttötung (§ 217 StGB nF.) (2018)

48 *Karl Müller:* Steuerhinterziehung (§§ 370, 371 AO). Gesetzgebung und Reformdiskussion seit dem 19. Jahrhundert (2018)

49 *Katharina Kühne:* Die Entwicklung des Internetstrafrechts unter besonderer Berücksichtigung der §§ 202a–202c StGB sowie § 303a und § 303b StGB (2018)

50 *Benedikt Beßmann:* Das Strafrecht des Herzogtums Braunschweig im 19. Jahrhundert bis zum Reichsstrafgesetzbuch (2019)

51 *Josef Roth:* Die Entwicklung des Weinstrafrechts seit 1871 (2020)

52 *Arne Fischer*: Die Legitimität des Sportwettbetrugs (§ 265c StGB). Unter besonderer Berücksichtigung des „Rechtsguts" Integrität des Sports (2020)

53 *Julius Hagen*: Die Nebenklage im Gefüge strafprozessualer Verletztenbeteiligung. Der Weg in die viktimäre Gesellschaft. Gesetzgebung und Reformdiskurs seit 1870 (2021)

54 *Teresa Frank*: Die Wiederaufnahme zuungunsten des Angeklagten im Strafverfahren. Reformdiskussion und Gesetzgebung seit dem Neunzehnten Jahrhundert (2022)

Abteilung 4: Leben und Werk. Biographien und Werkanalysen

1 *Mario A. Cattaneo:* Karl Grolmans strafrechtlicher Humanismus (1998)

2 *Gerit Thulfaut:* Kriminalpolitik und Strafrechtstheorie bei Edmund Mezger (2000)

3 *Adolf Laufs:* Persönlichkeit und Recht. Gesammelte Aufsätze (2001)

4 *Hanno Durth:* Der Kampf gegen das Unrecht. Gustav Radbruchs Theorie eines Kulturverfassungsrechts (2001)

5 *Volker Tausch:* Max Güde (1902–1984). Generalbundesanwalt und Rechtspolitiker (2002)

6 *Bernd Schmalhausen:* Josef Neuberger (1902–1977). Ein Leben für eine menschliche Justiz (2002)

7 *Wolf Christian von Arnswald:* Savigny als Strafrechtspraktiker. Ministerium für die Gesetzesrevision (1842–1848), (2003)

8 *Thilo Ramm:* Ferdinand Lassalle. Der Revolutionär und das Recht (2004)

9 *Martin D. Klein:* Demokratisches Denken bei Gustav Radbruch (2007)

10 *Francisco Muñoz Conde:* Edmund Mezger – Beiträge zu einem Juristenleben (2007)

11 *Whitney R. Harris:* Tyrannen vor Gericht. Das Verfahren gegen die deutschen Hauptkriegsverbrecher nach dem Zweiten Weltkrieg in Nürnberg 1945–1946 (2008)

12 *Eric Hilgendorf (Hrsg.):* Die deutschsprachige Strafrechtswissenschaft in Selbst-

darstellungen (2010)

13 *Tamara Cipolla:* Friedrich Karl von Strombeck. Leben und Werk – Unter besonderer Berücksichtigung des Entwurfes eines Strafgesetzbuches für ein Norddeutsches Staatsgebiet (2010)

14 *Karoline Peters:* J.D.H. Temme und das preußische Strafverfahren in der Mitte des 19. Jahrhunderts (2010)

15 *Eric Hilgendorf (Hrsg.):* Die ausländische Strafrechtswissenschaft in Selbstdarstellungen. Die internationale Rezeption des deutschen Strafrechts (2019)

16 *Hannes Ludyga:* Otto Kahn-Freund (1900–1979). Ein Arbeitsrechtler in der Weimarer Zeit (2016)

17 *Rudolf Bastuck:* Rudolf Wassermann. Vision und Umsetzung einer inneren Justizreform (2020)

18 *Eric Hilgendorf (Hrsg.)*: Die deutschsprachige Strafrechtswissenschaft in Selbstdarstellungen II (2021)

Abteilung 5: Juristisches Zeitgeschehen. Rechtspolitik und Justiz aus zeitgenössischer Perspektive

Mitherausgegeben von Gisela Friedrichsen („Der Spiegel“) und RA Prof. Dr. Franz Salditt

1 *Diether Posser:* Anwalt im Kalten Krieg. Ein Stück deutscher Geschichte in politischen Prozessen 1951–1968. 3. Auflage (1999)

2 *Jörg Arnold (Hrsg.):* Strafrechtliche Auseinandersetzung mit Systemvergangenheit am Beispiel der DDR (2000)

3 *Thomas Vormbaum (Hrsg.):* Vichy vor Gericht: Der Papon-Prozeß (2000)

4 *Heiko Ahlbrecht / Kai Ambos (Hrsg.):* Der Fall Pinochet(s). Auslieferung wegen staatsverstärkter Kriminalität? (1999)

5 *Oliver Franz:* Ausgehverbot für Jugendliche („Juvenile Curfew“) in den USA. Reformdiskussion und Gesetzgebung seit dem 19. Jahrhundert (2000)

6 *Gabriele Zwiehoff (Hrsg.):* „Großer Lauschangriff“. Die Entstehung des Gesetzes zur Änderung des Grundgesetzes vom 26. März 1998 und des Gesetzes zur Änderung der Strafprozeßordnung vom 4. Mai 1998 in der Presseberichterstattung 1997/98 (2000)

7 *Mario A. Cattaneo:* Strafrechtstotalitarismus. Terrorismus und Willkür (2001)

8 *Gisela Friedrichsen / Gerhard Mauz:* Er oder sie? Der Strafprozeß Böttcher/Weimar. Prozeßberichte 1987 bis 1999 (2001)

9 *Heribert Prantl / Thomas Vormbaum (Hrsg.):* Juristisches Zeitgeschehen 2000 in der Süddeutschen Zeitung (2001)

10 *Helmut Kreicker:* Art. 7 EMRK und die Gewalttaten an der deutsch-deutschen Grenze (2002)

11 *Heribert Prantl / Thomas Vormbaum (Hrsg.):* Juristisches Zeitgeschehen 2001 in der Süddeutschen Zeitung (2002)

12 *Henning Floto:* Der Rechtsstatus des Johanniterordens. Eine rechtsgeschichtliche und rechtsdogmatische Untersuchung zum Rechtsstatus der Balley Brandenburg des ritterlichen Ordens St. Johannis vom Spital zu Jerusalem (2003)

13 *Heribert Prantl / Thomas Vormbaum (Hrsg.):* Juristisches Zeitgeschehen 2002 in

der Süddeutschen Zeitung (2003)
14 *Kai Ambos / Jörg Arnold (Hrsg.):* Der Irak-Krieg und das Völkerrecht (2004)
15 *Heribert Prantl / Thomas Vormbaum (Hrsg.)*: Juristisches Zeitgeschehen 2003 in der Süddeutschen Zeitung (2004)
16 *Sascha Rolf Lüder:* Völkerrechtliche Verantwortlichkeit bei Teilnahme an „Peacekeeping"-Missionen der Vereinten Nationen (2004)
17 *Heribert Prantl / Thomas Vormbaum (Hrsg.)*: Juristisches Zeitgeschehen 2004 in der Süddeutschen Zeitung (2005)
18 *Christian Haumann:* Die „gewichtende Arbeitsweise" der Finanzverwaltung. Eine Untersuchung über die Aufgabenerfüllung der Finanzverwaltung bei der Festsetzung der Veranlagungssteuern (2008)
19 *Asmerom Ogbamichael:* Das neue deutsche Geldwäscherecht (2011)
20 *Lars Chr. Barnewitz:* Die Entschädigung der Freimaurerlogen nach 1945 und nach 1989 (2011)
21 *Ralf Gnüchtel:* Jugendschutztatbestände im 13. Abschnitt des StGB (2013)
22 *Helmut Irmen:* Stasi und DDR-Militärjustiz. Der Einfluss des MfS auf Militärjustiz und Militärstrafvollzug in der DDR (2014)
23 *Pascal Johann:* Möglichkeiten und Grenzen des neuen Vermögenschabschöpfungsrechts. Eine Untersuchung zur vorläufigen Sicherstellung und der Einziehung von Vermögen unklarer Herkunft (2019)
24 *Zekai Dağaşan:* Das Ansehen des Staates im türkischen und deutschen Strafrecht (2015)
25 *Camilla Bertheau:* Politisch unwürdig? Entschädigung von Kommunisten für nationalsozialistische Gewaltmaßnahmen. Bundesdeutsche Gesetzgebung und Rechtsprechung der 50er Jahre (2016)
26 *Anja J. Weissbrodt:* Etwas Besseres als den Tod – Aktuelle Regelung der Suizidbeihilfe und ihre Auswirkungen auf die Ärzteschaft (2021)

Abteilung 6: Recht in der Kunst – Kunst im Recht

Mitherausgegeben von Prof. Dr. Gunter Reiß
und Prof. Dr. Anja Schiemann

1 *Heinz Müller-Dietz:* Recht und Kriminalität im literarischen Widerschein. Gesammelte Aufsätze (1999)
2 *Klaus Lüderssen (Hrsg.):* »Die wahre Liberalität ist Anerkennung«. Goethe und die Juris prudenz (1999)
3 *Bertolt Brecht:* Die Dreigroschenoper (1928) / Dreigroschenroman (1934). Mit Kommentaren von Iring Fetscher und Bodo Plachta (2001)
4 *Annette von Droste-Hülshoff:* Die Judenbuche (1842) / Die Vergeltung (1841). Mit Kommentaren von Heinz Holzhauer und Winfried Woesler (2000)
5 *Theodor Fontane:* Unterm Birnbaum (1885). Mit Kommentaren von Hugo Aust und Klaus Lüderssen (2001)
6 *Heinrich von Kleist:* Michael Kohlhaas (1810). Mit Kommentaren von Wolfgang Naucke und Joachim Linder (2000)
7 *Anja Sya:* Literatur und juristisches Erkenntnisinteresse. Joachim Maass' Roman „Der Fall Gouffé" und sein Verhältnis zu der historischen Vorlage (2001)

8 *Heiner Mückenberger:* Theodor Storm – Dichter und Richter. Eine rechtsgeschichtliche Lebensbeschreibung (2001)

9 *Hermann Weber (Hrsg.):* Annäherung an das Thema „Recht und Literatur". Recht, Literatur und Kunst in der NJW (1), (2002)

10 *Hermann Weber (Hrsg.):* Juristen als Dichter. Recht, Literatur und Kunst in der NJW (2), (2002)

11 *Hermann Weber (Hrsg.):* Prozesse und Rechtsstreitigkeiten um Recht, Literatur und Kunst. Recht, Literatur und Kunst in der NJW (3), (2002)

12 *Klaus Lüderssen:* Produktive Spiegelungen. 2., erweiterte Auflage (2002)

13 *Lion Feuchtwanger:* Erfolg. Drei Jahre Geschichte einer Provinz. Roman (1929). Mit Kommentaren von Theo Rasehorn und Ernst Ribbat (2002)

14 *Jakob Wassermann:* Der Fall Maurizius. Roman (1928). Mit Kommentaren von Thomas Vormbaum und Regina Schäfer (2003)

15 *Hermann Weber (Hrsg.):* Recht, Staat und Politik im Bild der Dichtung. Recht, Literatur und Kunst in der Neuen Juristischen Wochenschrift (4), (2003)

16 *Hermann Weber (Hrsg.):* Reale und fiktive Kriminalfälle als Gegenstand der Literatur. Recht, Literatur und Kunst in der Neuen Juristischen Wochenschrift (5), (2003)

17 *Karl Kraus:* Sittlichkeit und Kriminalität. (1908). Mit Kommentaren von Helmut Arntzen und Heinz Müller-Dietz (2004)

18 *Hermann Weber (Hrsg.):* Dichter als Juristen. Recht, Literatur und Kunst in der Neuen Juristischen Wochenschrift (6), (2004)

19 *Hermann Weber (Hrsg.):* Recht und Juristen im Bild der Literatur. Recht, Literatur und Kunst in der Neuen Juristischen Wochenschrift (7), (2005)

20 *Heinrich von Kleist:* Der zerbrochne Krug. Ein Lustspiel (1811). Mit Kommentaren von Michael Walter und Regina Schäfer (2005)

21 *Francisco Muñoz Conde / Marta Muñoz Aunión:* „Das Urteil von Nürnberg". Juristischer und filmwissenschaftlicher Kommentar zum Film von Stanley Kramer (1961), (2006)

22 *Fjodor Dostojewski:* Aufzeichnungen aus einem Totenhaus (1860). Mit Kommentaren von Heinz Müller-Dietz und Dunja Brötz (2005)

23 *Thomas Vormbaum (Hrsg.):* Anton Matthias Sprickmann. Dichter und Jurist. Mit Kommentaren von Walter Gödden, Jörg Löffler und Thomas Vormbaum (2006)

24 *Friedrich Schiller:* Verbrecher aus Infamie (1786). Mit Kommentaren von Heinz Müller-Dietz und Martin Huber (2006)

25 *Franz Kafka:* Der Proceß. Roman (1925). Mit Kommentaren von Detlef Kremer und Jörg Tenckhoff (2006)

26 *Heinrich Heine:* Deutschland. Ein Wintermährchen. Geschrieben im Januar 1844. Mit Kommentaren von Winfried Woesler und Thomas Vormbaum (2006)

27 *Thomas Vormbaum (Hrsg.):* Recht, Rechtswissenschaft und Juristen im Werk Heinrich Heines (2006)

28 *Heinz Müller-Dietz:* Recht und Kriminalität in literarischen Spiegelungen (2007)

29 *Alexander Puschkin:* Pique Dame (1834). Mit Kommentaren von Barbara Aufschnaiter/Dunja Brötz und Friedrich-Christian Schroeder (2007)

30 *Georg Büchner:* Danton's Tod. Dramatische Bilder aus Frankreichs Schreckensherrschaft. Mit Kommentaren von Sven Kramer und Bodo Pieroth (2007)

31 *Daniel Halft:* Die Szene wird zum Tribunal! Eine Studie zu den Beziehungen von Recht und Literatur am Beispiel des Schauspiels „Cyankali“ von Friedrich Wolf (2007)
32 *Erich Wulffen:* Kriminalpsychologie und Psychopathologie in Schillers Räubern (1907). Herausgegeben von Jürgen Seul (2007)
33 *Klaus Lüderssen:* Produktive Spiegelungen: Recht in Literatur, Theater und Film. Band II (2007)
34 *Albert Camus:* Der Fall. Roman (1956). Mit Kommentaren von Brigitte Sändig und Sven Grotendiek (2008)
35 *Thomas Vormbaum (Hrsg.):* Pest, Folter und Schandsäule. Der Mailänder Prozess wegen „Pestschmierereien“ in Rechtskritik und Literatur. Mit Kommentaren von Ezequiel Malarino und Helmut C. Jacobs (2008)
36 *E. T. A. Hoffmann:* Das Fräulein von Scuderi – Erzählung aus dem Zeitalter Ludwigs des Vierzehnten (1819). Mit Kommentaren von Heinz Müller-Dietz und Marion Bönnighausen (2010)
37 *Leonardo Sciascia:* Der Tag der Eule. Mit Kommentaren von Gisela Schlüter und Daniele Negri (2010)
38 *Franz Werfel:* Eine blaßblaue Frauenschrift. Novelle (1941). Mit Kommentaren von Matthias Pape und Wilhelm Brauneder (2011)
39 *Thomas Mann:* Das Gesetz. Novelle (1944). Mit Kommentaren von Volker Ladenthin und Thomas Vormbaum (2013)
40 *Theodor Storm:* Ein Doppelgänger. Novelle (1886) (2013)
41 *Dorothea Peters:* Der Kriminalrechtsfall ‚Kaspar Hauser‘ und seine Rezeption in Jakob Wassermanns Caspar-Hauser-Roman (2014)
42 *Jörg Schönert:* Kriminalität erzählen (2015)
43 *Klaus Lüderssen:* Produktive Spiegelungen. Recht im künstlerischen Kontext. Band 3 (2014)
44 *Franz Kafka:* In der Strafkolonie. Erzählung (1919) (2015)
45 *Heinz Müller-Dietz:* Recht und Kriminalität in literarischen Brechungen (2016)
46 *Hermann Weber (Hrsg.):* Das Recht als Rahmen für Literatur und Kunst. Tagung im Nordkolleg Rendsburg vom 4. bis 6. September 2015 (2017)
47 *Walter Müller-Seidel:* Rechtsdenken im literarischen Text. Deutsche Literatur von der Weimarer Klassik zur Weimarer Republik (2017)
48 *Honoré de Balzac:* Eine dunkle Geschichte. Roman (1841). Mit Kommentaren von Luigi Lacchè und Christian von Tschilschke (2018)
49 *Anja Schiemann:* Der Kriminalfall Woyzeck. Der historische Fall und Büchners Drama (2018)
50 *E. T. A. Hoffmann:* Meister Floh. Ein Mährchen in sieben Abentheuern zweier Freunde (1822). Mit Kommentaren von Michael Niehaus und Thomas Vormbaum (2018)
51 *Bodo Pieroth:* Deutsche Schriftsteller als angehende Juristen (2018)
52 *Theodor Fontane:* Grete Minde. Nach einer altmärkischen Chronik (1880). Mit Kommentaren von Anja Schiemann und Walter Zimorski (2018)
53 *Britta Lange / Martin Roeber / Christoph Schmitz-Scholemann (Hrsg.):* Grenzüberschreitungen: Recht, Normen, Literatur und Musik. Tagung im Nordkolleg Rendsburg vom 8. bis 10. September 2017 (2019)
54 *Wolfgang Schild*: Richard Wagner *recht* betrachtet (2020)

55 *Uwe Scheffler u.a. (Hrsg.)*: Musik und Strafrecht. Ein Streifzug durch eine tönende Welt (2021)

56 *Britta Lange / Martin Roeber / Christoph Schmitz-Scholemann (Hrsg.)*: Verbrechen und Sprache. Tagung im Nordkolleg Rendsburg vom 13. bis 15. September 2019 (2021)

57 *Dirk Falkner*: Straftheorie von Leo Tolstoi (2021)

58 *Dela-Madeleine Halecker u.a. (Hrsg.)*: Kunst und Strafrecht. Eine Reise durch eine schillernde Welt (2022)

59 *Robert Louis Stevenson*: Der seltsame Fall von Dr. Jekyll und Mr. Hyde. 1886. Mit Kommentaren von Anja Schiemann und Burkhard Niederhoff (2022)

60 *Conrad Ferdinand Meyer*: Die Richterin. Novelle. 1885. Mit Kommentaren von Thomas Sprecher und Walter Zimorski (2022)

Abteilung 7: Beiträge zur Anwaltsgeschichte

Mitherausgegeben von RA Dr. Dieter Finzel (†), RA Dr. Tilman Krach; RA Dr. Thomas Röth; RA Dr. Ulrich Wessels; Prof. Dr. Gabriele Zwiehoff

1 *Babette Tondorf:* Strafverteidigung in der Frühphase des reformierten Strafprozesses. Das Hochverratsverfahren gegen die badischen Aufständischen Gustav Struve und Karl Blind (1848/49), (2006)

2 *Hinrich Rüping:* Rechtsanwälte im Bezirk Celle während des Nationalsozialismus (2007)

3 *Dieter Finzel:* Geschichte der Rechtsanwaltskammer Hamm (2018)

Abteilung 8: Judaica

1 *Hannes Ludyga:* Philipp Auerbach (1906–1952). „Staatskommissar für rassisch, religiös und politisch Verfolgte" (2005)

2 *Thomas Vormbaum:* Der Judeneid im 19. Jahrhundert, vornehmlich in Preußen. Ein Beitrag zur juristischen Zeitgeschichte (2006)

3 *Hannes Ludyga:* Die Rechtsstellung der Juden in Bayern von 1819 bis 1918. Studie im Spiegel der Verhandlungen der Kammer der Abgeordneten des bayerischen Landtags (2007)

4 *Michele Sarfatti:* Die Juden im faschistischen Italien. Geschichte, Identität, Verfolgung (2014)

Abteilung 9: Beiträge zur modernen Verfassungsgeschichte

1 *Olaf Kroon: Die Verfassung von Cádiz (1812). Spaniens Sprung in die Moderne, gespiegelt an der Verfassung Kurhessens von 1831 (2019)*

www.ingramcontent.com/pod-product-compliance
Lightning Source LLC
LaVergne TN
LVHW042235300926
849161LV00003B/360
* 9 7 8 3 1 1 1 0 0 1 9 0 6 *